BASTEI LÜBBE

Hans Blickensdörfer

DAS GOLDENE BUCH DER TOUR DE FRANCE

Von Paris 1903 bis Berlin 1987

BASTEI LÜBBE

BASTEI-LÜBBE-TASCHENBUCH
Band 60 174

Teile des Textes wurden mit freundlicher Genehmigung der
Sigloch Edition, Künzelsau–Salzburg–Straßburg–Thalwil,
aus dem Band TOUR DE FRANCE vom gleichen Autor abgedruckt.
Herausgeber: Gustav Lübbe Verlag GmbH, Bergisch Gladbach
Printed in West Germany 1987
Einbandgestaltung: Klaus Blumenberg, Köln
Titelfoto: Zefa, Masterfile
Satz: ICS Communikations-Service GmbH, Bergisch Gladbach
Herstellung: Ebner Ulm
ISBN 3-404-60174-2

Der Preis dieses Bandes versteht sich
einschließlich der gesetzlichen Mehrwertsteuer

Inhaltsverzeichnis

Berlin – ein Brückenschlag 7
Der Sturz des Giganten 12
Die ›heroische Epoche‹ 16
Über die Bergriesen der Pyrenäen! 24
Giftanschlag auf Duboc 33
Weil er nicht in einem Bett sterben wollte 41
Die fliegende Spritze 47
›Le vieux Gaulois‹ 49
Henri Pélissier, der Rebell 56
Sensation durch Kurt Stöpel 74
Bergkönig René Vietto 80
Frankreich staunt über Erich Bautz 84
Gino Bartali, der ›Maestro‹ 94
Jacques Goddet übernimmt das Erbe 98
Der Tour-Boss 108
Bartalis Meisterstück 109
Das große Duell Coppi–Bartali 118
Ferdi Kübler, der ›Löwe‹ von Adliswil 139
Hugo Koblet, ›Pédaleur de Charme‹ 144
Wiederkehr und Tragik des Campionissimo 149
Die Ära Louison Bobet 158
Endlich wieder mit Deutschen 177
Der Sieg des Namenlosen 185
Jacques Anquetil, des Radsports Wunderknabe 188
Lothar Friedrichs bittere Enttäuschung 193
Kleiner Gaul im Husarenritt 194
Die Rache des ›Adlers von Toledo‹ 200
Junkermann kam, sah – und zögerte 203
Anquetils zweiter Schlag 210
Das Ende der Nationalmannschaften 214
Starkes Trio Altig-Junkermann-Wolfshohl 215
Junkermann: »Es war kein Doping!« 227
Anquetil zum drittenmal! 233
Rekord wider Willen 237

Die spannendste Tour aller Zeiten 245
Der Tag, an dem Simpson starb 265
Die Tour und ihre Presse 275
Die Herrschaft des Eddy Merckx 276
Der Kannibale 283
Merckx wackelt – aber Ocaña stürzt 285
Blick hinter die Merckx-Kulisse 289
Der Kleinste der Größte 292
Dietrich Thuraus 15 gelbe Tage 293
Hinault auf Anhieb 301
Bernard Hinaults zweiter Streich 303
Der unbekannte Soldat 312
Joop Zoetemelks später Triumph 314
Hinault kehrt zurück 318
Hinault auf einem Bein 320
Albans Pech und Fignons Glück 322
Fignon schlägt auch Hinault 326
Hinaults Comeback 329
Greg Lemond schlägt den »Dachs« 334
Seltsames Heimweh 337
Glücks- und Stiefkinder des Ruhms 339
Ehrentafel der Tour de France 343

Berlin – ein Brückenschlag

Man kann natürlich sagen, die Tour de France sei ein Rennen auf Fahrrädern. Aber das ist ungefähr so, als ob man die Olympischen Spiele als irgendein Sportfest oder den Bundestag als Stammtisch für debattierfreudige Menschen bezeichnen würde.

Die Tour de France ist eine Institution. Sie gehört zum französischen Sommer wie das leere Paris und die vollen Strände zwischen Normandie und Riviera, und ihre Abschaffung käme einem Bierverbot in Bayern gleich.

Am einfachsten wohl kommt man dem Geheimnis ihrer Popularität durch eine Studie des Volkscharakters auf die Spur. Leiden will der Franzose die Helden sehen, die er bewundert, und unverzichtbarer Volksbrauch ist es gworden, eine in hohem Maße vorhandene Einbildungskraft zu stimulieren mit den Strapazen, die die Rennfahrer im heißesten Monat des Jahres auf sich nehmen.

Paris ist der Nabel der Tour, und das ist logisch einleuchtend. Grund für das Erscheinen dieses Buchs aber ist ein unerhörtes Verlängern dieser Nabelschnur: 1987 Start der Tour de France in Berlin. Man muß gar nicht viel wissen von der Tour, um zu begreifen, daß die Dimension dieses Ereignisses weit über den Sport hinausgeht.

Ein außergewöhnlicher Anlaß also für dieses Buch. Mit den Etappenzielen Karlsruhe, Pforzheim und Stuttgart wurde ein baden-württembergischer Bogen zur Europabrücke nach Straßburg geschlagen. Daß es nötig wurde, im Luftsprung über die DDR zu setzen, um in Stuttgart wieder Boden unter die Räder zu kriegen, je nun, da mischt sich neue deutsche Geschichte auf eigenartige Weise mit sportlichen Brauch.

Es wurde nötig, die Tour fliegen zu lassen, weil die DDR ihre Straßen der Karawane nicht freigab. Sport und Politik sind untrennbar geworden, und es soll hier keine Polemik entfacht werden. Daß die DDR keine Konkurrenz für ihre »Friedensfahrt« wollte und kein Volksfest für das kapitalistische Großunternehmen, zu dem das älteste Etappenrennen der Welt geworden ist, bedarf keiner Diskussion.

Mit dem Flug von Berlin in den deutschen Südwesten hat man der Tour de France, oft kopiert, aber selbst vom Giro d'Italia nie erreicht, ein Gesicht gegeben, das nicht vorstellbar war, als ich zum erstenmal mit der Faszination dieses Rennens konfrontiert wurde.

Man schrieb das Jahr 1936, ich war 13, und ich habe diese Liebe auf den ersten Blick heimgetragen. Im überfüllten alten Pariser Prinzenpark mit der berühmten rosafarbenen Piste, hatte ich die Ankunft erlebt, und es war ein Heimtragen im wahrsten Sinne des Wortes, denn die Zeitungsstapel, die ich heimschleifte, wogen schwerer als das übrige Gepäck.

Ich habe das alles nicht nur gelesen, sondern gefressen. Es gab ja nichts halbwegs Vergleichbares bei uns, und wie dieser Journalismus gewachsen war, erfuhr ich erst viel später. Aber die Sportteile unserer Zeitungen kamen mir vor wie Bekanntmachungen in müden Gemeindeblättchen.

Es ist auch mein Abschied von Karl May gewesen. Die Tour de France war das Abenteuer geworden, das alle anderen schlug.

Ich kam wieder, und das war gar nicht so einfach bis zum Ausbruch des Kriegs. Hitler war kein Freund der Ausreise, und man brauchte in Paris Freunde, die für einen bürgten, weil der Diktator nur für zehn Mark Devisen gestattete.

Aber der Besessene konnte, zumindest damals, noch viel erreichen.

Mein Vater lächelte, als ich ihm sagte, daß ich eines Tages bei der Tour dabei sein würde, um Reportagen zu schreiben. Stinksauer wurde er, als ich zum Kriegsausbruch keinen vernünftigeren Kommentar beizusteuern wußte als den, daß die Tour de France wohl ausfallen müsse, wenn geschossen werde. Mindestens für ein Jahr.

Es wurden acht. Aber als die Tour 1947 wieder rollte, war alles wie früher. Und ich habe meine ersten Reportagen geschrieben. Und das Glück gehabt, hineinzuwachsen in das legendäre Duell Coppi–Bartali und eine Fülle von anderen Dramen der Landstraße, die das Rennen größer denn je machten. Und mit einer Bewunderung, die manchem Feuilletonisten naiv erscheinen mag, habe ich den heißen Imaginationsjournalismus von Franzosen, Italienern und Spaniern kennengelernt.

Besäße ich eine Zeitung, würde ich Volontäre bei der Tour de France testen. Hineinjagen würde ich sie in die hochgelegenen Etappenziele der Pyrenäen und Alpen, wo man in schlimme Zeitnot geraten kann, weil Telefonnetze zusammenbrechen – aber der Reporter solches nicht darf. Denn Hochgebirgsetappen sind dramatische Höhepunkte, die er, Zeitdruck hin, Zeitdruck her, nicht nur gefühlvoll zu bescheiben, sondern rechtzeitig abzuliefern hat.

In meinem Tour-de-France-Roman *Salz im Kaffee*, den ich mit einer Begeisterung geschrieben habe, die man unmöglich für jedes Buch aufbringen kann, ist viel darüber zu lesen. Oh, er ist aus den achtziger Jahren und ganz jung, wenn man an die Tour denkt. Aber selbst als ich ihn geschrieben habe, wäre ein Start in Berlin eine völlig utopische Vorstellung gewesen. Sicher, Köln und Frankfurt sind frühere Startorte gewesen, aber sie liegen in Grenznähe und haben den Rahmen so wenig gesprengt wie Starts in Belgien, Holland oder der Schweiz.

Man weiß allerdings schon jetzt, daß Berlin ein Vorreiter von New York sein wird. Die Welt ist klein geworden, und das berühmteste Etappenrennen der Welt kann weit ausholen, um seine Bühne zu vergrößern. Daß es, wie 1986 Greg Lemond, einmal ein Amerikaner gewinnen würde, war in den 70er Jahren noch so unvorstellbar wie der Sieg einer europäischen Mannschaft bei den World-Series im Baseball. Den wird es im übrigen auch, obwohl man ja eigentlich nie nie sagen sollte, nie geben.

Aber wer hatte an Erfolg geglaubt, als der blutvolle Avantgardist Henri Desgrange im Jahre 1903 den vielbelächelten Versuch machte, ein Radrennen zu starten, das ganz Frankreich zur Bühne haben sollte? Zwar hatte Dunlop den mit Luft gefüllten Reifen erfunden, aber hoffnungslos schien sein Kampf auf erdigen, von Geröll übersäten Straßen, und an die Tortur

der Männer, die ihn bewegen sollten, wagte man gar nicht zu denken. Und trotzdem schlug Desgrange den prickelnden Erwartungsfunken. Er war es, der das Feuer entzündete in der sogenannten »Heroischen Epoche«, der hier der gebührende Platz eingeräumt werden muß, weil ohne sie keine Tour de France hätte entstehen können.
Und nicht ohne das gedruckte Wort. Heute ist das Fernsehen sein Nutznießer, ohne jedoch die tragende Rolle spielen zu können wie beispielsweise beim Becker-Boom.
Die Tour mit ihrem unbegrenzten Spielfeld läuft ihm davon. Blindekuh spielt sie mit ihm, weil vorbeihuschende Pulks von Rennfahrern wenig aussagen. Auch mit allen Klimmzügen und Tricks der Technik ist das Drama der Landstraße nicht wie ein Tennismatch auf den Bildschirm zu bannen. Oh, auch hier ist das Bild hilfreich, aber es ist eher die Feder am Hut der blutvoll geschriebenen Reportage. Ohne Hut kannst du dir sie schlecht aufsetzen. Den Hut macht der schreibende Reporter. Er ist es, der die Hand am Puls des Rennens hat und navigiert zwischen dem Gipfelstürmer und dem hoffnungslos abgeschlagenen Letzten, der nie das Ziel erreichen wird. Er muß viel sehen, aber abends in der Etappe auch hören und es dann umsetzen, so, wie der Rennfahrer seine Kraft mittels einer Kette umsetzt. Es ist ein Journalismus besonderer Art, und ihm sind die Legenden eines Ereignisses zu verdanken, das mit »Rennen« viel zu blaß übersetzt wäre, weil es heißer konzentrierter Kampf in allen denkbaren Facetten ist.
Henri Desgrange hat vom ersten Moment an gewußt, daß er sein Vorhaben nur mit der Macht des geschriebenen Wortes durchpeitschen konnte. »Es muß«, sagte er, »die Schlafmützen und sogar die Phantasielosen hochreißen, wenn sie am Früh-

Henri Desgrange, der Vater der Tour de France. Phantasie und unbeugsame Willenskraft zeichneten ihn aus.

stückstisch sitzen!« Deshalb verlangte er, der sich selbst aufs Rennrad gesetzt hatte, um den ersten Stundenweltrekord aufzustellen, und der das Geheimnis der Anziehungskraft des Rads auf die Massen kannte, die Reportage, die unter die Haut ging. Müde Schilderungen schmeckten ihm wie saure Zitronen, und zur knirschenden Bulldogge wurde er, wenn phantasielose Fachidioten im Hochgebirge Zahnkränze abzählten, um zu beschreiben, mit welcher Übersetzung ein Rennfahrer hochprozentige Steigungen genommen hatte.

»Das mag«, pflegte er zu sagen, »einen Satz wert sein für die Fachleute, aber mit denen verdienen wir keinen müden Franc. Das große Publikum will wissen, ob er den defekten Reifen mit den Zähnen von der Felge gebissen hat! Benützt eure Augen und zeichnet mir Bilder! Ins menschliche Details müßt ihr gehen, und zwar so weit, daß ich erfahre, ob er beim Pissen die linke oder die rechte Hand genommen hat!«

So war der Mann, der die Tour de France durchgesetzt hat. Gegen tausend Widerstände und Imponderabilien, wie wir sehen werden. Indes muß auch gesagt werden, daß er sich zwischen den beiden Weltkriegen mit den Deutschen nicht gerade anfreunden konnte. Ein Start seines Rennens in Berlin? Eher hätte man sich eine Audienz des Teufels im Vatikan vorstellen können. Aber die Zeiten ändern sich, und wenn Desgrange noch lebte, wäre er stolz auf diesen Brückenschlag, der weit über die normalen sportlichen Dimensionen hinausgeht und einer der bemerkenswertesten der Nachkriegszeit ist.

Der Sturz des Giganten

In sanften Serpentinen schlängelt die Straße sich durch das Bergmassiv der Cevennen. Hier hat Cézanne seine schönsten Bilder gemalt; und wessen Augen die wilde Romantik des Tales schauten, das die grünen Fluten des Tarn in die Felsen gefressen haben, der wundert sich, warum der Strom der Touristen achtlos vorbeifließt an diesem herrlichen Teil der Provence.

Auf der schmalen Straße, die sich zum Col du Perjuret hinaufwindet, beginnt der Asphalt weich und klebrig zu werden. Denn – wenn sich an einem Julitag ein kobaltblauer Himmel über der Provence wölbt und die Sonne im Zenit steht, dann wird die Hitze selbst für den Straßenbelag unerträglich.
Wer jedoch die Tour de France durchstehen will, muß dieses Wort aus seinem Lexikon streichen. Im übrigen sind die Fahrer, wenn einige sich auch mit recht mürrischen Gesichtern in die Pedale stellen, mit diesem Col du Perjuret gar nicht einmal so unzufrieden, denn sie haben bereits die Pyrenäen hinter sich gebracht. Für die Bergspezialisten ist der Perjuret sogar eine richtige Bagatelle. Man könnte ihnen volle Milchkannen auf die Schultern stellen, ohne daß ein Tropfen verschüttet würde, dieweil einigen Schwergewichtlern nichts anderes übrigbleibt, als das Hinterteil zu heben und in den Schaukeltrab zu fallen. Das kostet mehr Kraft, und es sieht aus, als ob sie ihren Lenker zerreißen wollten.
Die kurvenreiche Abfahrt bringt den Fahrern ein wenig Kühlung, und sehnsüchtige Blicke wandern über den Straßengraben hinweg, wo die Zuschauer in kümmerlichen Schatten von Bäumen und Sträuchern anfangen, ihre Brote auszupacken und die Rotweinflaschen zu entkorken. Denn auch in der freien Natur legt der Franzose allergrößten Wert auf ein pünktliches Mittagessen.
Es ist genau 12.07 Uhr an diesem Sonntag, dem 10. Juli 1960, als ein schriller Aufschrei das Idyll am Wegesrand jäh zerstört. In einer scharfen, dennoch übersichtlichen Rechtskurve rammt ein Fahrer im blauweißen Trikot der französischen Nationalmannschaft die etwa 50 Zentimeter hohe Bordumrandung. So fürchterlich ist der Aufprall, daß er in hohem Bogen in den Abgrund stürzt.
Die Bremsen der Begleitwagen kreischen, und es ist ein fatales Reporterglück, daß der unsrige genau an der Unfallstelle zum Stehen kommt. Ein Fotograf springt vom Sozius seiner BMW-Maschine, aber seine Hände zittern, als er die Kamera über den mehr als 30 Meter tiefen Abgrund hält.

Dichtes Gebüsch versperrt die Sicht; tief unten blinkt Metall in der Sonne – die Vordergabel des zertrümmerten Rennrades. Sekundenlang ist nur das Zirpen der Grillen zu hören. Wir alle haben das unheimliche Gefühl, in ein Grab hinunter zu starren. Dann schreit einer: »Es ist Rivière!«

Gewißheit erhalten wir erst ein paar Minuten später, nachdem wir mühsam den steilen Abhang hinuntergeklettert sind. Neben einem jungen Kirschbaum liegt mit einer klaffenden Wunde am Hinterkopf bleich und bewegungslos Roger Rivière, der große Favorit der Tour de France.

Sein Anblick läßt das Schlimmste befürchten. Zum erstenmal erlebe ich, wie abgebrühte Fotografen auf ein Sensationsfoto verzichten, um Erste Hilfe zu leisten. Aber keiner von uns weiß in der Aufregung, was hier getan werden könnte, und so besteht unsere ganze Hilfsaktion darin, daß wir ihn in den Schatten des Kirschbaumes tragen. Einer zieht sein Hemd aus und legt es ihm behutsam unter den blutenden Kopf.

Endlose Minuten verstreichen, bis der Tour-Arzt Dr. Dumas eintrifft. Lange kniet er neben dem reglosen Mann im zerrissenen und blutverschmierten Trikot, der vor einer Viertelstunde noch ein großer Champion war und die Tour de France gewinnen wollte. Jetzt muß er, das spüren wir alle, als Dr. Dumas sich erhebt, froh sein, wenn er mit dem Leben davonkommt.

Wahrscheinlich war es die Technik, die Roger Rivière das Leben rettete, denn Rennleiter Jacques Goddet hatte inzwischen über Radio-Tour den Sanitätshubschrauber zur Unglückstelle beordert, und nach weiteren 20 Minuten befand sich Roger Rivière unter der Obhut der Ärzte des Krankenhauses von Montpellier.

Zwar hatte er sich keinen Schädelbruch, dafür aber eine schwere Verletzung an der Wirbelsäule zugezogen. Damit war die Laufbahn eines Mannes beendet, der prädestiniert schien, der größte Rennfahrer aller Zeiten zu werden.

Monatelang schwebte Roger Rivière in Gefahr, ein Krüppel zu werden. Sein eiserner Wille und seine robuste Konstitution trugen jedoch den Sieg davon. Doch nur einen vorläufigen.

Schmerzen brachten ihn mit der Droge zusammen, und das war der Anfang vom Ende. Roger Rivière starb als verhältnismäßig junger Mann.*

Es soll nichts verschwiegen, nichts beschönigt werden; freimütig gestehe ich, daß mir der Anblick des hilflosen Menschenbündels in der Cevennen-Schlucht einen schweren Schock versetzt hat. Ein solches Erlebnis stimmt nachdenklicher als die Lektüre der Etappenberichte in der Morgenzeitung, wenn man auch sagt, daß der französische Frühstückskaffee während der Tour salzig schmeckt, weil die Tränen von Madame hineinkullern, während sie liest, daß ihr vom Pech verfolgter Liebling erneut gestürzt ist und sich mit blutenden Wunden an Hüften und Ellenbogen ins Ziel gequält hat.

Was ist es, was den verletzten und demoralisierten Fahrer wieder auf den Sattel bringt und ihm ausredet, er nähme nur eine sinnlose Quälerei auf sich? Ist es Ehrgeiz oder Eitelkeit, Ruhmsucht oder Willenskraft? Oder ist es das berufliche Gewissen des Profi, der weiß, daß er sein Geld nicht verdienen kann, ohne zu leiden?

Es ist etwas von alledem, und Henri Desgrange wußte, daß Temperament, Einbildungskraft und Erlebnisfähigkeit seiner Landsleute nur angeregt zu werden brauchten, um lichterloh zu brennen. Aber selbst dieser tatkräftige Optimist hätte sich nicht träumen lassen, daß das Feuerchen, das er 1903 als Phantast belächelt, entfachte, so kräftig und ausdauernd durch das Zeitalter der fortschreitenden Motorisierung hindurch lodern würde.

---

*Er war nicht das einzige Opfer der Tour.

Die ›heroische Epoche‹

Henri Desgrange war der Vater der Tour. Aber ihr Erfinder war er, wenn man es ganz genau nimmt, nicht. Und da wir es hier ganz genau mit dem Phänomen der Tour de France nehmen wollen, sei die seltsame Geschichte ihrer Geburtsstunde erzählt, so wie ich sie nacherlebt habe, als ich in den verstaubten Archiven von ›L'Equipe‹ herumstöberte, in der Nummer 10 der Rue du Faubourg Montmartre, Paris, 9. Arondissement.

›L'Equipe‹ ist die älteste und heute noch bedeutendste Sportzeitung der Erde. Sie erblickte das Licht einer sich für den Sport zu interessieren beginnenden Welt um die Jahrhundertwende und erschien damals schon täglich unter dem Namen ›L'Auto-Vélo‹. Ihr Chefredakteur hieß Henri Desgrange.

An einem schönen Maientag des Jahres 1903 passierte im kleinen, bescheidenen Büro des Chefs eine jener folgenreichen Geschichten, wie Filmregisseure sie zu erfinden pflegen, wenn sie ihrem Publikum das aufregende Leben von Zeitungsleuten vor Augen führen wollen. Nur – die Geschichte, die ich jetzt erzählen will, hat den Vorzug, wahr zu sein.

Mit den Worten: »Chef, ich habe eine Idee«, stürzt der junge, hoffnungsvolle Redakteur Geo Lefèvre ins Arbeitszimmer von Henri Desgrange.

Er weiß, eine Idee – das ist die einzige Störung, welche der Chef ohne weiteres verzeiht. Falls es sich, wohlgemerkt, nicht um eine Gehaltserhöhung handelt. Denn solche Ideen findet Henri Desgrange um so verwerflicher, als die Konkurrenz in der Pariser Presse in diesem Jahre des Heils 1903 recht erbittert ist. Man muß sehen, wo man bleibt, und verzweifelt sucht Desgrange nach neuen Ideen.

Es hat ihn mächtig gewurmt, daß ein gewisser Giffard die Auflage des ›Petit Journal‹ verdoppelt hatte durch die verrückte Idee, ein Fahrradrennen über die enorme Distanz von fast 500 Kilometern zwischen Bordeaux und Paris zu veranstalten. Der Publikumserfolg war enorm, aber profitiert hatte fast ausschließlich die veranstaltende Zeitung ›Petit Journal‹.

Seither liegt Henri Desgrange wie ein Luchs auf der Lauer nach einer noch sensationelleren Idee; deshalb hat er auch nichts dagegen, daß der junge Geo Lefèvre sich ziemlich respektlos in den wackeligen Besuchersessel lümmelt. Eine Idee muß man sich anhören. Das ist die Pflicht eines Chefredakteurs.
Aber als Geo Lefèvre mit seiner Idee auspackt, kriegt Henri Desgrange, den sie damals noch nicht den ›Père Desgrange‹ nennen, weil er weder alt noch berühmt ist, einen Lachanfall.
»Tiens, tiens, mon petit, Bordeaux – Paris ist dir nicht groß genug. Du willst ein Rennen durch ganz Frankreich veranstalten, eine Tour de France sozusagen. Ich glaube, du spinnst. Schließlich müssen die Fahrer ja auch einmal schlafen.«
Aber der kleine Lefèvre ist gegen dieses Argument gewappnet. »Bien sur, patron, sie werden schlafen. Wir werden Etappen festlegen; jeden Morgen gehen die Fahrer mit den gleichen Abständen auf die Strecke, mit denen sie das Rennen des Vortages beendet haben.«
Jetzt lacht Desgrange nicht mehr. Er, der in sich die Eigenschaften des geborenen Journalisten mit denen des praktischen Organisators vereint, nimmt den Gedanken auf.
»Non, mon petit. Sie müssen wieder gemeinsam auf die Reise gehen. Wir werden eine Gesamtwertung ausrechnen, die sich aus der Zeit ergibt, die jeder Fahrer für die jeweilige Etappe benötigt hat.«
Geo Lefèvre strahlt. »Sehen Sie, Chef, Sie sind schon mitten drin.«
»Langsam, langsam, mein Kleiner. Hast du dir auch überlegt, daß man alle diese Burschen unterbringen und ernähren muß? Für das billigste Hotelzimmer müssen wir einen Franc rechnen; überdies müssen wir handfeste Preise ansetzen. Aber wir könnten immerhin 10 Francs Startgeld verlangen. Jedenfalls werde ich mir deine Idee durch den Kopf gehen lassen.«
Einige Wochen später kündigt Henri Desgrange im ›L'Auto-Vélo‹ die Tour de France an. Er tut es sehr vorsichtig, denn er bezweifelt ernsthaft, ob er das große Publikum für seine Idee begeistern kann.

Kann er es überhaupt erfassen? Das ist die große Frage, denn man schreibt ja das Jahr 1903, und die Tageszeitungen haben noch gar keine Sportteile. Gewiß, sie haben dem ersten Langstreckenrennen, das vor kurzem von einem feudalen Herrenklub im Tuilerien-Garten veranstaltet wurde, einige Zeilen gewidmet, und sie haben auch schon über Flugversuche und über die ersten Automobilrennen berichtet. Würden sie jedoch für ein Radrennen durch Frankreich zu begeistern sein? Henri Desgrange leidet unter Zweifeln und Skrupeln, am Ende aber beschließt er doch, das große Abenteuer zu wagen.
Er schreibt die Tour de France am 20. Mai 1903 in seiner Zeitung aus, aber die Leute, auf die es ankommt, nämlich die Rennfahrer, beißen nur sehr zögernd an. Sie sind noch viel skeptischer als Desgrange, der sich krampfhaft bemüht, ihnen mit strahlendem Optimismus zu begegnen.
Immerhin, bis zum 30. Mai haben 27 Fahrer ihre Meldung abgegeben. Aber Desgrange braucht 50, denn er muß damit rechnen, daß viele von ihnen nach einigen Etappen aufgeben werden. Deshalb ruft er im ›Auto-Vélo‹ vom 5. Juni die Ehre wie auch den gesunden Sinn für den Wert des Geldes der französischen ›Veloziped-Rennfahrer‹ an:
›Die Konkurrenten der Tour de France können versichert sein, daß sie unterwegs nicht mehr Geld brauchen werden, als wenn sie zu Hause in Paris bleiben. Die Hoteliers werden ihnen Sonderpreise anbieten, denn sie haben begriffen, daß es für sie sowohl Ehre als auch Propaganda bedeutet, unsere Fahrer zu beherbergen. Und dann müßt ihr bedenken: Mit 10 Francs Startgeld könnt ihr 20 000 Francs verdienen. Diese Chance gibt es nur einmal. Zauderer, gebt eure Meldung ab!‹
Dieser Appell hat den gewünschten Erfolg. Am 13. Juni, 48 Stunden vor Ablauf der festgesetzten Meldefrist, unterschreibt der 50. Fahrer seinen Vertrag, und zum erstenmal, seit er mit der Tour de France schlafen geht und aufwacht, reibt sich Henri Desgrange die Hände. Es soll nicht das letzte Mal sein. 25 Interessenten melden sich noch verspätet, aber um sein sorgfältig ausgeklügeltes Budget nicht zu überlasten, erlaubt

Desgrange nur 60 Fahrern den Start, der für die dritte Morgenstunde des 1. Juli 1903 angesetzt ist, vor der Herberge zum ›Réveille Matin‹, was zu deutsch ›Morgenwecker‹ heißt, in Villeneuve St. Georges bei Paris.
Obwohl der Tag, der in die Geschichte des Sports eingehen wird, gerade erst zu grauen beginnt, haben sich einige hundert Neugierige eingefunden. Geo Lefèvre schreibt noch schnell ein paar Zeilen über die Startvorbereitungen und drückt sie einem Redaktionsboten in die Hand, dieweil Henri Desgrange die Startflagge senkt und 60 Unerschrockene in das große Abenteuer der Landstraße schickt.
Sekunden später sitzt auch Geo Lefèvre auf seinem Rad, aber nicht, um den künftigen ›Giganten‹ nachzujagen, sondern um über die großen Boulevards zur Gare de Lyon zu flitzen. Er erwischt gerade noch den Frühzug nach Lyon. Dort endet die erste Etappe, und Desgrange hat ihn zum Zielrichter bestimmt. Geo Lefèvre hätte auch einen anderen Weg wählen können. Verschiedene Automobilisten, die das Rennen von Henri Desgrange als amüsante Abwechslung betrachten, haben der Rennleitung ihre Fahrzeuge angeboten, aber der kleine Lefèvre hat mehr Zutrauen zur Eisenbahn und zu den Muskeln der Rennfahrer als zu diesen stinkenden Knatterkisten. Die Fahrer jedenfalls würden Lyon in ungefähr achtzehn Stunden erreichen. Das konnte man auf Grund der bisherigen Erfahrungen ausrechnen. Allein, wer wollte im Jahre 1903 die Fahrzeit eines Automobils errechnen?
Desgrange hat auf der ganzen Strecke in regelmäßigen Abständen Posten aufgestellt, deren Aufgabe es ist, die Redaktion mittels Telegrammen über den Rennverlauf zu unterrichten. Ihre Arbeit sieht so aus:
›Neuville-sur-Rivière: Das Hauptfeld, mit Garin an der Spitze, kam hier um 14.39 durch. Dupont, der einen Reifenschaden hatte, lag 35 Minuten zurück.
Unterschrift: Meunier.‹
Aber von Geo Lefèvre, seinem Lieblingsschüler, verlangt Desgrange mehr. Er muß farbige Reportagen nach Paris liefern,

und so kann man am 3. Juli in ›L'Auto-Vélo‹ lesen: ›Heute nacht habe ich mich, um die entscheidenden Kampfhandlungen dieser Etappe zu erleben, am Rande der prächtigen Landstraße postiert, die, flankiert von alten Bäumen, deren Wipfel sich in der Dunkelheit verlieren, von Nevers nach Moulins führt. Ich sitze im Straßengraben, mein Fahrrad zwischen den Beinen, und warte auf die Spitzengruppe. Endlose Zeit verstreicht, aber dann, gegen 1 Uhr morgens, nähern sich zwei schemenhafte Gestalten auf Fahrrädern.

Ich springe auf und brülle: ›Wer sind Sie?‹

›Garin‹, ruft der eine mit fast fröhlicher Stimme. ›Pagie‹, röhrt der andere, und ehe sie um die Kurve biegen, höre ich noch schallendes Gelächter und so etwas ähnliches wie: ›Es wird Zeit, daß du ins Bett kommst, Kleiner‹.

Und Geo Lefèvre schließt seinen Artikel mit der Feststellung, die ganze Generationen von Radsportjournalisten übernommen haben: ›Die Tour de France verlangt ganze Kerle. Muttersöhnchen müssen zu Hause bleiben!‹

Aber noch steht die Tour auf dünnen und wackeligen Beinen. Und die Fahrer rollen auf entsetzlich empfindlichen Reifen über steinige Straßen. Eine Reifenpanne löst die andere ab; immer wieder passiert es, daß sie an einer Straßenkreuzung die falsche Richtung einschlagen, weil niemand da ist, um ihnen den Weg zu weisen.

Maurice Garin gewinnt die erste Tour de France, aber Frakreich steht deswegen nicht kopf. Das große Publikum ist nicht erobert worden, und viele Leute haben nur ein mitleidiges Kopfschütteln für den Spleen des Monsieur Desgrange übrig.

Wird es eine zweite Tour de France geben?

Nein! Henri Desgrange schreibt es selbst im ›L'Auto-Vélo‹, zwei Tage, nachdem er die kläglichen Reste seiner Zweirad-Armada mit Mühe und Not nach Paris gebracht hat. Er hat nicht nur bittere Erfahrungen, sondern auch ein Defizit eingehandelt. Das Rennen stellt zu hohe Anforderungen an die Fahrer wie an die Organisatoren; die Auflage der Zeitung ist nur unbedeutend gestiegen.

Aber als es im nächsten Jahr wieder Sommer wird, geht dem geborenen Kämpfer Henri Desgrange das Temperament durch. Er will doch einmal sehen, ob die Franzosen tatsächlich Schlafmützen sind, die man nicht wachrütteln kann.
Deshalb kündigt er die zweite Tour de France an. Doch die wird zu einer noch größeren Katastrophe als die erste. Das Publikum hat kein Verständnis dafür, daß Lacouturier, der vier von den insgesamt sechs Etappen gewinnt, nicht Gesamtsieger wird, aus dem lächerlichen Grund, weil er am ersten Tag wegen einer größeren Panne runde zwei Stunden verloren hat. Noch viel schlimmer ist der Skandal, den es nach der Ankunft in Paris gibt. Da wird nämlich einwandfrei nachgewiesen, daß die vier Erstplacierten unterwegs in die Eisenbahn umgestiegen sind, um die Strecke auf recht gemütliche Weise abzukürzen.
Der Organisator Desgrange muß sie wohl oder übel disqualifizieren, aber der Journalist Desgrange wittert die große Chance, welche ein Skandal dem cleveren Zeitungsmann zu bieten vermag.
Und er ergreift sie: ›Endlich sprechen die Leute auf der Straße und in den Bistros von meinem Rennen. Sie lachen oder sie schimpfen, aber sie diskutieren. Das bedeutet, daß die Tour de France ihren Siegeszug antreten wird!‹
Desgrange hat begriffen, daß er die Streckenführung in jedem Jahr ändern und das Reglement ständig verbessern muß. Er bemüht sich, das Rennen durch einen großen Stab von Helfern besser zu kontrollieren, aber er hat gar nichts dagegen, wenn neue Skandale an die Öffentlichkeit dringen. Denn das bedeutet, daß sich die große Presse der Tour annimmt.
Er hat das ›Glück‹, daß die dritte Tour de France mit einem Skandal beginnt, der einen Sturm der Entrüstung von Paris in die entlegensten Provinzen des Landes trägt. ›Unverantwortliche Elemente‹ streuen im Schutze der Dunkelheit auf die Straße der ersten Etappe Nägel, und das Platzen der Reifen gleicht dem Feuer eines Maschinengewehrs. Ganz Frankreich fühlt sich angegriffen. Selbst die dicken Marktfrauen in den Pariser Zentralhallen stemmen entrüstet die Fäuste in die Hüften.

Henri Desgrange schreibt flammende Protestartikel in ›L'Auto-Vélo‹, dessen Auflage rapid ansteigt, im Grunde aber ist er den Übeltätern gar nicht böse. Auch umfaßt sein Rennen jetzt schon einen viel größeren Teil des Landes, denn er hat es auf eine Gesamtlänge von über 3000 km erweitert, mit Etappen in Nancy, Besançon, Grenoble, Toulouse, Bordeaux, La Rochelle, Rennes und Caen. An die Berge der Alpen und Pyrenäen denkt er freilich noch nicht. Kein Mensch hat jemals den Versuch gemacht, sie auf einem Fahrrad zu erklimmen. Denn so etwas wäre nicht nur eine Wahnidee, sondern es wäre einfach unmöglich. Selbst der Avantgardist Henri Desgrange ist dieser Meinung.
Er glaubt jedoch, daß man leichter über die Grenzen gelangt als über die Berge. Wer weiß heute noch, daß die Tour de France in den Jahren 1906, 1907, 1908 und 1909 Station in Deutschland machte? Jedesmal war die alte lothringische Garnisonsstadt Metz, die nach dem Krieg 1870–1871 wieder deutsch geworden war, das Etappenziel. Berlin hatte einen Vorgänger, aber keinen, der dem Kaiser Freude gemacht hätte ...
Man kann auch nicht behaupten, Desgrange habe die Deutschen sonderlich geliebt; ja, ich fand sogar beim Durchstöbern der Archive von ›L'Auto‹ vergilbte Artikel und Briefe von ihm, deren chauvinistischer Ton in Richtung Berlin einen bösen Klang hatte.
Erst in hohem Alter ist er toleranter geworden gegenüber dem Lande jenseits des Rheins. Damals aber wollte er den verhaßten Preußen mit seiner Tour einen Streich spielen. ›Je vais leur jouer un mauvais tour avec mon Tour.‹
Sadismus und Schadenfreude schwangen in diesem echt gallischen Ausspruch mit. Und der Gouverneur von Lothringen, ein Neffe des Grafen Zeppelin, der sich bei der Regierung in Berlin für das Etappenziel Metz erfolgreich eingesetzt hatte, konnte nicht ahnen, welch eine Begeisterung die Tour de France in der für Frankreich ›verlorenen Provinz‹ auslösen würde.

Zum erstenmal seit 1870 wurden in Metz Plakate in französischehr Sprache, die die Ankunft der Tour de France meldeten, an die Häuser geklebt, und die Bevölkerung geriet in einen nationalen Begeisterungstaumel, der, sehr zum Leidwesen des Gouverneurs, unverkennbar französischen Charakter trug.
Aber die Deutschen machten – selbst Desgrange hat es anerkannt – gute Miene zum provozierenden gallischen Spiel. Die Schlagbäume gingen ohne jegliche Formalitäten hoch; alle Gendarmen befolgten strikt die Anweisung, keinen Rennfahrer wegen Überschreitens der zugelassenen Höchstgeschwindigkeit zu bestrafen. Was Henri Desgrange zu der sarkastischen Bemerkung veranlaßte, ein Befehl von oben lasse jeden echten Preußen vor Ehrfurcht erstarren. In ›L'Auto-Vélo‹ aber schrieb er, da er im nächsten Jahr mit seiner Tour wiederkommen wollte: ›Die französischen Behörden sollten sich eine Scheibe von der verständnisvollen Toleranz abschneiden, die man der Tour de France in Deutschland entgegengebracht hat.‹
Und das imponierte dem Berlin unterstellten Gouverneur von Lothringen gar mächtig ...
Der flotte Rechner! Er konnte auf zwei Schultern tragen, wenn es um seine Tour ging. Im übrigen konnte er, innerhalb von Sekunden, Entschlüsse von weitreichender Bedeutung fassen, aber er konnte sich nicht dazu entschließen, die Tour de France über das zerklüftete Gebirgsmassiv der Pyrenäen zu führen.
Denn der Journalist und Organisator Henri Desgrange wollte sich nicht zum Mörder stempeln lassen. Andererseits mußte er in jedem Jahr etwas Neues erfinden, um die Popularität seiner jungen Tour de France zu heben. Als das Jahr 1910 herannahte, sah er ein, daß er im Lande bleiben mußte, um sich redlich zu nähren, denn Berlin untersagte ihm einen neuerlichen Einbruch in deutsches Gebiet. Einfach genug war der Grund: Spontan hatten Tausende von Zuschauern in Metz die Marseillaise angestimmt, und auch der populäre Marsch ›Le Régiment de Sambre et Meuse‹ war zu unverhofften neuen Ehren gelangt, was man in Berlin mit Mißbehagen zur Kenntnis nahm. Der Kaiser verbannte die Tour aus seinem Herrschaftsbereich.

Über die Bergriesen der Pyrenäen!

Henri Desgrange, der bereits mit dem Gedanken geliebäugelt hatte, sein Rennen noch internationaler zu gestalten, sah sich auf seinen Ausgangspunkt zurückgeworfen. So kam es im Frühjahr des Jahres 1910 zu jener folgenschweren Unterredung zwischen dem Vater der Tour und einem jungen Mann namens Alphonse Steines, einem geborenen Organisator, der sich als ›Quartiermacher‹ bereits große Verdienste um das Rennen erworben hatte. Ein gründliches, mühsames Studium der Archive von ›L'Equipe‹ im Hinterhof der Nummer 10 der Rue du Faubourg Montmartre, an der gleichen Stelle, an der Henri Desgrange die Tour de France aus der Taufe hob, gestattet es mir, diesen Dialog zwischen Desgrange und Steines zu rekonstruieren: »Chef, wir müssen etwas unternehmen. Die Tour muß größer und interessanter werden.«

»Größer?«

Henri Desgrange würdigt Alphonse Steines eines Blickes, der so niederschmetternd ist, daß er selbst den erfolgreichsten Vertreter der amerikanischen Schule industrieller Werber zum unverzüglichen Verstummen bringen würde.

»Größer? Ich glaube, du bist nicht recht bei Trost, mein Junge. Du hast mir den Abstecher nach Metz aufgeschwätzt, und du siehst, was dabei herausgekommen ist. Ich habe vorausgesehen, daß das Volk die Marseillaise singen und daß der deutsche Kaiser wenig Verständnis dafür aufbringen würde. Und wenn du mir jetzt sagst, daß die Tour eine neue Grenze überschreiten soll, dann muß ich dir klipp und klar sagen, daß das keinen Sinn hat. Der Kaiser hat nämlich recht: Die Tour de France ist eine Rundfahrt durch Frankreich, und damit müssen wir uns begnügen.«

Aber Alphonse Steines ist genauso gut auf Einwände vorbereitet wie damals Geo Lefèvre, als er dem ›Patron‹ seine Idee von der Tour de France vortrug.

»Wir müssen etwas an der spanischen Grenze unternehmen, Chef. Die Pyrenäen rufen die Tour de France.«

»Die Pyrenäen? Du spinnst, mein Kleiner. Wir haben den Elsässer Belchen in den Vogesen eingeplant, und schon da ist ein Drittel der Fahrer ausgeschieden. Und du denkst ans Hochgebirge? Glaubst du, ich will gelyncht werden von Menschenfreunden, die eine Überquerung der Pyrenäen dem Adler überlassen, der keine Straße braucht, um seine Beute über den Schneefeldern zu suchen?«
Alphonse Steines ist auch auf dieses Argument gefaßt: »Man braucht keine Flügel, um die Pyrenäen zu überwinden, Chef! Schon seit Jahren bin ich überzeugt davon, daß sie der Clou der Tour de France sein werden!«
»Laß dich nicht auslachen, mon petit. Es gibt keine Straßen, die über die Wildnis dieser Berge an der spanischen Grenze führen, aber wenn du mein Rennen unbedingt dem sicheren Untergang zuführen willst, dann fahre hin und überzeuge dich selbst!«
Steines, der Hartnäckige, läßt sich das nicht zweimal sagen. Schon dreimal hat er die Etappe Nimes–Toulouse vorbereitet, aber diesmal will er nach Perpignan fahren, um von dort über die Etappenziele Luchon und Bayonne den Weg über die vier Bergriesen Peyresourde, Aspin, Tourmalet und Aubisque zu finden.
Henri Desgrange, der noch nie vor einem Wagnis zurückgeschreckt ist, riecht den Braten. Aber vorsichtshalber verzieht er das Gesicht:
»Von mir aus kannst du einen Artikel über deine verrückte Idee schreiben; ich werde ihn sogar veröffentlichen. Aber glaube bloß nicht, daß dir die Leute um den Hals fallen werden!«
Desgrange behält recht. Die Reaktion der Öffentlichkeit auf die Pyrenäen-Idee von Steines ist vernichtend: Das Volk wünscht Desgrange, der die armen Fahrer über die schneebedeckten Pyrenäen-Gipfel hetzen will, die Pest auf den Hals.
Aber gerade das ist es, was den Vater der Tour hellwach macht. Wenn die Leute so intensiv diskutieren, darf er sie nicht enttäuschen. Und deshalb schickt er Steines hinunter an die spanische Grenze, mit dem Auftrag, auszukundschaften, ob die vier Pässe Peyresourde, Aspin, Tourmalet und Aubisque tat-

sächlich von Menschen überquert werden können, die sich auf zwei Rädern mit Hilfe von Zahnkränzen und einer Kette fortbewegen.

Und so macht Alphonse Steines eines schönen Maientages des Jahres 1910, auf Spesen-Konto von ›L'Auto-Vélo‹, versteht sich, die an und für sich angenehme und beneidenswerte Reise von Paris an die spanische Grenze.

Aber Steines fühlt sich gar nicht wohl dabei. Er kommt sich vor wie ein Zauberer, der dem Publikum einen sensationellen Trick versprochen hat und fünf Minuten vor der Vorstellung noch nicht weiß, wie er die hochgeschraubten Erwartungen erfüllen soll.

Die Ankunft am Fuße der Pyrenäen ist nicht dazu angetan, sein Selbstvertrauen zu heben. Der sonst so selbstbewußte Sohn der Hauptstadt, der mit den Bürgermeistern der Provinzstädte in Sachen Tour de France zu verhandeln pflegt wie ein Quartiermacher der Armee mit verängstigten Bauern, fühlt sich beim ersten Kontakt mit den Gebirgsbewohnern unsicher, ja fast ein wenig lächerlich.

Plötzlich kommen ihm die Bergriesen der Pyrenäen, deren Gipfel von grauen Nebelschwaden verdeckt sind, viel gewaltiger und unheimlicher vor, als er sie in Erinnerung hat. Und als man ihm sagt, daß erst vor einigen Tagen eines der supermodernen Mercedes-Benz-Automobile beim Versuch, den Tourmalet zu erklimmen, in eine tiefe Schlucht gestürzt ist, möchte er am liebsten von seinem Vorhaben ablassen.

Aber er beschließt dann doch, nach Pau zu fahren, um einen landeskundigen Mann aufzusuchen, nämlich Monsieur Blanchet, den Chef des Hoch- und Tiefbauamtes im zuständigen Departement. Steines hat das Glück, auf einen sportfreundlichen Beamten zu treffen, was in diesem Frühsommer des Jahres 1910 immerhin einiges heißen will.

Als regelmäßiger Leser von ›L'Auto-Vélo‹ ist Blanchet hinreichend über die Tour de France informiert, aber als ihm Steines sein Anliegen vorträgt, bekommt er einen Lachanfall. Doch sehr schnell wird er ernst.

»Ich glaube, ihr seid alle miteinander verrückt geworden in Paris. Die Tour über den Aubisque! Kennen Sie diesen Berg überhaupt?« Steines nickt. »Ich habe ihn mir gestern angeschaut. Die Holzfällerwege sind zwar sehr schmal und übersät von Geröll, aber – wenn man sie herrichtet . . .«
»Herrichten? Ich glaube, Sie scherzen, lieber Freund. Hierfür habe ich kein Geld.«
Jetzt ist Steines in seinem Element. »Wenn es sich nur ums Geld dreht, mein Lieber, werden wir das Kind schon schaukeln.« Und er denkt an den wackeren Victor Goddet, den Schatzmeister von ›L'Auto-Vélo‹, der bisher immer bereit gewesen war, tief in den Kassenschrank zu greifen, wenn es galt, der Tour de France zu helfen. Victor Goddet war, genau wie sein Geschäftspartner Henri Desgrange, ein weitblickender Mann, und es ist eine unbestreitbare Tatsache, daß das Gespann Desgrange–Goddet das dynamischste war, das jemals den Karren einer Sportzeitung gezogen hat. Übrigens erblickte in jenen für die Tour de France so entscheidenden Tagen Victor Goddets Sohn Jacques die Welt, der einmal das Erbe dieser beiden Tour-Pioniere übernehmen und hervorragend verwalten sollte.
Aber das Wickelkind Jacques interessiert den tüchtigen Steines in diesem Augenblick gar nicht. Er will Nägel mit Köpfen machen, und zwar auf der Stelle.
»Hören Sie zu, Blanchet. Was brauchen Sie zum Ausbau der Straße.«
»Eh bien, mit 5000 Francs wäre es vielleicht zu schaffen.«
»Die sollen Sie haben! Ich melde sofort ein Gespräch nach Paris an; Sie werden selbst hören, daß Desgrange keine Schwierigkeiten macht.«
Eine Reihe von glücklichen Zufällen begünstigt die Tour de France. Erstens bringt die Post es fertig, das Gespräch innerhalb von wenigen Minuten herzustellen, zweitens hält Desgrange sich gerade in seinem Büro auf, und drittens ist die Verständigung ausgezeichnet.
So ausgezeichnet, daß Steines beinahe den Hörer fallen läßt, als

Desgrange brüllt: »Was, 5000 Francs, wollt ihr mich ruinieren?« Doch schnell hat Steines, ein Mann von beachtlicher Geistesgegenwart, sich wieder gefaßt. Schließlich liegen mehr als tausend Kilometer zwischen ihm und dem zornigen Chef, und obwohl 5000 Francs im Jahre 1910, wo man das Ei für 0,05 Francs kauft, ein kleines Vermögen bedeuten, wagt er einen neuen Vorstoß:

»Niemand wird sie ruinieren, Chef. Aber bedenken Sie, wir werden für lumpige 5000 Francs Sportgeschichte machen!«

»Sportgeschichte? Daß ich nicht lache! Die Leute werden uns das Haus anzünden, wenn wir den Fahrern diese Strapaze zumuten. Doch hör zu: Ich bewillige 1500 Francs, aber keinen Sou mehr!«

»Sagten Sie 3000, Chef? Wunderbar, ich denke, daß wir damit auskommen können.«

Triumphierend knallt Steines den Hörer auf die Gabel und lädt Blanchet zum Essen ein. Er tut einen tiefen Griff in die Spesenkasse, und als sie beim Käse, einem wundervoll aromatischen Pyrenäen-Ziegenkäse, angelangt sind, ist Blanchet völlig überzeugt davon, daß die Tour de France über den Aubisque rollen muß.

»Wir werden Sportgeschichte machen, Steines. Morgen beginne ich mit den Arbeiten!«

Steines schmunzelt. Er hat den Aubisque im Sturm genommen, und jetzt wird er den noch wilderen Tourmalet in Angriff nehmen.

Am nächsten Mittag erreicht er Sainte-Marie-de-Campan, jenes kleine Gebirgsdorf am Fuße des Tourmalet, in dem ein junger Rennfahrer namens Eugène Christophe drei Jahre später tatsächlich Sportgeschichte machen soll. Aber Tränen ohnmächtiger Wut werden dabei in seinen Augen stehen, und er wird wilde Flüche gegen den Mann ausstoßen, der dem Vater Desgrange diesen heimtückischen Tourmalet aufgeschwätzt hat.

Doch davon ahnt Alphonse Steines nichts, als er ein gediegenes Mittagessen in der einzigen Wirtschaft des Dörfchens einnimmt, die sich gegenüber der Kirche befindet.

»Ihr Schinken ist Sonderklasse, Chef, er zerschmilzt einem geradezu auf der Zunge. Übrigens: Wie kommt man eigentlich über den Tourmalet?«

»Über den Tourmalet? Eh bien, in vier Wochen, im Juli, vielleicht schon, aber erst kürzlich hat es oben geschneit. Tiens, Louis, kannst du dem Herrn aus Paris sagen, ob man jetzt über den Tourmalet kommt?«

Der alte Bergbauer mit verwittertem Gesicht, das Sonne und Wind gegerbt und zerfurcht haben, blickt den Stadtmenschen ein wenig belustigt an.

»Der Tourmalet? Nun ja, da kommt man schon rüber, wenn man ein bißchen Schneid hat. Allerdings nicht mit den Lackschuhen, die der Monsieur aus Paris trägt, ha, ha.«

Andere mischen sich ein; innerhalb einer Viertelstunde hat Steines so viele Meinungen gehört, daß ihm der Kopf schwindelt.

Am besten werde ich mir euren Tourmalet selbst einmal ansehen, meine Herren, und zwar sofort.«

»Warum nicht Monsieur? Aber bedenken Sie, daß Sie von hier bis zum Gipfel 19 Kilometer zurücklegen müssen und daß der Tag schon fortgeschritten ist.«

»Bah, wir werden mein Auto nehmen. Schaufeln und Stangen habe ich dabei.«

Einen Chauffeur, der die Region wie seine Hosentasche kennt, hat sich Steines bereits in Bagnères-de-Bigorre gemietet; bis zum 16. Kilometer kommen sie recht gut voran. Freilich, die schmale, geröllübersäte Straße ähnelt eher einem Holzfällerweg, die zahllosen Schlaglöcher sind eine arge Belastungsprobe für die Achsen und Federn des Wagens. Holpernd und ächzend quält er sich die steilen Rampen hinauf, bis ihn der Schnee zum stehen bringt.

Steines will ihn freischaufeln, aber der Chauffeur winkt ab. »Ich fahre keinen Schritt weiter!«

»Bah, das bißchen Schnee, daran müssen Sie als Bergbewohner doch gewöhnt sein!«

»Es ist nicht der Schnee, Monsieur Steines. Aber wenn er so

liegt, dann kommen die Bären aus Spanien herüber, um unsere Herden aufzufressen. Es ist jetzt sechs Uhr abends, und das ist ihre Zeit. Nein, ich kehre um. Selbst wenn Sie mir tausend Francs bieten. Ich kenne den Berg!«
»Aber ich will heute noch auf den Gipfel!«
Allein, der Mann, der den Berg und die Bären kennt, ist schon dabei, den Wagen zu wenden. Er ist lediglich bereit, Steines noch ein paar gute Ratschläge mit auf den einsamen Weg zu geben.
»Halten Sie sich an die Stangen, die aus dem Schnee ragen. Sie markieren die Mitte der Straße.«
»In Ordnung. Sie fahren also jetzt zurück, um den Berg herum und erwarten mich auf der anderen Seite in Barèges.«
»Ist gemacht, Monsieur Steines. Aber bedenken Sie, daß Sie von hier aus über den Gipfel und nach Barèges hinunter mindestens 12 Kilometer zurücklegen müssen.«
»Verlassen Sie sich darauf, daß ich das tun werde!«
Und dann steht Alphonse Steines allein mit seinen Lackschuhen und seinem Spazierstock in der schneebedeckten Wildnis, drei Kilometer unter dem Gipfel des Tourmalet.
Als er ungefähr einen Kilometer durch den Schnee gestapft ist, sieht er keine Pfähle mehr in der Straßenmitte. Dafür hört er – er traut seinen Sinnen kaum – plötzlich Stimmen. Es sind Schafshirten, die eine große Herde bewachen. Auf Steines' Rufe eilt ein etwa 15jähriger Junge herbei.
»Kennst du den Tourmalet, mein Sohn?«
»Aber natürlich, Monsieur!«
»Also, dann los, führe mich auf den Gipfel.«
»Das kann ich nicht, Monsieur. Wenn der Schäfer merkt, daß ich weggehe, verprügelt er mich.«
»Aber siehst du denn nicht, daß ich dich brauche? Hier, nimm dieses Goldstück. Zwanzig Francs! So viel kannst du den ganzen Sommer über hier nicht verdienen!« Der Junge zögert noch einen Moment, aber dann reicht er Steines die Hand.
Sie brauchen länger als zwei Stunden, um die zwei Kilometer bis zum Gipfel zurückzulegen, und als sie es geschafft haben,

verwünscht Steines die Bauern von Sainte-Marie-de-Campan und den Chauffeur, mit denen er kostbare Zeit vertrödelt hat. Denn die Nacht, eine kalte Nacht ohne Sterne, fällt über das wilde unwirkliche Massiv der Pyrenäen.
»Hier, nimm dein Goldstück, mein Junge, und wenn du mich nach Barèges gebracht hast, bekommst du ein zweites.«
»Das kann ich unmöglich, Monsieur. Der Schäfer würde mich nicht nur verprügeln, sondern auch wegjagen.«
Und die Furcht des Jungen vor dem Schäfer ist größer als das Mitleid mit dem Fremden. Ehe ihn Steines festhalten kann, ist er mit seinem Hund in der Dunkelheit verschwunden, und zurück bleibt ein hilfloser Wandersmann mit einem lächerlichen Spazierstock und mit Lackschuhen, die längst vom Schneewasser durchnäßt sind. Wolkenfetzen und finstere Nacht hüllen ihn ein.
Jetzt erst wird Alphonse Steines richtig bewußt, welches Wagnis er eingegangen ist. Die Bären, die der Neuschnee aus Spanien herübertreibt, fallen ihm ein, und einen Augenblick lang überlegt er, ob er um Hilfe schreien soll. Dann aber nimmt er seine ganze Energie und Vernunft zusammen. »Wenn ich hier oben einschlafe, werde ich entweder erfrieren oder von den Bären gefressen. Ich muß den Weg nach Barèges finden.«
Stundenlang irrt Steines durch die Wildnis. Seinen brennenden Durst löscht er mit Schneewasser, und als die Schneefelder ein Ende nehmen, hört er das Rauschen eines reißenden Gebirgsbaches. Das muß der Bastan sein, der hinunter nach Barèges führt. Plötzlich verliert er den Boden unter den von der ungewohnten Anstrengung zitternden Füßen; rücklings rutscht er, eine gewaltige Steinlawine auslösend, einen steilen Abhang hinunter. Wie durch ein Wunder bleibt er unverletzt, doch nur unter Aufbietung aller Kräfte kommt er, auf allen Vieren kletternd, wieder aus der Schlucht heraus.
Nun sieht er Lichter in der pechschwarzen Nacht. Das können nur die Häuser von Barèges sein! Mit letzter Energie schleppt Alphonse Steines sich weiter, bis er die primitive Straße, die sich die Holzfäller gebaut haben, unter seinen zerschundenen

Füßen spürt. Taumelnd fällt er um drei Uhr morgens einem der Bergführer in die Arme, die ausgezogen sind, um ihn zu suchen.
Ganz Barèges ist auf den Beinen. Der Chauffeur, der ihn drei Kilometer unterhalb des Gipfels seinem Schicksal überlassen hatte, ist klug genug gewesen, in Barèges Alarm zu schlagen.
Es gibt in Barèges sogar einen Mitarbeiter von ›L'Auto-Vélo‹, denn die Zeitung hat durch die Tour de France einen gewaltigen Aufschwung genommen, und Desgrange hat das Netz der Korrespondenten in den letzten Jahren beständig vergrößert.
Im Hause dieses Mitarbeiters nimmt der völlig erschöpfte Steines ein heißes Bad; dann schläft er zwölf Stunden wie ein Murmeltier.
Als er am späten Nachmittag aufwacht, setzt er folgendes Telegramm an Henri Desgrange auf:
GUT ÜBER DEN TOURMALET GEKOMMEN! STOP. STRASSE IN GUTEM ZUSTAND. KEINE SCHWIERIGKEITEN FÜR DIE FAHRER! STEINES.
Und das Schicksal nimmt seinen Lauf. Schon am nächsten Tag veröffentlicht Desgrange jenen aufsehenerregenden Artikel, in dem er dem staunenden Volk Frankreichs ankündigt, daß die Tour de France 1910 über die vier Bergriesen Peyresourde, Aspin, Tourmalet und Aubisque führen wird. Nie hat er heftigere Diskussionen ausgelöst!
Es fehlt nicht an Stimmen, die Desgrange Sensationshunger, ja sogar Sadismus vorwerfen, aber als der Start herannaht, sind es Hunderttausende, die dem großen Wagnis der Pyrenäen-Überquerung entgegenfiebern. In wenigen Jahren werden Millionen von diesem Fieber gepackt sein, das die Tour de France im heißesten Monat des Jahres auslöst, wenn das Gras am Straßenrand verdorrt und die Kühe auf der Weide vor Durst brüllen.

Giftanschlag auf Duboc

Im Jahre 1910 ist der Sport für viele Menschen noch Neuland, das sie nur zögernd und tastend betreten. Noch steht so mancher Bürgermeister der Tour de France feindlich gegenüber, noch flattern Desgrange immer wieder Strafmandate ins Haus, weil seine Fahrer wenig Verständis dafür zeigen, daß die Geschwindigkeitsgrenze für Fahrzeuge aller Art in vielen Ortschaften auf ganze fünf Kilometer in der Stunde festgesetzt ist. Indes, die pflichteifrigen Gendarmen ernten nur Gelächter von einem Publikum, das Geschmack an der sportlichen Leistung gefunden hat, wenn sich dieser Geschmack bisweilen auch noch ein wenig verirrt. Weltmeister in den seltsamsten Spezialitäten werden geboren und freilich auch bald wieder vergessen, so wie ein gewisser Gilles, der die Weltmeisterschaft im Spielkartenzerreißen gewinnt und es dabei auf die beachtliche Leistung von 85 Karten in 46,3 Sekunden bringt.

Henri Desgrange bietet dem staunenden Volk mehr. Seine Giganten der Landstraße nehmen am 3. Juli 1910 15 Etappen mit einer Gesamtlänge von 4474 km in Angriff. Die kürzeste Etappe Nimes–Perignan, führt über 216, die längste, Brest–Caen, über 424 Kilometer! Allerdings hat er diesmal vorgesorgt, um ein ›Massensterben‹ seiner Giganten, die ja die Pyrenäen bezwingen müssen, zu verhindern: Nach jeder Etappe wird ein Ruhetag eingelegt, so daß verletzte oder demoralisierte Fahrer wieder ›startklar‹ gemacht werden können.

Auf diese Weise bringt Desgrange von 136 gestarteten Fahrern 41 nach Paris zurück und liefert den Beweis, daß furchtlose Männer die gefährlichen Pyrenäen-Berge tatsächlich auf zerbrechlichen Zweirädern bezwingen können. Niemand hat das für möglich gehalten, und die Stimmen, die Desgrange Sadismus vorwerfen, werden übertönt von denen, die sich an den Leistungen der Fahrer begeistern.

Freilich geben viele entkräftet und entmutigt am Tourmalet und am Aubisque auf, andere überwinden die größten Steigungen zu Fuß. Aber die ganz Zähen bringen es fertig, auf den schauerlichen Straßen im Sattel zu bleiben und diese Bergriesen, deren Wildnis sie nie zuvor gesehen haben, zu bezwingen, ohne auch nur für eine Sekunde den Fuß auf den Boden zu setzen, auf dem sich über Jahrzehnte hin die großen Dramen und Heldentaten der Landstraße abspielen sollen.

So einer ist Octave Lapize. Dieser 21jährige schwarzgelockte Sohn einer Pariser Arbeiterfamilie, den sie wegen seiner Haarpracht ›Le Frisé‹ nennen, ist der Held der beiden großen Pyrenäen-Etappen. Er gewinnt sie beide und schafft damit die Voraussetzung für den Gesamtsieg vor dem luxemburgischen Riesen François Faber und seinem Landsmann Garrigou.

Die Pyrenäen sind bezwungen; Paris bereitet den 41 ›Überlebenden‹ einen Empfang der nicht weniger stürmisch ist als der, den die russischen Kosmonauten mehr als ein halbes Jahrhundert später in Moskau erleben werden. Eine neue Etappe in der Geschichte der Tour de France hat begonnen. Desgrange und Steines aber reiben sich die Hände. Jetzt wissen sie, daß das Hochgebirge bisher noch in ihrer Tour gefehlt hat. Schon im nächsten Jahr nehmen sie den mehr als 2000 m hohen Alpenriesen Galibier, auf dessen Gipfel der Schnee auch im Juli nicht wegschmilzt, ins Programm auf. Trotzdem spielt sich das Drama der Tour de France 1911 nicht in den Alpen, sondern in den Pyrenäen ab.

Genauer – am Aubisque, den Alphonse Steines ein Jahr zuvor mit Hilfe von Monsieur Blanchet und von 3000 Francs ›befahrbar‹ gemacht hat. Duboc, ein kleiner und fast unbekannter Mann aus Rouen, der so schmalbrüstig ist, daß seine kraftstrotzenden Konkurrenten Faber, Garrigou, Lapize und Christophe behaupten, er habe sich noch niemals in seinem Leben sattgegessen, hat sich zur allgemeinen Überraschung nach zehn Etappen an die Spitze gesetzt. Die Tour hat den Pyrenäen-Kurort Luchon erreicht; unmittelbar nach dem Start zur 11. Etappe beginnen die Serpentinen, die hinaufführen zum Gipfel des Tourmalet, wo der wackere Alphonse Steines beinahe von den spanischen Bären gefressen worden wäre.

Sogleich setzt der kleine Duboc, der bisher außer den sanften

Octave Lapize, Tour-Sieger von 1910, war der erste »König der Pyrenäen«. Er fiel 1915 in den Ardennen.

Hügeln seiner Normandie noch keinen Berg kennengelernt hat, sich an die Spitze des Feldes. Hurtig wie eine Gemse nimmt er die steilsten Rampen; und als er die Gipfelhöhe erklommen hat und den letzten Pedaltritt vor der halsbrecherischen Abfahrt hinunter nach Argèles tut, quälen die Konkurrenten mit den großen Namen sich noch tief unten durch die Serpentinen. Gelegentlich nehmen vorüberziehende Wolkenfetzen dem kleinen Duboc die Sicht, dann bremst er scharf ab, denn wer einen solchen Vorsprung herausgefahren hat wie er, der braucht kein Risiko einzugehen. Für ihn ist die Tour de France sozusagen ›dans la poche‹. Er hat den Endsieg in der Tasche.

Die Verpflegungskontrolle in Argèles ist mit einem Zwangsaufenthalt verbunden. Hunderte von begeisterten Zuschauern wollen dem kleinen Mann aus der Normandie auf die Schultern klopfen, als er seinen Namen unter das Kontrollblatt setzt, das ihm ein Rennkommissar reicht.

Und auch Duboc möchte alle diese Leute, die ihn als den König der Pyrenäen feiern, umarmen. Er wird die Tour de France gewinnen und sich dann ein Häuschen in der Normandie bauen.

Der Tourmalet? Nun ja, ein gewaltiger Brocken ist das schon, aber er, Duboc, hat ihm eine lange Nase gemacht, hat ihn im Sturm genommen. Er fühlt sich frisch und unternehmungslustig wie noch nie in seinem Leben.

Allerdings, Durst hat er auch. 20 Kilometer steilsten Aufstiegs machen die Kehle trocken. Hochwillkommen ist ihm deshalb die Flasche, die ihm ein Unbekannter in die Hand drückt, ehe er wieder aufsitzt, um den Aubisque in Angriff zu nehmen. Duboc nimmt einen großen Schluck, und dann will er den Berg genauso verschlucken wie den Inhalt dieser Flasche.

Aber plötzlich ist ihm, als habe er einen Schlag auf den Kopf bekommen. Die Kraft schwindet aus den sehnigen Beinen wie die Luft aus einem defekten Fahrradschlauch.

Und dann wird es ihm schwarz vor den Augen. Ein Begleitwagen kann gerade noch abbremsen, um den gestürzten Duboc nicht zu überfahren. Neben ihm ergießt sich der Inhalt der

mysteriösen Flasche auf die Straße und verbreitet einen widerlichen Geruch nach Apotheke.
Die Männer, die den vor Schmerzen sich krümmenden Duboc in den Straßengraben legen, wissen Bescheid: Vergiftung!
Länger als eine Stunde liegt Duboc im Straßengraben. Zehnmal übergibt er sich; sein schmales, blasses Gesicht scheint nur noch aus den Backenknochen zu bestehen.
Anstatt jedoch in den Begleitwagen zu steigen, verlangt er sein Rad, quält sich in unregelmäßigen Zickzack-Kurven die lange Steigung zum Aubisque-Gipfel hinauf. Als letzter erreicht er das Etappenziel Bayonne. Sein schöner Traum vom Tour-Sieg ist zunichte.
Die Untersuchung ergibt nichts. Der Mann, der dem kleinen Duboc Gift gereicht hat, ist nicht aufzufinden. Nutznießer dieses heimtückischen Attentats ist der große Favorit Garrigou, der die Führung in der Gesamtwertung übernimmt, aber schon am nächsten Tag Drohbriefe erhält, die ihm ein noch schlimmeres Schicksal versprechen als das, welches den kleinen Duboc ereilte. Garrigou kann nachweisen, daß er unschuldig ist, aber er muß abends in der Etappe Leibwachen vor seinem Hotelzimmer aufstellen, um von den erbitterten Anhängern Dubocs nicht gelyncht zu werden.
Duboc, der sich schon am nächsten Tag wieder gefangen hat und noch zwei Etappen gewinnt, versteht die mißliche Situation, in die sein Freund Garrigou geraten ist. Er möchte ihm gerne helfen. Aber er ist machtlos gegen den Zorn der Menge.
Eine Katastrophe bahnt sich an, als die Tour sich Rouen nähert, der Heimatstadt Dubocs. Hier hat die Erregung ein solches Ausmaß erreicht, daß man um das Leben des armen Garrigou fürchten muß. Vor dem Start zu dieser ›Lynch-Etappe‹ hält Desgrange dem kleinen Duboc mit ernstem Gesicht ein Plakat unter die Nase, das ihm ein Mitarbeiter aus Rouen geschickt hat, wo es Fanatiker an die Hauswände geklebt haben:
›Bürger von Rouen! Wenn man mich nicht vergiftet hätte, dann wäre ich heute Spitzenreiter der Tour de France. Ihr wißt, was ihr zu tun habt, wenn die Karawane durch Rouen rollt!‹

Dieses Pamphlet trägt die Unterschrift ›Duboc‹.
Desgrange ist außer sich vor Wut; er weiß, daß in Rouen sein ganzes Rennen auf dem Spiel steht.
»Hast du diesen Mist geschrieben?«
»Aber nein, Monsieur Desgrange!«
Der kleine Duboc ist genauso empört über diesen Bubenstreich hysterischer Fanatiker wie der Vater der Tour; er will sogar das Rennen aufgeben, obwohl er sich inzwischen wieder auf den zweiten Platz der Gesamtwertung vorgearbeitet hat. Aber da kommt er bei Desgrange an den Falschen.
»Jetzt wird nicht gekniffen. Wir werden diese Esel übertölpeln!«
Und so geschieht es zum ersten- und letztenmal in der Tour de France, daß der Rennleiter höchstpersönlich einen Fahrer ›verkleidet‹. Garrigou erhält eine dunkle Brille und wird in ein anderes Trikot gesteckt. Außerdem wird der Rahmen seiner Maschine mit einer anderen Farbe überpinselt, und drei jener knatternden und vorsintflutlichen Automobile des Jahres 1911 ›umzingeln‹ Garrigou buchstäblich während der Fahrt durch Rouen, dessen Straßen schwarz sind von aufgeregten, rachsüchtigen Menschen.
So erregt sind sie, daß sie den Trick des gewitzten Desgrange nicht durchschauen. Es passiert gar nichts, und als die Karawane die letzten Häuser von Rouen hinter sich läßt und hineinrollt in den fruchtbaren Obstgarten der Normandie, lehnt Henri Desgrange sich aufatmend in den Ledersitz seines Delahaye zurück. »Diese verbohrten Fanatiker. Fünf Jahrhunderte nach Jeanne d'Arc wollten sie in Rouen abermals einen Unschuldigen auf den Scheiterhaufen bringen!«
Garrigou gewinnt diese Tour vor dem kleinen Duboc und Georget, dem Sieger von Galibier, auf dessen Gipfel man für die Fahrer einen schmalen Pfad durch die Schneemassen geschaufelt hatte. Das Hochgebirge ist endgültig erobert, und das Heldenlied von Giganten der Landstraße dringt bereits über die französischen Grenzen. Es begeistert vor allem die Belgier; in den nächsten drei Jahren werden belgische Rennfah-

rer den Ton auf Frankreichs Landstraßen angeben: 1912 erringt Odile Defraye den ersten Tour-de-France-Sieg für Belgien, und 1913 und 1914 triumphiert sein Landsmann Philippe Thys. 48 Stunden nach seinem zweiten Sieg bricht der Erste Weltkrieg aus.

Er bedeutet das Ende des ersten Kapitels in der ereignisreichen Geschichte der Tour de France, eines Kapitels, das die Franzosen die ›époque héroique‹ getauft haben, die ›heroische Epoche‹. Ich konnte nur Fragmente aus ihr herausgreifen, denn tausend Seiten würden nicht genügen, um alle die Steinchen zum großen Mosaik der heroischen Epoche zusammenzusetzen.

Aber dieses Kapitel bedarf noch einiger Ergänzungen, wenn es nicht brüsk und lieblos abgeschlossen werden soll. Eine der verblüffendsten Entdeckungen, die ich machte, als ich mich an die Wurzeln der Tour de France herantastete, war die Tatsache, daß die ›Domestiken‹ oder ›Wasserträger‹, die die Leibgarde der heutigen Champions bilden, schon in der Steinzeit der Tour existierten und keineswegs von einem großen ›Pédaleur‹ erfunden wurden, sondern von einem Mann, dessen Name in keiner Ergebnisliste registriert wird. Es war Monsieur Pépin de Gontaud, ein reicher Adliger, der verschiedene Schlösser und eine große Dienerschaft sein eigen nannte, ohne daß er damit seine Langeweile vertreiben und seinen sportlichen Betätigungsdrang hätte befriedigen können.

Da kam Henri Desgrange mit seiner ›Tour‹, und dieser Wettbewerb faszinierte den reichen Grafen so, daß er im Jahre 1907 seine Meldung abgab, nicht ohne sich vorher die Dienste zweier bekannter Rennfahrer gesichert zu haben: Daragassies und Gauban.

Nun muß man wissen, daß es im Jahre 1907 noch kein Ausscheiden wegen Zeitüberschreitungen gab, daß jeder Teilnehmer der Tour im Etappenziel ankommen konnte, wann er wollte. Damals war Desgrange froh, wenn überhaupt jemand ankam.

Monsieur Pépin de Gontaud hatte keinen sonderlichen Ehrgeiz. Er wollte die Tour de France nicht gewinnen, was ihm freilich auch beim besten Willen nicht hätte gelingen können, aber er wollte dabei sein. Ein echter Jünger des Barons de Coubertin, sozusagen . . .

Schon nach den ersten Kilometern einer Etappe war er hoffnungslos abgehängt, aber das störte ihn gar nicht, denn seine beiden getreuen ›Domestiken‹, die er fürstlich bezahlte, leisteten ihm Gesellschaft. Er warf den hübschen Mädchen am Wegesrand Kußhände zu und fühlte sich als Gigant der Landstraße. Wenn er Hunger verspürte, dann sagte er zu seinen beiden Domestiken: »Im nächsten Restaurant werden wir uns ordentlich auffrischen.« Und dann regalierten sich die drei ›Giganten‹ an einer opulenten Mahlzeit, die mit dem Apéritif begann, und mit einem Cognac, dessen Alter und Provenienz Monsieur Pépin de Gontaud nicht versäumte sorgfältig zu prüfen, aufhörte. Und wenn sie dann wieder in den Sattel stiegen, sangen sie zur Verdauung noch einige lustige Lieder. Denn Monsieur Pépin war ein Freund der Gemütlichkeit und ein Feind überhöhter Geschwindigkeit. Und als es diesem Gemütsmenschen eines Tages passierte, einen völlig erschöpften Fahrer einzuholen, packte ihn das Mitleid. Er lud ihn zu einer handfesten Mahlzeit ein – und verpflichtete ihn als dritten Domestiken.

Aber auf die Dauer war die Tour für den Grafen aus Toulouse doch zu anstrengend; eines schönen Tages erklärte er seinen drei Dienern, er werde auf dem nächsten Bahnhof den Zug besteigen, um nach Hause zu fahren. Sie gaben alle zusammen auf, und der Graf drückte jedem außer der Fahrkarte noch eine Summe in die Hand, die selbst den Tour-Sieger vor Neid hätte erblassen lassen.

Keine Ergebnisliste nennt den Namen Pépin de Gontaud, tatsächlich aber war dieser Edelmann aus Frankreichs sonnigem Süden der Erfinder der Domestiken, ohne die ein moderner Tour-de-France-Sieger nicht mehr auskommen könnte.

Freilich, damals sprach noch niemand von Domestiken. Henri Desgrange blieb es vorbehalten, diesen Begriff vier Jahre später,

im Jahre 1911, zu prägen. Er tat es, wie wir gleich sehen werden, in recht abwertender Weise.
Desgrange, dem keine Einzelheit entging, wenn sich Entscheidungen auf den einzelnen Etappen anbahnten, hatte in der Tat festgestellt, daß ein gewisser Brocco, der über einen ausgezeichneten Spurt verfügte, seine Dienste meistbietend an zahlungskräftige Konkurrenten verlieh. Und deshalb schrieb er eines Tages in seine Zeitung, die jetzt nur noch ›L'Auto‹ hieß: ›Dieser Kerl ist ein feiler Taugenichts. Er ist es nicht wert, an unserem großen Rennen teilzunehmen. Er ist ein Domestike!‹
So wurde der Begriff geboren. Brocco ärgerte sich mächtig darüber, und er beschloß, dem ›Père Desgrange‹ zu zeigen, was für ein Kerl er sei. Auf der großen Pyrenäen-Etappe startete er einen Großangriff zwischen Tourmalet und Aubisque, und im Etappenziel Bayonne hatte er dem späteren Gesamtsieger Garrigou 21 Minuten abgenommen!
Desgrange war verblüfft. Aber die außergewöhnliche Leistung Broccos nötigte ihm doch keinen Respekt ab. Im Gegenteil. Am nächsten Tag schrieb er in ›L'Auto‹:
›Dieser Bursche hat in den Pyrenäen bewiesen, daß er auf den vorhergehenden Etappen seine Chancen nicht wahrgenommen, sondern sich verkauft hat. Er hat eine Bestrafung verdient und wird disqualifiziert.
Heute hat die Rennleitung der Tour de France ganz andere Ansichten über die Tätigkeit der Domestiken. Es lohnt sich aber noch einen Augenblick bei dieser Tour de France von 1911 zu verweilen, die so reich an dramatischen Ereignissen war.

Weil er nicht in einem Bett sterben wollte . . .

In einer heißen Julinacht des Jahres 1911 führt ein Mann der Tour de France alle Erfahrungen der ärztlichen Wissenschaft ad absurdum, aus dem einfachen Grund, weil er nicht in einem Bett sterben will. Wenn schon, dann soll ihn das Geschick auf der Landstraße ereilen!

In diesem Jahr hat die Tour einen Ruhetag in Marseille. Acht Etappen sind noch bis Paris zurückzulegen, und die Backofenhitze, die über dem Häusermeer der großen Hafenstadt brütet, läßt die Fahrer mit Grausen an den folgenden Tag denken, an dem sie 335 Kilometer zurücklegen müssen, um Perpignan, das nächste Etappenziel, zu erreichen.
Die meisten von ihnen liegen bei verschlossenen Jalousien in den weichen Betten ihrer Hotelzimmer, wobei sie die Beine, ihr kostbarstes Gut, höher lagern als den Kopf. Denn sie haben herausgefunden, daß ihnen diese Ruhestellung die beste Entspannung bringt.
Aber der luxemburgische Riese François Faber und sein Stiefbruder Ernest Paul spötteln über ein solches Verhalten ›de fils à papa‹, was man wohl am besten mit ›Muttersöhnchen-Manieren‹ übersetzt. Denn diese beiden Kolosse, die die Tour bereits viermal mitgemacht haben und die nach einem elfstündigen Rennen so frisch vom Sattel steigen, als ob sie eine Sonntagmorgenfahrt unternommen hätten – diese beiden kraftstrotzenden Riesen machen einen Spaziergang auf der Cannebière. Schließlich kommt man verdammt nochmal, nicht alle Tage nach Marseille.
Der Anblick der Fischerboote, die auf den Wellen des ›Vieux Port‹ tanzen, bringt Ernest Paul auf eine Idee.
»Dis donc, François, was hältst du davon, wenn wir heute abend in einem dieser Bistros wieder einmal etwas Ordentliches essen würden? Ich habe die Schnauze voll von den Beefsteaks, die uns der Vater Desgrange jeden Abend servieren läßt. Ich möchte wieder einmal einen richtigen Fisch essen, auch Austern oder Hummer, so lange, bis ich genug habe, wie ein richtiger Monsieur.«
Ernest Paul braucht seinen Stiefbruder nicht zweimal zu bitten. Auch François Faber ist oft genug hungrig aufgestanden nach den Mahlzeiten, die die Rennleitung in den Etappenzielen spendiert. Für einen Dreikäsehoch wie den kleinen Duboc mag das reichen, aber ein Zwei-Zentner-Mann wie François Faber stellt andere Ansprüche als so ein schmalbrüstiger Floh.

Fünf Minuten später sitzen die beiden in einem Restaurant des Alten Hafens und erregen mit ihrem unwahrscheinlichen Appetit die Bewunderung eines ganzen Bataillons von Kellnern. Austern, Langusten und Muscheln sind lediglich ihre Vorspeise zu einer Mahlzeit, die drei Stunden währt und fast ihr ganzes Barvermögen verschlingt.

Tant pis, man muß auch etwas vom Leben haben! Zum Nachtisch verzehren sie die ganze Käseauswahl, die ihnen serviert wird, und dann kippen sie, nach dem schweren Bordeaux, noch einige Cognacs, um dem überladenen Magen Ruhe zu verschaffen. Arm in Arm und in dem freudigen Bewußtsein, endlich wieder einmal gut gelebt zu haben, gehen sie in ihr Hotel zurück.

In dem Doppelzimmer mit der geblümten Tapete, die auch gegenwärtig noch die neueste Errungenschaft der französischen Hoteliers zu sein scheint, lastet die dumpfe Schwüle des Marseiller Sonnentags. Aber unsere beiden Burschen sind so satt und zufrieden, daß ihnen das überhaupt nichts ausmacht. Nach wenigen Minuten dringt ihr sonores Schnarchen durch die Tür, das jeden ›normalen‹ Gast unweigerlich aufwecken würde. Aber es gibt in dieser Nacht keine normalen Gäste. Alle Zimmer sind mit Teilnehmern an der Tour de France belegt.

Plötzlich ist da ein Geräusch, das François Faber hochschrekken läßt. Es ist ein langgezogenes Wimmern, und zunächst denkt der Riese aus Luxemburg an die vielen Katzen, die im Marseiller Hafen herumstreichen. Da muß sich doch tatsächlich eine unter seinem Bett verkrochen haben!

Doch dann ist er mit einem Satz aus dem Bett. Dieses jämmerliche Wimmern rührt von keiner Katze her, sondern von Ernest Paul, seinem Stiefbruder. Totenbleich, mit weit aufgerissenen Augen, liegt er in seinem Bett. Nur stoßweise geht der Atem. François Faber, der Mann, der den Zusammenbruch Dutzender von Fahrern erlebt hat, ohne dabei seine Fassung zu verlieren, wird von Angst gepackt.

»Ernest stirbt!« schreit er, als er die Tür des Zimmers aufreißt, in dem der Masseur Panosetti schläft. Sekunden später wimmelt

der Korridor von aufgescheuchten Rennfahrern und Offiziellen, aber Faber läßt nur Panosetti an das Bett seines kranken Bruders.
Der sieht sofort, daß mit seiner Kunst hier nichts mehr zu retten ist. Man muß Manchon wecken, den ungekrönten König der Pfleger und Masseure, der das richtige Mittel weiß für alle Verletzungen und Krankheiten, die es bei der Tour gibt. Einen richtigen Arzt freilich gab es damals noch nicht in der Karawane. Daran hatte Desgrange noch gar nicht gedacht; außerdem interessierte die Wissenschaft sich noch nicht für die Tour de France.
Als Manchon den Raum betritt, der zum Krankenzimmer geworden ist, stürzt ihm Faber händeringend entgegen:
»Wenn du ihm nicht sofort hilfst, stirbt er!«
»Der? Ich glaube, ihr seid alle verrückt geworden«, poltert Manchon los. »Für einen solchen Koloß ist die Tour de France eine Ferienreise!«
Aber als er sich dann über den von Krämpfen geschüttelten Mann beugt, die Augenlider anhebt und den Pulsschlag prüft, erschrickt auch er, der abgebrühte ›Mediziner‹. Er sieht die schwärzlich geschwollene Zunge in dem weitgeöffneten Mund des Kranken.
»Holt sofort einen Arzt. Ich bin sicher, daß es eine schwere Fischvergiftung ist!«
Fast eine Stunde vergeht, ehe der Arzt am Krankenbett steht. Stumm machen ihm die zwanzig Männer, die sich inzwischen in dem kleinen Hotelzimmer eingefunden haben, Platz; kalte Angst steht in ihren Augen.
Sehr ernst sagt der Arzt, nachdem er die Untersuchung beendet hat und seinen Koffer öffnet, um eine Spritze vorzubereiten: »Der Mann leidet an einer schweren Vergiftung; man muß mit dem Schlimmsten rechnen. Lassen Sie ihn keine Sekunde allein und geben Sie ihm ununterbrochen kleine Eisstücke in den Mund. Außerdem wäre es gut, seine Familie und einen Pfarrer zu benachrichtigen. Morgen früh um acht Uhr komme ich wieder.«

Er hätte nur noch hinzufügen brauchen: »Aber es wird wenig Sinn haben.« So düster ist das Bild, das sich ihm geboten hat. Und da er spürt, daß hier ganze Kerle versammelt sind, will er auch keine halben Wahrheiten auftischen. Allerdings, daß der fast bewußtlose Kranke die Gefahr seines Zustandes erfassen könnte, damit rechnet der Doktor nicht. Ernest Paul bäumt sich mit all der ungeheuren Energie, die er sich im Kampf auf glutheißen Landstraßen und schneebedeckten Gebirgspässen angeeignet hat, gegen das Verhängnis auf. Die Landstraße, das ist seine Welt; wenn er sterben soll, dann wird er es dort tun, wo er hingehört, nicht aber in einem Hotelbett!

Und während François Faber ihm behutsam Eisstückchen in den Mund schiebt und scheue Blicke zum Fenster hinüber wirft, hinter dem der Tag zu grauen beginnt, bekämpft Ernest Paul die Krise mit einer Willenskraft, die der brave Doktor aus Marseille, der zuvor noch nie einen Giganten der Landstraße gesehen hat, sicherlich als übermenschlich bezeichnet hätte.

Manchon, der ihn ebenfalls keine Sekunde aus den Augen läßt, stellt fest, daß die Schwellung der Zunge zurückgeht. Und dann verlangt Ernest Paul, lallend zwar, aber doch verständlich, zu trinken. Sie flößen ihm ein wenig kalten Kaffee ein, und zehn Minuten später atmet er wieder besser, und auch der Herzschlag wird stärker. Jetzt ist Manchon, der ›Medizinmann‹, wieder in seinem Element:

»Er ist über den Berg, François! Du kannst beruhigt an den Start gehen. In acht Tagen ist er wieder munter wie ein Fisch im Wasser.«

»In acht Tagen?« Ernest Paul hat sich, trotz der Proteste seines Stiefbruders im Bett aufgesetzt. »Ihr glaubt wohl, ich lasse François im Stich? Er muß diese Tour gewinnen, ich werde ihm dabei helfen! Wenn dieses Doktorlein wieder kommt, um meinen Totenschein auszustellen, dann richtet ihm aus, ich hätte heute noch ein wenig zu tun. Und nun steht nicht so dumm herum, sondern helft mir ins Trikot und in die Rennhose; Vater Desgrange hat es nicht gern, wenn man zu spät an den Start kommt!«

»Trink wenigstens noch eine große Tasse heißen Kaffee mit Milch«, rät Manchon.
Diesmal gehorcht Ernest Paul. Und dann sehen Hunderte von erstaunten Straßenpassanten, wie ein Rennfahrer, wankenden Schrittes, gestützt von einem anderen, sich vom Hotel zum Startplatz schleppt. Weit kommt der nicht, davon sind alle überzeugt, selbst François Faber.
Inzwischen wartet Manchon im Hotel auf die Ankunft des Arztes. Denn erstens hat man ihn bestellt, zweitens muß auch die finanzielle Seite geregelt werden.
Als der Doktor das leere Bett sieht, ist der Fall für ihn klar: »Glauben Sie mir, lieber Freund, ich habe alles versucht, aber hier kam ärztliche Hilfe zu spät.«
»Aber lieber Doktor, wir sind Ihnen zu größtem Dank verpflichtet. Durch diese Tür ist er hinausgegangen; jetzt sitzt er schon wieder auf seinem Rennrad!«
Minutenlag muß Manchon dem verdutzten Arzt beteuern, daß er die Wahrheit spricht. Und als er nach dem Honorar fragt, ist er der Überraschte:
»Die Behandlung war kostenlos. Ich kann nur Geld von normalen Sterblichen nehmen. Aber der da, das war ein Übermensch. Sie dürfen mir glauben, daß ich nie mehr über die Tour de France lächeln werde!«
Ernest Paul erreichte an diesem Tag das Etappenziel Perpignan zwar erst eine Stunde nach dem Sieger, aber noch vor Kontrollschluß. Auf der schweren Pyrenäenetappe Luchon–Bayonne belegte er den 4. Platz. Als der Ring dieser Tour de France sich in Paris schloß, lag er in der Gesamtwertung auf dem 8. Rang. Der Doktor aus Marseille aber fand wenig Glauben, wenn er seine erstaunliche Geschichte erzählte. Selbst in der Stadt von Marius und Olive, wo die unwahrscheinlichsten Fabeln für bare Münze genommen werden, hielt man ihn für einen Aufschneider.
Heute weiß man, daß sich die Rennfahrer in der ›heroischen Epoche‹ der Tour de France falsch ernährten. Sie wußten nicht oder nur wenig vom Wert konzentrierter und dennoch leicht

verdaulicher Nahrung für den Hochleistungssportler, und wenn sie im allgemeinen auch auf schwere Schlemmermahlzeiten, wie sie sich Ernest Paul und François Faber in Marseille leisteten, verzichteten, so taten sie es in erster Linie aus finanziellen Gründen. Sie wußten nichts von den Anforderungen, die konzentrierte sportliche Dauerleistungen an ein Verdauungssystem stellen, das ständig große Mengen Energie hergeben muß. Und deshalb wußten sie auch nichts davon, daß dieses System streiken und zusammenbrechen mußte, wenn eine kurze Ruhepause dazu benützt wurde, um ihm schwer verdauliche Leckerbissen zuzumuten. Sie wurden zu gefährlichen Bleiklumpen, wenn sie erst einmal den lüsternen Gaumen passiert hatten.
Über das Ernährungsproblem des Tour-Fahrers, das eigentlich erst von dem großen Fausto Coppi richtig gelöst wurde, wird noch einiges zu sagen sein. Aber nach Ernest Pauls unwahrscheinlichem Marseiller Abenteuer muß die Geschichte vom Malheur des Eugène Christophe erzählt werden. Denn sie hat dazu beigetragen, dem großen Publikum eine Vorstellung vom Heldentum der Landstraße zu geben. Eugène Christophes Pyrenäen-Abenteuer mußte auch den hartnäckigsten Gegner der Tour klarmachen, daß diese Männer ihre Strapazen nicht nur des Ruhmes und des Geldes wegen auf sich nahmen. Dahinter steckte mehr.

Die fliegende Spritze

Wenn die Tour zu Ende geht, sind auch die Zähesten gezeichnet. Die Hälfte der Gestarteten ist ausgeschieden; von der anderen Hälfte ist die Hälfte krank.
Aber jetzt geht es ums Durchhalten, weil in Paris Zahltag ist. Wer ausscheidet, bekommt weniger. Fußballer führen ein rosiges Leben gegenüber den Männern, die als Giganten der Landstraße bezeichnet werden, aber sich selbst

ihre Sträflinge nennen, seit der berühmte Reporter Albert Londres diesen Begriff prägte.

Jetzt geht's darum, Paris zu erreichen, und mancher fühlt sich nicht besser als Napoleon bei seinem Rückzug von Moskau. Aber wenigstens schneit es nicht, und die Straßen sind besser. Und es gibt den Doktor. Genauer gesagt, die vier Doktoren. In dieser Schlußphase des Rennens arbeiten sie rund um die Uhr.

Stoßzeit haben sie nach der Ankunft im Etappenziel, wenn es gilt, die Mannschaften in ihren Hotels aufzusuchen. Da gilt es, frische Wunden zu untersuchen, die nicht allein der Pflege des Masseurs überlassen werden können, und oft genug kann im Hotel nichts entschieden werden. Röntgenaufnahmen in der Klinik sind notwendig.

Die Kundschaft der Ärzte setzt sich aus allen Teilen der Karawane zusammen. Da hat ein Rennkommissar einen schlechten Fisch gegessen und fühlt sich vergiftet. Da packt den Tour-Direktor plötzlich das Zipperlein, und der Technische Direktor einer Mannschaft sieht nichts mehr, weil ihn eine Wespe ins Auge gestochen hat. Und morgens um drei fällt ein Mechaniker, der die Rennmaschine seines Stars zum drittenmal auseinandergenommen hat, mit einem Kreislaufkollaps auf die Nase.

Jetzt, kurz vor Paris, müßten eigentlich die Ärzte zum Doktor. Oder morgens, wenn's wieder losgeht, im Auto etwas Schlaf nachholen.

Aber das geht nicht. Vorbei die ruhigen Tage, an denen ihnen die Rennfahrer lachend zuwinkten und fragten, ob sie nicht zufällig eine schnelle Pulle in ihren schwarzen Beständen hätten. Jetzt lassen sie sich, kaum daß gestartet ist, scharenweise zum weißen Ärztewagen, der unmittelbar hinter dem Feld fährt, zurückfallen. »Docteur, s'il vous plait! Mein linkes Knie ist wieder dicker geworden.«

Der Doktor reicht Pomade aus dem Wagen, und im 40-Kilometer-Tempo reibt der Fahrer sein Knie ein. Umge-

kehrt wie ein normaler Mensch. Er braucht nur die Hand hinzuhalten, das Knie kommt immer von alleine. Ein anderer braucht Tabletten gegen Halsschmerzen und Fieber und der nächste gar eine Spritze. Er zieht die Rennhose ganz hoch, hält sich mit der Hand am Wagen fest, rollt im Freilauf und winkelt dem Arzt den Schenkel entgegen. Und der haut ihm das Ding rein, als ob es keine Spritze, sondern einer jener bunten Pfeile des Dart-Spiels wäre, mit denen man im Garten auf Korkscheiben zielt. Ist natürlich kein Doping, und dankbar stößte sich der Rennfahrer vom Wagen ab und strampelt dem davongeeilten Haufen nach. Und unermüdlich und unverdrossen schuften die vier medizinischen Schwerstarbeiter der Tour weiter, um nach Paris zu bringen, was übriggeblieben ist.

›Le vieux Gaulois‹

Kein Rennfahrer hat den Leidensbecher der Landstraße so auskosten müssen wie Eugène Christophe, keinem hat so rabenschwarzes Pech an den Reifen geklebt wie ihm. Aber auf keinen Rennfahrer sind auch so viele Trinksprüche ausgebracht worden, und noch heute läßt man ihn täglich hochleben im Restaurant zum ›Vieux Gaulois‹ in der Rue du Faubourg Montmartre, das ihm zu Ehren diesen Namen trägt. Denn Eugène Christophe ist einer der Unsterblichen der Tour.

Man schreibt das Jahr 1913; die Tour ist inzwischen volkstümlich geworden. Läßt sich nicht Ministerpräsident Raymond Poincaré vor dem Start, der zum erstenmal auf der Place de la Concorde vor vielen Tausenden von Schaulustigen stattfindet, die bekanntesten Fahrer vorstellen? Desgrange darf mit der Entwicklung zufrieden sein. Mit der Rekordteilnehmerzahl von 140 Fahrern geht er auf die Reise, und als die riesige Karawane über die Champs Elysées hinaufzieht zum Triumphbogen, steht er in seinem Wagen wie ein Feldherr. Seine Idee triumphiert; nicht mehr fern ist der Tag, an dem man in

Frankreich sagen wird: ›Im Juli können Regierungen gestürzt werden, ohne daß das Volk davon Kenntnis nimmt. Denn im Juli herrscht Desgrange über Frankreich!‹
In diesem heißen Sommer des Jahres 1913 stellt der große französische Läufer Jean Bouin in Stockholm einen phantastischen Stundenweltrekord auf. Der Mann auf der Straße applaudiert, aber was ist dieser wohlwollende Beifall gegen die Begeisterung, die ihn erfaßt, als die Fahrer der Tour de France die wilden Pyrenäen-Gipfel erstürmen!
Ein kleiner, aber bärenstarker Bursche aus Paris namens Eugène Christophe setzt dem großen belgischen Favoriten Philippe Thys schwer zu. Die Fans nennen ihn ›Cricri‹ . Hoch schlagen die Wogen der nationalen Begeisterung, als Christophe den Belgier in den Bergen buchstäblich stehen läßt. Auf dem Gipfel des Tourmalet beträgt sein Vorsprung vor Thys 18 Minuten!
Der Gipfel, auf dem der wackere Alphonse Steines zwei Jahre zuvor mutterseelenallein durch die Nacht irrte, ist schwarz von Menschen. Eugène Christoph genießt den größten Augenblick seines Lebens, als er durch das Spalier jubelnder Zuschauer fährt, ehe er sich den Wind der rasenden Talfahrt hinunter nach Sainte-Marie-de-Campan um die erhitzten Wangen wehen läßt. Er geht kein Risiko ein, der kleine Christophe. Auf dem Gipfel hat er seiner Trikottasche eine vorsorglich mitgebrachte Zeitung entnommen und sie zwischen Brust und Trikot geschoben. Sie saugt den Schweiß auf und hält den Fahrtwind ab. Denn es ist kalt in den Bergen; wer sich nach der gewaltigen Anstrengung des Aufstiegs für die Abfahrt nicht schützt, wie es der kleine Christophe tut, dem droht eine schwere Erkältung oder gar eine Lungenentzündung.
Auch in den Kurven ist Christophe vorsichtig. Sie sind eng und heimtückisch; die Abgründe, die sich neben ihnen auftun, sind so furchterregend, daß er es gar nicht wagt, einen Blick hinunterzuwerfen. Aber er beherrscht Rad und Straße mit der Ruhe eines Mannes, der seiner Sache ganz sicher ist. Um 18 Minuten ist er dem Belgier voraus, und selbst wenn Thys alles auf eine

Karte setzt und sein Leben riskiert, kann er bei der Abfahrt höchstens zwei Minuten gutmachen. Eugène Christophe wird seine Anhänger nicht enttäuschen. Er ist überzeugt davon, daß er die Tour de France schon gewonnen hat.
Aber plötzlich reißt ihn ein metallisches Klirren aus seinen schönen Träumen. Der Lenker versagt seine Dienste; und nur mit Mühe und Geschick kann Christophe einen Sturz vermeiden. Gabelbruch!
Eugène Christophes Augen, denen der heftige Fahrtwind nichts hatte anhaben können, füllen sich mit Tränen ohnmächtiger Wut. Er weiß, alles war umsonst. Noch gibt es keine Materialwagen mit Ersatzmaschinen, und das harte Reglement jener Zeit schreibt vor, daß jeder Fahrer selbst, ohne irgendwelche fremde Hilfe, reparieren muß.
Aber was gibt es bei einem Gabelbruch schon zu reparieren! Christophe hat oft genug bewiesen, daß ihm keine Reparatur zu kompliziert ist, denn er hat das Schlosserhandwerk erlernt. Doch dieser Schaden ist zu groß. Ja, wenn eine Schmiede in der Nähe wäre! Eine einzige Minute nur hat ihn das Aussichtslose der Lage niedergedrückt. Dann bewegt er sich schon, halb gehend, halb laufend, talwärts, den Rahmen auf dem Rücken, das Vorderrad in der linken Hand. Einige der weit ausholenden Serpentinen schneidet er ab, indem er steile Abhänge hinunterrutscht, aber was nützt das! Als er nach 14 Kilometern Fußmarsch in Sainte-Marie-de-Campan ankommt, sind die anderen, und dies im wahrsten Sinne des Wortes, längst über alle Berge.
Eugène Christophe hält einen traurigen, fassungslosen Einzug in die einzige Schmiede des kleinen Pyrenäendorfes, von dem aus Alphonse Steines zwei Jahre zuvor den Tourmalet erkundet und für ›tauglich‹ befunden hatte. Es ist sein Glück, daß er dem verzweifelten Christophe jetzt nicht unter die Augen kommt! Dafür aber sind Henri Desgrange und drei Rennkommissare da. Das Pech des Spitzenreiters der Tour ist ihnen nicht verborgen geblieben, und nun wollen sie sich mit eigenen Augen davon überzeugen, was der Pechvogel tun wird; die Kommis-

sare, weil sie für die Einhaltung des Reglements verantwortlich sind – Desgrange, weil sich hier eine Story anbietet, die den Leser nicht gleichgültig lassen wird. In diesem Augenblick ist Desgrange nicht der rechnende Organisator, sondern der heißblütige Journalist. Ganz Frankreich wird am nächsten Tag wissen, mit welch unglaublicher Energie Eugène Christophe sich gegen sein grausames Pech auflehnte.
Allerdings, könnten Blicke töten, Desgrange und seine drei Kommissare wären nicht lebend aus der Dorfschmiede von Sainte-Marie-de-Campan herausgekommen. Eugène Christophe sieht in ihnen nichts anderes als sensationslüsterne Peiniger, die sich an seinem Unglück weiden. Nichts ist ihm ferner als der Gedanke, sich durch sein Verhalten in dieser hoffnungslosen Situation Ruhm zu verschaffen.
Und doch wird er das tun. Längst sind die Tour-Sieger aus der Zeit vor dem Ersten Weltkrieg vergessen, aber von Eugène Christophe, dem Mann, der die Tour niemals gewann, spricht man in Frankreich noch heute, denn in der Dorfschmiede von Sainte-Marie-de-Campan hat er Sportgeschichte gemacht.
Der Mann, den sie ›Cricri‹ nennen, haßt die vier Männer, die ihn schweigend anstarren. Sie kommen ihm vor wie leblose Figuren aus einem Wachskabinett. Aber er weiß, sie wachen streng darüber, daß er keine fremde Hilfe in Anspruch nimmt. Aber diese gebrochene Gabel erfordert ein hartes Stück Arbeit, und deshalb bittet Eugène Christophe einen der Dorfjungen, die gaffend herumstehen, ihm den Blasebalg zu treten. Der tut es, während Christophe mit Schlägen, die trotz seiner ohnmächtigen Wut beherrscht und genau sind, den Hammer auf Amboß und Gabel niedersausen läßt. Die Reparatur gelingt. Doch als dann Christophe den Hammer aus der Hand legt, sagt der Kommissar Mousset mit kalter Stimme:
»Sie wissen, Christophe, daß Sie den Paragraphen 2 von Artikel 45 des Reglements, der besagt, daß Sie nicht mit fremder Hilfe reparieren dürfen, verletzt haben. Aber wir tragen den besonderen Umständen Rechnung und belegen Sie lediglich mit einer Strafminute.«

Da hat Eugène Christophe der Galgenhumor gepackt: »Eine Minute, wie großzügig, Monsieur! Warum nicht eine halbe Stunde? Darauf kommt es doch überhaupt nicht mehr an! Ich habe durch meinen Fußmarsch und die Reparatur rund vier Stunden verloren, da könnt ihr mich mit eurer Strafminute am Arsch lecken!«

Und schon sitzt er wieder im Sattel seiner geflickten Maschine, um wenigstens noch ein paar Minuten seines gewaltigen Zeitverlustes aufzuholen.

Eugène Christophe beendete diese Tour de France auf dem 7. Platz der Gesamtwertung. Kein Zweifel, daß er sie ohne sein Pech in den Pyrenäen gewonnen hätte. Trotzdem ist seine Popularität heute größer als die jedes Tour-Siegers der ›heroischen Epoche‹.

Übrigens gewann der Belgier Philippe Thys die Tour sowohl im Jahre 1913 als auch 1914, doch wurde er in diesem letzten Rennen vor dem Ersten Weltkrieg scharf bedrängt von einem jungen Franzosen namens Henri Pélissier. In den folgenden vier Jahren war ganz Frankreich damit beschäftigt, zu verhindern, daß die Deutschen eine ›Tour de France‹ machten; aber als dann die Waffen endlich schwiegen und Henri Desgrange sein Rennen unter unvorstellbaren Schwierigkeiten wieder in Gang brachte, leiteten ›die Pélissiers‹ eine neue Epoche des französischen Radsports ein. Der Anfang war schwer; fast hätte Desgrange, der Unverwüstliche, nach dem mißglückten neuen Start 1919 kapituliert.

Denn diese dreizehnte Tour de France steht wahrhaftig unter einem Unglücksstern. Viele Straßen sind im Krieg zerstört oder doch so mitgenommen, daß sie kaum benützt werden können. Die Hotels sind entweder geschlossen oder noch von der Armee belegt, und die Fabriken, die Fahrräder und Fahrradreifen herstellen, fangen gerade erst wieder an zu produzieren.

Trotzdem nimmt Desgrange das Wagnis auf sich. Er fühlt, daß die Menschen, die so viele Schicksalsschläge und Entbehrungen hinnehmen mußten, ihm dankbar sein werden, weil mit der Tour de France ein Stück jener herrlichen Friedenszeiten zurückkehren wird, die man sich schon gar nicht mehr vorstellen kann.

Aber nur 69 Fahrer, von denen manche vor kurzem erst die Uniform ausgezogen haben, geben ihre Meldung ab. Viele von denen, die dem letzten Appell des Vaters Desgrange im Juli 1914 gefolgt waren, sind auf den Schlachtfeldern geblieben – unter ihnen François Faber, der gutmütige Riese aus Luxemburg, der unmittelbar nach der Mobilmachung als Freiwilliger unter die französischen Fahnen geeilt war – und so auch Lapize, Petit-Breton, Engel, Hourlier, Cadolle, Vomès, Friol, um nur die Bekanntesten zu nennen.

Es wird eine katastrophale Tour de France. Nicht allein, weil die meisten Fahrer untrainiert sind, es gibt auch keinen Ersatz für die Reifen, die von Straßen, über die der Krieg hinweggegangen ist, zerschlissen werden. Nur elf Fahrer stehen das Rennen durch; Sieger wird der Belgier Firmin Lambot vor den Franzosen Alavoine und Christophe.

Eugène Christophe, den sie jetzt wegen seines unvergessenen Pyrenäen-Abenteuers respektvoll ›Vieux Gaulois‹, den ›alten Gallier‹, nennen, hat das unglaubliche Pech, die Tour abermals durch einen Gabelbruch zu verlieren. Diesmal auf der vorletzten Etappe, nachdem er mit beispielloser Energie das Gelbe Trikot des Spitzenreiters erobert hat.

So bleibt dem kleinen Christophe nur die Genugtuung, der erste Mann im Gelben Trikot gewesen zu sein. Denn mitten im Verlauf dieser Tour war Henri Desgrange auf die Idee gekommen, den Führer der Gesamtwertung für die Leute am Straßenrand kenntlich zu machen. Viele Leute sind heute noch der Meinung, daß Desgrange ein gelbes Trikot gewählt habe, weil er seine Zeitung ›L'Auto‹ auf gelbem Papier drucken ließ, aber die Unterlagen in den Archiven beweisen eindeutig, daß das legendäre Gelbe Trikot seine Existenz einem reinen Zufall verdankt. Desgrange hatte in Paris telegraphisch eine Auswahl von einfarbigen, möglichst grellen Trikots bestellt, aber das Angebot war in diesem ersten Nachkriegsjahr so gering, daß man ihm lediglich ein halbes Dutzend knallgelber Jerseys schik-

ken konnte. Die Sendung erreichte ihn am 19. Juli im Etappenziel Grenoble, und noch am gleichen Abend ließ Desgrange Eugène Christophe auf sein Hotelzimmer kommen.
»Vieux Gaulois, du liegst an der Spitze der Gesamtwertung und wirst deshalb morgen dieses gelbe Trikot tragen. Keiner hat es mehr verdient als du, und ich hoffe, daß du es bis Paris behalten wirst.«
Das war die recht nüchterne Geburtsstunde des legendären ›Maillot Jaune‹. Eugène Christophe hat es dann doch nicht nach Paris gebracht. Immerhin bewog sein Pech die Organisatoren, das starre Reglement zu ändern. Sie erlaubten, daß Fahrer einer gleichen Mannschaft künftig gegenseitig ihre Maschinen auswechseln durften; auch Hilfeleistung durch Fremde wurde in beschränktem Umfang gestattet, so daß von nun an ein in der Gesamtwertung gut placierter Fahrer durch einen größeren Materialschaden nicht mehr unweigerlich seine Chancen einbüßte.
Überhaupt erlebte die Tour in den folgenden Jahren so manche Reform und überwand, wie der gesamte Sport, die Anfangsschwierigkeiten. Welch eine Entwicklung innerhalb von zwanzig Jahren, von denen vier Jahre Weltkrieg abgestrichen werden müssen! Der Sport setzte überall in der Welt gewaltige Menschenmassen in Bewegung, und zu den Tennis-Weltmeisterschaften in Wimbledon, bei denen der Amerikaner William Tilden gewaltiges Aufsehen erregte, erschien selbst die britische Königsfamilie. Und Frankreichs Box-Idol George Carpentier wagte die Reise über den großen Teich und verdiente in den USA innerhalb von wenigen Monaten die gewaltige Summe von 150 000 Dollar.
Die Begeisterungsstürme um die Helden des Sports nehmen Ausmaße an, die die kühnsten Hoffnungen von Henri Desgrange übertreffen. Sprunghaft steigert sich die Auflage von ›L'Auto‹, der einzigen täglich erscheinenden Sportzeitung der Welt; und Desgrange muß seinen Redaktionsstab beständig vergrößern.
Aber bald soll ihm seine Tour de France Kummer bereiten.

Nicht etwa, weil die Konkurrenz anderer Sportarten zu groß geworden wäre, nein, die belgische Konkurrenz wird für die französischen Fahrer zu stark. Man bedenke: 1920 erringt Philippe Thys seinen dritten Tour-Sieg, und hinter ihm rangieren sieben weitere Belgier. Erst auf dem 9. Platz der Gesamtwertung taucht mit Barthélémy der erste Franzose auf! Das ist starker Tobak für den französischen Nationalstolz, aber die Erklärung ist recht einfach: Noch bluten die Wunden des Krieges, es fehlt an Fahrern, die das Erbe der Pioniere der ›heroischen Epoche‹ übernehmen könnten. Nur die Brüder Pélissier retten in diesen Jahren die Ehre des französischen Radsports, und deshalb erringen sie auch eine Popularität, die alles bisher Dagewesene übertrifft.

Henri Pélissier, der Rebell

Die Tour de France droht zu einer Angelegenheit der Ausländer zu werden. Belgische Siege gibt es 1921 und 1922 durch Léon Scieur und Firmin Lambot. 1923 allerdings kann Frankreich den Triumph von Henri Pélissier feiern, aber dann teilen die Ausländer sich wieder in den großen Kuchen: 1924 erkämpft Ottavio Bottecchia den ersten Sieg für Italien; und auch 1925 ist er nicht zu schlagen. 1926 siegt der Belgier Lucien Buysse; dann folgen in den Jahren 1927 und 1928 zwei Siege des Luxemburgers Nicolas Frantz. 1929 ist das Jahr des Belgiers Maurice De Waele, und erst 1930 stellt Frankreich mit André Leducq wieder einen Tour-Sieger.
Den Franzosen bleibt in diesen zehn mageren Jahren nichts anderes übrig, als sich am heroischen Kampf der Brüder Pélissier gegen die ausländische Übermacht zu begeistern. Es sind temperamentvolle, aber auch eigenwillige Burschen, geschnitzt aus jenem Holz, aus dem die großen Champions gemacht werden. Freilich, paßt ihnen etwas nicht, dann schlagen sie mit der Faust auf den Tisch, und eines Tages schlagen sie so zu, daß die ganze Tour de France wackelt.

Die Pélissiers haben nicht nur die Zähigkeit, sondern auch die Dickschädel ihrer bäuerlichen Vorfahren geerbt. Sie stammen aus Paris, aber dennoch vom Land, denn der Vorort Passy war um die Jahrhundertwende noch ein stilles Dorf, und nicht weniger als 40 Kühe stehen im Stall des ansehnlichen Hofes, der der Stolz des Vaters Pélissier ist.
Bald aber fängt Henri, der Älteste, der so stark ist, daß er einen jungen Bullen umwerfen kann, an, dem Vater Kummer zu

Unvergänglich ist der Ruhm von Henri und Francis Pélissier.

machen. Er hat sich ein Rennrad gekauft, zeigt nur noch wenig Interesse an Kühen, Milch und Käse, und eines Tages erklärt er seinem Vater: »Ich werde Rennfahrer!«
Der alte Pélissier schlägt mit der Faust auf den Eichentisch, so daß Charles, der Kleinste, zu weinen anfängt. Doch es nützt nichts. Henri setzt seinen Kopf durch. Als er seine ersten Rennen gewinnt und Henri Desgrange ihm in ›L'Auto‹ eine große Zukunft prophezeit, ist der Vater bekehrt. Er hat sogar nichts dagegen, daß Henri seine Brüder Jean und Francis mit zu den Rennen nimmt, und bald sind alle drei jeden Sonntag irgendwo am Start. Nur der kleine Charles darf nicht Rennfahrer werden. Ihn steckt der Vater ins Internat. Er soll studieren, wenn er schon den Hof nicht übernehmen will. Aber es kommt dan alles ganz anders.
Am 2. August 1914 werden Henri, Jean und Francis unter die Fahnen gerufen. Jean kehrt nicht mehr zurück; er bleibt in einem Schützengraben des Argonnerwalds.
Henri und Francis aber werden wenige Wochen nach dem Waffenstillstand von dem geschäftstüchtigen Manager Alfred Baugé, der einen neuen Rennstall aufbaut, verpflichtet, denn der Name Pélissier hat einen guten Klang im Radsport. Als sie den Vertrag unterzeichnen, fragte Baugé: »Sagt mal, habt ihr nicht noch einen kleinen Bruder?«
»Sicher Monsieur Baugé, da ist noch Charles. Er ist gerade 20 geworden.«
»Bringt ihn her. Ein Bruder von Kerlen, wie ihr es seid, kann überhaupt nicht schlecht sein. Außerdem ist es für die Reklame gut. Stellt euch diese Plakate vor: ›Am Start die drei Brüder Pélissier!‹«
Charles will gleich seine Meldung für die Tour de France abgeben, aber da schlägt Henri der Älteste, wieder einmal auf den Tisch.
»Damit wartest du noch ein paar Jahre, Freundchen. Glaubst du, ich habe Lust, unterwegs die Amme zu spielen? Mit solchen Scherzen kann ich mich nicht abgeben, denn es wird höchste Zeit, daß ich die Tour einmal gewinne!«

1923 gelingt Henri Pélissier der große Coup. 25 000 feiern ihn im Pariser Prinzenparkstadion, wie noch nie ein Tour-Sieger gefeiert worden ist. Endlich hat Frankreich wieder einen Champion von außergewöhnlicher Klasse, der nicht tatenlos zusieht, wie die Belgier die Tour-Siege nach Hause fahren! Und auch Francis, der nur deshalb auf dem 23. Platz der Gesamtwertung gelandet ist, weil er den großen Bruder bei jeder Gelegenheit unterstützt hat, wird bei seiner Ehrenrunde wie ein Sieger umjubelt.

1924 wären die beiden Brüder bereit, Charles, den Jüngsten, mit auf die Tour zu nehmen, aber das Vaterland hat mehr zu sagen als Desgrange und die Pélissiers. Charles muß in diesem Jahr seinen Militärdienst ableisten. Er hat es nicht bereut, denn es wäre ein schlechter Start für ihn geworden.

Henri, der Älteste, wird den Rebellen spielen, und natürlich hätte er auch den Benjamin der Pélissiers in diese Rolle gedrängt. Niemand hatte eine Chance, Henri zu beschwichtigen, wenn er in Rage war, am wenigsten einer seiner Brüder. Da mußte selbst Vater Desgrange kapitulieren!

Schon beim Start dieser Tour des Jahres 1924 ist Henri Pélissier nervös und reizbar. Noch ehe er sich in den Sattel setzt, hat er einen heftigen Streit mit einem Rennkommissar, der sein Material prüft, als ob er es gestohlen hätte. Schimpfend steigt er in den Sattel, und auf der ganzen ersten Etappe sammelt er Groll in sich. Bald genug wird er sich entladen.

Die Bombe platzt während der 3. Etappe, die von Cherbourg nach Brest führt. Es kommt zum ›Aufstand der Pélissiers‹; dieses in der Geschichte der Tour de France einmalige Ereignis hat den bekannten Journalisten Albert Londres zu dem berühmt gewordenen Artikel ›Les Forçats de la Route‹ inspiriert, zu deutsch ›Die Sträflinge der Landstraße‹.

›Wir waren an diesem Morgen dem Feld vorausgefahren. Gegen 6 Uhr erwarteten wir die Fahrer in Granville, und als die Spitzengruppe auftauchte, riefen die Zuschauer spontan: Henri! Francis! Denn es war undenkbar, daß sich die Pélissier nicht an der Spitze befanden.

Man wartete. Die zweite Gruppe kam, aber hier gab es keine Asse zu sehen, sondern fast ausschließlich die sogenannten ›touristes-routiers‹, jene namenlosen Burschen, die keinem der großen Rennställe angehörten und auf eigene Rechnung fuhren. Wieder fehlten die Pélissiers.

Bis schließlich die unglaubliche Nachricht durchsickerte: Henri und Francis haben aufgegeben!

Sofort wenden wir unseren Renault, und ohne Rücksicht auf die quietschenden Reifen rasen wir nach Cherbourg zurück.

In Coutances versperrt eine aufgeregt diskutierende Menge die Straße.

›Habt ihr die Pélissiers gesehen?‹

›Natürlich, sie sitzen im Café de la Gare. Aber ihr braucht gar nicht erst hinzufahren. Man kommt nicht hinein.‹

Tatsächlich müssen wir uns mit Fäusten und Ellenbogen den Weg durch die Neugierigen bahnen. Halbwüchsige drücken sich an den schmutzigen Scheiben die Nasen platt.

An einem Ecktisch, auf dem drei riesige Tassen mit heißer Schokolade dampfen, sitzen drei Rennfahrer – Henri und Francis Pélissier; der dritte ist kein anderer als Maurice Ville, der auf den beiden ersten Etappen in Le Havre und Cherbourg jeweils den 2. Platz belegt hatte.

›Was ist los mit euch?‹

›Wir lassen uns nicht behandeln wie Hunde.‹

Der ältere Pélissier sagt es mit aufreizender Ruhe und scheint im übrigen nur Interesse für seine dampfende Tasse zu haben.

›Nun sagt schon, was passiert ist!‹

Henri schiebt die Tasse weg, und dann legt er los:

›Haben wir vielleicht kein Anrecht darauf, wie Menschen behandelt zu werden? Heute morgen in Cherbourg kommt ein Kommissar auf mich zu, und ohne ein Wort zu sagen, schiebt er mein Trikot hoch und tastet mich ab wie einen Dieb. Er wollte wissen, ob ich zwei Trikots trage. Was würden Sie sagen, wenn ich unter Ihre Weste greifen würde, um zu sehen, ob Sie ein sauberes Hemd anhaben? Ich kann solche Manieren nicht ausstehen!‹

›Was geht es den Kommissar an, ob Sie zwei Trikots tragen?‹
›Oh, ich könnte zehn tragen, aber ich habe nicht das Recht, mit zwei Trikots zu starten und mit einem anzukommen.‹
›Das verstehe ich nicht.‹
›Ihr versteht vieles nicht, ihr Journalisten. Aber so ist das Reglement. Wir sollen auf der Landstraße nicht nur schuften wie die Ochsen, sondern auch erfrieren oder ersticken. Auch das scheint zum Sport zu gehören. Man hat mir gestern zwei Strafminuten aufgebrummt, weil ich ein Trikot unterwegs weggeworfen habe. Aber ich habe Desgrange erklärt, daß es meine Sache ist, wenn ich bei der Kälte des Morgens mit zwei Trikots starte und später, wenn es heiß wird, eines davon wegwerfe. Und wissen Sie, was er gesagt hat? ›Sie haben auch kein Recht, mein Material wegzuwerfen!‹
Darauf ich: ›Das ist nicht Ihr Material, sondern mein eigenes. Damit kann ich machen, was ich will.‹ darauf er: ›Ich diskutiere nicht auf der Straße. Wir werden das in Brest in Ordnung bringen.‹ ›In Brest‹, sage ich, ›werden Sie mich gar nicht mehr sehen. Ich fahre nämlich nach Hause!‹ Voilà. Und das werden wir jetzt auch tun, nicht wahr, Francis?‹
Zustimmend nickte der Bruder, und dann fährt Henri mit seinem Monolog fort:
›Ich wäre heute morgen gar nicht gestartet, aber Francis war schon mit dem Feld weggefahren, und so mußte ich ihn zurückholen. Ich jage also dem Haufen nach, und dann sage ich zu Francis: ›Komm, wir hören auf.‹
Über das Gesicht von Francis huscht ein Lächeln: ›Dieser Vorschlag kam mir gerade recht, denn ich bin heute morgen mit Bauchschmerzen aufgewacht und war ziemlich lustlos.‹
›Und Sie, Ville?‹
Der dritte Meuterer verzieht sein gutmütiges Jungengesicht zu einem breiten Grinsen:
›Mich haben die beiden unterwegs aufgelesen. Ich hatte Beine wie Blei und habe mich gefreut, in so vornehmer Gesellschaft aufgeben zu dürfen.‹
Aber Henri ist mit seiner Anklage noch nicht fertig:

›Ihr habt ja keine Ahnung von dieser Schinderei! Ihr staunt zwar, wenn wir auf der Landstraße kurbeln wie die Wilden, aber ihr wißt nicht, wie wir das überhaupt fertigbringen. Hier, schaut euch das an.‹
Und er zieht Tuben und Schachteln aus seiner Musette, die nicht für die Verpflegung bestimmt sind.
›Das hier ist Kokain für die Augen. Das ist eine Pomade, um die Knie zu erwärmen. Aber wir haben auch Chloroform, und diese Pillen hier nennen wir Dynamit. Gefährliches Zeug, mein lieber Freund! Und haben Sie uns abends in der Etappe schon einmal im Bad sitzen sehen? Dieses Schauspiel sollten Sie sich nicht entgehen lassen! Wenn der Dreck weg ist und die Wunden zum Vorschein kommen, würden Sie Mitleid mit ihren ›Giganten‹ kriegen. Und in unseren Hotelzimmern führen wir Veitstänze auf, anstatt zu schlafen. Nicht nur die Strapazen, sondern auch der Durchfall höhlen unsere Körper aus, und wenn wir nach einer Etappe von 300 Kilometern vom Rad steigen, haben wir so viel Gewicht verloren, daß uns die Hosen über die Knie rutschen. Und dann die Pyrenäen und der Durst. Keinem Vieh würde man das zumuten! Und wenn du einen Brunnen entdeckst, mußt du aufpassen, daß dir keiner beim Pumpen hilft, sonst gibt es Strafminuten. Aber all das nehmen wir ja auf uns; als wir dieses Metier wählten, wußten wir, daß uns nichts geschenkt wird. Doch ich heiße Pélissier und lasse mich nicht beleidigen. Wenn mir ein Kommissar unters Hemd greift, mache ich nicht mehr mit. Eines Tages werden uns diese Herren die Taschen noch mit Blei vollstopfen, weil sie beweisen wollen, daß Gott den Menschen zu leicht erschaffen hat!‹«
So schilderte der Pariser Jounalist Albert Londres die Meuterei der Pélissiers bei der Tour de France 1924, und es kann keinen

Ottavio Bottecchia war der erste italienische Tour-Sieger. Er wurde 1927 von einem jähzornigen Weinbauern erschlagen.

Zweifel darüber geben, daß er die streitbaren Brüder damit noch populärer gemacht hat. Sieger dieser Tour wurde jedoch der Italiener Ottavio Bottecchia. Und ein seltsames Schicksal hat es gewollt, daß die beiden großen Rennfahrer Bottecchia und Henri Pélissier eines gewaltsamen Todes sterben mußten. Ottavio Bottecchia hatte sich 1923 beim ›Giro d'Italia‹ als Bergspezialist ausgezeichnet. Und so frisch war er aus dem Rennen hervorgegangen, daß er beschloß, zwei Wochen später sein Glück bei der Tour de France zu versuchen. Zur allgemeinen Überraschung belegte er einen hervorragenden zweiten Platz hinter Henri Pélissier. Ermutigt durch diesen Erfolg kam er wieder – um die Tour de France von 1924 und 1925 zu gewinnen. 1926 gab er wegen einer Darmerkrankung auf, aber dann wurde dieser drahtige Kletterkönig, der es fertigbrachte, bei den steilsten Steigungen im Sattel zu bleiben, nie mehr auf Frankreichs Landstraßen gesehen.

Am 11. Juni 1927 fanden Bauern ihn bewußtlos und mit einer schweren Kopfverletzung im Graben einer Landstraße, nur wenige Kilometer von seinem Heimatdorf entfernt. Wenige Tage später starb Ottavio Bottecchia im Krankenhaus von Genua. Man war überzeugt davon, daß er sich seine tödliche Verletzung durch einen schweren Sturz bei einer Trainingsfahrt zugezogen hatte.

Erst 21 Jahre später beichtete ein Bauer auf seinem Sterbebett, er habe Bottecchia einen schweren Feldstein an die Schläfe geschleudert, weil er sich in seinem Weinberg eine Handvoll Trauben zur Erfrischung geholt hatte.

Tragisch endete auch das Leben von Henri Pélissier, den viele Fachleute für Frankreichs größten Rennfahrer halten, trotz Louison Bobet und Jacques Anquetil.

Tatsächlich waren die athletischen Qualitäten des ältesten Pélissier so ungewöhnlich, daß man sich gut vorstellen kann, welche außergewöhnlichen Leistungen er mit Hilfe der neuen, modernen Trainingsmethoden vollbracht haben würde. Aber er konnte seine Siege auch nächtelang feiern, ohne dabei wählerisch in seinem Umgang zu sein.

Der jüngste Pélissier, Charles, war einer der spurtgewaltigsten Fahrer in der Geschichte der Tour.

1936, er war gerade 46 Jahre alt geworden, erschoß ihn seine Frau bei einer Eifersuchtsszene. Die Revolverkugel drang ihm mitten ins Herz.
Charles, der Jüngste bestritt 1929 seine erste Tour de France. Er gewann die Etappe Evian–Belfort, belegte aber in der Gesamtwertung nur den 25. Platz. Trotzdem wurde er im Pariser Prinzenpark wie ein Tour-Sieger gefeiert, denn die Massen hatten den Benjamin der Pélissiers in ihr Herz geschlossen. Und er enttäuschte sie nicht. Bei der Tour 1930 gewann er nicht weniger als acht Etappen und belegte siebenmal den zweiten Platz – ein Rekord, der bis heute ungebrochen ist. Sieger dieser denkwürdigen Tour, die eine neue Ära einleitete, wurde sein Landsmann André Leducq.
Die Tour wechselte ihr Gesicht. Gleich einer Bombe hatte im Frühjahr 1930 die Ankündigung eingeschlagen, Desgrange werde die Firmenmannschaften abschaffen und Nationalmannschaften einführen. Ausschlaggebend für diesen revolutionären Entschluß des Tour-Vaters war einmal die Tatsache, daß der Konkurrenzkampf der Firmenmannschaften Formen angenommen hatte, die sich mit dem ursprünglichen Zweck des Rennens nicht länger vereinbaren ließen, zum anderen aber auch der unüberhörbare, allmählich gereizt klingende Ruf des Volkes nach einem französischen Tour-Sieger. Schließlich schöpften seit 1923, dem Jahr von Henri Pélissiers Triumph, nur noch Ausländer den Rahm ab. Desgrange war sicher, daß die besten französischen Fahrer, in einer Nationalmannschaft vereint, schlagkräftig genug sein würden, um die ausländische Konkurrenz in Schach zu halten.
Eingeladen wurden fünf Nationalmannschaften, deren jede aus acht Fahrern bestand: Belgien, Italien, Spanien, Frankeich – und Deutschland. Hinzu kamen weitere 60 französische Fahrer, die sich auf neun Regionalmannschaften verteilten, so daß jetzt hundert Fahrer am Start waren, unter ihnen die ersten deutschen Teilnehmer an der Tour de France. Die Deutschen mußten hartes Lehrgeld zahlen, aber drei von ihnen hielten bis Paris durch und belegten sogar achtbare Plätze: Adolf Schön

wurde 10., Oskar Thierbach 13. und Siegel 33. Daß die Deutschen keine dominierende Rolle spielen konnten, war von vornherein klar gewesen, aber sie hinterließen einen guten Eindruck und bekamen keinerlei Ressentiments zu spüren.
Auch noch in anderer Hinsicht erwies das Jahr 1930 sich als bedeutsam in der Geschichte der Tour de France. Das Fehlen jeglicher Firmenunterstützung zwang Desgrange dazu, neue Quellen für die Finanzierung seines Rennens zu suchen. Gewiß, ›L'Auto‹ verdoppelte und verdreifachte seine Auflage während der Tour, aber das genügte bei weitem nicht, um alle Unkosten zu decken.
Henri Desgrange, nie um neue Ideen und Wege verlegen, fand das Ei des Kolumbus, indem er die Reklamekarawane einführte. Er schrieb Hunderte von Firmen an, die in keinerlei Beziehung zu der Fahrradindustrie standen, und erklärte ihnen: ›Die Tour de France ist ein Werbeträger, wie ihn die Welt überhaupt noch nicht gesehen hat. Zehn bis fünfzehn Milionen Menschen jubeln den Fahrern auf Frankreichs Landstraßen zu, und alle diese Menschen erfassen Sie, wenn Sie dem Rennen ein originelles Werbefahrzeug vorauslaufen lassen. Diese Reklamekolonne ist die Spitze der Tour de France; sie wird den Fahrern mit Abstand von etwa einer halben Stunde vorausgeschickt werden.‹
Obwohl Desgrange gesalzene Preise forderte, übertraf das Interesse der Industrie an der Reklamekolonne seine kühnsten Erwartungen, und auch die Zuschauer, die stundenlang am Straßenrand ausharrten, nahmen diese Dreingabe begeistert auf. Die Tour de France von 1930 hatte schon ein sehr modernes Gesicht, und ihr Publikumserfolg stellte alles bisher Dagewesene in den Schatten. Kein Wunder freilich, wenn man bedenkt, daß Frankreichs Nationalmannschaft nicht nur den Sieger stellte, sondern fünf Fahrer unter den ersten Zehn der Gesamtwertung placierte.
Doch in den Schoß ist den Franzosen dieser Triumph nicht gefallen. Für diese erste Tour nach der neuen Formel kündigte sich ein großer Zweikampf zwischen Italien und Frankreich an,

Eine sensationelle Leistung vollbrachte der Berliner Kurt Stöpel mit seinem 2. Platz bei der Tour de France 1932. Links der Sieger André Leducq.

in den höchstens noch die Belgier eingreifen konnten. Und sie wurde dann auch, was man sich von ihr versprochen hatte. Binda und Guerra waren die beiden italienischen Asse; Frankreichs Hoffnungen ruhten auf den Schultern von Antonin Magne, Charles Pélissier und André Leducq.

Das erste prominente Opfer war Alfredo Binda. Ein Generalangriff der glänzend disponierten französischen Nationalmannschaft ließ ihn auf der Etappe Bordeaux–Hendaye eine volle Stunde verlieren. Zwar bewies er seine außergewöhnliche Klasse durch Siege in den beiden nächsten Etappen, aber nach der Überquerung der Pyrenäen bereitete ihm ein Furunkel, dieser ewige und hartnäckige Feind des Rennfahrers, derartige Sitzbeschwerden, daß er entmutigt aufgab. Charles Pélissier, dessen Endspurt genauso gefürchtet war wie später die jenigen von André Darrigade und Rudi Altig, hatte zu diesem Zeitpunkt bereits vier Etappen gewonnen, und er hätte auch eine echte Chance für den Endsieg gehabt. Aber er mußte sich dem Mannschaftsgeist unterordnen, der ihm gebot, das Gelbe Trikot, das André Leducq, etwas überraschend, auf der ersten Pyrenäen-Etappe erobert hatte, zu verteidigen – überraschend deshalb, weil der bullige Leducq kein Bergspezialist war. Er mußte zu viel Gewicht auf die Paßhöhen hinaufschleppen, doch wie kein anderer beherrschte er die Kunst der waghalsigen Talfahrt. So mancher ›Bergkönig‹, der den keuchenden, schweißtriefenden Leducq während des Aufstiegs abgehängt hatte, wurde wenige Kilometer weiter bei der Abfahrt wieder von ihm überholt.

André Leducq trug das Gelbe Trikot, das er sich durch tollkühne Abfahrten in den Pyrenäen erobert hatte, auch noch am Fuße der Alpen. Aber würde er es über den gefürchteten, schneebedeckten Galibier hinweg retten können? Es gab in diesen Tagen kein anderes Gesprächsthema in den Pariser Bistros.

Indes, alle Sorgen schienen unbegründet. Zwischen den meterhohen Schneemassen, die sich auf dem Gipfel des Galibier links und rechts von ihm auftürmten, war André Leducq, von seiner

riesigen Anhängerschar liebevoll ›Dédé‹ genannt, der glücklichste Mensch unter Frankeichs Sonne. Er war an diesem Tag so großartig in Form, daß er den Gipfel nur zwei Minuten hinter dem französischen Kletterkönig Benoit Faure passierte. Das bedeutete ›la vie en rose‹ für den populären Leducq, denn der Galibier war das letzte große Hindernis vor den Flachetappen nach Paris, auf denen ihm nach menschlichem Ermessen nichts mehr geschehen konnte. Doch – der Mensch denkt . . .
Bei der Abfahrt vom Galibier schneidet Leducq, den seine überschäumende Vorfreude allzu selbstsicher gemacht hat, eine Kurve falsch an. Er schlägt einen tollen Salto, bleibt jedoch, wie durch ein Wunder, unverletzt. Immerhin verliert er eine gute Minute, bis er wieder im Sattel sitzt. Diesen Zeitverlust will er nun, durch eine noch tollkühnere Talfahrt wieder gutmachen. Aber es ist, als hätten die Berggeister sich gegen ihn verschworen. 500 Meter tiefer rasselt ein Steinschlag über die Straße, just in dem Augenblick, da Leducq in wahnwitzigem Tempo aus einer Kurve schießt. Einem der Felsbrocken kann er nicht mehr ausweichen; Sekunden später liegt er mit blutendem Knie und aufgerissenen Ellenbogen auf der Straße. Sein Gelbes Trikot ist nur noch ein schmutziger Fetzen; aber all das ließe sich noch ertragen, wäre nur das linke Pedal seiner Maschine nicht abgebrochen.
Das ist das Ende! Ein Weinkrampf schüttelt André Leducqs mächtigen Körper. Als Charles Pélissier zwei Minuten später an der Unglückstelle eintrifft und absteigt, brüllt der Gestürzte ihn an: »Fahr weiter, vergeude keine Zeit mit mir! Du kannst die Tour noch gewinnen. Für mich ist sie zu Ende.«
Und dann schreit der Koloß von einem Mann, den sie alle als Spaßvogel kennen, der auch in den hoffnungslosesten Situationen immer ein Scherzwort gefunden hat, nach seiner Mutter.
Kurz darauf ist die gesamte französische Nationalmannschaft um ihn versammelt. Zum Glück ist Marcel Bidot dabei, der Jahre später als technischer Leiter der französischen Nationalmannschaft Louison Bobet und Jacques Anquetil zu ihren großen Triumphen bei der Tour de France führen wird.

Marcel Bidot ist gelernter Mechaniker und ein wahrer Zauberer, wenn es gilt, in Windeseile eine schwierige Reparatur durchzuführen. Im Nu hat er das Rad eines Zuschauers entdeckt. Der findet sich sogleich bereit, sein linkes Pedal zu opfern. Innerhalb weniger Minuten hat Bidot den Schaden an Leducqs Maschine repariert, und die Organisatoren gehen jetzt gnädiger mit den vom Pech verfolgten Fahrern um. Leducq darf diese Hilfe annehmen, ohne daß er das Reglement verletzt. Eugène Christophe, der ›Vieux Gaulois‹, hat nicht umsonst gelitten!

Mit der Reparatur allein ist es jedoch nicht getan. Weitere kostbare Minuten verrinnen, bis die Männer den völlig demoralisierten Leducq wieder in den Sattel gehoben haben. Charles Pélissier ist der Eifrigste von ihnen; sein Zureden hat schließlich auch Erfolg.

»Du wirst uns doch wegen einer so lächerlichen Panne nicht im Stich lassen, Dédé! Wir alle sind da, um dein Gelbes Trikot zu verteidigen, wir werden nie zulassen, daß du es einem Italiener abtrittst.«

Der Gedanke, ein Italiener könne, sozusagen kampflos, Nutznießer seines Unglücks werden, bringt Leducq tatsächlich wieder auf die Beine. Eine der phantastischsten Jagden in der Geschichte der Tour de France beginnt, ein Aufbäumen von Männern, die beweisen wollen, daß sie sich durch nichts unterkriegen lassen. Wohl selten sind Millionen von Menschen von einer sportlichen Leistung faszinierter gewesen als von diesem erbitterten Kampf um das Gelbe Trikot des zerschundenen André Leducq.

Zunächst erscheint dieser Kampf für die Franzosen aussichtslos. Guerra, der Italiener, der den 2. Platz in der Gesamtwertung belegt, hat zur Spitzengruppe aufgeschlossen, der außer ihm noch der Belgier Demuysère, der Spanier Trueba und der Regionalfranzose Benoit Faure angehören. Damit ist Guerra theoretisch Träger des Gelben Trikots geworden, denn der Vorsprung der Spitzengruppe vor Leducq & Co. beträgt mehr als 14 Minuten!

Charles Pélissier trägt die Hauptlast der Verfolgung. Er ist zumeist an der Spitze der verbissen Kämpfenden in den blauweißroten Trikots zu finden, und in seinem Windschatten kurbelt diese Gruppe ein solches Tempo herunter, daß die Tachometernadeln der Begleitwagen dauernd zwischen 50 und 60 Kilometern zittern. Natürlich wird Charles Pélissier auch in der Führungsarbeit abgelöst, aber die anderen wechseln mit kürzeren Abständen. Nur André Leducq braucht nicht zu führen. Er soll sich an den Hinterrädern ›erholen‹.
Das klingt wie ein Witz, aber die Hilfsbereitschaft seiner Kameraden gibt ihm tatsächlich die Moral zurück. Nach 28 Kilometern, in Chambre, ist der Rückstand auf acht Minuten zusammengeschrumpft, und nach weiteren 30 Kilometern beträgt er nur noch fünf Minuten, obwohl auch die Spitzengruppe ein höllisches Tempo herunterspult!
Nach einer Jagd von 90 Kilometern, deren unbestrittener Held Charles Pélissier ist, haben die Verfolger die Spitzengruppe beim Wickel. Das Gelbe Trikot ist gerettet. Aber damit begnügen die Franzosen sich jetzt nicht mehr. Charles Pélissier, der schnellste Spurter von allen, hatte die Etappe in Evian leicht gewinnen können, doch 10 Kilometer vor dem Ziel fragt er Leducq:
»Glaubst du, daß du spurten kannst, André?«
»Ich glaube schon, Charlot, das Knie tut nicht mehr weh.«
»Dann werde ich dir den Spurt anziehen. Bleib' an meinem Hinterrad, und ich führe dich an der ganzen Meute vorbei!«
So geschieht es! Meisterhaft bereitet Charles Pélissier den Endspurt für André Leducq vor, und der Mann im Gelben Trikot, der am Galibier aufgeben wollte, wird Etappensieger. Vier Tage später zieht er als strahlender Tour-Sieger in den Pariser Prinzenpark ein. Charles Pélissier, der ihm in erster Linie dazu verholfen hat, gewinnt jede der letzten vier Etappen!
Auch im folgenden Jahr gab es einen französischen Sieg durch Antonin Magne, der noch heute als Urbild des gewissenhaften und zuverlässigen Straßenfahrers gilt, der sowohl bei der Vorbereitung als auch während des Rennens nichts außer acht läßt,

um größte Leistungsfähigkeit zu erreichen. Seine vielen Bewunderer nannten ihn ›Tonin le Sage‹, also den ›Weisen‹, denn er kalkulierte seine Rennen mit ungewöhnlicher Gewissenhaftigkeit; wie kein anderer verstand er es, seine Kräfte einzuteilen. Kein Wunder, daß er nach Beendigung seiner ruhmreichen Laufbahn, die er 1936 in Bern mit der Straßenweltmeisterschaft krönte, einer der erfolgreichsten sportlichen Leiter des französischen Radsports wurde.

Freilich war er ein zu nüchterner Rechner, um die außergewöhnliche Popularität der Pélissiers zu erreichen, aber der Erfolg gab ihm recht; außerdem verstand er es, das Geld, das er im Schweiße seines Angesichts auf den Landstraßen verdiente, besser anzulegen.

Antonin Magne gewann 1931 seine erste Tour de France, aber in den Herzen der Zuschauer galt Charles Pélissier als der Held dieser Tour, obwohl ›Charlot‹ in der Gesamtwertung nur den 14. Platz belegte.

Denn der Jüngste der Pélissiers und der italienische Sprinterkönig Di Paco lieferten sich auf den Flachetappen so mitreißende Kämpfe um die Tagessiege, daß sich das Publikum immer weniger um die Gesamtwertung kümmerte, sondern zu allererst die Frage stellte: ›Hat Charlot den Italiener heute wieder geschlagen?‹

Nach vier Etappen hatte Di Paco das Gelbe Trikot erobert, und es begann das erbittertste ›private‹ Duell zwischen zwei Spurtspezialisten in der Geschichte der Tour. Am nächsten Tag gehörte das Gelbe Trikot Charles Pélissier, denn er siegte in Les Sables d'Olonne und verwies Di Paco auf den 4. Platz. Aber schon in Bordeaux war Di Paco wieder ›in Gelb‹. In Pau, am Fuße der Pyrenäen, holte sich Pélissier das Gelbe Trikot zurück. Aber dann sprachen die Bergspezialisten ihr Machtwort, und von nun an kämpften die beiden Sprinterkönige nicht mehr um die Führung in der Gesamtwertung, sondern nur noch um Etappensiege.

Einen großen Coup landete der Italiener zwischen Pyrenäen und Alpen; er gewann sowohl in Perpignan als auch in Mont-

pellier. Die Franzosen begannen, ihren Liebling abzuschreiben. Aber Charlot gewann kurz darauf in Cannes und in Grenoble. Antonin Magne führte zwar in der Gesamtwertung, doch die Schlagzeilen machte Charles Pélissier!
Di Paco gab den dramatischen Prestigekampf nicht auf. In Belfort und Metz gelangen ihm zwei neue Etappensiege; nun blieben Pélissier nur noch zwei Tage, um sich zu revanchieren. Er gewann auch tatsächlich die vorletzte Etappe in Charleville, aber eine Stunde später wurde er infolge eines italienischen Protestes auf den 2. Platz gesetzt. Die Behauptung, er habe Di Paco mit den Ellenbogen behindert, ließ den jüngsten Pélissier vor Wut erblassen, und mit dieser Wut setzte er sich am nächsten Tag aufs Rad, um einen großen und einwandfreien Sieg bei der Schlußetappe herauszufahren. 35 000 Radrennfans umjubelten ihn im Pariser Prinzenpark stürmischer als Antonin Magne, den Ersten der Gesamtwertung. Die Ehre der Pélissiers war gerettet!
Sehr gut hatten sich die Deutschen gehalten: Erich Metze belegte den 8., Thierbach den 11., Bulla den 15., Stöpel den 16., Geyer den 19., Sieronski den 20., Buse den 22. und Siegel den 23. Platz. Man begann, sie als ernsthafte Konkurrenten zu betrachten, und daß man allen Grund dazu hatte, sollte Stöpel im folgenden Jahr beweisen.

Sensation durch Kurt Stöpel

Das große Duell, das er André Leducq lieferte, setzte die Fachwelt in Erstaunen und gewann das deutsche Publikum für die Tour de France. Zum erstenmal eroberte ein Deutscher das Gelbe Trikot! Veranlagung und Zähigkeit hatten den Berliner Kurt Stöpel zu einem erfolgreichen Straßenfahrer heranwachsen lassen. Er hatte sich schon zu diesem harten Metier berufen gefühlt, als er noch Redaktionsbote bei der United Press of America in Berlin war. Aber die lange Arbeitszeit erlaubte ihm kein geregeltes Training, bis er den ungewöhnlichen Entschluß faßte, jeden Morgen um drei Uhr aufzustehen, um in den Havelbergen scharf zu trainieren. Wie ein Besessener steuerte Stöpel sein hochgestecktes Ziel an. Als Neunzehnjähriger konnte er die ersten Früchte ernten: Er gewann das schwere traditionelle Straßenrennen Berlin–Stettin–Berlin! Nun gab er seine Stellung bei der United Press auf, und dieser Entschluß fand schon bei den ersten Rennen, die er als Berufsfahrer bestritt, seine Rechtfertigung. 1930 wurde er hinter Hermann Buse Zweiter der Deutschland-Rundfahrt; im gleichen Jahr erregte er bei der Weltmeisterschaft in Lüttich die Aufmerksamkeit der Fachleute, als er in der Spitzengruppe ins Ziel kam und im Spurt einen hervorragenden 4. Platz belegte. Nur Weltmeister Alfredo Binda, dessen italienischer Landsmann Learco Guerra und der zweifache belgische Weltmeister Ronsse waren vor ihm!

Seinen größten Erfolg aber errang Kurt Stöpel bei der Tour de France 1932, als er in der Gesamtwertung den 2. Platz hinter dem populären Franzosen André Leducq belegte. Das war eine internationale Sensation allerersten Ranges. Sie wäre vielleicht noch größer geworden, hätte Henri Desgrange nicht ausgerechnet in diesem Jahr mit einer einschneidenden Neuerung aufgewartet. Die Behauptung, daß Kurt Stöpel ihr Opfer wurde, ist gewiß nicht übertrieben.

Der ›Tour-Vater‹, stets bemüht, sein Rennen farbiger zu gestalten, hatte mit großem Mißbehagen zugesehen, wie das Feld auf den Flachetappen allzu häufig ›Schlafwagen‹ fuhr und niemand seine Kraft mit Ausreißversuchen vergeuden wollte, deren Erfolg zweifelhaft erschien. Deshalb beschloß Desgrange, den Mut zum Wagnis zu belohnen.

Für die Tour de France 1932 stellte er den bestplacierten Fahrern jeder Etappe nicht nur handfeste Geldpreise, sondern auch Zeitvergütungen in Aussicht. Der Anreiz war tatsächlich gewaltig: vier Minuten Gutschrift für den Ersten, drei Minuten für den Zweiten und eine Minute für den Dritten. Außerdem gab es eine Gutschrift von weiteren drei Minuten für den

Fahrer, der mit einem Vorsprung von mehr als drei Minuten im Ziel eintraf.
Dieser Hagel von Minuten, die gar nicht auf der Straße gewonnen wurden, sondern den Etappensiegern mit dem Blumenbukett sozusagen gratis mitgeliefert wurden, sollte sich als schweres Handicap für Kurt Stöpel erweisen. Zwar schaffte er schon am zweiten Tag den ersten deutschen Etappensieg, aber André Leducq gewann sechs Etappen und damit Gutschriften von insgesamt 24 Minuten. Zieht man Stöpels Etappensieg ab, so blieben Leducq immer noch 20 ›geschenkte‹ Minuten, und was dieses Zeitkapital für seinen Gesamtsieg bedeute, beweisen die nüchternen Zahlen des Schlußklassements: Leducq gewann die Tour in einer Zeit von 154 Stunden, 11 Minuten und 49 Sekunden. Stöpel, der Zweite, benötigte 154 Stunden, 35 Minuten und 52 Sekunden. Ohne die Gutschriften wäre also nur ein hauchdünner Sieg Leducqs herausgesprungen! Im übrigen wurde dieses Experiment nicht wiederholt, Desgrange reduzierte die Gutschriften im folgenden Jahr beträchtlich, denn wenn ihre Berechtigung auch auf der Hand lag, so durften sie doch keinen so entscheidenden Einfluß ausüben.
Auf der 2. Etappe, die über 295 Kilometer von Caen nach Nantes, also von der Normandie an die Atlantikküste, führt, erlebt Kurt Stöpel den größten Tag seiner Laufbahn. Unbarmherzig brennt die Sonne aus einem wolkenlosen Himmel; in allen Dörfern feiert die ›Chasse à la canette‹ wahre Triumphe. So nennen die Fahrer die Jagd nach allem Trinkbaren. Kurt Stöpel jedoch, der bereits die Deutschland-Rundfahrt, den Giro d'Italia und auch eine Tour de France hinter sich hat, widersteht der Versuchung, obschon es ihm wahre Tantalusqualen bereitet, zusehen zu müssen, wie die Belgier in einem Straßencafé eine ganze Batterie von eisgekühlten Bierflaschen abräumen.
In Rennes, nach 170 Kilometern, liegt das Feld noch geschlossen beisammen. Aber dann geht plötzlich die Post ab! Thierbach, Camusso, Wauters und der spanische Kletterkönig Trueba, den sie den ›Floh‹ nennen, geben Fersengeld.

Stöpel spürt, daß es hier um die Entscheidung geht. Diesmal will er nicht, wie am Vortag, im Hauptfeld eingeklemmt sein. Mit einem trockenen Antritt setzt er sich an die Spitze des Feldes, und als er merkt, daß er das Tempo mühelos noch steigern kann, weil der große Haufen sich hinter ihm weit auseinanderzieht, geht er aufs Ganze. Nur drei Fahrer, die Franzosen Leducq und Mauclair sowie der Belgier Bonduel, können sein Tempo halten, und schnell nähert diese Vierergruppe sich den Ausreißern. Aber als der ›Ardoisier‹, der Motorradfahrer mit der Schiefertafel, auf der die Situation des Rennens abzulesen ist, die Spitzengruppe über die Gefahr unterrichtet hat, wird auch vorne mächtig gekurbelt, und so geht die erbitterte Jagd über fast 100 Kilometer. Aber in den Außenbezirken von Nantes haben es die Verfolger geschafft.
Wer wird sich nach dieser kräftezehrenden Jagd im Endspurt durchsetzen können? Für die Menschen auf der überfüllten Radrennbahn von Nantes ist das überhaupt keine Frage: Hier kann es nur einen Sieger geben: André Leducq. Ganze Kaskaden von ›Allez Dédé‹ prasseln auf die Fahrer nieder, als sie aus der letzten Kurve heraus in die Zielgerade schießen. Mauclair hat für Leducq den Spurt angezogen, aber Stöpel erwischt das Hinterrad des schnellen Belgiers Bonduel, der seinen Spurt aus der dritten Position heraus ansetzt. Ein klassisches hochdramatisches Finish, bei dem mit allen Raffinessen gearbeitet und kein Milimeter verschenkt wird!
Stöpel schwenkt nach außen und liegt Kopf an Kopf mit Bonduel, der seinerseits die beiden Franzosen bereits überspurtet hat. Ein letzter, gewaltiger Ruck, dann reißt der Berliner Junge sein Vorderrad vor dem Belgier über den Zielstrich. Kurt Stöpel hat als erster Deutscher einen Etappensieg bei der Tour de France errungen! ›Hinne‹ Thierbach, der bei diesem Spurt den 5. Platz belegt fällt ihm glückstrahlend um den Hals. Und ein paar Minuten später gratuliert Henri Desgrange Kurt Stöpel nicht nur zum Etappensieg, sondern auch zur Erringung des Gelben Trikots! Die Zeitgutschrift von vier Minuten hat ihn buchstäblich an die Spitze der Gesamtwertung katapultiert.

Die Nacht, in der das Gelbe Trikot über dem Stuhl neben Kurt Stöpels Bett hängt, ist kurz. Denn die Etappen sind im Jahre 1932 noch sehr lang, und deshalb muß häufig beim geisterhaften Licht von Scheinwerfern und Fackeln gestartet werden. Fröstelnd rollen die Fahrer morgens um vier Uhr durch die Straßen von Nantes; erst nach 387 Kilometern werden sie Bordeaux, das nächste Etappenziel, erreichen.

Kurt Stöpel hat sich fest vorgenommen, das Gelbe Trikot wie ein Löwe zu verteidigen. Stets hält er sich an der Spitze des Feldes, um alle Ausreißversuche zu überwachen, und da es ihm, wie man im Rennfahrerjargon sagt, prächtig rollt, fürchtet er nichts. Hat er nicht gestern dem großen Leducq gezeigt, was eine Harke ist?

Plötzlich erinnert ihn der platzende Hinterreifen recht unangenehm daran, daß der Rennfahrer nicht nur seine Gegner zu fürchten hat. In Windeseile wird der Reifen ausgewechselt, und Stöpel schließt wieder zum Feld auf. Zehn Minuten später sitzt er von neuem auf der Felge, doch auch diesmal führen ihn Geyer und Sieronski schnell wieder an den großen Haufen heran.

Das kostet Kraft, zehrt an der Moral, aber ist erst der Anfang von der Pechsträhne, die dem Mann im Gelben Trikot im Nacken sitzt. Fünfmal noch muß er absteigen und neue Reifen aufziehen, während André Leducq an der Spitze eine wilde Jagd entfesselt. Leducqs Reifen scheinen unverwundbar zu sein, und erst im Ziel erfährt Stöpel des Rätsels Lösung: Die Franzosen hatten eigene Reifen montiert, weil sie befürchteten, daß die Protektoren der Reifen, die die Rennleitung ausgab, sich bei der starken Hitze lösen würden.

Nach dem fünften Reifenschaden hat Stöpel keine Chance mehr, die Spitzengruppe, die im 40-km-Tempo dem Etappenziel entgegensaust, einzuholen. Erstaunlich, wie er trotz dieser Kette von entmutigenden Pannen immer wieder Zeit aufholt. Als Kurt Stöpel mit der zweiten Gruppe im Velodrom von Bordeaux eintrifft, bereitet der Etappensieger André Leducq sich auf die Ehrenrunde und die Übernahme des Gelben Tri-

kots vor. Doch mit schier übermenschlicher Energie hat der Deutsche den 2. Platz in der Gesamtwertung gerettet – und an dieser Placierung ändert sich in den restlichen 18 Etappen nichts mehr, trotz Pyrenäen und Alpen! Kurt Stöpel hat unter Bedingungen, die alles andere als ideal waren, eine bewundernswerte Leistung vollbracht. Sie ist um so höher zu bewerten, als die Nationalmannschaften aus den großen Radsportländern Frankreich, Belgien und Italien zu jener Zeit unter ganz anderen Voraussetzungen antraten als das deutsche Team. Die offiziellen und inoffiziellen Helfer der Franzosen, Belgier und Italiener waren auf die ganze riesige Begleitkarawane verteilt, und den ganzen Wert ihrer großen und kleinen Hilfeleistungen kann nur der ermessen, der einmal einen Blick hinter die Kulissen einer großen internationalen Rundfahrt geworfen hat. So waren die Deutschen, die über motorisierte ›Hilfstruppen‹ nicht verfügten, nur selten und dann noch ungenau über den jeweiligen Stand des Rennens unterrichtet; ein einfacher Reifenschaden konnte für sie zur Katastrophe werden, weil Ersatzreifen nur dem offiziellen Materialwagen entnommen werden durften. Aber der war natürlich nicht immer zur Stelle, wenn er gebraucht wurde. Die großen Nationalmannschaften freilich hatten so viele Betreuer, daß sie einen ›Notdienst‹ organisieren konnten, was zwar offiziell verboten war, aber von der Rennleitung stillschweigend geduldet wurde. Gleichheit und Brüderlichkeit waren in der Tour de France der frühen 30er Jahre noch recht vage Begriffe, doch muß der Gerechtigkeit halber auch gesagt werden, daß der deutsche Radsport weder die Mittel noch die Männer hatte, um seine Teilnehmer bei der Tour besser unterstützen zu können. Während des Rennens bekamen unsere Fahrer ihren einzigen Betreuer, den Berliner ›Matze‹ Schmidt, überhaupt nie zu Gesicht. Er mußte mit dem Gepäckwagen um mehrere Stunden vorausfahren.
Man muß ihre Leistungen, vor allem auch Kurt Stöpels 2. Platz von 1932, unter diesen Gesichtspunkten betrachten, um sie richtig würdigen zu können.
Mit dem 10. Platz in der Gesamtwertung war Stöpel auch 1933

bester Deutscher; Geyer belegte den 12., Thierbach den 33. Platz. Sieger wurde der langbeinige Franzose Georges Speicher, der in diesem Jahr die Form seines Lebens hatte und sich 14 Tage nach Beendigung der Tour auch noch die Straßenweltmeisterschaft holte.

Bergkönig René Vietto

1934 kam der kühl rechnende Antonin Magne zum Zug; aber wieder einmal stahl ihm ein anderer die Schau. René Vietto, ein kleiner, schwarzhaariger Bursche aus Cannes, wo er noch zwei Jahre zuvor in einem eleganten Hotel als Liftboy gearbeitet hatte, ging als Namenloser in diese Tour. Vier Wochen später nannte ihn ganz Frankreich den ›Roi René‹, denn er war bei dieser Tour zum König der Berge geworden, und außerdem war er ihr moralischer Sieger, denn nur seiner Opferbereitschaft verdankte Antonin Magne den Endsieg.
Desgrange läßt diese Tour 1934, im Gegensatz zu den vorhergegangenen Jahren, wieder einmal im Sinne des Uhrzeigers rollen, so daß die Alpen vor den Pyrenäen überquert werden müssen. Und zum Erstaunen der Fachleute holt keiner der berühmten Kletterer sich die Bergprämien in den Alpen, sondern der 20jährige Vietto, der die Gipfel von Izoard, Vars und Allos mit spielerischer Leichtigkeit erstürmt. Am nächsten Tag fährt er der gesamten Konkurrenz in den Serpentinen der Boucle de Sospel davon, um denn ganz alleine hinunterzurasen in seine Heimatstadt Cannes. Nie ist ein Etappensieger an der sonnigen Riviera stürmischer gefeiert worden!
Als die Tour sich den Pyrenäen nähert, flüstert man Vietto ins Ohr: »Magne ist müde. Er hat an der Boucle de Sospel drei Minuten an Martano verloren. Wenn du willst, gewinnst du die Tour in den Pyrenäen!«
René Vietto möchte schon. Aber Antonin Magne ist der große Mann, den es in der französischen Nationalmannschaft zu unterstützen gilt. Für Vietto ist es eine Ehre, das blau-weiß-

rote Trikot tragen zu dürfen. Weitere Ansprüche stellt ein Zwanzigjähriger nicht!
Als das zerklüftete Massiv der Pyrenäen am westlichen Horizont erscheint, ahnt René Vietto freilich noch nicht, daß man seine Hilfsbereitschaft überfordern wird. Bei der Abfahrt vom Col de l'Hospitalet stürzt Antonin Magne. Seine Verletzungen sind harmlos, aber sein Vorderrad ist unbrauchbar geworden. Sekunden später bremst Vietto neben ihm scharf ab:
»Hier, Tonin, nimm mein Vorderrad, ich werde auf den Materialwagen warten!«
Innerhalb von Sekunden hat Magne mit Viettos Hilfe das Rad gewechselt, denn Martano, sein gefährlichster Gegner in der Gesamtwertung, will die Situation ausnützen. Aber Magne rettet das Gelbe Trikot. Nur 28 Sekunden kann ihm Martano abnehmen.
René Vietto vergießt, als sein ›Chef‹ mit seinem Vorderrad davongeflitzt ist, die Tränen einer unendlichen Enttäuschung. Doch es soll noch schlimmer kommen.
Am nächsten Tag will er die Minuten, die er hilflos am Straßenrand vergeudet hat, wieder hereinholen. Mit einem unwiderstehlichen Antritt setzt er sich am Col de Porte an die Spitze. Bei der Abfahrt schließt sich wieder ein starkes Feld zusammen, und dann reißt, beim Aufstieg zum Portet d'Aspet, der Italiener Vignoli aus. Vietto setzt sofort nach, aber auf Anweisung seines Technischen Leiters muß er sich wieder in die Gruppe zurückfallen lassen, in der sich Antonin Magne befindet. Denn der Träger des Gelben Trikots braucht Schutz und Unterstützung.
Plötzlich fühlt Magne, der wirklich vom Pech verfolgt wird, daß sein Hinterrad wackelt. Er fällt zurück, aber er wagt nichts zu sagen, damit Martano nicht aufmerksam wird. Nicht einmal Vietto hat etwas davon gemerkt. Erst 500 Meter weiter stellt er erschrocken fest, daß das Gelbe Trikot fehlt.
Er steigt ab und wartet. Endlose Sekunden verstreichen, aber von Antonin Magne ist keine Spur zu sehen. Da wendet er seine Maschine und fährt zurück. Hinter einer Kurve findet er

Antonin Magne. Der sitzt mit hoffnungslosem Gesicht im Straßengraben und hat das Hinterrad bereits abmontiert. Vietto steigt ab, löst sein Rad vom Rahmen und hält es dem Mann im Gelben Trikot wortlos hin. Und wieder macht Magne sich zum Herren der Situation. Nach einer Jagd von 30 Kilometern hat er Martano eingeholt. Das Gelbe Trikot ist gerettet; er wird es bis Paris nicht mehr ausziehen.

Im Straßengraben aber sitzt ein zwanzigjähriger Junge und weint. Er verliert an diesem Tag fast eine halbe Stunde, doch seine Pechsträhne bei der Tour de France hat noch lange nicht aufgehört.

Zweimal soll René Vietto noch dicht vor dem Siege stehen, nämlich 1939 und 1947. Aber er wird ihn nie erringen.

In den Herzen der Zuschauer freilich ist mehr Platz für Männer wie Eugène Christophe, René Vietto oder Charles Pélissier, die über viele Jahre zu den Helden der Tour gehörten, ohne sie je zu gewinnen, als für jene, die das Gelbe Trikot nach einem wenig begeisternden Rennverlauf nach Paris brachten.

Immer wieder hat es solche ›mageren‹ Jahre gegeben, denn Henri Desgrange war zwar ein hervorragender und mutiger Organisator, aber er war kein Regisseur, der sein Rennen nach Belieben mit dramatischen Akzenten würzen konnte.

Ein ganz mageres Jahr war für ihn 1935. Nicht etwa, weil Romain Maes anstelle eines Franzosen gewann, sondern weil dieser kleine Mann aus Flandern das Gelbe Trikot vom ersten bis zum letzten Tag trug und alle seine Konkurrenten mit den großen Namen durch Stürze ausfielen oder sich infolge mangelhafter Form nicht hervortun konnten. Zum letzten Mal war auch Charles Pélissier mit dabei, aber der Sechsunddreißigjährige hatte nicht mehr das Stehvermögen seiner großen Tage; er mußte sich mit einem Etappensieg und dem 13. Platz in der Gesamtwertung begnügen. René Le Grevès, der neue französische Sprinterkönig, holte sich den Löwenanteil an Spurtsiegen.

Zwei ungewöhnliche Ereignisse wurden bei der Tour de France 1936 registriert; das eine verursachte der Himmel, das andere die Politik: Heftige Wolkenbrüche machten die ersten sieben

Oft müssen die Fahrer ein Wolkenmeer durchstoßen, ehe sie die wilden Gipfel der Pyrenäen erreichen.

Etappen zu einer wahren ›Unterwasserfahrt‹. Am schlimmsten war es zwischen Paris und Lille, wo die Räder oft bis zu den Naben ins Wasser tauchten und die Seitenwagen der Motorräder sich in Badewannen verwandelten. Fast wäre es zum Abbruch der Tour de France gekommen!
Das zweite außergewöhnliche Ereignis war das Fehlen der

Italiener. Mussolini hatte den Sportverkehr mit allen Ländern, die gegen Italien des Abessinien-Krieges wegen Sanktionen ergriffen hatten, abgebrochen. Frankreichs Nationalmannschaft stak, wie im Vorjahr, in einer Krise, und so stand diese Tour ganz im Zeichen des starken belgischen Teams. Sylvère Maes siegte mit mehr als einer halben Stunde Vorsprung vor Antonin Magne, der seinerseits nur eine einzige Minute schneller war als der belgische Bergspezialist Félicien Verwaecke.
Im nächsten Jahr kamen die Italiener wieder; sie brachten einen jungen Mann mit, dessen Ruf als ›König der Berge‹ schon längst über die Alpen gedrungen war: Gino Bartali. Aber auch die Deutschen hatten endlich wieder einen Mann dabei, der die Experten genauso in Erstaunen versetzen sollte, wie es fünf Jahre zuvor Kurt Stöpel getan hatte.

Frankreich staunt über Erich Bautz

Der Westfale Erich Bautz war aus dem gleichen Holz geschnitzt wie der Berliner Kurt Stöpel. Kein anderer als Heinz Vopel, der zusammen mit Gustav Kilian eines der berühmtesten Sechstage-Paare der Welt bildete, hatte als erster die außergewöhnliche Veranlagung dieses Dortmunder Jungen erkannt; und schon an seinem 14. Geburtstag hatte er ihm prophezeit: »Wenn du ernsthaft trainierst und hart bist gegen dich, wirst du einmal ein ganz großer Straßenfahrer!«
Von diesem Augenblick an lebte der kleine Bautz nur noch für dieses Ziel; da er bei den Jugendrennen einen Sieg nach dem anderen herausfuhr, hatte der Vater nichts dagegen, denn ein Rennfahrer, der über dem Durchschnitt stand, fand sein Brot in diesen Jahren der schleichenden Wirtschaftskrise und allgemeinen Arbeitslosigkeit.
Mit achtzehn Jahren galt Erich Bautz als einer der besten deutschen Amateure; vor allem am Berg war er so stark, daß er 1934 unbedenklich den Schritt ins Berufsfahrerlager wagen durfte. 1935 gewann er ›Rund um Dortmund‹ im Spurt vor den

renommierten ›Cracks‹ Umbenhauer und Thierbach, um wenige Wochen später einen noch viel eindrucksvolleren Sieg bei der schweren Bergprüfung ›Rund um die Hainleite‹, mit Start und Ziel in Erfurt, zu landen; wobei er Umbenhauer mit einem Vorsprung von über fünf Minuten auf den 2. Platz verwies.

1936 war Erich Bautz mit Siegen bei ›Rund um Saarbrücken‹, ›Rund um Köln‹, ›Rund um den Spessart‹ sowie mit seinem 9. Platz in der Tour de Suisse der erfolgreichste deutsche Straßenfahrer, und dieser Ruf verpflichtete. Er war entschlossen, bei der Tour de France 1937 auch im Kampf gegen die internationale Elite zu bestehen.

Zunächst aber mußte er seinen nationalen Verpflichtungen nachkommen. Bei der Deutschland-Rundfahrt, die der kleine Magdeburger Otto Weckerling gewann, wurde Erich Bautz Vierter; unmittelbar darauf holte er sich in Köln seine erste deutsche Straßenmeisterschaft. Aber zum Feiern blieb keine Zeit. Noch am selben Abend fuhr die achtköpfige deutsche Nationalmannschaft mit dem Nachtschnellzug nach Paris zum Start der Tour de France. So hat mir Erich Bautz sein großes Abenteuer geschildert:

»Es war ganz anders als heute, wo ein Rudi Altig sich in seinen Mercedes setzt, sein Material verstaut und in ein paar Stunden von Köln nach Paris flitzt. Unser Gepäck war nicht sehr elegant, und außerdem muß es auf die anderen Reisenden einen recht seltsamen Eindruck gemacht haben, denn jeder hatte einen Lenker und einen Sattel an seinen Koffer gebunden. Damals bekam nämlich jeder Fahrer sein Rad vom Veranstalter gestellt, und nur Lenker und Sattel durften nach eigenem Geschmack sein.

Einige Mitreisende, die wegen unseres Gepäcks die Nase gerümpft hatten, staunten nicht schlecht, als uns die französischen Zöllner auf das Zauberwort ›Tour de France‹ nur wohlwollend auf die Schultern klopften und keinerlei Interesse an unseren Koffern bekundeten, während das Gepäck der übrigen Herrschaften einer sehr eingehenden Prüfung unterzogen

wurde. Das hat uns mächtig gut getan, und unser Betreuer ›Matze‹ Schmidt konnte es sich nicht verkneifen, in seinem schnodderigen Berliner Dialekt einige entsprechende Kommentare anzubringen.
Von Paris haben wir nicht viel gesehen, denn es verblieben uns nach Ankunft nur noch 24 Stunden bis zum Start, und Matze Schmidt, der schon über eine reiche Tour-Erfahrung verfügte, genehmigte nur einen kleinen Stadtbummel: ›Legt euch ins Bett und denkt, ihr seid irgendwo auf dem Land, wo es nichts zu sehen gibt. Wenn ihr nach vier Wochen zurückkommt, könnt ihr hier meinetwegen machen, was ihr wollt – falls ihr noch Lust dazu habt . . .«
Nach einer unruhig verbrachten Nacht wache ich am nächsten Morgen schon um fünf Uhr auf. Das ›Tour-Fieber‹ hat mich gepackt, und den anderen ist es, wie ich feststellte, nicht viel besser ergangen. Nur ›Hinne‹ Thierbach, unser alter ›Tour-Hase‹, schnarcht noch, als wir schon im Frühstückzimmer des Hotels sitzen. Man könnte meinen, daß es für ihn ein Tag sei wie jeder andere.
Am Startplatz macht er seine Witze über die Pominenz von Film und Varieté, die sich eingefunden hat: ›Glaubt bloß nicht, daß die sich für uns so sehr interessieren, wie sie tun. Ihre größte Sorge ist es, gesehen zu werden und auf die Titelseiten der Abendblätter zu kommen. Diesen Zirkus kenne ich allmählich.‹ Und zu mir gewandt: ›Bilde dir nur nichts darauf ein, wenn du einen Kuß kriegst!‹ Kaum hat er es ausgesprochen, als Josephine Baker, die Negersängerin, deren Lied ›J'ai deux amours, mon pays et Paris‹ die Welt erobert hat, mitten unter der deutschen Mannschaft erscheint.
Ein französischer Journalist deutet auf mich und sagt: ›Ca c'est Bautz, le Champion d'Allemagne.‹ Huldvoll schwebt sie auf mich zu, und inmitten einer Parfümwolke, die mir schier den Atem nimmt, drückt sie mir einen schallenden Kuß auf die Wange. Aber Thierbach feixt: ›Den hast du noch umsonst bekommen, aber wenn du jetzt wieder einen willst, muß du schon eine Etappe gewinnen!‹

Wir halten einen wahrhaft triumphalen Auszug aus Paris. Selbstverständlich ist das Rennen noch neutralisiert, als die lange Karawane wie ein buntschillernder Lindwurm über die großen Boulevards kriecht, und ich habe den Eindruck, als ob ganz Paris auf den Beinen wäre, um uns zuzujubeln. Nach etwa fünf Kilometern erfolgt der eigentliche Start, und dann habe ich keine Zeit mehr, über die Begeisterung nachzudenken, die die Franzosen ihrer Tour de France entgegenbringen.

Auf den drei ersten Etappen rollt es bei mir ganz ordentlich. Zwar fühle ich mich noch nicht in Hochform, aber ich habe keine Schwierigkeiten, jedes Tempo mitzuhalten. Der lange Luxemburger Jean Majérus und der Belgier Marcel Kint lösen sich als Träger des Gelben Trikots ab, und dann kommt die 4. Etappe Metz–Belfort. Bei leichter Bewölkung verlassen wir das Moseltal, aber bald bricht die Sonne durch, und um die Mittagszeit liegt brütende Hitze über dem Elsässer Land. Dem geschlossen dahinrollenden Hauptfeld ist der Italiener Carini entwischt, doch niemand reagiert. Heute muß man seine Kräfte schonen, denn es geht in die Vogesen, deren höchster Berg, der 1250 m hohe Ballon d'Alsace, kurz vor dem Etappenziel Belfort zu bezwingen ist.

Niemand achtet auf den einsamen Italiener, der dem Feld vorausgeeilt ist und seinen Vorsprung beständig vergrößert. Alle paar Kilometer fährt der ›Ardoisier‹ mit seiner Schiefertafel an uns vorbei, um uns über die Situation zu informieren. Aber selbst als Carini acht Minuten Vorsprung herausgefahren hat, rührt sich niemand. Ich benützte die Ruhe im Feld, um meinen Verpflegungsbeutel leer zu machen, denn wehe dem Rennfahrer, der das Essen unterwegs vergißt und dann plötzlich von dem unvermeidlichen Schwächeanfall gepackt wird!

Ich habe gerade ein halbes Hähnchen verdrückt, als der Ardoisier 11 Minuten Vorsprung für Carini meldet. Jetzt wird es aber höchste Zeit, wenn wir den Italiener vor Belfort noch einmal sehen wollen! Und da fährt vorne auch schon der Franzose Sylvain Marcaillou ab. Ihm folgen seine Landsleute Oubron, Fréchaut und Galateau, ferner der Belgier Lowie, der Italiener

Vicini und der Schweizer Egli, den offenbar die Nähe der Heimat beflügelt. In diesem Augenblick schiebt sich Oskar Thierbach an meine Seite.
Ein Blick, und wir haben uns verstanden. Sehr schnell lösen auch wir beide uns vom Feld, ohne allerdings verhindern zu können, daß der alte belgische Haudegen Félicien Verwaecke sich anhängt. Schon nach wenigen Kilometern haben wir die Gruppe Marcaillou eingeholt, und nun geht eine tolle Jagd nach dem italienischen Ausreißer los. Bald liegt das Feld fünf Minuten hinter uns, und immer näher schieben wir uns an Carini heran.
Am meisten bin ich von meiner blendenden Form überrascht. Ich spüre trotz der drückenden Hitze überhaupt keine Müdigkeit, und wenn ich die Führung übernehme, spüre ich den schweren Atem der Männer an meinem Hinterrad. Soll ich aufs Ganze gehen? Einen Augenblick zögere ich noch, aber dann lege ich einen trockenen Zwischenspurt ein, der mir sofort 30 Meter Vorsprung einbringt. Jetzt weiß ich, daß ich es schaffen werde, und als ich mich das nächste Mal umdrehe, liegen die anderen mindestens 300 Meter zurück.
Nur noch eine Minute liegt Carini vor mir, und als die Straße anfängt, sich in den Aufstieg des Ballon d'Alsace hineinzuwinden, sehe ich ihn vor mir, und sofort weiß ich: Diese Festung ist sturmreif! Der Italiener ›hat einen in den Schuhen‹, wie man im Rennfahrerjargon sagt, wenn einer müde und abgekämpft ist. Die lange Alleinfahrt in der brütenden Hitze hat alle seine Kraftreserven aufgebraucht, und in der ersten Serpentine gehe ich so mühelos an ihm vorbei, daß ich den Eindruck habe, daß er auf der Stelle tritt.
Ich glaube in meiner ganzen Laufbahn habe ich nie ein größeres Glücksgefühl gekannt. Jauchzen hätte ich mögen vor Freude; mein Pedaltritt ist so leicht und so locker, daß mich die Rampen des Ballon d'Alsace, die uns als hochprozentig angekündigt worden sind, überhaupt nicht beeindrucken können. Die große Form, der der Rennfahrer manchmal monatelang vergeblich nachjagt, ist plötzlich da. Neun Kilometer lang ist die Steigung,

aber ich spüre nicht die geringste Müdigkeit als ich den Gipfel überfahre, auf dem sich eine gewaltige Menschenmenge drängt. ›Auf geht's, Bautz‹, schallt es mir von allen Seiten auf deutsch entgegen; und ehe ich mich hineinstürzte in die sausende Abfahrt, hält mir der Ardoisier freundlicherweise noch seine Schiefertafel unter die Nase: Lowie folgt mit einem Rückstand von 3,12 Minuten, und auf dem 3. Platz liegt, fünf Minuten hinter mir, Gino Bartali, Marcel Kint, der Träger des Gelben Trikots, hat über 10 Minuten verloren.
Man denkt nicht viel, wenn man so durch die Kurven saust, denn alle Sinne sind gespannt, um den Sturz zu vermeiden, der das Ende aller Hoffnungen bedeuten würde. Trotzdem schießt mir plötzlich das Gelbe Trikot durch den Kopf. Aber nein, es ist unmöglich! Heute morgen lag ich noch an 14. Stelle der Gesamtwertung; diesen gewaltigen Sprung kann ich nicht schaffen.
Nach der rasenden Talfahrt die Ebene. Ein blauer Wegweiser huscht vorbei: Belfort 15 km. Wenn ich jetzt noch eine Panne hätte! Es wäre nicht auszudenken. Immer dichter drängen die Menschen sich an den Bordsteinen. Ich versuche, das Tempo noch zu steigern, denn möglicherweise haben sich bei der Abfahrt ein paar Fahrer zusammengeschlossen und nehmen mir mit vereinten Anstrengungen Sekunde um Sekunde ab. Wie oft schon ist die Ebene nach dem Berg dem Gipfelstürmer zum Verhängnis geworden!
Nur jetzt nicht weich werden! Von allen Seiten bieten mir die Zuschauer Getränke an, aber jetzt darf ich meinen Rhythmus nicht unterbrechen. Ich lege den größten Gang auf, setze die letzten Kraftreserven ein. Und dann kommt endlich das rote Schild, das den letzten Kilometer anzeigt.
Eine riesige Menschenmenge jubelt mir zu, als ich die Ziellinie überfahre. Kaum habe ich einen Fuß auf den Boden gesetzt, als ich auch schon so umringt bin, daß ich keine Bewegung mehr machen kann. Und einen Kuß von der Schönheitskönigin gibt es auch. Die zierliche Demoiselle ist gar nicht zimperlich. Mit Grazie, aber auch mit bemerkenswertem Mut entledigt sie sich

ihrer Aufgabe, denn mein Gesicht ist mit einer dicken Schmutzschicht von Schweiß und Staub genauso überzogen wie ein Napfkuchen mit seiner Glasur. Ich höre, daß Bartali sich auf den 2. Platz vorgearbeitet hat und in knapp fünf Minuten eintreffen muß. Sicher werde ich einen gehörigen Sprung in der Gesamtwertung machen, denn die bisherigen Spitzenreiter liegen weit abgeschlagen im Feld. Da schwenkt Matze Schmidt auch schon triumphierend einen Zettel, auf dem er blitzschnell die neue Gesamtwertung errechnet hat:

›Du hast das Gelbe Trikot!‹

Ungläubig starre ich ihn an, aber wenige Minuten später ist es Gewißheit. Mit den Gutschriften reicht es; ich bekomme nicht nur die 1,30 Minuten für den Etappensieg vergütet, sondern auch noch zwei Minuten für die Einzelankunft. Ich werde zur 5. Etappe im Gelben Trikot antreten, das seit Kurt Stöpel kein Deutscher mehr getragen hat. Werde ich es länger behalten als der Berliner, der es nur einen Tag tragen durfte?

Es gelingt mir, und in den folgenden Tagen erhalte ich mehr Post als sonst in einem ganzen Jahr. Man muß nämlich wissen, daß die französischen Fans eifrige Briefschreiber sind und sich natürlich mit Vorliebe an den Träger des Gelben Trikots wenden. Übrigens schreiben mir auch erstaunlich viele Damen, die nicht nur autogrammhungrig, sondern auch heiratslustig waren, und wir haben uns abends in der Etappe mit Hilfe eines Dolmetschers immer köstlich amüsiert. Ich habe aber nur einen der vielen Wünsche erfüllt, nämlich den eines 12jährigen Buben aus Belfort, der unbedingt die roten Socken wollte, die ich am Ballon d'Alsace getragen hatte. Denn ich wußte, was das für mich in diesem Alter bedeutet hätte.

Aber die Tour rollt weiter. Sie rollt durch das tief in die Jura-Felsen eingeschnittene Tal des Doubs hinüber nach Genf in das Land der Eidgenossen, wo Leo Amberg einen vielbejubelten Etappensieg erringt. Ich placiere mich als Vierter und kann meinen Vorsprung in der Gesamtwertung vor dem kleinen Franzosen Maurice Archambaud, der vor allem als ›Roller‹ gefürchtet ist auf neun Minuten vergrößern.

Drei Tage lang gehört mir das Gelbe Trikot, aber dann habe ich auf der ersten Alpen-Etappe Aix les Bains–Grenoble rabenschwarzes Pech. Ausgerechnet in den Alpen, wo ich den Bergspezialisten den Fehdehandschuh hinwerfen wollte! Drei Reifenschäden verdammen mich am Galibier zur Ohnmächtigkeit; schon am halben Berg habe ich das Gelbe Trikot an Gino Bartali verloren, der seinen ersten Angriff startet und mit großem Vorsprung in Grenoble gewinnt.
Jetzt wissen wir alle, daß es nicht übertrieben ist, was man sich von Bartali erzählt hat, aber ich bin sicher, daß ich ihm ohne meine Defekte einen großen Kampf geliefert hätte.
Diesen Kampf suche ich auf der zweiten Alpen-Etappe Grenoble-Briançon. Sofort nach dem Start greife ich an, und es gelingt mir tatsächlich, Bartali am ersten Berg zu distanzieren. Bei der Abfahrt wirft mich ein neuer Materialschaden zurück, aber noch viel größer ist das Pech, das Bartali wenige Minuten später ereilt. Auf einer schmalen Holzbrücke verliert er die Balance und stürzt über die schadhafte Barriere in einen reißenden Gebirgsbach. Trotz schwerer Prellungen fährt er weiter, aber er verliert nicht nur 10 Minuten an den Etappensieger, sondern auch das Gelbe Trikot, und am nächsten Tag gibt er auf. Für mein eigenes Pech erwartet mich in der trutzigen Gebirgsfestung Briançon ein schönes Trostpflaster: Otto Wekkerling, mein kleiner Mannschaftskamerad mit dem großen Kämpferherzen, ist der Sieger dieser schweren Gebirgsetappe. Mir jedoch bleibt das Pech treu. Auf der nächsten Etappe Briançon–Digne zwingt mich ein Zahnkranzschaden zum Absteigen, und als nach einer endlosen Viertelstunde der Materialwagen eintrifft, sind meine letzten Hoffnungen grausam vernichtet. In Digne bin ich auf den 14. Platz in der Gesamtwertung zurückgefallen.
Jetzt kann ich Roger Lapébie, den neuen Mann im Gelben Trikot, nicht mehr gefährden, aber verbissen arbeite ich mich auf den restlichen Etappen wieder in den Vordergrund. Ich gewinne die Etappe in Royan, werde Zweiter des schweren Zeitfahrens von Vire nach Caen, eine Leistung, die mir, dem

Bergspezialisten, niemand zugetraut hatte. In Paris bin ich Neunter der Gesamtwertung, aber Jacques Goddet schreibt in ›L'Auto‹: ›Ohne sein Pech in den Alpen wäre der Deutsche Meister Erich Bautz ganz im Vordergrund gelandet, denn er hat bewiesen, daß er sowohl am Berg als auch auf der Ebene zu den Besten gehört. Wir werden noch viel von ihm hören!‹

Damals konnten weder Jacques Goddet, der Mann, der das Erbe von Henri Desgrange übernehmen sollte, noch ich ahnen, daß wir sehr bald gezwungen sein würden, aufeinander zu schießen. Ich war 27 Jahre alt, als der Zweite Weltkrieg ausbrach, der mir die besten Jahre meiner Karriere gestohlen hat, und ich war reif genug, um zu wissen, daß im Grunde ihrer Herzen weder die Deutschen noch die Franzosen diesen Krieg wollten. Und wenn Sie mich fragen, was meine schönste Erinnenrung an die Tour de France 1937 ist, so werde ich in einem Atemzug das Gelbe Trikot und einen Brief nennen, der mich auf meiner letzten Etappe erreichte. Der Absender war ein Monsieur Bounin aus dem Städtchen Tragon im Departement Gironde, und die wörtliche Übersetzung lautet:

›Monsieur Bautz,

Ich habe durch einen kräftigen Stoß an ihrem Sattel versucht, Ihnen den Aufstieg zum Aubisque etwas zu erleichtern, weil Sie müde waren und eine kleine Unterstützung ebenso verdienten wie alle anderen. Ich habe den ganzen Krieg 1914–18 mitgemacht, aber ich habe den Haß vergessen. Sie sind ein großer Sportsmann und für mich ein Rennfahrer wie alle anderen, die Belgier, die Spanier, die Italiener und die Franzosen. Die Tour de France vereinigt Sportler aus allen Ländern und verlangt von allen erbarmungslos dieselben Strapazen, wie sie auch jedem Sieger den gleichen Thriumph schenkt. Neben ihrem sportlichen Wert trägt sie dazu bei, unsere Völker einander näherzubringen und uns als Nachbarn besser zu verstehen. Bravo für Ihre Leistungen! In Erwartung des Endsieges von Roger Lapébie wünsche ich Ihnen die gute Placierung, die sie verdienen.‹«

Erich Bautz war einer der ganz Großen des deutschen Rad-

sports; es ist sehr wahrscheinlich, daß sein Name in der Siegerliste der Tour de France stehen würde, hätte es keinen Zweiten Weltkrieg gegeben.
Daß es 1937 einen internen ›Tour-Krieg‹ gab, ist freilich schon fast in Vergessenheit geraten. Die großen Favoriten hießen Gino Bartali und Sylvére Maes; nach Bartalis Ausscheiden schob sich jedoch der Südfranzose Roger Lapébie in den Vordergrund, der in den Alpen noch eine Viertelstunde Rückstand auf Bartali aufgewiesen hatte. Nach Bartali hatte Sylvére Maes, der Sieger von 1936, das Gelbe Trikot übernommen, aber immer näher arbeitete Lapébie sich an ihn heran. Ganz Frankreich begeisterte sich an diesem dramatischen Verfolgungsrennen, und es kann keinen Zweifel darüber geben, daß die Zuschauer in den Pyrenäen zuviel des Guten für ihren Landsman Lapébie taten. Sie schoben ihn buchstäblich den Tourmalet hinauf, so daß die Rennleitung nicht umhin konnte, Lapébie mit einer Zeitstrafe von 1,30 Minuten zu belegen.
Diese Strafe löste in Bordeaux, der Heimatstadt Roger Lapébies, einen Sturm der Entrüstung, die sich in erster Linie gegen die Belgier wandte, die den Protest eingelegt hatten, um das Gelbe Trikot von Sylvère Maes zu retten.
Nun hätte dieser Volkszorn den Organisatoren wenig Kopfzerbrechen bereitet, wenn er nicht am Vorabend der Etappe Pau–Bordeaux ausgebrochen wäre. So aber war das Etappenziel Bordeaux zu einem Pulverfaß geworden, wie weiland die Normandie-Stadt Rouen, die im Jahre 1911 ihren Sohn Duboc für seine Vergiftung in den Pyrenäen rächen wollte. Mit dem Unterschied, daß die Organisatoren im Jahre 1937 keine Kriegslist erfinden konnten, um Komplikationen zu vermeiden.
Und so kam es zu einem peinlichen Zwischenfall. 40 Kilometer vor Bordeaux hatte Sylvère Maes eine Panne, die Roger Lapébie gestattete, ihm 2,23 Minuten abzunehmen. In seiner Verzweiflung benützte der Belgier den Windschatten der Begleitfahrzeuge, um wieder an seinen Rivalen heranzukommen, was der Rennleitung nicht verborgen blieb. Prompt brummte sie ihm 15

Strafsekunden auf. Als dann in Bordeaux abgerechnet wurde, betrug der Rückstand Roger Lepébies auf Sylvère Maes noch genau 25 Sekunden. Ein dramatisches Finale kündigte sich an. Aber die Belgier protestierten erneut. Erstens, weil sie die Strafe für Sylvère Maes als ungerecht empfanden, zum anderen, weil ihre Fahrer in den Straßen von Bordeaux mit faulen Tomaten und Apfelsinen bombardiert worden waren. Die Organisatoren konnten das nicht leugnen; sie fühlten sich jedoch ebenso schuldlos wie ein Fußballverein, der mit einer Platzsperre belegt wird, weil einige unbeherrschte Fanatiker den Schiedsrichter verprügelten.
Die Belgier hielten Kriegsrat und beschlossen, ihre Mannschaft zurückzuziehen. Stundenlange Bemühungen der Rennleitung, diesen Beschluß umzuwerfen, waren vergebens: Zum erstenmal in der Geschichte der Tour de France gab eine vollzählige Mannschaft das Rennen auf. Damit wurde die Meuterei der Pélissiers im Jahre 1924 noch übertroffen! Für Roger Lapébie hingegen war der Weg zum Endsieg frei. In ihrem Zorn hatten die Belgier sogar gelobt, niemals wieder an einer Tour de France teilzunehmen. Tatsächlich kühlten auch die diplomatischen Beziehungen zwischen Belgien und Frankreich in den folgenden Monaten beträchtlich ab. Aber 1938 sind die Belgier dann doch wiedergekommen. Doch sie konnten die Tour de France nicht gewinnen, weil auch Gino Bartali wieder am Start erschien.

Gino Bartali, der ›Maestro‹

Bartali hatte auf den Giro d'Italia 1938 verzichtet, um sich ganz auf die Tour de France konzentrieren zu können, die seit 1925, als Bottecchia triumphierte, kein Italiener mehr gewonnen hatte. Er fuhr in den Flachetappen ein kluges und verhaltenes Rennen, um dann in der klassischen Pyrenäen-Etappe Pau–Luchon seinen ersten Angriff zu starten. Unaufhaltsam zog er am Col d'Aspin davon, aber ein Defekt bei der Abfahrt warf

ihn zurück. Der zähe Belgier Félicien Verwaecke gewann deshalb nicht nur die Etappe, sondern eroberte auch das Gelbe Trikot. Ja, Bartalis Chancen sanken noch mehr, als Verwaecke das Zeitfahren von Narbonne nach Béziers gewann.
Die italienischen Journalisten wurden unruhig, doch der vierundzwanzigjährige Gino lachte sie aus: »Angsthasen seid ihr! Was soll ich so früh mit dem Gelben Trikot anfangen? In den Alpen werde ich es übernehmen, und wenn ich angreife, dann könnt ihr den Belgier mit der Lupe suchen!«
Es war keine Prahlerei. Gino Bartali attackierte auf der ›Königsetappe‹ Digne–Briançon und bescherte den erstaunten Experten und Laien eine der eindrucksvollsten Kletterdemonstrationen in der Geschichte des Straßenrennsports. Ohne sich völlig auszugeben, passierte er als Erster die Gipel von Allos und Vars, um dann alle Kräfte beim Aufstieg zum schneebedeckten 2360 m hohen Izoard einzusetzen. Es hat Bergfahrer gegeben, deren Stil eleganter sein mochte als der Bartalis, aber bisher hatte noch nie einer die endlosen und schwierigen Rampen des Izoard mit solchem Elan genommen. Erst 17 Minuten nach ihm kam Félicien Verwaecke, der ja immerhin als Bergspezialist galt, ins Ziel. Gino Bartali übernahm das Gelbe Trikot genau an der Stelle, die er sich ausgesucht hatte. Er gewann die Tour vor Verwaecke und dem Franzosen Victor Cosson. Die Deutschen, die auf Erich Bautz hatten verzichten müssen, verloren neun von zwölf gestarteten Fahrern. Otto Weckerling, der die Etappe Besançon–Straßburg gewann, belegte den 21. Platz. Hauswald wurde 52. und Wendel 53. Gino Bartali wurde als der größte Rennfahrer aller Zeiten gefeiert; für Millionen von Italienern ist er es heute noch, obwohl Fausto Coppi, dessen Stern wenige Jahre später aufgehen sollte, erfolgreicher war. Über die Rivalität der beiden ›Campionissimi‹, die Italien in zwei große feindliche Lager spaltete, ist mehr Druckerschwärze verbraucht worden als über den Abessinien-Krieg, und wer sich bemüht, das Geheimnis der Popularität Bartalis zu ergründen, gewinnt hochinteressante Einblicke in die Psychologie der Massen.

Kaum einer der großen Champions war so von Geheimnissen umwittert wie der schweigsame Gino Bartali, der am 17. Juli in Ponte a Ema, einer Vorstadt von Florenz, als Sohn eines Maurers geboren wurde. Keiner hat die Phantasie seiner Bewunderer so entzündet wie dieser Mann mit dem undurchdringlichen Asketengesicht, der stets die Medaille der heiligen Therese bei sich trug, vor jedem Rennen ein langes Gebet verrichtete und bei jeder Tour de France eine Wallfahrt nach Lourdes unternahm, selbst wenn die Stadt der heiligen Bernadette weitab vom Etappenziel lag. Nach der Tour de France 1938 legte er sein Siegerbukett auf den Altar von Notre Dame in Paris; und der Papst hat ihn öfter empfangen als irgendeinen anderen Sportler.

Aber das allein war es nicht. Aus vielen Mosaiksteinen setzte das geheimnisvolle Bild des ›Campionissimo‹ sich zusammen, dessen Gesicht bei Sieg und Niederlage undurchdringlich blieb, der seinen Bewunderern niemals ein Lächeln schenkte, sondern sie eher mit seiner Gleichgültigkeit zurückwies.

Sie nannten ihn den Mönch, aber nicht weniger glaubhaft vermochte er den Snob oder den Tyrannen zu spielen, ohne auch nur das Geringste an Beliebtheit einzubüßen. Im Gegenteil, je weniger er die verzückten Fans beachtete, die den Boden küßten, den seine Reifen berührt hatten, desto begeisterter umjubelten sie ihn. Bald sollte Fausto Coppi zu spüren bekommen, was es hieß, im Schatten eines solchen Mannes um Popularität kämpfen zu müssen.

Selbstverständlich war Gino Bartali der große Favorit der Tour de France 1939, aber als die Startvorbereitungen getroffen wurden, kündigte sich am politischen Horizont der Zweite Weltkrieg an: Deutschland, Italien und Spanien zogen ihre Mannschaften zurück.

Die Veranstalter trachteten das auszugleichen, indem sie noch eine belgische B-Mannschaft zuließen. Und man erwartete – weil die starken Italiener nicht teilnahmen – einen harten Kampf zwischen den Nationalteams von Frankreich und Belgien.

Doch es kam anders. Zwar erfüllten die belgischen Asse die hohen Erwartungen, aber die französische Nationalequipe blieb zur großen Enttäuschung des Publikums völlig im Hintergrund. Dafür feierte der kleine, schwarzhaarige René Vietto aus Cannes ein unerwartetes Comeback. Drei Jahre lang war es still um den König der Berge von 1934 gewesen, ja man hatte sogar befürchtet, eine komplizierte Meniskusoperation werde seine hoffnungsvolle Laufbahn vorzeitig beenden. Was Wunder, wenn Vietto keine Aufnahme in die französische Nationalmannschaft fand, sondern froh sein durfte, in der bescheidenen Regionalmannschaft Süd-Ost unterzukommen.
Nach drei Etappen trug René Vietto das Gelbe Trikot. Eine echte Überraschung, denn Bergspezialisten pflegen auf der Ebene keine Lorbeeren zu pflücken.
Der Überraschung folgte die Sensation; es zeigte sich nämlich, daß Vietto kein Strohfeuer abgebrannt hatte. Als die Karawane nach neun Etappen am Fuße der Pyrenäen anlangte, trug Vietto immer noch das Gelbe Trikot, und – obwohl er jeden Abend Spritzen für sein geschwollenes Knie erhielt, sagte er zu den Journalisten: »Mit einem Bein werde ich Aubisque, Aspin und Tourmalet bezwingen, und kein Mensch wird mir das Gelbe Trikot entreißen!« Aber er muße sich auf der großen Pyrenäenetappe dann doch furchtbar plagen, zumal Stürme, Nebel und ein eisiger Regen geradezu übermenschliche Anforderungen an die Fahrer stellte. Es war wie ein Wunder, daß René Vietto mit seinem verletzten Knie das Gelbe Trikot rettete, aber gefährlich nahe war Sylvère Maes in Toulouse an ihn herangekommen. Ganz Frankreich stand hinter dem kleinen Mann aus Cannes, der die Angriffe des großen Belgiers auch auf den nächsten Etappen mit erstaunlicher Energie abwehrte und das Gelbe Trikot auch noch am Vorabend der 15. Etappe trug, die von Digne nach Briançon über den gefürchteten Izoard führte.
Würde Vietto in den Alpen ein zweites Wunder vollbringen? Es schien so, denn er nahm die ersten Serpentinen des Izoard in jenem leichten, eindrucksvollen Stil, mit dem er schon 1934 seine Konkurrenten und die Fachwelt verblüfft hatte. Einen

Augenblick lang war Sylvère Maes, der in der Gesamtwertung nur zwei Minuten hinter ihm lag, sprachlos. Dann aber ging er zum Angriff über, genau an der Stelle, wo Gino Bartali im Vorjahr seinen Großangriff gestartet hatte. 15 Kilometer schwerster Steigung mußten noch zurückgelegt wrden bis zu den gewaltigen Felsbrocken, die dem wilden Izoard-Gipfel das Aussehen einer Mondlandschaft verleihen. Und kaum mehr als 100 Meter weit konnte Vietto sich am Hinterrad des Belgiers halten, dann erlebten die Männer in den Begleitfahrzeugen das traurige Schauspiel von Viettos Zusammenbruch. Der einstige König der Berge war am Ende seiner physischen und moralischen Widerstandskraft. Dennoch blieb er im Sattel und beendete die Etappe. Sylvère Maes jedoch streifte in Briançon das Gelbe Trikot über, und fünf Tage später hatte er in Paris seine zweite Tour de France gewonnen. René Vietto belegte den zweiten Platz. Während seiner stürmisch bejubelten Ehrenrunde ahnte er freilich nicht, daß er acht Jahre später erneut das Gelbe Trikot tragen würde.
Ebensowenig konnte er wissen, daß er vier Wochen darauf keine Rennmütze mehr, sondern einen Stahlhelm tragen und in einem Bunker der Maginot-Linie sitzen würde. Europa begann an allen Ecken und Enden zu brennen, und es schien, als ob niemals wieder eine Tour de France gefahren werden würde.

Jacques Goddet übernimmt das Erbe

Die Männer, die die Tour de France 1947 neu zum Leben erweckten, standen vor einer schweren Aufgabe. Henri Desgrange und sein engster Mitarbeiter Lucien Cazalis waren tot, alle Unterlagen der Organisation im Krieg verlorengegangen. Aber es gab einen Mann, der die Tour ›geerbt‹ hatte: Jacques Goddet. Schon fünf Jahre vor seinem Tod hatte Desgrange ihn zum Chefredakteur von ›L'Auto‹ gemacht und ihn zu seinem Nachfolger bestimmt. ›L'Auto‹ mußte wie alle Pariser Zeitungen nach der ›Libération‹ im Jahre 1945 seinen Namen ändern, und da sich allmählich fast die gesamte Redaktionsequipe wieder eingefunden hatte, beschlossen Jacques Goddet und seine Teilhaber, die Zeitung fortan einfach ›L'Equipe‹ zu nennen, womit einmal die sportliche Note des Titels gewahrt blieb und zum anderen unterstrichen wurde, daß die Redakteure der bedeutendsten Sportzeitung der Welt sich als echte ›Mannschaft‹ fühlten.

Jacques Goddet als Kapitän dieser Mannschaft hatte große Pläne mit der Tour de France. Ihm schwebte eine noch perfektere Organisation, ein sportlich noch einwandfreierer Rennverlauf vor; deshalb ließ er schon 1946 im Redaktionsgebäude von ›L'Equipe‹ eine ganze Etage für das ›Dezernat Tour de France‹ bereitstellen. Hier wurde nun in der Tat echte Generalstabsarbeit geleistet, berief Goddet doch zum Chef dieser Abteilung den Colonel Beaupuis, einen ehemaligen Generalstäbler mit außergewöhnlichem Organisationstalent. Seine engsten Mitarbeiter wurden Elie Wermelinger, ein wahres Arbeitspferd, dessen Stolz es war, nie Urlaub zu nehmen und mit fünf Stunden Schlaf pro Nacht auszukommen, sowie der joviale, aber nicht weniger tüchtige Jean Garnault. Hinzu trat ein gutes Dutzend von weiteren ständigen Mitarbeitern. Und es ist das unbestreitbare Verdienst dieser Männer, daß die gewaltige und bis ins kleinste Detail perfekte Organisation der Tour de France immer wieder das Staunen der internationalen Fachleute erregt.

Jacques Goddet, dessen Vater im Jahre 1911 schweren Herzens die 3000 Francs, mit denen Alphonse Steines den Aubisque ›befahrbar‹ machte, dem kleinen Kassenschrank von ›L'Auto‹ entnommen hatte, gedachte keine halbe Arbeit zu leisten. Viel zu weit würde es führen, wollten wir uns hier mit den tausend Dingen beschäftigen, die bedacht und erledigt werden müssen, ehe eine Stadt als Etappenziel der Tour de France ›hergerichtet‹ ist. Gerne bezeichnet man die Deutschen als Meister der Organisation, wer jedoch die Deutschland-Rundfahrt mit ihren katastrophalen Organisationspannen erlebt und dann gesehen hat, wie reibungslos alles bei der Tour de France abläuft, der

kann diesem organisatorischen Wunderwerk seine Achtung nicht versagen.
Freilich hat Jacques Goddet sich mit seinem großen Mitarbeiterstab nach dem Zweiten Weltkrieg auch mit Details befaßt, um die der überlastete Henri Desgrange sich niemals hatte kümmern können.

Kaum einer von jenen, die mit dabeisein möchten, ist sich freilich darüber klar, daß ein Begleiter der Tour beachtliche physische Leistungen zu vollbringen hat. So gibt es, zum Beispiel, keinerlei Freizeit für den Journalisten, der abends in der Etappe drei oder mehr Ferngespräche führt, von schriftlichen Berichten ganz zu schweigen, weil er ja seine hohen Ausgaben ›hereinschreiben‹ muß. Ihm bleibt die Schönheit der französischen Provinzen zwar nicht verborgen, aber er kann sie nicht auskosten, und er hadert mit seinem Schicksal, weil das Fernamt des kleinen Pyrenäen-Kurortes den Andrang nicht bewältigen kann und sein wichtigstes Gespräch erst nach Redaktionsschluß herstellt.
Spät in der Nacht aber, wenn er sich irgendwo zwischen Normandie und Pyrenäen, an den reich gedeckten Tisch setzt, der die eigentliche Empfehlung der Hotels dieses Landes ist, kommt für ihn die Stunde der Versöhnung. Frankreich nimmt sich des müden Gastes an.
Denn er schreibt ja nicht nur über ein Radrennen, sondern er nimmt an einem dreiwöchigen Lehrgang in allen Provinzen des Landes teil, dessen kulinarisches Raffinement das Vorbild aller Gastronomen bleibt, die ein anspruchsvolles Publikum zu befriedigen haben. Da wird selbst der Liebhaber einfacher germanischer Hausmannskost zum Gourmand! Er stellt fest, daß man die Ente nirgends auf der Welt schmackhafter zubereitet als in der Normandie und daß die Langusten und die Austern der Bretagne unerreicht sind. In der Gascogne serviert man ihm kräutergebackenen Aal; im Baskenland Wildtauben und die phantasievollsten Eiergerichte. Die Bouillabaisse in der Provence bleibt ihm ebenso unvergeßlich wie das Hähnchen in

Wein, mit dem ihn die Auvergne überrascht. Und dann in der Bourgogne der ›Boeuf Bourgouignon‹, im Elsaß die Pasteten von Gänse- und Hühnerleber, in der Champagne der Schinken und die Schnecken, ganz zu schweigen von der hervorragenden Qualität der Weine in jeder einzelnen dieser Regionen. Ich weiß nicht, ob Walther Bensemann, der als Feinschmecker einen ebenso großen Namen hatte wie als Sportjournalist, dem Fußball erhalten geblieben wäre, wenn er einmal die Tour de France begleitet hätte.

Wen wundert's, daß die Nächte der Tour-de-France-Begleiter oftmals von kurzer Dauer sind? Honni soit qui mal y pense, und ein Barbar, der sie mit spießerischer Regelmäßigkeit durchschläft! Frankreichs Reichtümer und sein liebenswertester Charme laden zu diesen Stunden im internationalen Kollegenkreis ein, Stunden, die den mit vielen Aufgaben belasteten Begleiter eines sportlichen Monster-Wettbewerbs nicht nur erahnen, sondern auch begreifen lassen, warum man in diesem Land sowohl leichter als auch intensiver lebt als jenseits des Rheines.

Nur in Frankreich hat diese Rundfahrt werden können, was sie ist. Ihre Popularität wurzelt nicht allein in der großen Propaganda, sondern in Menschen, die zu leben verstehen und deshalb guten Willens sind, sich von Leistungen begeistern zu lassen. Frankreich bietet dem Begleiter seiner Tour nicht nur einen sportlichen Wettbewerb, es hält ihm auch gleichzeitig seinen Spiegel hin und liefert damit einen Stoff, der in Sportzeitungen leider nur andeutungsweise verarbeitet werden kann.

Welche dankbare Aufgabe ist allein die Schilderung der grandiosen Szenerie auf den Alpen- und Pyrenäen-Etappen! Keiner, der diese drei Wochen intensiven Reporterdaseins erlebt hat, wird die Erinnerung daran missen wollen. Und wenn es dann wieder Juli wird, wenn andere berufliche Aufgaben ihn zurückhalten, wird ihn Heimweh nach der Tour plagen.

Einer, der sie seit mehr als dreißig Jahren begleitet, sagte mir an einem schwülen Sommerabend, an dem der große Ring auf der Piste des Pariser Prinzenparks sich geschlossen hatte: »Es wird

zuviel für einen Mann meines Alters. Ich werde meinem Verleger sagen, daß er im nächsten Jahr einen jungen Mann schickt.«
Im nächsten Jahr kam er trotzdem wieder. Und wieder gehörten seine täglichen Berichte zum Besten, was über die Tour gedruckt wurde. Dabei könnte er sich's viel einfacher machen. Aber wen die Tour einmal gepackt hat, der kommt nicht mehr los von ihr. Daß sie sich nach 1945 sehr schnell den Forderungen einer neuen Zeit angepaßt hat, ist eine durchaus natürliche Entwicklung, gegen die es aus dem einfachen Grund keine Einwände geben kann, weil sie ja von Berufsfahrern bestritten wird. Auch dieses Metier hatte ein Anrecht darauf, am allgemeinen Aufschwung teilzunehmen.

Ganz erheblich vergrößert wurden deshalb auch die Verdienstmöglichkeiten für die Fahrer. Das Gelbe Trikot, das bis zum Zweiten Weltkrieg nur dem Fahrer Gewinn brachte, der es nach Paris trug, bringt heute jedem seiner Träger eine stattliche tägliche Rendite, und das gleiche gilt für den, der die größte kämpferische Leistung vollbringt, ganz gleich, wie er sich placiert. Hinzu kommen der einträgliche ›Große Bergpreis‹, die Mannschaftswertung und die Punktwertung, für die das Grüne Trikot verliehen wird. Dieses Grüne Trikot, bestimmt, die Sprinter zu belohnen, die auf den Flachetappen Erfolge, im Gebirge aber nur geringe Chancen haben, brachte Rudi Altig bei der Tour 1962 nach Paris und es hat ihm in Frankreich zu einer Popularität verholfen, die nicht geringer war als die des Siegers Jacques Anquetil.

Dieser Jacques Anquetil bestritt in der Normandie gerade seine ersten Jugendrennen, als Jacques Goddet am 25. Juni 1947 in Paris die Startflagge zur ersten Tour de France der Nachkriegszeit senkte.

Veranstalter waren ›L'Equipe‹ und ›Le Parisien Libéré‹, mit dem das außergewöhnliche Manager-Genie Félix Lévitan zum Rennen stieß. Ohne ihn ging von nun an gar nichts mehr. Schier unüberwindbar hatten die Hindernisse sich vor den Veranstaltern aufgetürmt. Viele Lebensmittel waren noch rationiert; allein das Bereitstellen einer ausreichenden Verpflegung für die Fahrer grenzte ans Wunderbare. Nicht minder schwierig war es, Benzin für die Begleitfahrzeuge zu beschaffen; das Versorgungsproblem für die Motoren wurde jedoch genauso befriedigend gelöst wie das für die Mägen. Um für alles gewappnet zu sein, charterte Jacques Goddet einen riesigen Tankwagen.

Der Publikumserfolg dieser Tour übertraf alles bisher Dagewesene. Man schätzt, daß über 20 Millionen Menschen Frankreichs Landstraßen säumten; sie alle wollten die ›Giganten der Landstraße‹ nach einer Pause von acht Jahren wiedersehen. Diese Tour de France war mehr als eine sportliche Veranstaltung. Sie hatte eine symbolische Bedeutung für ein Volk, das noch aus vielen Wunden blutete, aber bereit war, seine ganze Begeisterungsfähigkeit zu entzünden für das große, faszinierende Rennen, das eine Brücke schlug zwischen der guten alten Zeit und einer Zukunft, die sich, recht schüchtern freilich, als lebenswert abzuzeichnen begann. Die erste Etappe Paris–Lille gewann der Schweizer Ferdinand Kübler, dann aber fegte ein wahrer Sturm nationaler Begeisterung durch Frankreichs Provinzen, denn der Mann, der die zweite Etappe Lille–Brüssel gewann und damit gleichzeitig das Gelbe Trikot eroberte, hieß René Vietto!

Viele Leute trauten ihren Ohren kaum. War es nicht, als sei die Zeit stehengeblieben, als habe es nie einen Zweiten Weltkrieg gegeben? Über Nacht war der kleine Mann aus Cannes, dessen Stern vor 13 Jahren in den Bergen der Alpen und Pyrenäen aufgegangen, zum Nationalhelden geworden. Ganz Frankreich zitterte um den ›Roi René‹, um das Happy-End einer Karriere, durch die von Anbeginn sich der schwarze Faden des Pechs gezogen hatte.

Als er das Gelbe Trikot überstreifte, leuchtete trutzige Entschlossenheit aus René Viettos dunklen Augen, die für die Tour de France schon so viele Tränen tiefster Enttäuschung vergossen hatten. Er war nicht mehr der Jüngste, doch sollten ihn weder seine 33 Jahre noch seine drei Knieoperationen daran hindern, diese Tour zu gewinnen!

Wer sich der Hitzewelle entsinnt, die im Sommer des Jahres 1947 über Mittel- und Westeuropa lastete, kann sich vielleicht vorstellen, welchen erbarmungslos harten Strapazen die Teilnehmer an dieser ersten Nachkriegs-Tour unterworfen wurden. Die meisten von ihnen hatten ja noch keine Erfahrungen bei schweren Etappenrennen sammeln können. Aber sie nahmen die Leiden der Landstraße auf sich, weil sie das begeisterte Publikum nicht enttäuschen wollten, und die Tatsache, daß von 100 Gestarteten 53 das Ziel in Paris erreichten, sagt alles über die Leistungen, die vollbracht wurden.
In den acht Jahren, die seit 1939 ins Land gingen, sind die meisten Elitefahrer der Vorkriegszeit ausgeschieden. Nur noch ganz wenige der alten ›Tour-Hasen‹ machen auch heute noch mit, unter ihnen René Vietto, Jean-Marie Goasmat, Eloi Tassin und Pierre Cogan. Zwar haben sie ihre Erfahrung in die Waagschale zu werfen, aber sehr schwer wiegt auch auf der anderen Seite der Waage die Last ihrer Jahre.
Doch einer von ihnen weigert sich, den Vorrang der Jugend anzuerkennen. René Vietto erobert das Gelbe Trikot schon auf der zweiten Etappe von Lille nach Brüssel im Stil eines großen Champions, denn die letzten 130 Kilometer legt er in einer eindrucksvollen Alleinfahrt zurück.
Er verteidigt das Gelbe Trikot in den folgenden Tagen wie ein Löwe, kann aber nicht verhindern, daß es ihm der Italiener Ronconi auf der 7. Etappe Lyon-Grenoble wieder abnimmt.
Aus der Traum! Selbst Viettos glühendste Verehrer finden sich damit ab, daß ein dreiunddreißigjähriger Ex-König der Berge, der nur noch über ein gesundes Knie verfügt, jetzt nicht mehr in die Entscheidung eingreifen kann.
Aber der Mann, auf den es ankommt, findet sich nicht damit ab. Mit einer geradezu phantastischen Energieleistung gewinnt er die schwere Alpenetappe Briançon–Digne und entreißt dem Italiener wieder das Gelbe Trikot. An diesem Tag hätte der Eiffelturm einfallen oder die Regierung gestürzt werden können, ohne daß die Franzosen sich darum gekümmert hätten.
Drei Tage vor Paris, in Vannes, trägt er immer noch das Gelbe

Trikot. Jetzt sind Millionen von Franzosen überzeugt davon, daß er es behalten wird. Gewiß, sein Vorsprung ist recht bescheiden; er liegt nur 1,35 Minuten vor Brambilla, 3,55 vor Ronconi, 6,46 vor Fachleitner und 8,08 vor einem gewissen Jean Robic, der in den Alpen und in den Pyrenäen jeweils eine Etappe gewonnen hat. Man wird diesen kleinen Mann aus der Bretagne in Zukunft beachten müssen.

Aber jeder, der zu diesem Zeitpunkt behauptet hätte, dieser Jean Robic werde drei Tage später als Sieger der Tour de France in den Pariser Prinzenpark einfahren, wäre für verrückt erklärt worden.

Mit großer Wahrscheinlichkeit hätte der kleine Mann aus Cannes, der die Tour de France 13 Jahre zuvor verlor, weil er sich in den Pyrenäen zweimal für Antonin Magne opferte, den Traum seines Lebens verwirklicht, wenn die Organisatoren nicht die teuflische Idee gehabt hätten, drei Tage vor Paris ein Zeitfahren einzulegen.

Dieser Kampf gegen die Uhr mit Einzelstart ist das Schlimmste, was Vietto passieren kann. Die Kokainspritzen, die jeden Tag in sein krankes Knie gejagt werden, wirken kaum noch, aber er hätte eine große Chance gehabt, seinen mageren Vorsprung mit Hilfe seiner Mannschaftskameraden nach Paris zu retten, wenn dieses Zeitfahren nicht dazwischen gekommen wäre.

Das Volk hofft auf ein Wunder; die Experten fühlen Mitleid mit Vietto. Sie wissen, genau wie er selbst, daß er bei diesem Zeitfahren seine letzte Chance, die Tour de France zu gewinnen, einbüßen wird. Er hat alle Energie aufgebraucht, um das Gelbe Trikot zu verteidigen; für das Zeitfahren hat er nun keine Reserven mehr. Außerdem hat er in dieser Sparte, genau wie Bartali, niemals Leistungen vollbracht, die über dem Durchschnitt lagen. Bergspezialisten haben auf flachen Strecken im Kampf gegen die Uhr geringe Aussichten. Zu den Ausnahmen, die diese Regel bestätigt haben, gehören außer Fausto Coppi und Hugo Koblet auch Ferdi Kübler – und Erich Bautz.

René Vietto aber weiß schon vor dem Start in Vannes, daß das Schicksal gegen ihn ist, daß er die Tour de France nie gewinnen wird. Er verflucht die Organisatoren, die ihm dieses Zeitfahren auferlegen, das ihn unweigerlich das Gelbe Trikot kosten muß, aber er wäre nicht Vietto, wenn er nicht auf ein Wunder hoffen würde.

Bei einer Firma in Lyon, dem Zentrum der französischen Seidenindustrie, hat er ein Gelbes Trikot aus reiner Seide bestellt. Er weiß, damit verletzt er das Reglement, doch was tut man nicht alles, wenn man am Ende seiner Karriere, in der die Rolle des Pechs viel größer war als die des Glücks, den großen Triumph erzwingen will!

René Vietto versäumt bei diesem entscheidenden Zeitfahren nicht die geringste Vorsichtsmaßregel. Das Seidentrikot bietet der Luft geringeren Widerstand als ein Wolltrikot. Selbstverständlich benützt er die leichtesten Reifen, die zu erhalten sind. Jedes gesparte Gramm zählt. Aber nicht genug damit, er verzichtet sogar auf Sonnenbrille und Mütze, um Gewicht zu sparen.

All das nützt ihm nichts! Er quält sich über die Distanz und weiß schon auf halber Strecke, daß er das Gelbe Trikot verloren hat. Sein Haß auf die Organisatoren, die ihm dicht vor dem Ziel dieses Zeitfahren auferlegt haben, macht sich in einem Wutausbruch Luft, der eines Pélissier würdig gewesen wäre, als die Kommissare im Ziel ihm noch 10 Sekunden von seiner mäßigen Zeit abziehen, weil er, in Mißachtung des Reglements, ein Seidentrikot getragen hat!

»Das könnt ihr mit mir nicht machen«, brüllt der Mann, der allen Triumph und alles Elend der Tour de France ausgekostet hat.

»Hier habt ihr euer Gelbes Trikot; ich schmeiße es euch vor die Füße!«

Ganz Frankreich wird Zeuge dieser dramatischen Szene.

Georges Briquet, Star-Reporter der Radio-Diffussion-Française, fängt sie mit dem Mikrophon ein; es handelt sich um eine Direktsendung. Und ganz Frankreich nimmt Partei für den ›Roi René‹!

Jeder begreift ihn, als er ins Mikrophon brüllt: »Ich nehme den nächsten Zug nach Cannes; niemand kann mich davon abhalten!« »René, im Namen des Vaterlandes bitte ich dich, nicht aufzugeben«, sagt Georges Briquet mit belegter Stimme.

Darauf Vietto: »Die Organisatoren der Tour sind Räuber und Spitzbuben; sie haben mir das Gelbe Trikot gestohlen. Mein Entschluß ist unwiderruflich, ich nehme den nächsten Zug nach Cannes!«

Minuten später packt René Vietto seinen Koffer, trägt ihn eigenhändig hinunter in die Hotelhalle.

Zum Glück fährt der Zug erst gegen 23 Uhr, so daß noch hinreichend Zeit bleibt, den Mann umzustimmen, der ganz Frankreich in eine Aufregung gestürzt hat, gegen die ein plötzlicher Regierungssturz eine reine Belanglosigkeit wäre. Einer der Rennkommissare trägt den Koffer wieder ins Zimmer, aber schon zwei Minuten später hat ihn Vietto wieder eigenhändig in die Halle transportiert. Ein halbes Dutzend Mal wiederholt sich diese Prozedur, und dann ist der 11-Uhr-Zug doch ohne Vietto abgefahren. Am nächsten Morgen aber ist der ›Roi René‹ wie alle anderen am Start, und die Ovationen, die ihm drei Tage später im Pariser Prinzenpark zuteil werden, sind nicht geringer als die, die Jean Robic, der Überraschungssieger dieser ersten Nachkriegs-Tour, erhält, obwohl Vietto in der Gesamtwertung auf den 5. Platz zurückgefallen ist.

Ist es ein Wunder, wenn René Vietto in den Herzen der Zuschauer zu den ganz Großen der Tour gehört, obwohl er sie niemals gewonnen hat?

Übrigens war Jean Robic der einzige Tour-Sieger, der das Gelbe Trikot während des Rennens nie getragen hat. Erst zur Ehrenrunde im Prinzenpark konnte er es überstreifen, denn sein entscheidender Angriff erfolgte auf der letzten Etappe, 140 Kilometer vor Paris. Brambilla, der Träger des Gelben Trikots, wurde durch diesen Angriff völlig überrascht und in der Gesamtwertung sogar noch von dem Franzosen Edourd Fachleitner überholt. Diese erste Nachkriegs-Tour hatte vom Beginn bis zum Schluß Überraschungen gebracht!

Der Tour-Boss

Der Mann, der hochaufgerichtet im offenen roten Wagen steht und sich bei scharfen Kurven biegt wie die Antennen, die gleich Schilfrohren aus der Karosserie ragen, ist der Boß der Tour de France. Ja, man kann sogar sagen, er ist ihr Besitzer, denn er hat sie von seinem Vater geerbt. Der wiederum hatte sie von Henri Desgrange übernommen, der im Jahre des Heils 1903 auf die verrückte und von seinen Zeitgenossen vielbelächelte Idee gekommen war, ein Rennen durch Frankreich für Velozipedfahrer auszuschreiben. Sie haben aber bald nicht mehr über ihn gelächelt, und wenn man den Franzosen heute die Tour de France wegnähme, würden sie auf die Barrikaden gehen wie weiland die Marktweiber von Paris vor der Erstürmung der Bastille.

Der Mann im Kommandowagen der Tour, der, wenn die Sonne besonders heiß brennt, wie ein Kolonialoffizier aussieht, weil er dann zum khakifarbenen Hemd und zu der etwas lang geratenen kurzen Hose einen Tropenhelm trägt, verwaltet das übernommene Erbe mit einer Gewissenhaftigkeit und einem Engagement, die immer wieder frappieren. Wenn die Tour de France trotz der Abschaffung der Nationalmannschaften und trotz der Macht kommerzieller Interessengruppen geblieben ist, was sie war, verdankt sie es in erster Linie dem außergewöhnlichen Mann mit dem Tropenhelm, der Jacques Goddet heißt.

Jacques Goddet bringt es fertig, Feldherr, Chronist, Wachhund und Mädchen für alles in einer Person zu sein. Nichts, was in der Karawane und im Fahrerfeld passiert, entgeht ihm, und wer ihn bei seinen tausend Beschäftigungen während des Rennens erlebt hat, der kann, wenn er am nächsten Tag »L'Equipe« liest, nur den Hut ziehen. Denn der Zeitungsboß Goddet ist nicht minder brillant

als der Rennleiter Goddet, und sein täglicher Kommentar ist ein journalistisches Kunstwerk – manchmal von der Badewanne aus in die Redaktion telefoniert, manchmal blattweise von hurtigen Boten aus dem Hotelzimmer zum Fernschreiber getragen.
Pünktlich um 22.30 Uhr, wenn die meisten Journalisten noch zusammensitzen, geht Goddet schlafen. Aber um 6 Uhr, wenn alle anderen noch schlafen, beginnt er mit seinem ausgedehnten Frühsport, wobei es zu seinen kleinen Freuden gehört, Hanteln von hübschem Gewicht so lange auf den Boden fallen zu lassen, bis in den angrenzenden Hotelzimmern keiner mehr schläft. So beginnt der Mann, der die Tour de France geerbt hat und wie ein Luchs über sie wacht, jede der 21 Etappen, und alle, die um ihn herum sind, beneiden ihn um seine Gesundheit und sein Stehvermögen.
Übrigens feiert Jacques Goddet 1987 seinen 82. Geburtstag.

Bartalis Meisterstück

Die Tour de France 1948 brauchte einen großen Namen, und Goddet mußte nicht erst lange danach suchen. Jenseits der Alpen saß Gino Bartali längst wieder im Sattel; sein außergewöhnliches Können strahlte so hell wie eh und je, obwohl die Italiener bereits anfingen, ihn ›il vecchio‹, den Alten, zu nennen.
Einer von denen, die in diesem Sommer des Jahres 1948 sehnsüchtige Blicke über den Rhein warfen, war Erich Bautz; zehn Jahre zuvor war er ein großer Rivale Gino Bartalis bei der Tour de France gewesen. Auch er fühlte sich noch nicht zu alt, um es mit der nachdrängenden Jugend aufzunehmen, aber 1948 war ein deutsches Team in Frankreich unerwünscht.
Erich Bautz mußte sich mit einem Trostpflaster begnügen. Wenige Wochen nach der Tour de France 1948 wurde die erste

Gino Bartalis Rekord wird wohl nie gebrochen werden. Zehn Jahre nach seinem ersten Sieg gewann er die Tour 1948 zum zweiten Mal.

Nachkriegs-Deutschlandfahrt um das ›Grüne Band der IRA‹ von Stuttgart nach Hamburg gestartet. Und Bautz, der auf den Kuppen von Eifel und Westerwald bewies, daß er nichts von seinen außergewöhnlichen Qualitäten als Bergfahrer eingebüßt hatte, wäre zweifellos aus dieser Acht-Etappen-Fahrt als Sieger hervorgegangen, wären die Berge höher und steiler gewesen. So mußte er sich, mit nur 22 Sekunden Rückstand, mit dem 2. Platz hinter einem weiteren ›Alten‹, dem Frankenthaler Philipp Hilbert, begnügen, der auf den Flachetappen seine größere Spurtschnelligkeit ausspielte. Dritter wurde mit Fritz Scheller ein weiterer alter Kämpe der Vorkriegszeit. Ja, sogar Vierzigjährige, wie Schultenjohann, Kijewski und Thierbach, bewiesen, daß ihre Routine noch ausreichte, um den unerfahrenen Nachwuchs in Schach zu halten. Deutschlands Radsport war 1948 nur für den Hausgebrauch bestimmt.

Nicht besser erging es allen anderen deutschen Sportlern, denn sie blieben von den Olympischen Spielen 1948 in London ausgeschlossen. Während die Jugend der Welt sich auf dieses Fest vorbereitete, senkte sich im westlichen Pariser Vorort St. Cloud die Startflagge zur 35. Tour de France.

Zwei frühere Tour-Sieger befinden sich in dem 120köpfigen Feld, dem stärksten seit 1930: Gino Bartali und Jean Robic. Auch René Vietto ist wieder dabei – der Mann, der nur für die Tour de France lebt und zehn Jahre seines Lebens geopfert hätte, um sie zu gewinnen.

Er ist, genau wie Gino Bartali, 34 Jahre alt, doch es besteht ein gewaltiger Unterschied zwischen den beiden. Spurlos scheinen die Jahre an dem Mann aus Florenz vorübergegangen zu sein. Zwar wurde seine Nase durch einen schweren Sturz verunstaltet, so daß sie der eines Boxers ähnelt, aber er ist im Vollbesitz seiner Kräfte, während Vietto durch ein krankes Knie behindert wird, obwohl er ein Dutzend Spezialisten konsultierte. Doch auch diese, seine letzte Tour de France, wird er durchstehen und als 17. der Gesamtwertung in den Pariser Prinzenpark einziehen.

Der große Mann dieser Tour heißt Gino Bartali. Schon auf der ersten Etappe, von Paris nach Trouville über die sanften Hügel der Normandie, leistet der Bergkönig sich den Luxus, den Spurt einer zwölfköpfigen Spitzengruppe zu gewinnen. Als Journalisten ihn fragen, warum er schon am ersten Tag das Gelbe Trikot erobert habe, sagt Gino, der Wortkarge, mit rauher Stimme und unbeweglichem Gesicht:

»Das Gelbe Trikot? Im Augenblick interessiert es mich noch gar nicht; ich werde es morgen schon wieder abgeben. Ich wollte diesen Burschen nur zeigen, mit wem sie es zu tun haben!«

Am zweiten Tag übernimmt tatsächlich der Belgier Engels das Gelbe Trikot. Am dritten Tag läßt Bartali sich ohne jede Gegenwehr im Hauptfeld einklemmen, so daß er mehr als eine Viertelstunde an den neuen Spitzenreiter der Gesamtwertung verliert.

Dieser neue Spitzenreiter ist ein junger Mann aus der Bretagne; er heißt Louis Bobet. Seine Freunde nennen ihn liebevoll Louison, eine Koseform, die viel schöner klingt. Das soll nicht heißen, Louison sei ein Muttersöhnchen, aber es schwingt doch etwas mit von der Fürsorge, die man einem Nesthäkchen angedeihen läßt. Man möchte diesem Louison Bobet mit seinem sympathischen Jungengesicht dauernd auf die Schulter klopfen, um ihm Mut zu machen.

Zwar muß Bobet das Gelbe Trikot schon am nächsten Tag an den Belgier Lambrecht abgeben, doch holt er es sich auf der 6. Etappe Bordeaux–Biarritz zurück, um es dann in den Pyrenäen wie ein Löwe zu verteidigen. Bartali gewinnt die erste Pyrenäen-Etappe Biarritz–Lourdes, aber es ist nur ein Spurtsieg vor Robic und Bobet, die den Gipfel des 1708 m hohen Aubisque sogar noch vor ihm überqueren. Und als Gino am Abend sein Siegerbukett in der Grotte von Lourdes niederlegt, hält er den 12. Platz der Gesamtwertung mit einem Rückstand von 19,46 Minuten auf Louison Bobet.

Auf dem Programm der nächsten Etappe stehen die drei Bergriesen Tourmalet, Aspin und Peyresourde. Wieder bleibt der erwartete Großangriff von Bartali aus. Robic ist es, der den

2114 m hohen Tourmalet als erster überquert, dicht gefolgt allerdings von Brulé, Bartali, Lazaridès und Bobet. Vietto liegt fast acht Minuten zurück, und das gibt dem einstigen König der Berge die bittere Gewißheit, daß er nie mehr das Gelbe Trikot tragen wird.

Einsam erklimmt Jean Robic den Col d'Aspin, dessen Gipfel er zwei Minuten vor Bartali erreicht. Wird der Italiener am Peyresourde angreifen? Nein, er begnügt sich damit, 22 Fahrer an Robic heranzuführen und dann in Toulouse abermals den Spurt der großen Spitzengruppe zu gewinnen. Da auch Bobet sich in dieser Gruppe befindet, behält er das Gelbe Trikot, aber durch die Zeitgutschrift für den Etappensieg schiebt Bartali sich auf den 8. Platz der Gesamtwertung vor. Ein französisches Sprichwort sagt: ›Qui rit vendredi, dimanche pleurera‹! Wer am Freitag lacht, wird am Sonntag weinen! Louison Bobet, der Mann im Gelben Trikot, kann es auf sich beziehen, denn sein Vorsprung in der Gesamtwertung schmilzt auf den beiden Mittelmeer-Etappen, die Raymond Impanis, der kleine Belgier mit dem Pausbackengesicht, gewinnt, zusammen wie Frühlingsschnee. Nur noch 29 Sekunden liegt Bobet vor Lambrechts, als es von Marseille über die italienische Grenze nach San Remo geht.

Gino Bartali ist ein viel zu kühler Rechner, um jetzt ›für die Galerie‹ zu fahren. Er will nicht um jeden Preis vor seinen Landsleuten glänzen, sondern er hat sich das Terrain für seinen Großangriff auf das Gelbe Trikot längst ausgesucht. Er wird in den Alpen attackieren, genau an der gleichen Stelle, wo er vor zehn Jahren seine erste Tour de France gewann. Auf der Etappe nach San Remo zeigt er sich sogar als Gentleman, indem er Bobet, den ein böser Furunkel am Fuß plagt, nicht angreift. Der Träger des Gelben Trikots rettet sich unter Aufbietung seiner letzten Energie ins Ziel, um dann ohnmächtig zusammenzubrechen.

Für Fachleute gibt es keinen Zweifel: Auf der nächsten Etappe San Remo–Cannes wird Bobet das Gelbe Trikot verlieren. Aber es geschieht ein Wunder. Louison Bobet erholt sich nicht nur, er gewinnt diese schwierige Etappe! Damit sitzt das Gelbe Trikot fester denn je auf seinen Schultern, und ganz Frankreich fiebert nun dem Duell Bobet–Bartali entgegen, das in den Alpen mit unerbittlicher Schärfe entbrennen muß.

Diese 13. Etappe von Cannes nach Briançon wird zu einem wahren Leidensweg. Eisiger Regen, der sich auf dem Gipfel des Izoard in Schnee verwandelt, läßt die Muskeln der Fahrer erstarren, und für die meisten von ihnen hört die Tour de France zwischen Cannes und Briançon, irgendwo in den Serpentinen von Allos, Vars und Izoard, auf, ein aussichtsreiches Rennen zu sein. Für Gino Bartali jedoch beginnt sie.

Zwar ist es der kleine Jean Robic, der als erster die Gipfellinie des Allos passiert und dann auch noch in vorderster Position den Vars erklettert. Aber schon am Fuße des Vars ist Bartali aus seiner Reserve herausgegangen. Nur 32 Sekunden hinter Robic, der bereits nachzulassen beginnt, nimmt er die Paßhöhe, und während Robics Hoffnungen erlöschen, schürt Gino Bartali die Flamme seines Triumphs, von dem er schon seit zehn Jahren träumt.

Mühelos überholt er Robic bei der Abfahrt vom Vars, an dem er längst nicht alle Reserven eingesetzt hat, denn noch muß ja der 2280 Meter hohe Izoard, der finsterste und gefürchtetste der drei Alpenriesen, bezwungen werden.

Eisiger Regen peitscht ihm ins Gesicht, auf die nackten Schenkel, die trotzdem noch wuchtiger als bisher kurbeln und stampfen, als der Aufstieg zum Izoard beginnt. Es ist, als rolle nicht Blut, sondern Treibstoff in Gino Bartalis Adern.

Nach wenigen Kilometern merkt er jedoch, daß er keine Maschine ist. Bei der letzten Verpflegungskontrolle hat er auf seinen Beutel verzichtet, einmal, weil er keine Zeit verlieren, und zum anderen, weil er kein unnötiges Gewicht den Berg hinaufschleppen wollte. Diesen Leichtsinn muß er jetzt büßen, denn plötzlich überfällt ihn der Hunger, und noch sind zehn Kilometer hochprozentiger Steigung bis zum Gipfel des Izoard zurückzulegen. Schon hinter der nächsten Kurve kann ihn eine Schwäche packen – aber auf dieser 13. Etappe bleibt Gino

Bartali das Glück des Tüchtigen treu. Ein Zuschauer reicht ihm drei Bananen, und wie ein Raubvogel stürzt Gino sich auf diese unverhoffte Beute. Stunden später gesteht er in Briançon: »Ohne diesen Samariter hätte ich den Gipfel nicht erreicht!« Die Bananen gaben ihm neue Kraft. Bartali erhebt sich aus dem Sattel, reißt seine Maschine im Schaukeltrab die steilen Rampen des Izoard hinauf. Geballte Energie, die letzte, die er aufzubringen vermag, steckt hinter diesen Pedaltritten; trotz der schneidenden Kälte feuchten Schweißtropfen sein schütteres Haar. Die Zähne beißen auf eine trockene Zunge, die nach Wasser lechzt. Nie im Leben hat er sich mehr gequält als auf den letzten beiden Kilometern, die von der ›Casse Déserte‹, jener wilden, grandiosen Gebirgslandschaft, hinaufführen zum Gipfel. Als es geschafft ist, befällt ihn ein Rausch unbändigen Triumphs, denn tief unter ihm müht sich, von wallenden Nebeln verdeckt, das Häuflein der abgekämpften Giganten die Serpentinen zum Izoard hinauf.
Aber auch der um elf Jahre jüngere Louison Bobet mobilisiert seine letzten Kraftreserven. Hartnäckig verteidigt er das Gelbe Trikot. Obschon Bartali die Etappe mit großem Vorsprung gewinnt, ist Bobet in Briançon immer noch Spitzenreiter der Gesamtwertung. Aber das Gelbe Trikot hängt an einem seidenen Faden, denn Bartali liegt auf dem 2. Platz mit nur 1,06 Minuten Rückstand!
Es folgt Briançon–Aix les Bains, die grausamste aller Etappen, bei der den Fahrern nichts, aber auch nichts erspart bleibt. Der Aufruhr der Naturgewalten steigert sich vom Bindfadenregen über Hagelschauer zu Schneestürmen, und trotzdem findet der dreiundzwanzigjährige Bobet den Mut, den ›Maestro‹ während des schweren Aufstiegs zum Galibier anzugreifen. »Bobet ist wahnsinnig«, sagen die Fachleute. »Als Träger des Gelben Trikots darf er nicht attackieren; er muß den Angriff Bartalis abwarten!«
Fast scheint es, als sollten Mut und Elan des jungen Franzosen siegen. Er hängt Bartali tatsächlich ab. Doch als er, nach einer fast unwahrscheinlichen Energieleistung, den Gipfel des Gali-

bier überquert, sieht er hinter sich in den wirbelnden Schneeflocken die Silhouette des Campionissimo aus der Toscana auftauchen. Er glaubt, zum erstenmal ein Lächeln auf Bartalis undurchdringlichem Gesicht zu sehen – ein teuflisches Lächeln. In diesem Augenblick weiß Bobet, daß er die Tour verloren hat.

Gino Bartali, der spürt, daß sein demoralisierter Gegner nichts mehr zuzusetzen hat, fühlt die Kraft seiner zwanziger Jahre zurückkehren. Aber er ist ein viel zu gewitzter Taktiker, um Bobet schon jetzt anzugreifen. Mit 34 Jahren muß man haushälterisch mit seinen Kräften umgehen.

Gemeinsam mit Bobet erklettert Bartali, seines Sieges sicher, den Col de la Coix de Fer. Ber der Abfahrt platzt ihm ein Reifen, ein Umstand, den Bobet natürlich sofort ausnützt. Aber in aller Ruhe zieht Bartali einen neuen Reifen auf und erwartet das nächste Peloton, das sich aus Schotte, Camellini, Kirchen, van Dyck, Ockers, Piot und Guy Lapébie zusammensetzt. Eine Viertelstunde später hat diese zügig fahrende Gruppe den einsamen Bobet wieder eingeholt, und dann kommt, kurz hinter Grenoble, der Col de Porte. Nicht sehr hoch, aber steil.

Und an diesem Col de Porte gewinnt Gino Bartali endgültig seine zweite Tour de France, zehn Jahre nach seinem ersten Sieg. In den steilen Serpentinen nimmt er Bobet mehr als 10 Minuten ab. Aber er siegt nicht nur in Aix les Bains, sondern auch noch in Lausanne und Lüttich, womit er die Zahl seiner Etappensiege auf sieben erhöht! Bei der Ankunft im Pariser Prinzenpark beträgt Bartalis Vorsprung in der Gesamtwertung vor dem Belgier Brik Schotte, der den 2. Platz belegt, nicht weniger als 26 Minuten. Dritter wird Guy Lapébie, der Bruder des Tour-Siegers von 1937, und erst auf dem 4. Platz taucht Louison Bobet auf. Wer ahnte da wohl, daß er den großen Bartali eines Tages übertreffen würde?

Gino Bartali am Start der Tour de France 1948. Zehn Jahre hatte er auf diesen Augenblick gewartet.

Das große Duell Coppi–Bartali

Italien empfing Gino Bartali im heißen Sommer des Jahres 1948 wie einen König. Sein Rekord, die Tour zehn Jahre nach dem ersten Sieg erneut zu gewinnen, ist noch heute ungebrochen. Der ›vecchio‹ hatte seinem jüngeren Konkurrenten Fausto Coppi einen neuen schweren Schlag versetzt.

So jung war Fausto Coppi damals freilich auch nicht mehr. Der Krieg hatte ihn Jahre seiner Karriere gekostet. Als man Bartali in Italien feierte, wie noch nie zuvor einen Rennfahrer, stand Coppi bereits im 29. Lebensjahr.

Zehn Jahre zuvor, etwa um die Zeit, da Bartali seine erste Tour de France gewann, hatte der blinde Masseur Giuseppe Cavanna die außergewöhnliche Veranlagung des hochaufgeschossenen Jünglings Fausto Angelo Coppi für den Rennfahrerberuf entdeckt. Der Blinde wußte, daß ihn seine Hände nicht trogen. Am Puls spürte er die Stärke des Herzens; an den Halsmuskeln fühlte er die Geschmeidigkeit und Feinnervigkeit der gesamten Muskulatur.

Die Bezeichnung ›Phänomen‹ allerdings, die sehr bald zum Schlagwort der Journalisten wurde, wenn es um Coppi ging, ist nur bedingt richtig. Ein unwahrscheinlich langsamer Pulsschlag und Lungen, die nicht weniger als sieben Liter Luft aufnehmen konnten, haben ihm zwar außergewöhnliche physische Vorteile verschafft, aber die körperliche Veranlagung allein macht noch lange keinen ›Campionissimo‹.

Im übrigen hatte Coppi gerade gegenüber dem starkknochigen Bartali ein schweres Handicap zu tragen: Er besaß weiche, zerbrechliche Knochen. Das mag Vererbung gewesen sein, möglicherweise aber auch nur eine Folge der Armut, in der die sechsköpfige Familie Coppi damals in dem Dörfchen Castellania, in der oberitalienischen Provinz Alessandria, lebte. Die Trauben, die der steinige Gebirgsboden um Castellania hervorbringt, schmecken auch in guten Jahren sauer, und sauer müssen die Bauern ihren Lebensunterhalt verdienen.

Tatsächlich hat die Fragilität seiner Knochen Fausto Coppi

während seiner ganzen Laufbahn behindert. Ihre geringe Widerstandskraft lernte er zum erstenmal kennen, als er in Tortona einem abfahrenden Omnibus nachrannte und dabei stürzte. Der harmlose Sturz eines jungen Mannes, so schien es. Niemand beeilte sich, ihm aufzuhelfen. Aber der neunzehnjährige Coppi vermochte sich nicht zu erheben, er hatte den Knöchel gebrochen.

Im Frühjahr 1942 brach er auf der Mailänder Vigorelli-Bahn das Schlüsselbein. Ein Gleiches passierte ihm nach seiner Heimkehr aus der Kriegsgefangenschaft. Diese Anfälligkeit bei verhältnismäßig harmlosen Stürzen machte ihn vorsichtig. Es gelang ihm auch, sich bis 1950 ohne ernsthafte Verletzungen durchzuschlagen, aber in diesem Jahr blieb er nach einem Zusammenprall mit Peverelli auf der Etappe Vicenza–Auronzo beim Giro d'Italia mit gebrochenem Becken auf der Strecke. Und als er nach monatelanger Zwangspause wieder starten konnte, brach er sich auf der Bahn von Perpignan von neuem das Schlüsselbein.

Bei dieser längst nicht vollständigen Aufzählung von Coppis Knochenbrüchen drängt sich die Frage auf, wie es überhaupt möglich war, daß er trotz seiner zahlreichen Krankenhausaufenthalte so viele Rennen nicht nur fahren, sondern auch gewinnen konnte.

Die Antwort ist einfach genug: Coppis Programm war ungewöhnlich groß. Die Veranstalter in den Radsportländern rissen sich um ihn; es gab Monate, in denen er kaum aus dem Sattel kam. Und da seine Spurtkraft nur mittelmäßig war, mußte er seine Siege mit viel größerem körperlichem Einsatz erkämpfen als Fahrer, die sich an den Hinterrädern ihrer Gegner schonen, um ihnen dann beim Endspurt eine lange Nase zu machen. Coppi pflegte solche ›Hinterrad-Schmarotzer‹ abzuschütteln; aber das kostete ihn viel zusätzliche Kraft. Und wenn er sich auch meist rasch von den Strapazen erholte, so überforderte er doch oft seinen Körper. So seltsam es klingen mag, die vielen Krankenhausaufenthalte haben die Laufbahn Coppis verlängert. Er konnte nicht nur die Knochenbrüche ausheilen, son-

Für Fausto Coppi gab es auf dem Höhepunkt seines Ruhmes keine Gegner. Sowohl in der Ebene als auch am Berg war er unschlagbar.

dern fand auch die Ruhe, die Herz und Muskeln brauchen, um neue Zerreißproben bestehen zu können.
Während des Sommers 1940 war in Italien noch nicht viel vom Krieg zu spüren; deshalb konnte ein fast friedensmäßiger Rennbetrieb durchgeführt werden. Für den Giro d'Italia verpflichtete Eberardo Pavesi, der sportliche Direktor der Firma Legnano, für die auch Bartali fuhr, den zwanzigjährigen Coppi. Dem war ein Kampf mit dem großen Gino vorausgegangen, der zwar nicht die Konkurrenz von Coppi fürchtete, aber glaubte, der hochaufgeschossene Jüngling sei nicht stark genug, um den Ansprüchen zu genügen, die ein Bartali bei der Italien-Rundfahrt an seine Wasserträger zu stellen pflegte.
Wie täuschte der ›Maestro‹ sich! Fausto Coppi fuhr in den Dolomiten ein phantastisches Rennen, das ihm die Führung in der Gesamtwertung einbrachte. Er gab sie nicht mehr ab. Mit 20 Jahren gewann er seine erste Italien-Rundfahrt. Über Nacht wurde Gino Bartali, den man voller Überschwang schon den ›Göttlichen‹ genannt hatte, wieder zum Menschen. Das war der Anfang einer erbitterten Rivalität zwischen den beiden ›Campionissimi‹, die sich über viele Jahre hinziehen sollte. Noch kam es freilich nicht zum offenen Bruch, denn der junge Coppi war nicht sehr von seinem eigenen Können, um so mehr aber von dem Bartalis überzeugt.
Das Jahr 1941 bestätigte Coppis außergewöhnliche Klasse; er gewann nicht nur das Mailand–San-Remo-Rennen, sondern auch die Toscana-Rundfahrt, ausgerechnet das ›Hausrennen‹ Gino Bartalis, ferner die Venetien-Rundfahrt und die Emilien-Rundfahrt. Außerdem zeichnete er sich bei zahlreichen Bahnrennen aus. Zwar wurde er bei den Fliegerrennen regelmäßig geschlagen, denn er hat nie über einen nennenswerten Spurt verfügt, aber die Fähigkeit, große Übersetzungen über einen längeren Zeitraum ohne das geringste Nachlassen treten zu können, machte ihn im Verfolgungsfahren unschlagbar. So war die Erringung der italienischen Meisterschaft in dieser Sparte für ihn fast nur eine Formsache.
Kein Wunder, wenn die Stimmen, die von Coppi einen Angriff

auf den Stundenweltrekord des Franzosen Maurice Archambaud forderten, immer lauter wurden. Archambaud hatte am 7. November 1937 auf der Mailänder Vigorelli-Bahn in einer Stunde 45,804 Kilometer zurückgelegt, ein Rekord, so eindrucksvoll, daß niemand sich an ihn heranwagte.
Auch Coppi zögerte. Zu gut kannte er die Mentalität der stetig wachsenden Schar seiner Anhänger; sie hätten ein Scheitern als Schmach empfunden. Überdies lauerten im Hintergrund die ›Bartalisten‹, deren Schadenfreude er fürchtete. Da ihm ein Kneifen aber erst recht falsch ausgelegt worden wäre, beschloß er am Ende doch, den Rekord am 7. November 1942 anzugreifen, also auf den Tag genau fünf Jahre nach Archambaud.
Daß ihm bei seinen vielen Startverpflichtungen keine Zeit zu einer richtigen Vorbereitung geblieben war – wer wollte das wissen? Auch kümmerte es die Fans in Rom und Neapel wenig, daß am Vorabend des Rekordversuchs ein Bombenregen der Royal Air Force auf Mailand niederging. Fausto hatte die halbe Nacht im Keller gesessen und kein Auge zugetan. Dennoch wollte er den Rekordversuch nicht verschieben.
Am 7. November, bei hereinbrechender Dämmerung, kracht der Startschuß im Vigorelli. Es ist einer jener lauen, fast windstillen Abende, wie wir sie bei uns im September erleben. Mit bleichem Gesicht, tief über den Lenker seiner für diesen Anlaß von der Firma Bianchi eigens konstruierten Maschine gebeugt, fährt Coppi seine Runden. Er kämpft gegen die Zeit, den erbarmungslosesten Gegner, den der Rennfahrer kennt, und es fällt ihm schwer. Nach jeder Runde ertönt die Glocke, die nach Archambauds Weltrekord eingestellt wurde, zu früh, und als er eine halbe Stunde gefahren ist, beträgt sein Rückstand auf den imaginären Gegner Archambaud fast 100 Meter.
Fausto will aufgeben. Er findet seinen Rhythmus nicht, und die Glocke bringt ihn fast zur Verzweiflung. Aber jedesmal, wenn er an Cavanna, seinem blinden Masseur, vorbeijagt, fangen die von der Glocke geplagten Ohren ein aufmunterndes Wort auf. Wie durch einen Schleier sieht er, wie der Blinde das Ohr auf die Holzlatten preßt, wie er dem Surren der Räder lauscht.

Plötzlich geht ein Ruck durch den gekrümmten Rücken. Beifall rauscht auf, denn das Glockenzeichen rückt näher. Meter um Meter arbeitet sich Fausto, der die Runden längst nicht mehr zählt, an es heran. Unter dem Sturzhelm perlen Schweißtropfen hervor, doch er nimmt sich nicht die Zeit, sie von den Wangen zu wischen. Und dann hat er das Glockenzeichen eingeholt. Der Weltrekord ist gebrochen; jeder jetzt noch gewonnene Meter schraubt ihn höher. Als nach 60 Minuten der Schuß ertönt, hat Coppi ihn um 77 Meter überboten. Erst am nächsten Tag, als Italiens Presse den neuen Stundenweltrekordmann feiert, wird ihm bewußt, was er geleistet hat.
Vierzehn Jahre lang hielt Fausto Coppi diesen begehrtesten Rekord des Radsports. Er hätte ihn in seiner Glanzzeit zweifellos noch höher geschraubt, aber – wozu? Es fand sich kein Konkurrent, der ihn anzugreifen wagte. Erst am 29. Juni 1956 ging der Rekord an Jacques Anquetil über, und da konnte der um sechzehn Jahre ältere Coppi es nicht mehr mit dem einundzwanzigjährigen Franzosen aufnehmen.
Für den dreiundzwanzigjährigen Coppi aber bedeutete der Stundenweltrekort vorläufig das Ende seiner Karriere; er mußte in den Krieg ziehen. Schon nach wenigen Wochen geriet er in Nordafrika in englische Gefangenschaft und kam als Bursche eines Offiziers der Montgomery-Truppen ganz gut über die Runden. Er putzte Stiefel und lernte Englisch mit der gleichen Gewissenhaftigkcit, die er früher bei Radrennen bewiesen hatte. Radrennen? Europa brannte an allen Ecken, und der Soldat Coppi mußte warten, bis der Brand gelöscht worden war. Wie alle anderen.
Nach seiner Heimkehr im Frühjahr 1945 muß er eine Malaria auskurieren. Aber 1946 steht der Name Fausto Coppi wieder auf den Plakaten der großen Rennen. Freilich ahnt Coppi nicht, als er, von Cavanna betreut, das Training wieder aufnimmt, daß ihm ein jahrelanger Kampf um die Gunst der Massen bevorsteht. Gewiß, er hält den Stundenweltrekord. Aber seine ›Regierung‹ hatte allzu kurz gewährt, und in der Erinnerung seiner Landsleute, die sich wieder dem Alltagsleben zuwenden,

ist der Name Bartali tiefer verwurzelt. Sie wollen keinen anderen neben dem großen Gino Bartali sehen, selbst jene nicht, die Fausto einst auf ihre Schultern gehoben hatten.
Bartali, der sich schon zurückziehen wollte, wird hellwach. Er fühlt, daß seine Popularität intakt ist, und diese Chance muß er nützen. Was besagt es schon, wenn Magni, Ortelli, Ronconi, Biagnoni, Bresci und Maggini als aufgehende Sterne am italienischen Radsporthimmel gelten! Mit Ausnahme von Fiorenzo Magni, der allmählich in die Rolle des ›dritten Mannes‹ hineinwächst, werden sie durch den in neuem Glanz erstrahlenden Ruhm Bartalis und Coppis zum Domestikenlos verurteilt. Schon die ersten Rennen zeigen die Überlegenheit der beiden Großen. Bartali ist 32, Coppi 27 Jahre alt.
Fausto kann sich sein Ansehen nur durch einen Husarenstreich zurückgewinnen; und dieser Coup soll im Frühjahr 1946 beim klassischen Straßenrennen Mailand–San Remo gelandet werden. Bartali jedoch, der den Parcours genau kennt, erzählt jedem, der es hören will: »Beim Aufstieg zum Turchino werde ich Coppi so fertigmachen, daß er nach seiner Mutter schreit!« Aber noch ehe der Turchino in Sicht ist, hat Fausto Coppi im himmelblauen Trikot Bianchis sich mit einem Antritt, den niemand parieren kann, vom Feld gelöst, um dann die steilen Rampen in einem Tempo zu erklettern, das niemand für möglich gehalten hat. Und in San Remo erlebt Italiens Radsport eine der größten Sensationen seiner Geschichte: Fausto Coppi siegt mit 14 Minuten Vorsprung vor dem Franzosen Lucien Teisseire; Bartalis Rückstand beträgt 24 Minuten!
Coppi ist überzeugt davon, dem großen Rivalen einen entscheidenden Schlag versetzt zu haben. So geht er 1947 auf die Titeljagd. Ohne sich voll auszugeben, holt er sich sowohl die italienische als auch die Weltmeisterschaft im Verfolgungsfahren.
Freilich, bald wird ihm klar, daß er noch lange nicht genug getan hat. Auch begeht er den Fehler, auf die Tour de France 1948 zu verzichten – nicht, weil er Angst vor Bartali hätte, sondern weil er immer noch ein wenig der Bauernbursche aus

Castellania ist, der sich im Ausland, wo ihn keiner versteht, nicht wohlfühlt.
Bald soll er seine Zaghaftigkeit bereuen, denn seine Landsleute verfallen in einen Begeisterungstaumel, als Bartali mit dem Gelben Trikot aus Frankreich zurückkehrt. Was bedeutet ein Fausto Coppi gegenüber dem ›Maestro‹, der beim größten und schwersten Straßenrennen der Welt mit der gesamten Konkurrenz gespielt hat wie die Katze mit der Maus? Und – geht er nicht beim Papst ein und aus? Ob er am Schluß oder an der Spitze des Feldes auftaucht, die Menge gerät in Ekstase; man küßt den Boden, den seine Reifen berührt haben. Coppi? Der soll erst einmal die Tour de France gewinnen!
Italien ist Fausto Coppi gegenüber ungerecht wie eine Mutter, die mit eifersüchtiger Liebe an ihrem Ältesten hängt. Mit Bitterkeit stellt er fest, daß es schwerer ist, die Herzen der Massen zu gewinnen, als die Berge der Alpen und Dolomiten zu erklettern. Erringt er einen großen Sieg, sind die Italiener mit ihm zufrieden – wenn nicht, dringen Pfiffe und Schmährufe an seine Ohren. Ein Gino Bartali aber braucht nicht zu siegen. Er kann seine Rennen auf jedem beliebigen Platz beenden; er ist und bleibt das vergötterte Idol, bei dessen Auftauchen es nur überschäumende Begeisterung gibt.
Immerhin, ganz allmählich vollzieht sich eine Wandlung. Italiens große Sportgemeinde scheidet sich in zwei Lager: die ›Coppisten‹ und die ›Bartalisten‹. Coppis Siege mögen zahlreicher und eindrucksvoller sein, aber selbst seine glühendsten Verehrer bezweifeln, ob er jemals den geheimnisvollen Ruhm Gino Bartalis erlangen wird. Wird er in den Herzen der Menge jemals den Platz des ›vecchio‹ einnehmen, von dem man sagt, daß er auf den Gipfeln der Alpen und der Pyrenäen mit den Engeln spricht?
Coppi hat es vor allem deshalb schwerer als Bartali, weil der Sport für ihn keine metaphysische Angelegenheit ist, weil weder das Pathos noch die Geheimniskrämerei Bartalis zu seinem Wesen passen. Er verläßt sich allein auf seine physische und moralische Kraft und liest ungezählte medizinische

Bücher, um Mittel und Wege für die Verbesserung seiner Leistungsfähigkeit zu finden. Über die Psychologie der Massen allerdings weiß Gino Bartali mehr, und er nützt dieses Wissen sehr geschickt.
Im Sommer des Jahres 1948 wird Coppi wiederum von Unsicherheit befallen. Plötzlich erscheint Bartali ihm unüberwindlich. Und solche Hemmungen verursachen wenige Wochen nach der Tour de France den Skandal von Valkenburg.
Bartali, der listige Fuchs, weiß, daß er auf dem verhältnismäßig leichten Weltmeisterschaftskurs von Valkenburg kaum eine Chance hat, und er bringt den taktisch noch nicht so erfahrenen Coppi dazu, bei der Straßenweltmeisterschaft sein ausgeklügeltes Spiel zu spielen. Nach wenigen Runden haben die beiden, die einander am Schluß des Feldes wie Luchse bewachen, einen Rückstand von mehr als 12 Minuten auf den späteren Sieger Brik Schotte eingehandelt. Schon bald erscheint das seltsame Verhalten dieser beiden ›siamesischen Zwillinge‹, deren Räder tatsächlich aneinanderzukleben scheinen, irgendwie lächerlich und unsinnig. Wenn sie im gemütlichen Tempo von Landbriefträgern an den Tribünen von Start und Ziel vorbeiradeln, hagelt es Pfiffe und Pfuirufe, bis sie schließlich die Komödie beenden und gemeinsam aufgeben.
In Italien schlägt dieser unrühmliche Abgang wie eine Bombe ein. ›Taugenichtse‹ und ›Vaterlandsverräter‹ sind noch die glimpflichsten Überschriften in den Gazetten. Was Coppi jedoch am meisten wurmt, ist die für ihn unbegreifliche Tatsache, daß die meisten Kritiker die Schuld nicht bei Bartali, sondern bei ihm suchen. Deshalb arbeitet er im Winter 1948/49 wie ein Besessener an sich, um in der kommenden Saison einen großen Schlag gegen den ›Alten‹ führen zu können. Tatsächlich sieht ihn dann auch das Frühjahr in großer Form. Er glänzt bei allen klassischen Rennen, die Bartali zum größten Teil von seinem Programm gestrichen hat, weil er sich ganz auf den Giro und die Tour de France konzentriert. Dann gewinnt Coppi den Giro mit großem Vorsprung vor Bartali. Sein Ansehen ist wiederhergestellt, doch kann er nicht verhindern, daß die

Experten munkeln: »Gino hat beim Giro nicht mit offenen Karten gespielt. Er wollte Fausto nur in Sicherheit wiegen.« Alfredo Binda, der technische Direktor der italienischen Nationalmannschaft für die Tour de France, hat schlaflose Nächte. Beim Giro, der mit Fabrikmannschaften bestritten wird, war die Sache höchst einfach gewesen. Coppi war der Kapitän von Bianchi, Bartali der von Legnano. Bei der Tour aber müssen die beiden Campionissimi in der italienischen Nationalmannschaft untergebracht werden, und jeder von ihnen stellt unerfüllbare Forderungen. Jeder verlangt präzise Garantien und will seine eigenen ›Domestiken‹.

Binda muß sein ganzes diplomatisches Geschick aufbieten, um die beiden Asse schließlich zur Unterzeichnung eines ›Nichtangriffspaktes‹ zu bewegen. Trotzdem reißen die Aufregungen um die Bildung der italienischen Nationalmannschaft bis zum Vorabend des Starts nicht ab. Zwar steht sie auf dem Papier, aber in Paris gehen Gerüchte um, Coppi habe sich mit Bartali endgültig entzweit und bereits Karten für den Schnellzug nach Mailand bestellt. Am nächsten Morgen aber erscheint Fausto Coppi beim Start wie alle anderen. Das Rennen beginnt durchaus nicht verheißungsvoll für die Italiener. Nach vier Etappen trägt der kleine, unbekannte Franzose Jacques Marinelli das Gelbe Trikot mit rund 18 Minuten Vorsprung vor Coppi und Bartali, die gehofft hatten, sich bis zum Fuße der Pyrenäen schonen zu können.

Aber es kommt noch viel schlimmer. Coppi, der in der 5. Etappe aus seiner Reserve herausgeht, um einen Teil dieses Rückstandes aufzuholen, stürzt infolge der Ungeschicklichkeit einer Zuschauerin, die ihm eine Flasche Mineralwasser reicht, just in dem Augenblick, da er Marinelli abhängen will.

Während der Mann im Gelben Trikot mit erhöhter Geschwindigkeit hinter der nächsten Kurve entschwindet, sitzt Fausto Coppi im Straßengraben, diesmal nicht mit gebrochenen Knochen, sondern mit einem gebrochenen Vorderrad. Sechs endlose Minuten muß er warten, bevor Binda mit dem Materialwagen zur Stelle ist. Damals war der Sprechfunk bei der Tour noch nicht eingeführt. Als Binda aus dem Wagen springt, sieht er sich nicht einem Campionissimo, sondern einem völlig niedergeschmetterten Fahrer gegenüber. Mit Windeseile wechselt er das Vorderrad aus, aber der teilnahmslos dreinblickende Coppi brummt nur:

»Gib dir keine Mühe, Alfredo. Keine zehn Gäule bringen mich wieder in den Sattel. Heute abend fahre ich heim!«

Aber so leicht wird man mit Ex-Weltmeister Binda, der alle Höhen und Tiefen des Rennfahrerberufs aus eigener Erfahrung kennt, nicht fertig.

»Und du schämst dich nicht, mir so etwas ins Gesicht zu sagen? Kein Hund nimmt in Italien noch ein Stück Brot von dir! Denkst du denn gar nicht an Gino? Willst du ihm diesen Triumph lassen!«

Der Name des Rivalen bringt Fausto wieder in den Sattel. Doch man sieht, daß er ohne jegliche Moral fährt. Binda spürt, daß dieser Mann bald wieder resignieren wird, und jagt im Hundert-Kilometer-Tempo dem enteilten Feld nach, um drei von Coppis Mannschaftskameraden zurückzurufen. Die schieben nun den Campionissimo, muntern ihn auf, geben ihm zu trinken.

Aber Fausto findet den Rhythmus nicht. Er quält sich, wie er es bisher selten hat tun müssen, um mit Hilfe seiner Kameraden wieder den Anschluß ans Feld zu finden. Als es endlich geschafft ist, hört er, Bartali habe inzwischen die Verfolgung von Marinelli aufgenommen. Auch das noch! Wiederum muß er mit aller Gewalt gegen die Versuchung ankämpfen, einfach abzusteigen und sich im Schatten eines der Apfelbäume am Rande der Landstraße auszuruhen. Aber dann quält er sich doch weiter, Kilometer um Kilometer. Zwanzig Minuten nach Marinelli und Kübler trifft er im Etappenziel St. Malo ein. Sein Rückstand in der Gesamtwertung beträgt nun mehr als eine halbe Stunde.

Behutsam massiert ihn der blinde Cavanna auf dem breiten Bett seines Hotelzimmers. Die Journalisten, mit denen er sich sonst während dieser Prozedur bereitwillig unterhält, warten vergeblich vor der verschlossenen Tür. Fausto will niemanden sehen außer dem blinden Freund, dessen feinnervige Finger die müden Muskeln bearbeiten. Nicht einmal den Sonnenschein läßt er herein; die Gardinen sind zugezogen, und im Halbdunkel brütet der demoralisierte Fausto Coppi über die für ihn verlorene Tour de France.

Geschlagen? Verloren? Cavanna will davon nichts wissen.

»Nun hör mal gut zu, Fausto. Du hast kein Recht, jetzt aufzugeben. Die Tour hat ja gerade erst begonnen; noch kann sich alles ändern. Außerdem liegt Gino in der Gesamtwertung vor dir. Wenn du jetzt aufhörst, dann sagen sie in Italien, du hättest Angst gehabt, von ihm geschlagen zu werden.« Aber der Blinde redet umsonst.

»Hat alles keinen Sinn mehr. Wie soll ich mich vorarbeiten, da ich mich schriftlich verpflichtet habe, Bartali nicht anzugreifen, wenn er in der Gesamtwertung vor mir liegt? Auch scheinen die Franzosen und Belgier keine anderen Sorgen zu haben, als mich im Feld einzuklemmen. Wenn ich antrete, dann hängen sie wie die Kletten an meinem Hinterrad und weigern sich, auch nur einen Meter zu führen. Nein, es hat wirklich keinen Zweck mehr, morgen fahre ich nach Hause.«

Doch dann – am nächsten Morgen – steigt Fausto Coppi wieder in den Sattel, und drei Tage später gewinnt er an der Atlantikküste in großem Stil das Zeitfahren von Les Sables d'Olonne nach La Rochelle. Freilich, bei einem Zeitfahren über 50 Kilometer kann man die Gesamtwertung nicht auf den Kopf stellen, aber dieser Sieg im Kampf gegen die Uhr gibt ihm das Selbstvertrauen zurück. An diesem Abend braucht Cavanna während der Massage die Vorhänge nicht zuzuziehen, und was seine Augen nicht sehen, das spüren seine Hände: Die Muskeln sind locker, der Puls ist eine Stunde nach der gewaltigen Anstrengung des Zeitfahrens auf 60 Schläge in der Minute zurückgegangen. Cavanna atmet erleichtert auf.

Zwar hat Bartali sich in der Gesamtwertung sehr viel besser placiert, aber in den Pyrenäen werden die Bergspezialisten, vor allem die französischen, angreifen. In diesem Fall darf auch

Coppi attackieren, ohne seinen Nichtangriffspakt mit Bartali zu brechen.

Weit hat Fausto Coppi die Fenster seines Hotelzimmers geöffnet; in vollen Zügen genießt er die frische Brise, die vom Atlantik herüberweht. Die große Enttäuschung der 5. Etappe ist völlig überwunden; und die Journalisten staunen über die Bereitwilligkeit mit der er ihre Fragen beantwortet.

Im Nebenzimmer zieht Gino Bartali nachdenklich an der Zigarette, die er sich am Abend jeder Etappe genehmigt. Er ist mit der Entwicklung nicht ganz so zufrieden wie sein Rivale, aber als er ausgerechnet hat, daß Coppi noch immer 33 Minuten hinter dem Träger des Gelben Trikots liegt, geht er beruhigt zu Bett, nicht ohne vorher die Streckenkarte der nächsten Etappe studiert zu haben.

Er weiß, daß er in taktischer Hinsicht dem Jüngeren noch immer weit überlegen ist. Er lernt das Profil der Strecke auswendig; keine Steigung soll ihn überraschen. Auch kennt er alle Finessen des Angriffs- und Verteidigungskrieges auf der Landstraße. Trotz seiner reichen Erfahrung ist er auf einem Gebiet jedoch noch nicht so weit wie Coppi – auf dem der Ernährung nämlich. Fausto hat sich so eingehend mit dem Nahrungsproblem befaßt wie kein anderer Rennfahrer vor ihm. Denkt er an seine ersten Rennen zurück, die er mit fünf hartgekochten Eiern im Verpflegungsbeutel durchgestanden hat, dann wundert er sich, daß er damals überhaupt ins Ziel gelangt war.

Deshalb ernährte er sich auch bei den Rundfahrten ganz anders als in der Vorbereitungszeit. Cavanna mußte ihn stets sehr früh, wenn die meisten Fahrer noch schliefen, wecken und ihm heißen Orangensaft zu trinken geben. Er hatte herausgefunden, daß das ein ausgezeichnetes Stimulans zur Vorbereitung seines Magens für ein ausgiebiges Frühstück war.

Dieses Frühstück bestand bei Coppi gewöhnlich aus einer Gemüsesuppe, einem Beefsteak, das er im Saft einer ganzen Zitrone badete; einem Fruchtsalat und einer riesigen Tasse Milchkaffee – mehr Milch als Kaffee. Niemals nahm er eine

Banane, obwohl gerade diese Frucht den Fahrern kiloweise angeboten wird.
Bartali war da weniger wählerisch. Eines jedoch hatte Fausto von dem ›vecchio‹ gelernt: die Enthaltsamkeit im Trinken während des Rennens. Nur bei ganz großer Hitze nahm er gelegentlich eine Flasche Mineralwasser an. Im übrigen suchte er sich mit einer Disziplin, die fast an Selbstentäußerung grenzte, mit dem am Lenker befestigten, nur Tee enthaltenden Bidon zu begnügen. Im Gegensatz zu vielen hitzköpfigen Fahrern passierte es ihm nie, während des Rennens das Essen zu vergessen, selbst dann, wenn der Hunger sich nicht bemerkbar machte. Allzu leicht führt ein hoher Kräfteverschleiß zu plötzlicher Schwäche, die sich bei zu später Nahrungsaufnahme nicht mehr vertreiben läßt. So aß er während des Rennens Schinkenbrote, Reiskuchen, Hühnerfleisch und Orangen und nahm im Hotel als erstes Getränk einen Liter Milch zu sich. Nichts konnte ihn dazu verleiten, seinen Speisezettel zu ändern.
Besonders ausgiebig frühstückt Fausto Coppi vor der ersten Pyrenäen-Etappe, denn das Rennen wird zu einer Tortur werden, wenn die Sonne so unbarmherzig brennt wie in diesen Julitagen des Jahres 1949.
Schon in den ersten Serpentinen des Aubisque zeigt sich, daß die Tour de France hier in eine neue Phase geht. Der kleine Marinelli, den sie ›Kanarienvogel‹ getauft haben, fühlt das Gelbe Trikot plötzlich nicht mehr so fest auf seinen schmalen Schultern sitzen. Er fürchtet, daß er nicht länger der lachende Dritte des Duells sein wird, das Coppi und Bartali an der Spitze des Feldes ausfechten.
Am halben Berg haben beide Campionissimi die Meute weit hinter sich gelassen. Am besten hält sich der kleine südfranzösische Kletterkönig Apo Lazaridès, ein Schüler von René Vietto. Aber, obwohl er schier seinen Lenker zerreißt, muß er die beiden Italiener ziehen lassen. Dicht hinter ihm liegen sein Bruder Lucien und Jean Robic, der Tour-Sieger von 1947. Sie alle sind gute, ja sogar hervorragende Bergfahrer, aber die

beiden Männer, die dort vorn ihr privates Duell austragen, haben sie abgeschüttelt.
Bartali fährt seinen typischen, eigenwilligen Stil, mit dem er bei seinen Tour-Siegen von 1938 und 1948 die besten Kletterer hinter sich gelassen hat. Seinen vielen ruckartigen Zwischenspurts läßt er unregelmäßige Pausen folgen; und just in dem Augenblick, da der Gegner, der an seinem Hinterrad hängt und sich eine Atempause gönnen will, stellt er sich wieder in die Pedale. Es ist eine Art grausames Katz-und Maus-Spieles, das Gino, dem Frommen, ein teuflisches Vergnügen zu bereiten scheint.
Nur bei Coppi verfängt er sich. Bartali weiß das vom Giro her. Da bleibt ihm nichts anderes übrig, als die wirksamste Waffe einzusetzen, über die er verfügt. Doch selbst seine schärfsten Zwischenspurts können den Rhythmus des lockeren, ausgeglichenen Pedaltritts Coppis nicht brechen. Zwar gewinnt er gelegentlich einige Meter Vorsprung, sobald er jedoch ein wenig verschnaufen will, ist der unheimlich gleichmäßig steigende Coppi wieder bei ihm.
Schließlich gibt er es auf. Insgeheim wundert er sich, daß Coppi diesen Waffenstillstand akzeptiert. Gino, von Natur aus mißtrauisch, wittert eine Falle. Will Coppi oder kann er nicht? Aber Fausto bleibt ihm die Antwort schuldig. Er tut gerade so viel, daß er an Bartalis Hinterrad bleibt. Das Tempo der beiden Ausreißer verringert sich; sie fahren, ohne viel zu wagen, zu Tal. Die Brüder Lazaridès und Robic können wieder aufschließen. Und in den Begleitwagen munkelt man: Die beiden haben sich abgetastet. Ihr großes Duell hat noch nicht begonnen.
Coppi versucht es am Aspin. Er stürmt den Berg in so unwiderstehlicher Manier, daß die Journalisten bereits zündende Schlagzeilen über seinen ersten großen Etappensieg bei der Tour de France ausknobeln.
Doch dann macht ein Reifendefekt alle Anstrengungen zunichte. Er verliert viel Zeit und kann nicht verhindern, daß Robic am Col de Peyresourde zusammen mit Lucien Lazaridès der entscheidende Ausreißversuch gelingt. Immerhin belegt

Coppi auf dieser Etappe den 3. Platz und in der Gesamtwertung tut er einen gewaltigen Sprung nach vorn.
Was nützt es? Er muß seine Ungeduld zügeln, weil er an den Pakt mit Bartali gebunden ist. Was er auf den Riviera-Etappen zwischen Pyrenäen und Alpen mitmacht, haben auch andere vor ihm erlebt. Die Tour de France ist ein Mannschaftsrennen. Nur als Mannschaftskapitän darf ein Rennfahrer eine sich bietende Chance ohne Rücksicht auf seine Kameraden nutzen. Die italienische Nationalmannschaft aber hat noch immer zwei Kapitäne, von denen der ältere bevorrechtigt ist.
Alfredo Binda sieht sich in einer wenig beneidenswerten Lage. Zwar haben die Pyrenäen ihm gezeigt, wie stark Coppi ist, aber kann er es vor der öffentlichen Meinung Italiens verantworten, Gino Bartali zu opfern – den zweimaligen Sieger der Tour de France? Und wer weiß, ob der ›vecchio‹ in den Alpen nicht zum entscheidenden Schlag ausholt, wie er es schon zweimal getan hat?
Schweren Herzens entschließt Binda sich, Bartalis Aussichten mit allen Mitteln zu verteidigen. Er ringt Coppi das Versprechen ab, den ›vecchio‹ vorläufig nicht anzugreifen. Und weil nun die Konkurrenz froh ist, daß die beiden Italiener nichts unternehmen, ereignet sich zwischen Pyrenäen und Alpen so gut wie nichts.
Der Ruhetag im Schatten der Palmen von Cannes ist das große Atemholen. Was dann geschieht, verschlägt selbst den erfahrensten Fachleuten, die die Tour de France seit Jahrzehnten begleiten, den Atem. Die Überquerung der Alpen beginnt mit der klassischen Etappe nach Briançon; hier sind die Berge Allos, Vars und Izoard zu bezwingen.
Mit einer für die Konkurrenz deprimierenden Selbstverständlichkeit wiederholt sich das Schauspiel der Pyrenäen. Coppi und Bartali hängen schon am Allos die ganze Meute ab. Als sie nach halsbrecherischer Talfahrt den Vars erklimmen, ist es klar, daß die Campionissimi den Etappensieg unter sich ausmachen werden. Die Entscheidung muß am Izoard fallen, wo Bartali schon zweimal entscheidende Schläge geführt hat. Dort kennt

er jeden Kieselstein. Auf halber Höhe des Berges aber wird ihm klar, daß er es diesmal nicht schaffen kann. Coppi pariert seine ruckartigen Zwischenspurts mit einem Gleichmut, der ihn aus der Fassung bringt. In dieser vielleicht schwersten Stunde seiner langen und ruhmreichen Karriere ringt Gino Bartali sich eine Bitte an den jüngeren und stärkeren Rivalen ab:
»Hör zu, Fausto, du weißt, daß heute mein 35. Geburtstag ist. Willst du mir diese Etappe schenken? Mehr kann ich nicht verlangen, denn ich weiß, diese Tour gehört dir!«
Coppi ahnt, wie schwer dem Alten diese Bitte gefallen sein mag. Er zügelt seine Lust zum Angriff. Gemeinsam bezwingen sie die letzten Kilometer bis zum Gipfel des Izoard. In Briançon verzichtet Coppi auf den Spurt, um dem Geburtstagskind den Etappensieg zu überlassen. Die beiden Campionissimi haben einen so großen Vorsprung herausgefahren, daß dieser Sieg Gino Bartali sogar das Gelbe Trikot einbringt.
Doch der ›vecchio‹ betrachtet es an diesem Abend nicht mit Triumph, sondern voll Wehmut. Er weiß, daß es eigentlich auf die Schultern eines anderen gehört. Und er wird es auch wohl kaum länger als 24 Stunden tragen dürfen.
Aber, entweder ist man ein Campionissimo oder man ist keiner! Nachdem Bartali die Sache überschlafen hat, kommt ihm Coppi plötzlich gar nicht mehr so groß vor wie in den Rampen des Izoard. Der Zauber des Gelben Trikots, die überschwenglichen Kommentare des italienischen Rundfunks tun ein übriges, ihm sein altes Selbstvertrauen wiederzugeben. Er nimmt die zweite Alpenetappe mit neuem Schwung in Angriff; und da er sieht, daß Coppi weder am Mont Genève noch am Mont Cenis etwas gegen ihn unternimmt, beginnt er, alle Kräfte einsetzend, den Aufstieg zum Iseran.
Die Attacke des Mannes im Gelben Trikot wirkt auf das Feld wie ein Alarmsignal. Die Bergspezialisten, die ja ebenfalls einen Ruf zu verteidigen haben, stellen sich in die Pedale. Bartali kann sich keinen entscheidenden Vorsprung verschaffen. Bei der Abfahrt zum berühmten Wintersportplatz Val D'Isère wird er von einem ganzen Rudel eingeholt. Zähe, hartnäckige Bur-

schen sind dabei – Raphael Géminiani etwa, oder Stan Ockers, der sechs Jahre später tödlich verunglücken wird, und – Fausto Coppi. Ein Coppi, der nicht gesonnen ist, dem Träger des Gelben Trikots ein neues Geschenk zu machen. Er will ihn aber auch nicht hinterrücks anfallen, sondern ihm lediglich zeigen, daß er sich nicht abhängen läßt. Wie das Duell sich weiterhin entwickeln wird, darüber macht Fausto Coppi sich vorerst keine Sorgen. Ist sein Rückstand in der Gesamtwertung nicht auf lumpige 1,22 Minuten zusammengeschmolzen? Nur 82 Sekunden trennen ihn noch von Bartali und dem Gelben Trikot. Der Kleine St. Bernhard ist das letzte große Hindernis dieser Etappe. Hinter seinem Gipfel beginnt Italien; das Etappenziel heißt Aosta, denn kurze Abstecher in die Nachbarländer haben sich als sehr zugkräftig erwiesen.
Gino und Fausto holen unter dem ohrenbetäubenden Jubel ihrer Landsleute zum großen Schlag aus. Sie lassen alle hinter sich, auch einen Apo Lazaridès, der seine Maschine im Schaukeltrab und mit verzweifelter Anstrengung von einer Straßenseite auf die andere wirft. Gemeinsam überfahren Coppi und Bartali den Gipfel des Kleinen St. Bernhard. In den Begleitfahrzeugen werden Wetten über den Etappensieger abgeschlossen. Die einen schwören darauf, Coppi werde jetzt nicht länger auf den ›vecchio‹ Rücksicht nehmen, die anderen sind überzeugt, daß Bartali unschlagbar ist.
Da aber geschieht das Unerwartete. Bei der Abfahrt knallt Bartalis Vorderradreifen weg. Er muß auf den Materialwagen warten. Jetzt stellt sich heraus, daß Coppi auch auf dieser Etappe nicht angegriffen hätte. Sofort bremst er ab, um auf Bindas Weisungen zu warten. Endlose Minuten verstreichen, ehe die Antwort des italienischen Mannschaftsleiters eintrifft. Fast der ganze Vorsprung ist dahin, als endlich ein italienischer Motorradfahrer heranrast und brüllt:
»Hau ab, Fausto! Gino hat fünf Minuten verloren. Die Franzosen greifen an. Du brauchst dich um nichts mehr zu kümmern!«
Coppi holt tief Luft, neigt den langen Oberkörper nahezu

waagerecht über den Lenker. Und nun folgt einer der eindrucksvollsten Alleingänge in der Geschichte der Tour de France. Mit 90 Stundenkilometern durchrast Coppi die Kurven. Als die Straße dann wieder eben wird, spult er auf seiner größten Übersetzung ein so höllisches Tempo herunter, daß es selbst den erfahrensten Experten die Sprache verschlägt.
40 Kilometer muß Coppi, jetzt aller Rücksichtnahme ledig, noch bis zum Ziel zurücklegen. Dichter und dichter wird das Menschenspalier zu beiden Seiten der Straße, immer stürmischer der Beifall seiner begeisterten Landsleute. Fausto zwingt seine langen Beine in einen wahren Rausch der Geschwindigkeit hinein. Unbeschreiblicher Jubel empfängt ihn, als er in Aosta den Zielstrich überfährt. Das ist nicht nur der Etappensieg, das ist auch das Gelbe Trikot! Fausto hat es längst übergestreift und seine Ehrenrunde hinter sich, als Bartali eintrifft, gefolgt von Ockers, Robic und Marinelli. Am Abend gleicht sein Hotelzimmer einer belagerten Festung. Hunderte wollen ihm die Hand drücken. Cavanna muß Carabinieri anfordern, um seinem Schützling die dringend benötigte Ruhe zu verschaffen.
Von nun an kann nur noch ein schwerer Sturz den ersten Tour-Sieg Fausto Coppis verhindern. Aber Coppi stürzt nicht, und die restlichen Etappen sind ein einziger Triumphzug des Campionissimo, wobei er seinen Vorsprung in der Gesamtwertung stetig vergrößert. Bei seiner Ankunft im Pariser Prinzenpark wird es klar: Er hat sich die Herzen der Franzosen erobert wie noch kein ausländischer Rennfahrer vor ihm; sie feiern ihn wie einen der ihren. Und die Fachleute wissen: Dieser harte Sport hat noch nie einen Champion wie ihn hervorgebracht, ja vielleicht wird es niemals wieder seinesgleichen geben.
Hinter Coppi haben die Abstände katastrophale Ausmaße angenommen. Bartali wird Zweiter mit 15 Minuten Rückstand, Marinelli Dritter mit 25 Minuten, Robic Vierter mit 34 Minuten. Wie hätten sie wohl ausgesehen, wenn Coppi nicht bis zur letzten Alpenetappe Rücksicht auf Bartali genommen hätte?
In Italien erhielt das Lager der ›Coppisten‹ gewaltigen Zulauf.

Schließlich hatte Fausto hintereinander die beiden schwersten Rundfahrten gewonnen und hatte dabei Bartali jedesmal geschlagen. Das brachte ihm nicht nur Ruhm, sondern auch bedeutende Summen ein. Mehr als 100 Rundstrecken- und Bahnrennen bestritt Coppi im Anschluß an die Tour de France in Frankreich, Belgien und Italien; und für jeden Start kassierte er zwischen 2000 und 4000 Mark. Sein schnell wachsender Wohlstand verdrehte ihm nicht den Kopf, doch sah man ihn jetzt im eleganten Maßanzug durch die Hotelhalle schlendern. Ein Jahr zuvor hatte er sich in solcher Umgebung noch recht unsicher bewegt und verzweifelte Ähnlichkeit mit einem Bauernburschen bei einem Sonntagsausflug gehabt.
Coppi zog von Rennbahn zu Rennbahn. Als die Straßenweltmeisterschaft 1949 herannahte, steckten viele tausend Kilometer in seinen langen Beinen, und er hatte nicht mehr den Punch, um auf dem flachen Parcours van Steenbergen und Kübler abzuhängen. Beide spurteten besser als er, und so mußte er sich mit dem dritten Platz begnügen. Er revanchierte sich wenige Tage später für diese Niederlage, indem er sich auf der Ordrup-Bahn seinen Weltmeistertitel im Verfolgungsfahren zurückholte. Wahrscheinlich hätte Bartali seine Karriere beendet, wenn Coppi in seinem großen Jahr 1949 auch noch Straßenweltmeister geworden wäre. So aber ging das Duell der beiden Campionissimi weiter.
Es erreichte im Frühjahr 1950 einen neuen Höhepunkt beim traditionellen Saisoneröffnungsrennen Mailand–San Remo. Dreimal hatte es Coppi gewonnen, dreimal Bartali. Der zu erwartende Zweikampf der beiden Großen wurde in den Vorschauen dermaßen in den Vordergrund gerückt, daß niemand auf den Gedanken kam, einem der 120 anderen Fahrer die geringsten Chancen einzuräumen, obwohl die gesamte europäische Elite am Start war.
Coppi allerdings sah in Weltmeister Rik van Steenbergen seinen gefährlichsten Konkurrenten. Er mußte den spurtgewaltigen Belgier am steilen Capo Berta unbedingt distanzieren. Doch wurde sein Angriff nicht etwa von der Konkurrenz, sondern

durch einen platzenden Reifen gestoppt. In diesem Moment setzte Gino Bartali zu einer wilden Attacke an. Und wenn auch Coppi nach einer kräfteverzehrenden Alleinfahrt wieder zur Spitze aufschließen konnte, so fand sich doch eine größere Gruppe beim Endspurt in San Remo zusammen. Coppi begann seinen Spurt schon 500 Meter vor der Linie, weil er darin seine einzige Chance sah. Dadurch ließ sich van Steenbergen verleiten, seinen gefürchteten Sprint zu früh anzusetzen. Allein der erfahrene Bartali wählte den richtigen Augenblick; wenige Meter vor dem Zielstrich jagte er an allen vorbei und gewann sein viertes Mailand–San Remo!

Die Begeisterung der ›Bartalisten‹ schlug alle Rekorde. Hatte der ›vecchio‹ mit diesem Sieg nicht bewiesen, daß er Coppi noch immer ebenbürtig war? Beim Giro d'Italia und bei der Tour de France würde er es dem ›Langen‹ schon zeigen!

Hugo Koblet, der neue Stern am Schweizer Radsporthimmel, schob sich sehr schnell in den Vordergrund beim Giro d'Italia 1950. Aber auch Fausto Coppi hatte eine blendende Form, die er in den Bergen ausspielen wollte. Am Vorabend der ersten Dolomiten-Etappe war er so zuversichtlich gestimmt, daß er, entgegen seiner Gewohnheit, den Hellseher spielte. »Morgen abend«, sagte er, »ist Koblet Zweiter und Bartali Dritter«. Er sagte nicht »Coppi ist Erster«, aber jedermann wußte, daß es so gemeint war.

Doch wieder einmal kam alles ganz anders. Als Coppi unmittelbar nach der Verpflegungskontrolle von Primolano seinen Großangriff starten wollte, wurde er von Peverelli angefahren, und beide stürzten. Ein Sturz, der zweifellos dadurch verursacht worden war, daß der einäugige Peverelli den scharf antretenden Coppi zu spät gesehen hatte.

Peverelli fuhr sofort weiter, aber Coppi konnte nur mit Hilfe zweier Zuschauer aufstehen, und als die ihn losließen, brach er wieder zusammen. Ein Sanitätswagen brachte ihn ins nächste Krankenhaus, wo die Ärzte einen schweren Beckenbruch feststellten. Fausto Coppis Laufbahn schien beendet; ja, man fürchtete sogar sein Leben, weil er viel Blut verloren hatte.

Aber knapp vier Monate später saß er wieder im Sattel. Noch sollte die Welt des Sports nicht aufhören, über ihn zu staunen.

Ferdi Kübler, der ›Löwe‹ von Adliswil

Die Tour de France 1950 hat keinen Favoriten, denn Fausto Coppi kann sie nur im Rundfunk miterleben. So ruhen Italiens Hoffnungen auf Gino Bartali und Fiorenzo Magni. Aber – ist Magni in den Bergen stark genug? Hat der 36jährige Bartali noch den Punch, um in den Gebirgsetappen zu siegen? Frankreichs Asse sind Louison Bobet und Jean Robic, und Belgien vertraut auf die Routine von Stan Ockers. Damit sind die Favoriten aufgezählt. Keiner von den Fachleuten rechnet ernsthaft mit Ferdi Kübler, dem 31jährigen Schweizer aus Adliswil bei Zürich. Hat dieser Kübler nicht oft gezeigt, daß er mit seinen Kräften nicht haushälterisch umzugehen weiß? Gewiß, er besitzt Rasse und Klasse, aber er ist kein Mann der Tour de France, weil er es nicht versteht, seine Kräfte bei einem schweren Etappenrennen richtig einzuteilen.

In Pau, am Fuße der Pyrenäen, ist noch nichts entschieden. Der Luxemburger Jean Goldschmidt und der Franzose Bernard Gauthier haben einander als Träger des Gelben Trikots abgelöst, aber beide sind nur mäßige Bergfahrer und haben keine Aussichten auf den Endsieg. Da sind Fiorenzo Magni und Ferdi Kübler, die sich unaufhaltsam nach vorne geschoben haben, schon ernster zu nehmen, zumal man mit Erstaunen bemerkt, daß Kübler bisher sein Rennen sehr klug eingeteilt hat. Nicht ein einziges Mal ist sein ungestümes Temperament mit ihm durchgegangen.

Auf dem 6. Platz der Gesamtwertung aber wartet der kühle Rechner Gino Bartali auf seine erste Chance. Sie bietet sich ihm auf der großen Pyrenäen-Etappe Pau–St. Gaudens. Gemeinsam mit Robic entwischt er dem Feld.

Französische Journalisten aber behaupten, auch die zweite italienische Mannschaft, die ›Cadetti‹, hätte sich in den Dienst

Haudegen von echtem Schrot und Korn: Raphael Géminiani und Ferdi Kübler.

Bartalis gestellt, was laut Reglement eine unzulässige Hilfe für den ›Maestro‹ gewesen wäre. So wird Bartali, als er auf dem Gipfel des Aspin Robic streift und stürzt, von unbesonnenen Fanatikern mit Faust- und Stockschlägen traktiert.
Dieses Unrecht ist nicht mehr gutzumachen. Zwar steigt Bartali wieder aufs Rad und gewinnt die Etappe in St. Gaudens unter den wütenden Pfiffen der Zuschauer, doch verzichtet er auf die Ehrenrunde und erklärt mit seinem finsterstem Gesicht, er werde nach Hause fahren. Alle Versuche der Rennleitung, ihn umzustimmen, schlagen fehl. Noch am selben Abend packen alle italienischen Fahrer die Koffer und kehren heim – auch Fiorenzo Magni, der sich soeben erst in St. Gaudens das Gelbe Trikot angezogen hat.
Jacques Goddet ist ratlos, denn das Rennen droht zu einer Posse zu werden. Jetzt muß er das Gelbe Trikot einem Fahrer geben, der es sich nicht erkämpfte. Der Mann, dem es zufällt, nachdem Magni aufgegeben hat, heißt Ferdi Kübler.
Aber der Ferdi lehnt die unverdiente Trophäe ab. Er fühlt sich in größter Form, und er will das Gelbe Trikot redlich erobern. Niemand bedauert das Ausscheiden der Italiener mehr als er, denn erstens hat er Bartali und Magni gegenüber keine Komplexe gehabt, und zweitens hat er als gewitzter Etappenfahrer automatisch die Unterstützung der starken italienischen Mannschaft genossen, solange er in der unmittelbaren Nähe Bartalis und Magnis geblieben war. Jetzt ist er auf die Hilfe der kleinen, verhältnismäßig schwachen Schweizer Mannschaft angewiesen, wenn er das Gelbe Trikot, das ihm so unverhofft zugefallen ist, verteidigen will.
Die Backofenhitze, die in diesem Jahr über den Landstraßen am Mittelmeer lastet, übertrifft alles bisher Erlebte. Zwischen Perpignan und Nîmes werden 45 Grad im Schatten gemessen, und das ist sogar für die Nordafrikaner, die zum erstenmal mit einer eigenen Mannschaft an der Tour teilnehmen, zuviel. Einer von ihnen, Abdelkader Zaaf, gibt auf. Und die Umstände dieses Aufgebens sind so ungewöhnlich, daß er bekannter wird als durch fünf Etappensiege.

Die Etappe Perpignan–Nîmes will Abdelkader Zaaf gewinnen. Ferdi Kübler braucht an diesem Tag nicht um sein Gelbes Trikot zu bangen; seine Gegner sind froh, wenn er sie nicht antreibt. Es herrscht, zumindest auf den ersten 100 km, eine Art von Waffenstillstand, und an jedem Brunnen können die ›Wasserträger‹ in aller Gemütsruhe absteigen, um die Flaschen nachzufüllen. Kurzum, das Feld bummelt.

Nur Zaaf, der Algerier, ist ausgerissen. Ihm scheint die brütende Hitze nichts anzuhaben, und bald beträgt sein Vorsprung mehr als 10 Minuten. Freilich, der Durst plagt auch ihn, aber da er in Nîmes gewinnen will, wagt er es nicht, wie die anderen bei jedem Brunnen anzuhalten. Er muß im Vorbeiflitzen mitnehmen, was sich ihm bietet. Und als er auf dem runden Tischchen eines Straßencafés zwei Flaschen Weißwein entdeckt, zögert er nicht, zuzugreifen. Gierig trinkt er im Fahren eine nach der anderen aus. Und dann wundert er sich, weil er plötzlich die ganze Straßenbreite braucht und die Beine so schwer werden. Ich werde ein Nickerchen machen, sagt sich Abdelkader. ›Die anderen liegen ja eine Viertelstunde hinter mir.‹

In wunderlichen Zickzack-Kurven steuert er sein Rad in den Schatten einer Platane. Eine Viertelstunde genügt jedoch nicht, um einen so gewaltigen Rausch auszuschlafen, und als Zaaf endlich erwacht, steht die Sonne schon tief. Da packt er seine Maschine, schwingt sich in den Sattel, um noch rechtzeitig nach Nimes zu kommen. Aber – er fährt in der falschen Richtung, zurück nach Perpignan!

Selbstverständlich geht die Tour ohne ihn weiter; aber das Abenteuer hat ihn berühmt gemacht. Und als er dann im Jahre darauf als letzter im Pariser Prinzenpark eintrifft, wird er genauso stürmisch berüßt wie der Sieger. Sogar gutes Geld hat er mit seinem Rausch verdient, denn auf allen Rennbahnen wollten ihn die Leute sehen!

Aber Zaaf ist nicht das einzige Opfer dieser Hitzeetappe. Auf dem letzten Drittel nehmen Kübler und Ockers dem von einer Schwäche gepackten Bobet mehr als 10 Minuten ab!

Doch der Franzose gibt sich nicht geschlagen. Zwar gewinnt

Ferdi Kübler auf dem schaurigen Kopfsteinpflaster des nord-französischen Kohlenpotts. Es könnte kein besseres Bild für die sprichwörtliche Energie und Zähigkeit des Schweizers geben!

Kübler die Etappe Menton–Nizza, aber auf der großen Alpenetappe Gap–Briançon holt Bobet auf. Er ist erster auf dem Vars und auf dem Izoard und gewinnt in Briançon mit 4,22 Minuten Vorsprung vor Kübler. Sein Rückstand auf den Schweizer in der Gesamtwertung beträgt nur noch knapp 7 Minuten.

Diese 7 Minuten will Louison auf der zweiten Alpenetappe Briançon–St. Etienne aufholen. Tatsächlich kann Kübler seinen Antritt am ersten Berg nicht parieren, aber völlig auf sich allein gestellt, holt er Bobet beim steilen Aufstieg zum Col de la République wieder ein. Das ist ein Schlag, der den letzten Widerstandswillen des tapferen Louison zermürbt. Am Abend beträgt sein Rückstand in der Gesamtwertung wieder 12 Minuten. Und so hat der Schweizer jetzt nur noch den zähen Belgier Stan Ockers zu fürchten.

Nach dem Ruhetag in St. Etienne überzeugt Ferdi Kübler die letzten Zweifler durch einen grandiosen Sieg im 98-km-Zeitfahren von St. Etienne nach Lyon. Zwar belegt Ockers den 2. Platz, aber sein Rückstand auf Kübler beträgt mehr als fünfeinhalb Minuten!

Die beiden restlichen Etappen werden zu einer Via triumphalis für Ferdi Kübler, und Tränen des Glücks treten ihm in die Augen, als er als erster Schweizer Sieger der Tour de France im Prinzenpark seine Ehrenrunde fährt. Groß ist der Beifall des Pariser Publikums, aber doch nur ein laues Märzwindchen im Vergleich zu dem Orkan der Begeisterung, der am folgenden Tag losbricht, als Kübler und seine Mannschaftskameraden auf dem Züricher Hauptbahnhof eintreffen. Die Züricher sind schier außer sich und schreien »Ferdi national!«

Hugo Koblet, ›Pédaleur de Charme‹

Wer hätte gedacht, daß man in Zürich ein Jahr nach Küblers Triumph wiederum einen Tour-Sieger empfangen würde? Hugo Koblet, sechsundzwanzigjähriger Sohn eines Züricher

Bäckermeisters, ging auf seine erste Tour de France, kam, sah – und siegte! Nie hat ein Tour-Sieger Frankreichs Damenwelt so fasziniert wie der ›schöne Hugo‹, dem der berühmte Pariser Kabarettist Jacques Grello schon nach wenigen Etappen den Ehrennamen ›Pédaleur de Charme‹ verlieh.

Welch ein Unterschied zwischen den beiden ›K‹! Kübler erweckte Bewunderung bei der Menge, weil er gegen sich selbst unerbittlich hart war. Bei ihm hatte man stets den Eindruck, daß er seinen Lenker zerreißen wolle. Und niemand hätte sich gewundert, wenn er an einem Berg plötzlich eine Peitsche hervorgezogen hätte, um die müden Muskeln anzutreiben. Oft genug habe ich, wenn sich unser Begleitwagen dicht hinter ihm hielt, gehört, wie er sich selbst anbrüllte mit Worten wie »Schäm dich, Ferdi, du bist ein ganz dreckiger, kleiner Feigling, wenn du dich jetzt nicht zusammenreißen kannst! Müde willst du sein? Ich werd's dir schon zeigen!«

So spornte Ferdinand Kübler sich an; er war einer von denen, die in der eisigen Kälte des Hochgebirges einen Reifen mit den Zähnen von der Felge rissen, wenn die klammen Finger versagten.

Hugo Koblet aber errang seinen großen Triumph von 1951 mit jener spielerischen Leichtigkeit, die den Gegner entmutigt. Sein Pedaltritt war so federleicht, daß man hätte glauben können, die Gesetze der Schwerkraft seien aufgehoben. Und die Ehrenjungfrauen, die sich in den Etappenzielen um ihn rissen, frönten der Illusion, er habe kein schweres Rennen hinter sich, sondern den Besuch in einem Schönheitssalon. Freilich hatte der schöne Hugo zuvor Toilette gemacht. Ein kleiner Schwamm und ein Kamm waren für ihn genauso unentbehrliche Requisiten wie die Luftpumpe und der um die Schultern geschlungene Ersatzreifen. Die Frauen umwarben ihn; und das war vielleicht nicht die geringste Ursache für das viel zu schnelle Ende seiner glanzvollen Karriere.

Hugo Koblet war kein Gigant, sondern ein ›Beau‹ der Landstraße. Im Jahre 1951 erledigte er das, was den Gigangen härteste Arbeit bedeutete, mit der lässigen Eleganz des vom

Glück Bevorzugten. Aber er hatte auch das Glück, bei dieser Tour de France auf einen Fausto Coppi zu treffen, dessen moralische Widerstandskraft durch ein grausames Pech vermindert wurde. Wenige Tage vor dem Start dieser Tour war Faustos Bruder Serse bei der Tour du Piémont tödlich verunglückt.

Fausto war dermaßen deprimiert, daß er seine Meldung für die Tour de France zurückzog, zumal ihn auch seine Mutter und seine Frau beschworen, nicht nur auf die Teilnahme an dieser Tour zu verzichten, sondern den Rennfahrerberuf überhaupt ganz aufzugeben. Aber die Organisatoren, die den Namen Coppi nicht missen wollten, überredeten ihn, dennoch mitzumachen. Und so rief ein durch Trauer um den Bruder und durch viele schlaflose Nächte ziemlich abgestumpfter Fausto Coppi am 4. Juli 1951 in Metz sein ›présent‹ beim Start zur 38. Tour de France.

Koblets eindrucksvoller Sieg soll nicht geschmälert werden, aber wir hätten bei dieser Tour sicherlich einen dramatischen Zweikampf erlebt, wenn Coppi im Vollbesitz seiner Kräfte gewesen wäre.

Gewiß, auch Gino Bartali war dabei. Aber der ›vecchio‹ fühlte sich alt, und bald sollte er erfahren, daß er kein ernsthafter Konkurrent für Koblet war. Der Züricher beherrschte das Rennen von der ersten Etappe an, wartete aber bis zur 11. Etappe Brive–Agen auf eine günstige Gelegenheit. An diesem Tag löste er sich 135 Kilometer vor dem Ziel von einer Gruppe, in der sich immerhin Coppi, Magni, Bobet und Géminiani befanden – und ward nicht mehr gesehen! Obwohl seine Verfolger eine wilde Jagd entfesselten, hatte der schöne Hugo in Agen längst seine Ehrenrunde beendet, ehe sie atemlos und tief beeindruckt von der Leistung des Schweizers das Ziel erreichten.

Ein weiterer Sieg auf der ersten Pyrenäen-Etappe Tarbes–Luchon bringt Koblet das Gelbe Trikot ein. Aber noch hat er die Tour nicht gewonnen. Sein Vorsprung ist gering. Vor dem Start zur 16. Etappe Carcassonne–Montpellier liegt Coppi auf

dem 4. Platz der Gesamtwertung mit nur 5,09 Minuten Rückstand auf den Schweizer.
»Das will gar nichts heißen«, flüstert ihm Cavanna ins Ohr. »Spätestens in den Alpen wirst du ihn packen!«
Doch die Worte des Blinden überzeugten ihn nicht. Cavanna spürt es mit seinen Händen, daß Faustos Muskeln überanstrengt sind; die gewaltige Hitze, die über der Mittelmeerküste lagert, wird seinem Schützling auf dieser 16. Etappe schwer zu schaffen machen.
Auch die Franzosen wissen es, und im Krieg auf der Landstraße wird kein Pardon gegeben. Wie auf Kommando greifen Lucien Lazaridès, Raphael Géminiani, Pierre Barbotin und Bernard Gauthier an, und dieser Angriff richtet sich gegen ihre beiden gefährlichsten Rivalen Hugo Koblet und Fausto Coppi.
Hugo Koblet, in der Form seines Lebens, läßt sich nicht überraschen. Ein trockener Zwischenspurt, der ihm überhaupt keine Mühe zu bereiten scheint – und schon ist die Sache für ihn erledigt. Aber die Italiener haben nicht aufgepaßt. Als Coppi, im Feld eingeklemmt, endlich merkt, was vorne geschehen ist, läßt er ein Donnerwetter los, das seine ›Domestiken‹, die hätten aufpassen sollen, fast von den Rädern schleudert.
»Elende Taugenichtse seid ihr! Habe ich euch nicht heute morgen eingeschärft, daß ihr alle Ausreißversuche überwachen sollt? Ihr wißt, daß mein Magen nicht in Ordnung ist, und jetzt soll ich Koblet und die Franzosen bei dieser Hitze wieder einholen. Keiner von euch kann mir dabei helfen, weil ihr weiche Knie kriegt, wenn ihr einmal etwas leisten sollt!«
So ist es tatsächlich. Milano kann zwar für ein paar Kilometer die ›Lokomotive‹ für seinen Meister spielen, aber bald ist er am Ende seiner Kräfte. Nun quält Coppi sich mutterseelenalleine zwischen dem Feld und den Ausreißern. Ströme von Schweiß rinnen ihm von der Stirn, sein Körper vermag das höllische Tempo bei dieser gewaltigen Hitze kaum noch durchzuhalten. Aber er quält sich weiter, bis er hinter einer Kurve tatsächlich die acht Ausreißer auftauchen sieht. Noch hundert Meter, ein kurzer Endspurt, dann ist es geschafft!

Zwei »Seigneurs« der Tour: Louison Bobet und Hugo Koblet. Nie hatten Tour-Sieger eine größere Anhängerschaft unter der Damenwelt!

Aber Fausto Coppi, der Mann, den sie das ›radelnde Wunder‹ genannt haben, schafft diesen kurzen Spurt nicht. Zwei oder drei Minuten lang bleibt der Abstand gleich, dann vergrößert er sich. Die Männer in den Begleitwagen reiben sich die Augen, Coppi hat seinen langen Oberkörper aufgerichtet, und obwohl er eine große Sonnenbrille trägt, sehen sie, daß sein Gesicht vom Schmerz verzerrt ist. Wenige Minuten später ist die italienische Nationalmannschaft um ihn versammelt, mit Ausnahme von Magni und Bartali, denen ihr Ansehen nicht gestattet, an der ›Rettungsaktion Coppi‹ teilzunehmen.
Fausto gibt nicht auf. Aber er beendet die Etappe 33 Minuten hinter dem Sieger Koblet, der seine Spitzenposition dann beim Zeitfahrern in Genf unter dem stürmischen Jubel seiner Landsleute unangreifbar macht. Coppi gewinnt zwar die Alpenetappe Cap–Briançon, aber das ist nur ein Trostpflaster, das der großherzige Koblet einem Rivalen gönnt, der ihm nicht mehr gefährlich werden kann.
Hugo Koblet hat diese Tour nach seinem Willen beherrscht, – auf der Ebene, im Gebirge – und im Kampf gegen die Uhr. Er ist ein strahlender, stürmisch umjubelter Sieger. Tausende von jungen Mädchen wollen Fotos von ihm besitzen.
Zweiter wird, mit einem Rückstand von 22 Minuten, Raphael Géminiani, dritter Lucien Lazaridès mit 24 Minuten und vierter Gino Bartali mit 29 Minuten. Fausto Coppi belegt den 10., Louison Bobet, der in den Alpen einen fürchterlichen Schwächeanfall erlitt, den 20. Platz.

Wiederkehr und Tragik des Campionissimo

Für die Tour de France 1952 kündigte sich ein dramatisches Kräftemessen der fünf größten Champions jener Jahre an: Gino Bartali, Tour-Sieger 1938 und 1948, Fausto Coppi, Tour-Sieger 1949, Ferdi Kübler, Straßenweltmeister und Tour-Sieger 1950, und Hugo Koblet, Tour-Sieger 1951. Die Organisatoren rieben sich die Hände – die Gegner Fausto Coppis, der zwei Wochen zuvor den Giro d'Italia in ganz großem Stil gewonnen hatte, taten es nicht. Kurz vor dem Start sagten Kübler, Koblet und Bobet aus gesundheitlichen Gründen ab; aber in Wirklichkeit taten sie es, weil ihnen Coppi Komplexe einjagte.

Nur Gino Bartali, der zähe ›vecchio‹, nahm den Fehdehandschuh auf, den Coppi ihm hinwarf. Freilich muteten die neuen Streitigkeiten, die es beim Aufstellen der italienischen Nationalmannschaft gab, wie ein schlechter Witz an, denn der achtunddreißigjährige Bartali verlangte völlige Gleichberechtigung mit dem jüngeren und stärkeren Rivalen, und der brachte es sogar fertig, den Mannschaftsleiter Alfredo Binda auf seine Seite zu ziehen.

Die Folgen blieben nicht aus. Auf den ersten vier Etappen hing Bartali wie eine Klette an Coppis Hinterrad, bis Fausto in Roubaix seinem über viele hundert Kilometer aufgespeichertem Groll freien Lauf ließ:

»Ich habe genug mit den Franzosen und Belgiern zu tun und brauche nicht noch einen eigenen Mannschaftskameraden als Sonderbewachung!« schrie er Binda an.

Es kam zu einer erregten Aussprache, an der sich auch Bartali beteiligte. Sie endete damit, daß Coppi das Hotel der italienischen Mannschaft verließ und sich eine andere Unterkunft suchte – nicht ohne zuvor das berühmte Zitat Götz von Berlichingens in die mit Zündstoff geladene Atmosphäre geschleudert zu haben.

Sein Zorn war beim Start zur 5. Etappe Roubaix–Namur noch nicht verraucht, und er beflügelte ihn zu einer Parforceleistung, die sich am Abend in Namur durch einen gewaltigen Sprung in der Gesamtwertung ausdrückte. Coppi hatte sich auf den 5. Platz mit nur 6 Minuten Rückstand auf den Träger des Gelben Trikots vorgeschoben; und um zu beweisen, daß Bartali endgültig abgeschlagen sei, spielte er alle seine Trümpfe beim Zeitfahren der 7. Etappe von Metz nach Nancy aus.

Die gewaltige Hitze im lothringischen Land ließ dieses Zeitfahren zu einer schier übermenschlichen Strapaze werden. Ich erinnere mich noch gut, wie uns Journalisten, die wir nur die Bleistifte zu bedienen hatten, der Schweiß in Strömen über die nackten Oberkörper rann. Dieses Zeitfahren mit Einzelstart hatte uns erlaubt, die Begleitwagen zu verlassen und uns irgendwo auf der Strecke, wo es ein wenig Schatten gab, aufzustellen. Überraschenderweise hielt der junge Franzose Papazian um die Mittagsstunde immer noch die Bestzeit, aber des Rätsels Lösung war einfach genug: Als die Sonne im Zenit stand, wurden im Schatten nicht weniger als 42 Grad Celsius gemessen; der Straßenbelag war weich und klebrig geworden. Die in der Gesamtwertung besser placierten und demzufolge später startenden Fahrer trafen also ungleich schwierigere Verhältnisse an.

Fausto Coppi störte das nicht. Mit einer niederschmetternden Selbstverständlichkeit fuhr er die gesamte Konkurrenz in Grund und Boden. Obwohl er unterwegs wegen Defekts zweimal die Maschine wechseln mußte, wurde seine Zeit von den anderen nicht annähernd erreicht. Gino Bartali mußte sich mit einem bescheidenen 21. Rang begnügen, was ihn nicht hinderte, lautstark zu verkünden, er werde Coppi in den Alpen das Gruseln beibringen.

Aber das große Duell Bartali–Coppi fand nicht statt. Es konnte nicht stattfinden, weil Bartali rettungslos abgehängt wurde, als Coppi auf der ersten Alpenetappe, die von Lausanne zu dem 1800 Meter hoch gelegenen Wintersportplatz Alpe d'Huez führte, entschlossen angriff. Fausto holte sich nicht nur den Etappensieg, sondern gleichzeitig auch das Gelbe Trikot. Noch größer war seine Überlegenheit auf der zweiten Alpenetappe von Bourg d'Oisans nach Sestrière. Er gewann diese Etappe, bei der fünf Zweitausender zu bezwingen waren, darunter der gefürchtete Galibier, mit sechs Minuten Vorsprung vor dem spanischen Kletterkönig Bernardo Ruiz und mit 10 Minuten Vorsprung vor Gino Bartali.

Damit war die Tour entschieden. Obwohl Coppi jetzt seinem Gegner Bartali ein kleines Trostpflaster in Gestalt eines Etappensiegs hätte gönnen können, blieb er hart. Zu sehr hatten die

Beziehungen zwischen den beiden Männern sich versteift. Schließlich gewann Coppi seine zweite Tour de France mit über einer halben Stunde Vorsprung vor dem ›ewigen Zweiten‹, dem kleinen Belgier Stan Ockers. Robic belegte den 3., Bartali den 4. Platz.

Das war die Wiederkehr des Campionissimo. Er hatte sich seinen Gegnern so klar überlegen gezeigt, daß niemand daran zweifelte, daß er nun auch wenige Wochen später das Regenbogentrikot des Weltmeisters erobern würde. Aber wieder hatte er Pech. Bei seiner Tournee durch Frankreich im Anschluß an die Tour brach er sich erneut das Schlüsselbein; und wieder mußte der Mann, den alle für den wahren Weltmeister hielten, auf den Kampf um das Regenbogentrikot verzichten. Aber schon am Ende der Saison präsentierte er sich wieder in glänzender Form. Und als er den Giro d'Italia 1953 vor Hugo Koblet gewonnen hatte, konnte der Favorit für die Tour de France dieses Jahres nur Fausto Coppi heißen.

Aber er wurde nicht eingeladen! Die Organisatoren hatten herausgefunden, daß der Name Coppi zwar elektrisierend auf die Zuschauer, aber deprimierend auf die meisten Fahrer wirkte; sie hatten auch nicht die plötzlichen Absagen von Kübler, Koblet und Bobet vor der Tour des Vorjahres vergessen. Der ›Supermann‹ war für die Konkurrenz zu stark geworden; und doch wollte der alte Bartali das immer ungleicher werdende Duell nicht aufgeben. Allerdings nahm er jetzt schon Zuflucht zu recht wunderlichen Methoden. So ließ er bei der Straßenweltmeisterschaft 1953 in Lugano dicht vor dem Ziel ein riesiges Transparent mit der Aufschrift ›Chianti Bartali‹ anbringen, denn seit Jahren schon brachte er Wein aus eigenen Weinbergen auf den Markt. Doch Coppi störte diese Stichelei nicht. Seine Form war so blendend, daß er Weltmeister wurde mit sieben Minuten Vorsprung vor dem Belgier Derycke und weiteren 10 Minuten vor allen anderen Assen. Und was Bartalis riesiges Transparent anbelangt, so hatte es ihn nicht irritiert, sondern aufgestachelt. Diese Weltmeisterschaft war der Höhepunkt seiner Laufbahn.

Aber nun folgten seelische Konflikte und familiäre Spannungen; bald brachte die Sensationspresse, durchaus nicht zum Leidwesen Bartalis, fettere Überschriften über Coppis Romanze mit der ›Weißen Dame‹ als über seine Siege. Es handelte sich um die hübsche Giulia Locatelli-Occhini, die seit Monaten bei allen Rennen auftauchte und vor allem deshalb auffiel, weil sie stets einen weißen Mantel trug. Es war vielleicht nicht Liebe auf den ersten Blick, aber auf den zweiten oder dritten verliebten Giulia und Fausto sich ineinander.
Aber die Sache hatte einen Haken: Beide waren verheiratet – und es handelte sich hier nicht um ein flüchtiges Abenteuer. Frau Bruna hatte Fausto immer wieder beschworen, den Rennsport aufzugeben und aufs Land zu ziehen. Nun zog ihn plötzlich und mit aller Macht, der sie fähig war, eine jüngere und hübschere Frau in ihren Bann, eine Frau, die sich an seinen sportlichen Erfolgen berauschte. Aber es sollte eine vergebliche Jagd nach dem Glück werden.
Die Auswirkungen der seelischen Konflikte auf Coppis Karriere zeigten sich bald. Beim Giro d'Italia 1954 enttäuschte er seine Anhänger. Auf halbem Weg lag er bereits 35 Minuten hinter dem Schweizer Clerici, dessen Rosa Trikot von Hugo Koblet höchst persönlich beschützt wurde, und erst gegen Ende konnte er sich, indem er eine Dolomiten-Etappe gewann, in Szene setzen, aber es reichte ihm im Endklassement nur zum 4. Platz hinter den Schweizern Clerici und Koblet und seinem nahezu unbekannten Landsmann Assirelli.
Ein großer Teil der italienischen Presse begann nun ein regelrechtes Kesseltreiben gegen Coppi. Hinter den Kulissen rieb sich Gino Bartali, der sich inzwischen vom aktiven Sport zurückgezogen hatte, die Hände.
Man warf Coppi Geldgier vor, sein Verhältnis zur ›Weißen Dame‹, und man durchstöberte sein Privatleben bis in die intimsten Einzelheiten. Fausto wurde so nervös, daß er sich selbst mit seinem Entdecker Cavanna entzweite, und so verlor er einen Freund, dem er alle seine Sorgen stets hatte anvertrauen können.

Zweifellos hat Coppi bei all diesen Aufregungen auch viel von seiner Konzentrationsfähigkeit eingebüßt, sonst wäre ihm wohl der schwere Trainingsunfall erspart geblieben, der seine Teilnahme an der Tour de France 1954 verhinderte. Er fuhr im Windschatten eines großen Lastwagens, dessen Reserverad sich plötzlich löste. Coppi konnte nicht ausweichen und zog sich bei seinem Sturz erhebliche Verletzungen an der Wirbelsäule zu, die ihn wieder einmal für viele Wochen ans Bett fesselten.
Die Ehebruchsklage des Dr. Locatelli wuchs sich zu einer verwickelten und peinlichen Affäre aus, weil das italienische Gesetz die Scheidung nicht duldet und weil die ›Weiße Dame‹ Fausto einen Sohn schenkte, den sie, um die Schwierigkeiten zu mildern, in Argentinien geboren hatte. Zwar war der kleine Faustino dem großen Fausto wie aus dem Gesicht geschnitten, aber Dr. Locatelli unterließ jeden Schritt, der Zweifel an der Legitimität seines Sohnes bekundet hätte. Er ließ vielmehr durchblicken, daß er mit seiner Frau auch nach deren Bekanntschaft mit Coppi zusammengelebt habe und daß deshalb das alte römische Rechtsprinzip anzuwenden sei: Mater certa, pater numquam certus . . .
Doch als man Coppi zwei Monate Gefängnis mit Bewährung zudiktierte und ihm überdies vorübergehend den Paß entzog, liefen seine Anhänger Sturm gegen die Behörden. Und die Begeisterung, die sein Erscheinen bei den großen Rennen des Jahres 1955 auslöste, gab ihm Mut und Selbstvertrauen zurück.
Doch nun begann ihn die Last der Jahre zu drücken. Den nüchternen Betrachtern der Situation im internationalen Radsport blieb nicht verborgen, wie sehr Fausto Coppis große Karriere sich dem Ende zuneigte. Immerhin verhalf ihm die Einmaligkeit seiner früheren Leistungen beim Publikum zu der gleichen Nachsicht, wie sie einst Bartali zuteil geworden war, als seine Beine nicht mehr so wollten wie in den großen Tagen des Ruhmes.
Allerdings, der ›Coppi-Komplex‹ bei seinen Konkurrenten begann zu schwinden. Besonders deutlich zeigte sich das beim Giro d'Italia 1955, den der junge Nencini beinahe gewonnen

hätte. Erst als Coppi und Magni sich in der entscheidenden Phase des Rennens gegen den ›Rebellen‹ verbündeten, konnten sie ihn dicht vor dem Ziel noch abfangen. Aber ohne einen Reifenschaden Nencinis, den sie schonungslos ausnützten, wäre ihnen das wohl kaum gelungen. Magni siegte schließlich mit dem hauchdünnen Vorsprung von 13 Sekunden vor Coppi. Nun aber fielen die Kritiker über den alternden Campionissimo her und bezeichneten ihn als Hemmschuh für den Nachwuchs. Journalisten, die ihn einst den unbesiegbaren ›Königsadler‹ genannt hatten, schimpften ihn jetzt einen feigen Geier, der nicht genug kriegen könne. Sie konnten jedoch nicht verhindern, daß Fausto Coppi, wie von einer dämonischen Macht getrieben, immer wieder in den Sattel stieg, und ebensowenig, daß die Veranstalter ihm nach wie vor das Haus einliefen und daß die Begeisterung der Menge überall, wo er auftauchte, die gleiche blieb.

Es schien, als werde man im Jahre 1956 noch einmal den Campionissimo der großen Tage erleben; aber im Frühling zog Coppi sich nach dem Genuß von Austern eine schwere Vergiftung zu. Diese Krankheit warf ihn weiter zurück als ein Knochenbruch, doch mit seiner unzerstörbaren Energie brachte er es fertig, beim Giro d'Italia 1956 an den Start zu gehen. Umsonst. In der 5. Etappe verletzte er sich bei einem schweren Sturz erneut an der Wirbelsäule und mußte wochenlang ein Gipskorsett tragen.

Er konnte einfach nicht aufhören. Fast unnatürlich erscheint die Verbissenheit, mit der er sich an sein Rennrad klammerte, und obwohl ihn neue schwere Stürze immer wieder wochenlang ans Bett fesselten, setzte er seine Karriere in den Jahren 1957, 1958 und 1959 fort. Bedeutende internationale Erfolge wurden ihm nicht mehr zuteil, aber immer noch rissen die Veranstalter sich um ihn und boten Höchstpreise für seine Teilnahme.

1959 verzichtete er auf den Giro, trainierte jedoch verbissen weiter und ließ mit guten Placierungen bei einigen schweren Zeitfahren hinter den Spezialisten Anquetil, Rivière und Bal-

dini die Sportwelt nochmals aufhorchen. Diese für einen 40jährigen wirklich außergewöhnlichen Leistungen bestimmten seinen Entschluß, auch im Jahre 1960 noch aktiv zu bleiben.
Endlich hatten Fausto Coppi und Gino Bartali sich versöhnt, und Coppi unterschrieb sogar einen Vertrag für die von Bartali geleitete San-Pellegrino-Mannschaft. Er wollte den jungen Fahrern dieser Equipe als Berater zur Seite stehen.
Doch das Schicksal hat es anders gewollt. Fausto Coppi trug eine tödliche Krankheit in sich, als er wenige Tage vor Weihnachten des Jahre 1959 von einer Safari in Afrika heimkehrte. Der heimtückische Virus, der vermutlich durch den Stich eines Insekts in sein Blut gedrungen war, widerstand aller ärztlichen Kunst, und so schloß Fausto Coppi, am Morgen des 2. Januar 1960, im Krankenhaus von Tortona für immer die Augen.
Ereignisreich, mit Ruhm und Reichtum, aber nicht mit Glück gesegnet ist sein Leben gewesen. Denkt man zurück an die letzten Jahre des Campionissimo, die angefüllt waren mit Unglück, Unruhe und Mißerfolgen, dann drängt sich die Frage auf: Was hat diesen Mann, der ein luxuriöses Leben, frei von allen materiellen Sorgen, hätte führen können, dazu getrieben, sich an das Rennrad zu klammern, bis der Tod es ihm aus der Hand nahm?
Es gibt eine Antwort auf diese Frage; doch um sie zu finden, muß man sich mehr mit dem Menschen als mit dem Rennfahrer Fausto Coppi befassen. Seit der Trennung von seiner Frau Bruna hatte sein Lebensstil sich völlig gewandelt. Sein Bankkonto erlaubte ihm das. Deshalb wäre es völlig falsch zu behaupten, Coppi habe über seine Verhältnisse gelebt. Richtiger ist wohl die Feststellung, daß der Luxus, den die ›Weiße Dame‹ mit in die stattliche Villa von Novi Ligure brachte, nicht seinem Geschmack entsprach.
Giulia, Fausto und der kleine Faustino waren umgeben von einem ganzen Heer von Bediensteten. Da waren zunächst eine Gouvernante für Faustino, dann eine Zofe für Giulia, eine Köchin, ein Kammerdiener für Fausto, ein Sekretär und ein Gärtner. Ferner beschäftigte Coppi einen ganzen Stab von

kaufmännischen Mitarbeitern, unter ihnen seinen Onkel, den Bürgermeister von Castellania. Er verwaltete die großen Grundstücke, die der Campionissimo erworben hatte. Ein weiterer Onkel kümmerte sich um die Verwaltung von Coppis Mietshäusern, und schließlich gab es einige Fachleute, die dafür zu sorgen hatten, daß größere Summen geschickt in der Industrie angelegt wurden. Coppi hinterließ ein Vermögen, das sich nach vorsichtigen Schätzungen auf sieben bis acht Millionen Mark belief.

Wer Fausto kannte, der weiß, daß er den Luxus, mit dem die ›Weiße Dame‹ sich umgab, duldete, aber nicht schätzte. Er fühlte sich verpflichtet, der Frau, die seine zweite Lebensgefährtin geworden war, das Leben zu bieten, das sie sich wünschte. Obwohl es ihm, dem Bauernsohn aus Castellania, schmeichelte, wenn sein Sohn erzogen wurde wie ein Prinz, wurde er im Innersten nie so recht fertig mit der Lage, in die ihn sein Geld und seine Liebe gebracht hatten. Auch die zahlreichen Gesellschaften, die Giulia gab, gefielen ihm nicht immer, und manches Mal mag er gerechten Zorn empfunden haben, wenn das mit so viel Schweiß und Mühe verdiente Geld leichtfertig zum Fenster hinausgeworfen wurde.

Nie hatte er seine Herkunft vergessen und auch nicht seine finanziellen Nöte als Amateurfahrer, die ihn manchmal gehindert hatten, an einem Rennen teilzunehmen, weil ihm 50 Lire fehlten.

Selbst dann noch, als er keine Chance mehr hatte, ein Rennen zu gewinnen, bot man ihm 500 000 Lire Startgeld.

Aber nicht Geld war es, was ihn mit seinem Rennrad bei glühender Hitze und bei eisiger Kälte hinaustrieb auf die Landstraßen; Fausto Angelo Coppi, gefeierter und trauriger Held der Pedale, erblickte im Rennrad, das ihn zu höchsten Triumphen und tiefsten Demütigungen geführt hatte, den Sinn seines Lebens.

Niemals hätte er den Rahmen eines Durchschnittsmenschen gesprengt, wenn seine Muskeln und seine Knochen, die spröde waren wie Glas, nicht einem unbeugsamen Willen gehorcht haben würden. Er war der Größte von allen, die sich jemals diesem harten Metier verschrieben. Sein kurzes Leben stand von dem Augenblick an, da ihn der blinde Cavanna entdeckte, im Zeichen des Außergewöhnlichen.

Die Ära Louison Bobet

Ja, Coppi war in seiner Glanzzeit außergewöhnlich. Mehr noch als später Eddy Merckx. 1953 wollten die Veranstalter Coppi nicht haben, weil sie fürchteten, sein Name könne die anderen Asse vor der Teilnahme zurückschrecken lassen. Nach den ungefährdeten Siegen von Koblet und Coppi wollten sie endlich wieder ein offeneres und spannenderes Rennen ausrichten. Die Organisatoren legten um so größeren Wert auf einen farbigen Rennverlauf, als die Tour de France 1953 ihren 50. Geburtstag feierte. Ein ›Supermann‹, dessen Endsieg schon 2000 Kilometer vor Paris feststand, war nicht erwünscht. Und tatsächlich fand man auch beim Durchblättern der Teilnehmerliste keinen in Frage kommenden Favoriten.
Bartali? Der ›Maestro‹ hatte 39 Lenze auf dem breiten Buckel und nicht mehr den Punch, mit dem man in den Bergen die Konkurrenten abhängen kann. Magni? Der mußte zu viel Gewicht die Berge hinaufschleppen. Koblet? Der schöne Hugo war zwar immer noch ein glänzender ›Roller‹, aber in den Bergen versagte der Rhythmus seines harmonischen Pedaltritts. Und nie mehr hatte er sie in so imponierendem Stil genommen wie bei seiner großen Tour de France 1951. Robic? Der kleine Bergspezialist aus der Bretagne kam auf der Ebene häufiger, als ihm lieb sein konnte, ins Hintertreffen, und so außergewöhnlich, daß er im Gebirge alles hätte aufholen können, waren seine Kletterqualitäten nicht.
Aber da war noch ein anderer Mann aus der Bretagne, in der Frankreichs eigenwilligster und vielleicht auch zähester Menschenschlag daheim ist: Louison Bobet. Sohn eines Bäckermeisters wie Hugo Koblet, war er, am 12. März 1925 in Saint-

Méen-le-Grand geboren, beim Start zur Tour de France 1953 gerade 28 Jahre alt.
»Bobet ist zu alt«, sagten die einen. »Was er bis jetzt nicht geschafft hat, wird er nie mehr erreichen.«
»Zu alt?« fragten die anderen, »habt ihr denn vergessen, daß Bartali die Tour mit 34 Jahren gewonnen hat, Coppi mit 33 und Kübler mit 31?«
Kurzum, Louison Bobet zählte zwar zu den Favoriten, aber an den Stammtischen zwischen Lille und Marseille herrschte die Meinung vor, daß Louison seine beste Zeit schon hinter sich gebracht habe. Zu sehr war seine Erfolgskurve in den beiden vergangenen Jahren abgesunken. Zwar hatte er zu Beginn der Saison 1952 unter allen französischen Fahrern den stärksten Eindruck gemacht, aber nach den Frühjahrsrennen war sein Name aus den Siegerlisten verschwunden. Als er seine Meldung für die Tour de France einer Nasenoperation wegen zurückzog, hieß es: »Er will nur Coppi aus dem Wege gehen!« Bobet hoffte, sich wenige Wochen nach der Tour durch einen Sieg bei der Straßenweltmeisterschaft in Luxemburg rehabilitieren zu können. Aber im Endspurt der Spitzengruppe konnte er dann nur den 8. Platz belegen. Sieger wurde der in internationalen Radsportkreisen damals völlig unbekannte Heinz Müller aus Schwenningen. Nie werde ich das völlig verblüffte Gesicht des damaligen UCI-Präsidenten, Achille Joinard, vergessen, als er einem Herrn namens Müller, der ihm nie vorgestellt worden war, das Regenbogentrikot des Weltmeister überziehen mußte! Louison Bobet hatte die Saison nicht genutzt. Wer wollte ihm da, als er beim Giro d'Italia des gleichen Jahres auf der letzten Etappe aufgab, noch eine ernsthafte Chance für die Tour de France 1953 einräumen? Zehn Tage lang hatte ihn ein Furunkel, genau an der Stelle, wo der Rennfahrer mit dem Sattel in Berührung kommt, fürchterlich geplagt.
Gewiß, Bobet hatte schöne Erfolge vorzuweisen. Sein Name stand auf der Siegerliste der französischen Straßenmeisterschaft, der Lombardei-Rundfahrt, des Großen Preises der Nationen und von Mailand–San Remo. Auch hatte er einen

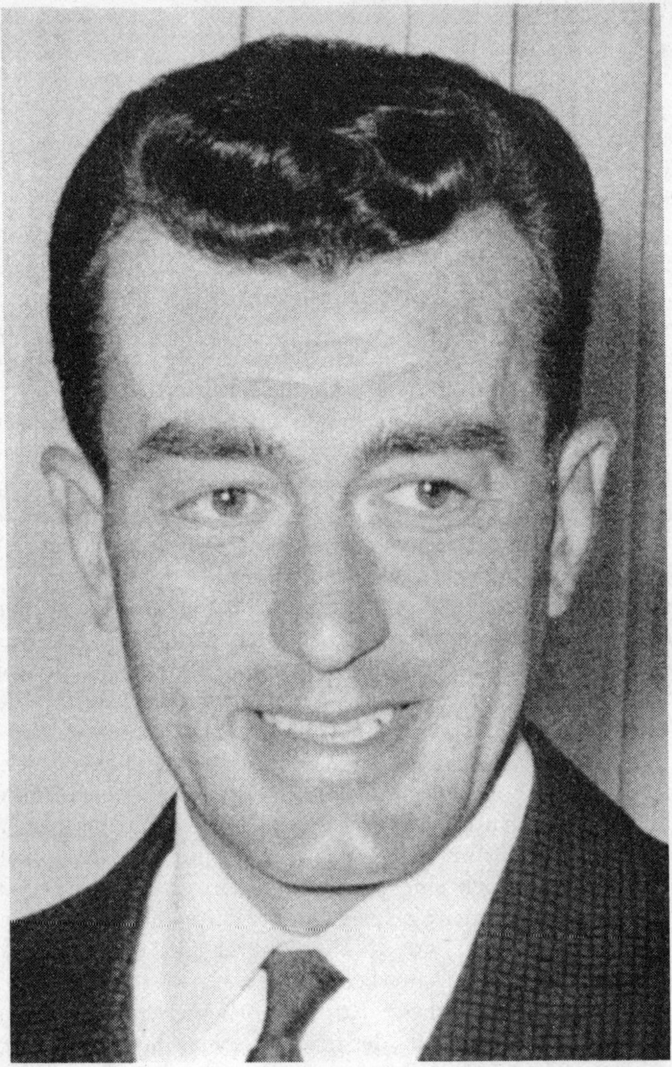

Louison Bobet war nicht nur einer der besten, sondern auch einer der elegantesten Champions aller Zeiten. 58jährig erlag er einem Krebsleiden.

dritten und einen vierten Platz bei der Tour de France erkämpft, aber immer wieder war er bei der Tour von den großen Champions geschlagen worden. 1948 hatte man ihn gefeiert, weil er als unbekannter junger Mann 22 Minuten vor den großen Assen am Fuße der Alpen angelangt war. Damals hatte man dem jungen Himmelsstürmer Mitleid entgegengebracht, weil er von dem erfahrenen Bartali am Izoard buchstäblich ›exekutiert‹ worden war, aber man zürnte ihm ernsthaft, als er sich 1950, nachdem die Italiener in St. Gaudens aufgegeben hatten, von Ferdi Kübler auf einer einzigen Flachetappe zehn Minuten abnehmen ließ. Seither stand er in dem Ruf, zwar ein guter Fahrer zu sein und gelegentlich sogar ein großartiger Kämpfer – aber kein Mann für die Tour de France.

Louison Bobet, der sich jede Kritik sehr zu Herzen nahm, ärgerte sich mächtig über die Meinung, die sich die Leute über ihn gebildet hatten. Häufig genug war sein Temperament mit ihm durchgegangen, auch hatte er seine Kräfte oft nicht richtig eingeteilt; aber nun brannte er darauf, seinen Kritikern zu beweisen, daß er die Tour de France nicht nur auf Ehrenplätzen beenden konnte. Es gab aber auch Stunden, in denen er an sich zweifelte. Vielleicht hätte es in der Tour de France keine ›Ära Bobet‹ gegeben, wenn nicht Marcel Bidot gewesen wäre, der Technische Leiter der französischen Mannschaft.

Dieser alte Weggenosse der Tour-Sieger Antonin Magne und André Leducq wußte als guter Psychologe nur zu genau, wie sehr Louison seiner Selbstkritik nach einer Niederlage, welche Gründe sie auch immer haben mochte, unterworfen war.

»Sieh mal, Louison«, pflegte er dann zu sagen, »auch so ein listiger Fuchs wie Bartali ist selbst in seinen besten Zeiten nicht immer gleich gut in Form gewesen. Oder glaubst du, er sei gegen Anfälle von Schwäche gefeit? Er hat sich nur nie etwas anmerken lassen, und nie hat er daran gezweifelt, daß er der Größte ist. Aber du bist besser. Du wirst die Tour gewinnen.«

So geht Louison Bobet 1953 zum erstenmal mit echtem Selbstvertrauen an den Start zur Tour de France – ein anderer Bobet als der, den man bisher gekannt hatte.

Donner, Blitz und Wolkenbruch beim Start in Straßburg. Bartali erzählt jedem, der es hören will, er spüre seine 40 Jahre nicht, er werde seinen dritten Tour-Sieg erringen. Charly Gaul aus Luxemburg, der jüngste Teilnehmer, macht große Kinderaugen, als er den ›vecchio‹ so reden hört.
Erstaunt und beunruhigt sind aber auch die großen Asse nach zwei Tagen, denn zweimal hat ein kleiner, bulliger Mann aus der Schweiz so auf die Pauke gehauen, daß es nicht zu überhören war. Fritz Schär gewinnt nicht nur die erste Etappe Straßburg–Metz, sondern auch die zweite von Metz nach Lüttich, jeweils vor dem Holländer Wagtmans, und damit sitzt das Gelbe Trikot vorläufig einmal sehr fest auf seinen Schultern.
Louison Bobet beobachtet ihn argwöhnisch. Dieser Schär ist ein Ausbund an Energie und deshalb nicht ungefährlich, wenn er auch einen ›unmöglichen‹ Stil fährt. Man hat den Eindruck, daß er die Pedale zermalmen wolle, und wenn die Straße ansteigt, schneidet er Grimassen wie Emil Zatopek in der letzten Runde.
Schär will das Gelbe Trikot mindestens bis zu den Pyrenäen behalten, doch auf der 5. Etappe von Dieppe nach Caen wird er, während er sich inmitten des gemächlich dahinrollenden Hauptfeldes sicher wähnt, durch eine Attacke des jungen Elsässers Roger Hassenforder überrascht. Der Mann aus Mülhausen holt so viel Vorsprung heraus, daß er die Führung in der Gesamtwertung übernimmt.
Er hat viel Talent, der ›Hassen‹, wie ihn die Franzosen der Einfachheit halber nennen, aber er kann seine Kräfte nicht einteilen und wird es auch während seiner ganzen Karriere nicht lernen. Zwar verteidigt er das Gelbe Trikot auf den Etappen entlang der Atlantikküste, doch wird er hoffnungslos abgeschlagen, als die ›Großen‹ bei strömendem Regen auf dem letzten Teil der 9. Etappe Bordeaux-Pau resolut antreten. Magni gewinnt den Spurt vor Koblet, Robic, Schär, Bartali und Bobet, und da Schär am Vortag nur 48 Sekunden hinter Hassenforder geblieben war, übernimmt er wieder das Gelbe Trikot.

Ein Bild, das immer wieder fasziniert: Tour-de-France-Fahrer in den Bergen. Rechts Louison Bobet, der erste, der das schwerste und älteste Etappenrennen der Welt dreimal in ununterbrochener Folge gewann.

Er trägt es nicht lange, denn in den Pyrenäen muß er es an Robic abtreten, der am Aubisque klettert wie in seinen besten Tagen, während Hugo Koblet an diesem Berg, dessen Rampen er zwei Jahre zuvor mit spielerischer Leichtigkeit bewältigt hatte, zuerst einen Schwächeanfall erleidet und dann so schwer stürzt, daß er aufgeben muß.
Louison Bobet kann einen Namen aus der Liste seiner gefährlichsten Konkurrenten streichen. Daß er jedoch noch sehr weit von seinem ersten Tour-Sieg entfernt ist, bekommt er auf der 12. Etappe, von Luchon nach Albi, zu spüren.
Auf dieser sonst so friedlichen Teilstrecke zwischen Pyrenäen und Alpen greift ein ganzes Heer von Namenlosen an, um den Assen ihre in den Bergen schwer erkämpften Minuten wieder abzunehmen. Es ist ein wahrer Aufstand der Wasserträger, von dem die großen Herren überrumpelt werden, und sie machen im Ziel keine sehr freundlichen Gesichter, weil sich herausstellt, daß eine Gruppe von 24 Fahrern rund 20 Minuten Vorsprung herausgefahren und damit die Gesamtwertung über den Haufen geworfen hat. Neuer Träger des Gelben Trikots wird der junge Franzose François Mahé. Unter denen, die ihren Leichtsinn teuer bezahlen müssen, befinden sich Bobet, Schär, Astrua, Géminiani, Bartali und alle anderen, die sich Chancen auf den Endsieg ausgerechnet haben.
Frankreichs Teamchef Marcel Bidot kocht vor Wut. Seine Mannschaft hat sich durch ihre sträfliche Gleichgültigkeit eine Suppe eingebrockt, die es jetzt bei der über der Mittelmeerküste brütenden Hitze auszulöffeln gibt. Bidots Kritik ist ebenso bitter, wie seine Forderungen für den nächsten Tag hart sind. »Ihr werdet angreifen, und wenn euch die Zunge bis auf den Lenker hinunterhängt«, schnaubt er die Männer an, die wie begossene Pudel im sorgfältig abgeschlossenen Nebenzimmer des Hotel du Commerce sitzen. Und dann, als das Donnerwetter verraucht ist, halten sie Kriegsrat.
Unbarmherzig brennt die Sonne aus einem märchenhaft blauen Himmel, als die französische Nationalmannschaft auf der 13. Etappe Albi–Beziers versucht, ihre Absichten in die Tat umzu-

Das ist die grandiose Szenerie der Pyrenäen-Etappen.

setzen. Jede körperliche Anstrengung wird zur Qual in dieser heißen, flimmernden Luft, aber Marcel Bidots Männer sind entschlossen, der Parole zu folgen, die ihnen mit auf den Weg gegeben wurde: ›Angreifen, rücksichtslos angreifen!‹

Freilich, es muß sinnvoll angegriffen und ein geeigneter Augenblick abgewartet werden. Das geschieht bei Kilometer 20, als Louison Bobet und Raphael Géminiani mit einem energischen Antritt 500 Meter gewinnen, ehe einer ihrer Gegner reagiert. Damit ist ›das Loch‹ geschaffen, wie es in der Fachsprache heißt. Und da man die Gefährlichkeit dieser Attacke im Hauptfeld zunächst nicht zu erkennen scheint, vergrößern die beiden Ausreißer laufend ihren Vorsprung, der nach 50 Kilometern bereits über sechs Minuten beträgt.

Ein unerwarteter Erfolg für die Franzosen! Nello Lauredi und Antonin Rolland schließen zu Bobet und Géminiani auf, so daß die vier ersten Plätze dieser Etappe von Mitgliedern der französischen Nationalmannschaft belegt werden! Noch viel wichtiger ist das Aufrücken von Louison Bobet auf den 3. Platz in der Gesamtwertung mit nur 3,13 Minuten Rückstand auf Jean Malléjac, den neuen Träger des Gelben Trikots. Jean Robic stürzt bei der Abfahrt vom Fauredon-Paß und gibt in Beziers entmutigt auf, nachdem er mehr als 40 Minuten verloren hat. Louison Bobet ist einen weiteren Konkurrenten los.

Grund genug, sich eine Schnaufpause zu gönnen. Bis zum Ruhetag in Monaco begnügt Bobet sich damit, seine Gegner zu überwachen. Zum erstenmal hat er ein sicheres und beruhigendes Gefühl von Überlegenheit. Die Hochform, jener unbeschreibliche Zustand, bei dem die körperlichen Kräfte sich mit den seelischen im Einklang befinden und den man bisweilen eine ganze Saison hindurch vergebens herbeisehnt, hat sich im rechten Augenblick eingestellt. Louison Bobet ist zum Großangriff in den Alpen bereit.

Zwei Tage später, am Izoard, wo Bartali zweimal die Tour gewonnen und 1948 mit Louison Bobet ein grausames Katz-und-Maus-Spiel getrieben hat, stößt er vor. Aber jetzt, fünf Jahre nach jenem Duell, ist der ›vecchio‹ nicht mehr imstande,

Auf dem schneebedeckten Gipfel des Alpenriesen Izoard kämpfen Louison Bobet und Ferdi Kübler um den Spurtsieg.

den Rhythmus zu wechseln und jene trockenen Zwischenspurts einzulegen, mit denen er einst die zähesten Gegner abgeschüttelt hatte. Bartali verliert, wie alle übrigen, in den steilen Rampen des Izoard viele Minuten an den kraftvoll und gleichmäßig kletternden Bobet, und während er sich noch zwei Kilometer unterhalb des Gipfels durch die grandiose Wildheit der ›Casse Deserte‹ quält, saust Louison schon längst hinunter nach Briançon.

Das Gelbe Trikot fällt Bobet zu wie eine überreife Frucht. Acht

Minuten beträgt sein Vorsprung in der Gesamtwertung und ist in St. Etienne, wo ihm aus der vieltausendköpfigen Menge auch ein junger Mechanikerlehrling namens Roger Rivière zujubelt, auf eine Viertelstunde angewachsen.
Damit ist Bobet der Endsieg nicht mehr zu nehmen. Er hätte das Zeitfahren, drei Tage vor der Ankunft in Paris, im ›Schongang‹ erledigen können. Doch sein Stolz und sein Ehrgeiz lassen das nicht zu. Er mobilisiert auf dem hügeligen Kurs alle Kräfte und erringt, vom Jubel einer begeisterten Zuschauermenge umtost, einen neuen großen Etappensieg. Die restliche Strecke wird für ihn zur Via triumphalis nach dem Pariser Prinzenpark, wo ihm gewaltige Beifallsstürme entgegenbranden. Er hat die fünfjährige Herrschaft der Ausländer beendet. Mit einem Rückstand von einer Viertelstunde belegt der Franzose Jean Mallejac den 2. Platz. Bartalis 11. Rang in der Gesamtwertung ist eine bemerkenswerte Leistung für einen 40jährigen, erlaubt ihm jedoch nicht, noch länger von ganz großen Erfolgen zu träumen.
Obwohl deutsche Fahrer noch immer vergebens auf eine Einladung warteten, war das Interesse des großen Sportpublikums diesseits des Rheins an der Tour de France schon wieder sehr gewachsen. Die Tour 1954 allerdings wurde von den deutschen Zeitungen kaum beachtet, denn sie lief zu einem Zeitpunkt an, der dem deutschen Sport seinen größten Triumph bescherte: die Weltmeisterschaft im Fußball! Sie drängte in unserem Land für viele Wochen alles andere in den Hintergrund.
Kein Wunder, daß die Tour de France 1954 in Deutschland nur einen schwachen Widerhall fand. Anders in Holland. Zum erstenmal wagten die Organisatoren, den Start in eine ausländische Stadt zu verlegen – nach Amsterdam. In der Nacht vor dem Start gab es ein Volksfest, wie es seit der Krönung nicht mehr gefeiert worden war. Nie hatte es einen eindeutigeren Beweis dafür gegeben, daß die Tour de France zu einer europäischen Angelegenheit geworden ist.
Der Favorit konnte nur Louison Bobet heißen. Coppi, auf dem Höhepunkt seiner moralischen Krise angelangt, hatte ebenso

verzichtet wie Bartali, der eingesehen haben mochte, daß es Zeit sei, der Jugend das Feld zu räumen. Damit waren die beiden Schweizer ›K‹ – Koblet und Kübler –, der unverwüstliche Belgier Stan Ockers und Jean Robic, der erste Nachkriegs-Tour-Sieger, Bobets gefährlichste Rivalen. Sie alle, Koblet ausgenommen, waren wesentlich älter als Louison. Aber der schöne Hugo war nicht mehr der ›pédaleur de charme‹ des Jahres 1951. In den Bergen zerbrach unweigerlich sein Rhythmus; und selbst auf der Ebene hatte er in der letzten Saison Niederlagen einstecken müssen, die seinem Ruf abträglich waren. Nur einige Schweizer Optimisten glaubten noch an ein eindrucksvolles Combeback Koblets.
Nicht besser stand es um die Chancen des fünfunddreißigjährigen Ferdi Kübler, und was Stan Ockers, den dreiunddreißigjährigen Belgier, anbelangt, so ließ er sich zwar nur schwer vom Hinterrad eines Favoriten abschütteln, ging selbst aber kaum je zum Angriff über. Er sollte wenige Jahre später in dem hochbegabten, aber leider manchmal zu schüchternen Hans Junkermann einen Nachfolger finden.
Es gab aber noch anderes, was Louison Bobet zum Favoriten der Tour de France 1954 machte. Sein Sieg im Vorjahre hatte ihm endlich das Selbstvertrauen gegeben, das zu den wichtigsten Eigenschaften eines großen Champions gehört und auch die Mannschaftskameraden veranlaßt, jedes erdenkliche Opfer für den Kapitän zu bringen.
1953 hatte es noch viel Streit in der französischen Nationalmannschaft gegeben, weil Fahrer wie Bernard Gauthier, Nello Lauredi, Raoul Rémy und Raphael Géminiani nicht bereitgewesen waren, ihre eigenen Chancen zugunsten eines Bobet zu opfern, der sich oft genug so verhalten hatte, daß man ihm kein uneingeschränktes Zutrauen schenken durfte. Erst nachdem Bobet in den Alpen seinen großen Coup gelandet und damit bewiesen hatte, daß er tatsächlich der Stärkste war, herrschte Eintracht in der französischen Nationalmannschaft. Ein Jahr darauf, beim Start in Amsterdam, gab es in dieser Mannschaft keinen einzigen, der sich gegen die bedingungslose

Unterstützung Bobets aufgelehnt hätte. Ferdi Kübler verliert bereits auf der ersten Etappe infolge eines Defektes neun Minuten, und damit ist die Frage nach dem alleinigen Kapitän der Schweizer Mannschaft überraschend zugunsten Koblets geklärt. Aber so schnell wirft ›Ferdi national‹ die Flinte nicht ins Korn. Auf den nächsten Etappen gewinnt er stetig Boden; und als die Karawane sich Bordeaux nähert, wo er erste Ruhetag winkt, seufzt Raphael Géminiani, der Bobets treuester Helfer geworden ist: »Wenn diese Jagd nach dem weißen Kreuz so weitergeht, werden wir alle bald beim Roten Kreuz landen!«
Tatsächlich haben Bobet und seine Mannschaftskameraden unerwartet viel Energie verbrauchen müssen, um den zahlreichen Angriffen der Schweizer auf diesem ersten Drittel der Tour – von Amsterdam bis zum Fuß der Pyrenäen – zu begegnen. Koblet, Kübler und Schär haben sich vor den ersten Gebirgsetappen ausgezeichnete Plätze in der Gesamtwertung gesichert. Vor allem Koblet ist es, der Bobet nervös macht. Während Louison in Bordeaux auf der Massagebank liegt, kommen ihm die alten Zweifel, und er vertraut sich Marcel Bidot an:
»Hast du gesehen, wie es dem Hugo heute wieder gerollt ist? Er ist stärker als 1951, glaub mir's! Die Leichtigkeit, mit der er nach einem Defekt wieder aufgeschlossen hat, hat mich deprimiert. Wenn er in den Bergen so fährt, kann ich einpacken.«
Marcel Bidot muß sein ganzes diplomatisches Geschick aufbieten, um seinem Mannschaftskapitän neuen Mut zu geben. »Er blufft nur, Louison, und du begehst den größten Fehler, wenn du dich einschüchtern läßt. Du wirst sehen, daß er in den Bergen nachläßt, und da Robic schon ausgeschieden ist, kann dir in den Pyrenäen überhaupt keiner gefährlich werden!«
Aber Louison Bobet glaubt nicht recht daran. Er verliert erst seinen Koblet-Komplex, als der Schweizer tatsächlich in den Pyrenäen abermals versagt. Seine Nerven beruhigen sich, und mit dem Selbstvertrauen kehrt auch die große Form zurück.
Das Drama spielt sich am Aubisque ab. In den hochprozentigen Steigungen wird Koblets bislang so gleichmäßiger Tritt

plötzlich schwer, und er muß zusehen, wie bescheidene Fahrer der sogenannten zweiten Kategorie, für die er zwei Jahre zuvor nur ein mitleidiges Lächeln übrig gehabt hätte, an ihm vorbeiziehen. Nicht länger braucht Bobet ihn als Konkurrenten zu fürchten, denn aus dem ›pédaleur de charme‹ ist ein schwerfälliger Geselle geworden, dem der Berg als eine riesige Treppe ohne Stufen erscheinen will. Während Koblet die allerletzten Kraftreserven einsetzt und dennoch auf der Stelle zu treten scheint, nimmt Louison Bobet die Verfolgung des drahtigen, schwarzlockigen Burschen auf, den sie in seiner Heimat den ›Adler von Toledo‹ nennen. Federico Bahamontes, ein Nachfahre der großen spanischen Kletterkönige, hat auf seiner ersten Tour de France freilich nur den Ehrgeiz, im Gebirge zu glänzen. Er hat auf der Ebene viel Zeit verloren und gehört nicht zu den Männern, die Bobet beunruhigen können. Außerdem ist er noch kein echter Mann der Berge, denn er klettert zwar wie eine Gemse, aber er fährt ab wie ein Landbriefträger, und diese Schwäche nützen seine Verfolger aus. Koblet, der ein verwegener Abfahrer ist, holt wieder auf; aber die Etappe gewinnt Ockers im Spurt vor Kübler, Bobet und Schär. Der Nutznießer dieser ersten Pyrenäen-Etappe ist Bobet, denn er schiebt sich auf den 3. Platz der Gesamtwertung vor.
Auf der nächsten Etappe Pau–Luchon belegt er den zweiten Platz und sowohl Form als auch Kampfgeist sind so hervorragend, daß ihm das Gelbe Trikot noch eher zufällt, als er sich ausgerechnet hatte. Er zieht es in Millau über, einem malerischen Provence-Städtchen, durch das breit und geruhsam der Tarn fließt, nachdem sich seine grünen Fluten einen schmalen Weg durch eines der romantischsten Felsentäler Frankreichs gebahnt haben.
Koblet ist auf der zweiten Pyrenäen-Etappe infolge eines schweren Sturzes ausgeschieden, aber ohne Zweifel war er zu dieser Zeit bereits geschlagen. Mit erstaunlicher Zähigkeit versucht Ferdi Kübler, Bobets Spitzenposition auf der Königsetappe der Alpen, Grenoble–Briançon, zu erschüttern; am Izoard jedoch, wo seit Jahren die großen Entscheidungen fal-

Louison Bobet nach einem Etappensieg bei der Tour 1954.

len, wehrt Bobet nicht nur Küblers verzweifelten Angriff ab, sondern attackiert seinerseits so heftig, daß selbst Bahamontes sich auf dem schneebedeckten Gipfel mit dem 2. Platz begnügen muß.

Damit sind die Würfel gefallen. Das Tüpfelchen aufs i setzt Bobet auf der ›Etappe der Wahrheit‹, dem Zeitfahren zwischen Epinal und Nancy. Bei strömendem Regen fallen die Masken, denn jetzt muß ein jeder seine Karten offen auf den Tisch legen und zeigen, was er nach 21 Etappen noch zu bieten hat. Das Zeitfahren sieht die drei stärksten Fahrer vorn und bestätigt damit den Rennverlauf, denn Bobet siegt mit klarem Vorsprung vor Kübler und Schär. Das ist auch die Reihenfolge der Gesamtwertung, als der Ring dieser 41. Tour de France sich im Pariser Prinzenpark schließt. Gewaltig sind die Ovationen, die Louison Bobet während seiner Ehrenrunde dargebracht werden.

Die Franzosen aber schließen auch die Könige der Berge ins Herz. Federico Bahamontes, jener junge Mann aus Toledo, der den Großen Bergpreis gewonnen hat, fühlt bei seiner Ehrenrunde Tränen in den Augen. Was Begeisterung heißt, weiß er von seinen Landsleuten, aber er hätte es nicht für möglich gehalten, daß ihm das Volk von Paris einen solchen Empfang bereiten würde.

Federico, der nur die Sprache seiner Heimat spricht und erst in den folgenden Jahren ein wenig Französisch lernen wird, hat unterwegs keine Zeitungen gelesen. Deshalb weiß er auch nicht, daß man sich in Frankreich über die Gleichgültigkeit erheiterte, die der beste Kletterer dieser Tour zeigte, wenn er sein Pensum erledigt hatte.

In der Gesamtwertung gelangte er nur auf einen bescheidenen 25. Rang; seine Popularität ließ sich aber mit der des Algeriers Abdelkader Zaaf vergleichen, der im Schatten einer Platane eingeschlafen war, nachdem er zwei Flaschen Weißwein getrunken und danach das Rennen in verkehrter Richtung fortgesetzt hatte.

Bahamontes hatte auf dem Gipfel des Col de Romeyère alle

Rekorde an Nachlässigkeit gebrochen. Denn er hatte, als er die Paßhöhe erreicht hatte, bei einem fliegenden Händler eine Portion Eis erstanden, die er genüßlich auf einer Bank verzehrte, wobei er die herrliche Aussicht genoß. Erst nachdem zehn seiner Konkurrenten an ihm vorbeigefahren waren, entsann er sich, weshalb er eigentlich auf diesen schönen Berg gekommen war, und fuhr gemächlich zu Tal. Das Vanille-Eis vom Col de Romeyère hat ihm zwar eine schlechte Placierung, aber auch einen ungewöhnlichen Zuwachs an Popularität eingetragen.

Bahamontes würde wohl jeden ausgelacht haben, der ihm damals erzählt hätte, daß er die Tour de France eines Tages gewinnen würde. Viel zu wenig war er von sich und seiner Leistungsfähigkeit überzeugt. Louison Bobet dagegen war durch seinen zweiten Tour-Sieg automatisch zum Superfavoriten der Tour de France 1955 geworden.

Überdies war er am 23. August 1954, drei Wochen nach seinem Tour-Sieg, auf dem Klingen-Kurs in Solingen Straßenweltmeister geworden und hatte damit den Gipfel seines Ruhmes erreicht.

Lange saß ich am Abend jenes größten Tages seiner Karriere beim Solinger Festbankett mit ihm zusammen. Seine Augen waren noch gerötet von der gewaltigen Anstrengung, aber in ihnen spiegelten sich die Freude und der Stolz seines Champions, der ein lang ersehntes Ziel aus eigener Kraft und ohne die Hilfe des Zufalls erreicht hat. Ja, der Zufall schien ihm sogar, als er die Hand schon nach dem begehrtesten Weltmeistertitel des Radsports ausstreckte, einen bösen Streich spielen zu wollen, denn sein Reifenschaden in der letzten Runde gab dem bärenstarken Schweizer Fritz Schär plötzlich den Platz an der Spitze frei. Zweifellos hätte Schär die Weltmeisterschaft errungen, wenn Bobet das Mißgeschick ein paar Kilometer später in größerer Nähe des Ziels zugestoßen wäre.

Aber auch so waren Schärs Chancen sehr groß. Bobet hatte durch seinen Defekt rund 500 Meter an Schär verloren; und das hätte ausgereicht, um jeden anderen zu schlagen.

Ein Bild aus großen Tagen. Von links: Raphael Géminiani, Fausto Coppi und Roger Rivière.

»Ich weiß nicht, woher ich nach 230 Kilometer härtesten Kampfes die Kraft nahm, die mich wieder an den Schweizer heranbrachte«, sagte er mir. »Er setzte alles auf eine Karte, und wenn ein Energiebündel wie Schär das auf der letzten Runde einer Weltmeisterschaft tut, dann bleibt kein Auge trocken. Er kurbelte wie ein Wilder, und ich mußte noch viel, viel mehr kurbeln, um mich Meter um Meter an ihn heranzuschieben. Bei den Abfahrten ging ich ein irrsinniges Risiko ein, um die regennassen Kurven so scharf wie möglich zu schneiden, aber es dauerte eine endlose Zeit, bis hinter einer Kurve wieder das rote Trikot von Schär auftauchte. Das war sieben Kilometer vor dem Ziel, und in diesem Augenblick wußte ich, daß ich es schaffen würde. Ich habe mich auf dem letzten halben Kilometer gequält wie noch nie in meinem Leben, aber das Triumphgefühl, das mich dann auf dem Siegerpodest packte, hat alle Anstrengungen vergessen lassen. Es war der glücklichste Tag meines Lebens.«
Es war ein anderer Bobet, den ich wenige Tage vor dem Start zur Tour de France 1955 in seiner eleganten Villa in Fontenay-sous-Bois antraf. Louison wirkte nervös und übernächtigt. Und ich hätte keinen Pfifferling für seine Chancen gegeben, wenn mir diese Anzeichen nervlicher Hochspannung nicht schon früher bei ihm aufgefallen wären und dies gerade an Tagen, an denen er sich in Hochform befand. Seine Sorgen waren freilich nicht unbegründet, denn er fand sich nur schwer in eine Favoritenrolle, die ihm durch zwei aufeinanderfolgende Tour-Siege und den Weltmeistertitel zudiktiert worden war. Noch nie hatte ein Rennfahrer die Tour dreimal hintereinander gewonnen; und bisher war es Louison Bobet noch niemals so deutlich zu Bewußtsein gekommen, wie schmal der Grat ist, auf dem der gefeierte Sportheld sich bewegt. Millionen warteten darauf, Bobets dritten Tour-Sieg zu feiern, aber keiner war bereit, ihm ein Versagen nachzusehen.

Endlich wieder mit Deutschen

In ihre erste Tour de France gingen 1955 Heinz Müller aus Schwenningen und Günter Pankoke aus Bielefeld. Zum erstenmal seit 1938 hatten die Organisatoren wieder deutsche Fahrer eingeladen, aber von einer ganzen Mannschaft konnte natürlich keine Rede sein. Deutschlands Straßenrennsport hatte seine einstige Leistungsfähigkeit noch nicht wieder erreicht. Müller, der Überraschungsweltmeister von 1952, und Pankoke galten als die Fahrer mit der größten internationalen Erfahrung. Sie wurden der internationalen Mannschaft zugeteilt, deren Kapitän Charly Gaul war. Man durfte keine Wunder von diesen beiden Männern erwarten. Sie kamen sich beim Start in Le Havre recht verloren vor und konnten nicht ganz verheimlichen, wie sehr sie sich vor dem Abenteuer fürchteten. Ihnen fehlte nicht nur die Erfahrung bei großen Etappenrennen, sondern auch die ›Nestwärme‹ einer Mannschaft, die den moralischen Halt gibt, ohne den auch der größte Champion nicht auskommen kann.

Schon nach vier Tagen verlor Günter Pankoke seinen schwäbischen Landsmann Heinz Müller, und von diesem Augenblick an war er der einsamste Mann auf Frankreichs Landstraßen. Daß er bis Paris durchhielt und mit seinem 37. Rang viele Fahrer mit großen Namen hinter sich ließ, war eine bewundernswerte Energieleistung. Heinz Müller gab schon am vierten Tag auf, nachdem er auf der 3. Etappe durch Defekte mehr als eine halbe Stunde verloren hatte. Als Grund führte er unerklärlich harte Beinmuskeln an, in Wahrheit aber fehlte es ihm an der Moral und am Stehvermögen für ein so schweres Etappenrennen und er mußte es dulden, wenn man ihn nun in Fachkreisen den ›Ex-Müller‹ nannte. Gewiß, er hatte Anstrengungen unternommen, um seine Straßenweltmeisterschaft von 1952 zu bestätigen, aber noch häufiger hatte er resigniert, bis selbst seine Freunde ihn aufgaben, weil er mit seiner außergewöhnlichen Spurtkraft einen Trumpf verschleuderte, wie er nicht einmal einem Louison Bobet zu Gebote stand.

Die Augen des großen Favoriten glänzen beim Start in Le Havre fiebrig. Er hat in der Nacht nicht geschlafen und bemerkt nun die Blicke seiner Konkurrenten, die begehrlich auf dem Gelben Trikot ruhen, das er als Vorjahressieger auf der ersten Etappe tragen darf. Einige würden es ihm am liebsten jetzt schon vom Leibe reißen.
Für Augenblicke spielt Louison mit dem Gedanken, entgegen aller Vernunft schon auf der ersten Etappe um das Trikot zu kämpfen. Aber die Nerven beruhigen sich, als erst der Startplatz mit seiner von Spannung erfüllten Atmosphäre hinter ihm liegt. ›Nur keine unnötige Kraftvergeudung, Louison, du willst kein Scharmützel gewinnen, sondern die Schlacht!‹
Miguel Poblet, der spurtgewaltige Spanier, gewinnt in Dieppe die erste Etappe; zwei Minuten später kommt Bobet mit dem Hauptfeld ein. Ähnlich ist es am nächsten Tag in Roubaix. Die Abstände sind gering, und der Holländer Wagtmans löst Poblet als Träger des Gelben Trikots ab.
Aber auf der dritten Etappe bezwingt Louison seine Ungeduld nicht länger. Es behagt ihm gar nicht, wenn seine Hauptgegner wie schwärmende Bienen an seinem Hinterrad hängen. 40 Kilometer vor Namur gelingt ihm zusammen mit dem Belgier van Genechten, dem Italiener Monti und dem Holländer Wagtmans der entscheidende Ausreißversuch, und beim Spurt kennt er keine Rücksichten. Richard van Genechten, der so gerne in seiner Heimat gewonnen hätte, muß sich mit dem 2. Platz begnügen. Louison Bobet aber stößt vom 21. auf den 4. Platz der Gesamtwertung vor.
Jetzt darf er sich eine Schnaufpause gönnen, zumal sein Mannschaftskamerad Antonin Rolland in Metz, dem Ziel der 4. Etappe, das Gelbe Trikot überzieht. Glänzend hat die französische Taktik geklappt und Louison ist in Hochstimmung, denn er kann sich auf die bedingungslose Unterstützung seiner Kameraden verlassen. Freilich, bei den Franzosen stimmt auch die Kasse, denn Louison hat sich vor dem Start schriftlich verpflichtet, alle seine Gewinne in der Mannschaft aufzuteilen. Charly Gaul hingegen, Kapitän der internationalen Mann-

schaft, fährt auf eigene Rechnung; deshalb sind sowohl Pankoke als auch die beiden Österreicher Kain und Schneider entschlossen, ihm keine uneigennützigen Domestikendienste zu leisten. Diesen Mangel an Großzügigkeit soll der kleine Luxemburger noch bitter bereuen.

Colmar, Zürich und Thonon-les-Bains, das sind die Zwischenstationen bis zum Fuße der Alpen. Charly Gaul, der Kletterkönig, der in den Bergen einen großen Coup landen will, schont sich an den Hinterrädern seiner Gegner. Für Louison Bobet und seine Mannschaft aber ist das ein Nervenkrieg. Sie müssen jeden Ausreißversuch überwachen und sehen sich einer mächtigen Koalition der anderen Asse gegenüber, von denen viele nur allzu gern die eigenen Chancen opfern würden, um einen dritten Tour-Sieg Bobets zu verhindern.

Oh, sie kennen sie ganz genau, die Stärken und Schwächen dieses feinnervigen Champions. Sie wissen, daß er der stärkste Fahrer des Feldes ist; aber sie wissen auch, wie leicht man einen nervösen, gejagten Bobet verwunden kann. Deshalb soll er im Nervenkrieg zermürbt werden, ehe es in die Berge geht, wo ein jeder auf sich selbst gestellt ist und taktische Kniffe wenig fruchten.

Dieses pausenlose Gejagtwerden bleibt nicht ganz ohne Wirkung auf Bobet. Nicht, daß er am Fuße der Alpen bereits angeschlagen wäre, aber er hat doch so viele Angriffe abwehren müssen, daß er seine Kräfte am Galibier sehr sorgfältig einteilen muß. Es wäre Wahnsinn, Charly Gaul, der in den ersten Rampen dieses gewaltigen Bergriesen unwiderstehlich davonzieht, einen Kampf auf Biegen und Brechen zu liefern. Louison begnügt sich damit, in der siebenköpfigen Gruppe zu bleiben, die sich hinter Gaul formiert. Dieser Gaul erstürmt den mehr als 2500 Meter hohen Galibier mit einem wahren Husarenritt. 13,47 Minuten beträgt sein Vorsprung im Etappenziel Briançon, und damit macht er in der Gesamtwertung einen Sprung vom 39. auf den 3. Platz. Grund genug für Louison, der auf dem 6. Platz liegt, sich neue Sorgen zu machen. Günter Pankoke zieht sich bei der Abfahrt vom Col du Télégraphe schwere

Verletzungen an der Schulter und im Gesicht zu, kämpft aber mit einem wahren Löwenmut weiter und belegt noch den 82. Platz dieser schweren Etappe, auf der neun Fahrer aufgeben, unter ihnen Roger Hassenforder, der Sieger von Colmar. Für Bobet ist der kritische Augenblick dieser Tour gekommen. Wenn Charly Gaul auf der zweiten Alpenetappe von Briançon nach Monaco ähnlich abschneidet, übernimmt er das Gelbe Trikot! Zu bezwingen sind noch die Pässe Vars, Cayolle und Vasson; dann erst winkt in Monaco der erste Ruhetag.

Anfangs sieht es ganz nach einem neuen großen Sieg des Luxemburgers aus. Weder der Regen noch die eisige Kälte auf den Bergen scheinen ihn zu stören. Auf allen drei Pässen führt Charly Gaul mit klarem Vorsprung. Aber Charly, der klettert, als ob er Flügel hätte, und den sie seines pausbackigen Kindergesichtes wegen ›Engel der Berge‹ nennen, dieser Charly ist ein vorsichtiger Abfahrer, der nicht in einem Abgrund landen will. Raphael Géminiani, Bobets treuester Waffenbruder, gibt das Signal zur Jagd auf den Luxemburger während der halsbrecherischen Abfahrt vom Vasson. Was schadet es, wenn die Italiener Fornara und Astrua sich an sein Hinterrad klemmen? Auch Louison Bobet und Antonin Rolland hängen sich an. Diese kleine Gruppe holt Charly Gaul nicht nur ein, sondern sie läßt ihn 40 Kilometer vor dem Ziel auch hinter sich. So klettert Bobet vor dem Ruhetag in Monaco in der Gesamtwertung um drei Plätze höher.

Er verdrängt Charly Gaul vom 3. Rang, und sein Mannschaftskamerad Antonin Rolland behält das Gelbe Trikot. Aber noch ist gar nichts entschieden, denn Bobet ist zwischen zwei gefährlichen Konkurrenten eingeklemmt. Fornara, der Italiener, liegt 30 Sekunden vor ihm; Gaul, der Luxemburger, nur 20 Sekunden hinter ihm.

In dieser Situation ist es ein schwacher Trost für Louison, daß Jean Robic, einer seiner ehrgeizigsten Konkurrenten, auf der 10. Etappe, die über flaches Gelände von Monaco nach Marseille führt, wegen seiner Sturzverletzungen, die er sich in den Alpen zugezogen hat, entmutigt aufgibt. Zum drittenmal geschieht das innerhalb von drei Jahren. Bei allem Mitleid, das man für Robic empfinden mag, läßt sich nicht leugnen, daß er bei den Abfahrten zu viel riskieren muß, weil sein Alter sich nun doch beim Aufstieg bemerkbar macht. Lucien Lazaridès, einer von Bobets Mannschaftskameraden, siegt in Marseille; in der Gesamtwertung ändert sich nichts.

Also wird wieder einmal in den Pyrenäen die Entscheidung fallen. Zwischen ihnen und den Alpen reckt sich, inmitten der lieblichen und malerischen Provence, das kahle Haupt des Mont Ventoux in den blauen Himmel. Die Organisatoren haben die diabolische Idee gehabt, ihr Rennen über diesen schauerlichen Gipfel zu führen. Kein Strauch und kein Baum spenden während des langen und beschwerlichen Aufstiegs Schatten.

Unbarmherzig prallt die Sonnenglut auf weit ausladende Serpentinen, die zum Ventoux-Gipfel hinaufführen. Die Hitze allein aber ist nicht schuld daran, daß Jean Malléjac von der französischen Nationalmannschaft plötzlich bewußtlos vom Rad fällt. Schaum tritt ihm auf die Lippen. Der Tour-Arzt weiß sofort Bescheid: Doping! Und leider weiß er auch, daß das Problem nicht unter Kontrolle zu bringen ist.

Louison Bobet aber hat der Versuchung widerstanden. Er gewinnt die Etappe in Avignon, wo man auf der zerstörten Brücke nur noch am 14. Juli, dem französischen Nationalfeiertag, zu tanzen pflegt, und rückt somit auf den 2. Platz in der Gesamtwertung vor. Charly Gaul ist kein gefährlicher Konkurrent mehr für ihn.

Die Aussichten des Luxemburgers sind dahin – nicht, weil er eine sogenannte ›schnelle Pulle‹ genommen hätte, sondern weil er bei glühender Hitze seinen Magen mit Mengen von Sprudel und Limonade rebellisch gemacht hat. In Avignon ist er einem Zusammenbruch nahe, und er überwindet den Schwächeanfall nur, weil er die Widerstandskraft der Jugend besitzt. Ferdi Kübler aber, dem alten Schweizer Haudegen, wird der kahle Mount Ventoux zum Verhängnis; völlig entkräftet und demoralisiert gibt er auf. Nun können nur noch Fornara und Astrua,

die Italiener, und auch Jean Brankart, der Belgier, Bobet gefährlich werden.
Als es in die Pyrenäen geht, trägt immer noch Antonin Rolland, Bobets Mannschaftskamerad, das Gelbe Trikot. Und alle jene Leute, die das Gras wachsen hören, aber im Grunde nichts anderes als Neider sind, flüstern hämisch: »Paßt auf, jetzt wird der arme Rolland für Monsieur Bobet geopfert. Er muß sich zurückfallen lassen, damit die ganze französische Nationalmannschaft Bobet wie auf einer Sänfte nach Paris tragen kann.«
Die flotten Rechner wissen nicht, daß man ein Geschenk dieser Art nicht annimmt, wenn man Louison Bobet heißt. Die Theorie der Stammtisch-Strategen wird auf der ersten Pyrenäen-Etappe, die von Toulouse nach St. Gaudens führt, in tausend Fetzen zerrissen, denn in den Bergen, wo alle taktischen Kniffe versagen und auch die geschicktesten ›Hinterrad-Schmarotzer‹ schonungslos bloßgestellt werden, in diesen Pyrenäen-Bergen erobert Louison Bobet das Gelbe Trikot auf die legitimste Weise der Welt. Es kann ihm auch keine Sünde wider den Mannschaftsgeist vorgeworfen werden, denn Charly Gaul, der seinen Schwächeanfall mittlerweile überwunden hat, enthebt ihn der Verpflichtung, einen Angriff gegen seinen Mannschaftskameraden Antonin Rolland zu führen. Der Aufstieg zum Aspin hat kaum begonnen, als Gaul auch schon seine übliche Sondernummer einlegt. Unverzüglich muß Bobet, um seine Chancen nicht einzubüßen, nachsetzen, und auch Rolland bleibt nichts anderes übrig. Der Versuch, an Gauls Hinterrad zu bleiben, wäre eine sinnlose Kraftvergeudung für Louison, aber der Abstand muß diesmal in erträglichen Grenzen bleiben, und deshalb drückt er mächtig auf das Tempo der Verfolgergruppe.
Der erste, der zurückfällt, ist Antonin Rolland, der Mann im Gelben Trikot. Auf dem Gipfel des Aspin beträgt der Abstand zwischen Charly Gaul und der Bobet-Gruppe, in der sich noch Astrua, Brankart, Ockers und Géminiani befinden, 3,30 Minuten.

Louison ist mit dieser Entwicklung keineswegs unzufrieden. Fornara, sein gefährlichster Konkurrent, ist bereits abgeschlagen, und wenn er das Tempo beschleunigt, dann spürt er, daß auch Astrua, Brankart und Ockers nicht lange mithalten werden.
Darum zögert er nicht, alle Kraft in den Angriff zu werfen. Gleich dem Bartali der großen Tage schüttelt er am Col de Peyresourde einen nach dem anderen ab, allerdings auch den getreuen Géminiani, der ihn bei einem Defekt hätte unterstützen können.
Louison Bobet ist jetzt genauso einsam wie der Kletterkönig Charly Gaul. Aber die Journalisten, die auf dem nebelverhangenen Gipfel des Peyresourde die Abstände stoppen, reiben sich die Augen; Bobet hat ihn viel schneller erklettert als Gaul, denn sein Rückstand beträgt jetzt nur noch 1,55 Minuten. 30 Kilometer vor dem Etappenziel St. Gaudens hat Bobet den Luxemburger erreicht. Die Frage nach dem Tagessieger scheint damit beantwortet zu sein, denn Louison ist der bessere Spurter. Aber ein Reifenschaden hält ihn auf, und Gaul gewinnt die Etappe mit einer Minute Vorsprung vor Bobet, der das Gelbe Trikot übernimmt; Antonin Rolland folgt erst auf dem 9. Platz mit einem Rückstand von 7,30 Minuten.
Louison hat einen großen, meisterlichen Coup gelandet. Am gefürchteten Tourmalet, der während des nächsten Tages bezwungen werden muß, kann er sich mit einer Überwachung seiner gefährlichsten Gegner begnügen. Im Etappenziel Pau belegt er im Spurt den 2. Platz hinter Brankart. Gaul wird Dritter und Géminiani Vierter. In der Gesamtwertung liegt Louison sechs Minuten vor Rolland und sieben Minuten vor Gaul. Und da das Hochgebirge überwunden ist, muß der Luxemburger sich bereits als geschlagen betrachten. Nur Brankart, der Belgier, gibt noch nicht auf. Er ist ein hervorragender ›Roller‹; und so setzt er beim Zeitfahren der vorletzten Etappe, von Chaterlerault nach Tours, alles auf eine Karte, zumal Bobet in den Pyrenäen seine letzten Kräfte hatte einsetzen müssen. Tatsächlich ist er um 1,30 Minuten schneller als der Mann im

Gelben Trikot. Brankart stürzt Rolland vom 2. Platz der Gesamtwertung, aber seinen Rückstand von viereinhalb Minuten auf Louison Bobet vermag er auf der letzten Etappe nicht mehr aufzuholen.

Diese letzte Etappe gewinnt Miguel Poblet, der spurtgewaltige Spanier. Aber schon 14 Sekunden nach ihm hält Bobet an der Spitze des Hauptfeldes einen triumphalen Einzug in den Prinzenpark. Wenige Stunden später tritt er im eleganten dunklen Anzug auf den Balkon des Rathauses, und kein Staatsmann darf sich rühmen, von der Pariser Bevölkerung so stürmisch gefeiert worden zu sein wie der dreifache Sieger der Tour de France.

Aber die Leute sehen nicht, daß der Anzug, der noch Wochen zuvor, als er das Atelier eines mondänen Pariser Herrenschneiders verließ, wie angegossen gesessen hatte, viel zu weit ist. Sie haben Louison auch nicht unter der Dusche des Prinzenparks gesehen. Sein Körper ist gezeichnet von 21 schweren Etappen. Hätte die Kraft seines fast übermenschlichen Willens nicht immer wieder über Schwäche und Entmutigung gesiegt, so hätte der Mann aus der Bretagne niemals seine dritte Tour de France gewonnen.

Aber Fahrer mit solchem Temperament haben einen gewaltigen Energieverschleiß. Obwohl Louison Bobets ruhmreiche Karriere nach seinem dritten Tour-Sieg noch lange nicht zu Ende war, hatte sie doch ihren Scheitelpunkt überschritten. Sein Bankkonto freilich stieg weiter an. Ob Sommer, ob Winter, die Veranstalter rissen sich um ihn, und 1955 hatte er längst seine erste Million beisammen. Keine Million in alten Francs, versteht sich, sondern eine D-Mark-Million.

Freilich hat ein Tour-de France-Sieger, wenn er in Paris vom Rad steigt, zunächst einmal gar nichts verdient. Denn die Summe für den Gesamtsieg, sowie auch sämtliche Prämien, die er unterwegs verdient hat, teilt er restlos unter seinen Mannschaftskameraden auf – zum Dank für ihre Unterstützung. Sein Sieg füllt also nur die Mannschaftskasse, und auf eigene Rechnung fährt er erst bei der großen Tournee, die ihn anschließend für viele Wochen kreuz und quer durch Frankreich führt. Eine halbe Million macht er da leicht, und mit den entsprechenden Werbeverträgen wird sie voll. Und wenn der Name groß ist, geht's erheblich darüber.

Der Sieg des Namenlosen

Nicht jeder Tour-Sieger ist freilich ein reicher Mann geworden. In den fünfziger Jahren schon gar nicht.
Als die Tour de France 1956 in Reims gestartet wurde, war kein einziger der früheren Sieger dabei. Aber niemals seit den Tagen der Jeanne d'Arc hatten so viele Menschen sich auf dem Platz vor der ehrwürdigen Kathedrale versammelt. Es war, als habe sich die ganze Bevölkerung der Champagne eingefunden, um die Tour zu verabschieden. Die Favoriten hießen Gaul, Géminiani, Bahamontes, Ockers, Fornara, Brankart und Schär – lauter Kronprinzen, die bisher im Schatten von Königen gestanden hatten. Einem von ihnen mußte jetzt endlich die Krone zufallen.
Aber es kam ganz anders. Keiner der Favoriten vermochte das Rennen taktisch zu beherrschen und zu leiten. Das Rennen lief eine Woche, ohne daß sich etwas Bemerkenswertes ereignet hätte. Es war, als ob die Tour jeden Tag von neuem anfange: hohe Durchschnittsgeschwindigkeiten, erbitterte Positionskämpfe, aber nicht der mindeste Hinweis auf den ›starken Mann‹.
André Darrigade, der spurtgewaltige Franzose, erobert das Gelbe Trikot in Caen, aber ein Anwärter auf den Endsieg ist er nicht, weil er in den Bergen viel Zeit zu verlieren pflegt. Noch weniger traut man seinem Landsmann Roger Walkowiak zu, der ihn in La Rochelle als Spitzenreiter ablöst. Walkowiak? Die Experten lächen mitleidig. Der geborene Wasserträger! Soll er sich ein paar schöne Tage im Gelben Trikot machen, aber wenn die Berge kommen, wird er in der Anonymität des Feldes verschwinden.
Die Sondernummer, die Charly Gaul am Aubisque einlegt, ist

nicht sehr eindrucksvoll. In Pau, am Abend der ersten Pyrenäen-Etappe, übernimmt der Sprinter Darrigade, der bei den Aufstiegen keucht wie eine schrottreife Lokomotive, wieder das Gelbe Trikot.

Eine verrückte Tour! Bobet und Coppi würden dieses Lotteriespiel nicht mitmachen. In Luchon endlich reißt ein Mann die Führung an sich, dem man einiges zutrauen darf: Jean Adriaenssens, der Belgier. Sein Vorsprung ist jedoch nur gering, und auf den Riviera-Etappen verläuft das Rennen so ungestüm, daß noch mindestens 15 Fahrer für den Gesamtsieg in Frage kommen, als es in die Alpen geht.

Die Situation entbehrt nicht der Komik, denn ausgerechnet der Holländer Wout Wagtmans, ein Mann, der aus einem Land kommt, in dem Maulwurfshügel die einzigen Bodenerhebungen sind, erobert in den Alpen das Gelbe Trikot! In Briançon werden die Bergspezialisten mit Hohngelächter empfangen, denn selbst am gefürchteten Izoard haben sich die Fronten nicht geklärt. Eine fünfzehnköpfige Spitzengruppe rollt über die italienische Grenze nach Turin – und Wagtmans, der Niederländer, bleibt in der Gesamtwertung an der Spitze. Endlich, zwischen Turin und Grenoble, greift Charly Gaul an. Zu spät! Sein großer Rückstand in der Gesamtwertung erlaubt ihm keine Hoffnungen mehr. Zwar fährt er am Mont Cenis einen beachtlichen Vorsprung heraus, aber auch Roger Walkowiak klettert gut, und da er in der Gesamtwertung viel besser placiert ist als der Luxemburger, übernimmt er in Grenoble wieder das Gelbe Trikot.

Bis Paris gibt er es nicht mehr ab. Ein Glück, von dem er beim Start in Reims noch nicht einmal zu träumen gewagt hat, wird Wirklichkeit. Eien verhärmte Frau, deren Wiege in Polen stand, durchbricht die Absperrung im Prinzenpark und küßt ihren Jungen, während Zehntausende von den hohen Rängen ganze Kaskaden von ›Walko, Walko‹ auf ihn niederprasseln lassen. Drei Wochen zuvor hatte noch niemand den namen Walkowiak gekannt; jetzt heißt er ›Walko‹, weil er ein Champion geworden ist.

Noch bilden mehr als vierzig Fahrer die Spitzengruppe, aber der Kampf um den Berg ist in vollem Gange, und hinter jeder Serpentine wird das Häuflein kleiner.

Aber bald wird er wieder Walkowiak heißen, denn das Glück ist ein flüchtiger Gast. Obwohl er sich bemüht, seinem Ruhm gerecht zu werden, gewinnt der schüchterne Junge aus Montluçon nie mehr ein großes Rennen. Und so vergißt ihn das große Publikum, das nur den Erfolg anerkennt, schon bald. Roger Walkowiak war ein aufsehenerregender, aber kein populärer Tour-Sieger. Heute lebt er von einer kleinen Tankstelle. Es gab Zeitungen, die noch nicht einmal seinen Namen richtig schrieben, als er 1961 ein Comeback versuchte. Es mißlang. Seitdem hat Roger Walkowiak sein Rennrad in den Winkel gestellt. Gelegentlich erinnert ein Kunde seiner Tankstelle sich daran, daß ihn der Tour-Sieger des Jahres 1956 bedient.

Jacques Anquetil, des Radsports Wunderknabe

Walkowiak fand in den Herzen der Massen schon deshalb keinen Platz, weil er nach Bobet – und vor Anquetil kam, vor Jacques Anquetil, des Radsports Wunderknaben. 1952, im Alter von 17 Jahren, wurde Anquetil französischer Amateur-Straßenmeister. Das war ungewöhnlich, aber noch viel ungewöhnlicher war, daß dieser Bauernsohn aus der Normandie mit spielerischer Leichtigkeit Übersetzungen treten konnte, die einem ausgekochten Berufsfahrer die Beine zittern ließen.
»Für diesen Jungen liegt so viel Geld auf der Straße, daß es ein Frevel wäre, wenn er nicht sofort eine Profi-Lizenz unterschreiben würde!« Kein anderer als Francis Pélissier, Leiter des Rennstalls ›La Perle-Hutchinson‹, sagte es.
Als echter Sohn der Normandie, die von jeher Frankreichs größte Kaufleute, um nicht zu sagen seine größten Geizhälse, hervorgebracht hat, zögerte Jacques Anquetil keine Sekunde. Schon bei einem seiner ersten Starts als Berufsfahrer bewies er sein ungewöhnliches Talent; er gewann den ›Grand Prix des Nations‹, das schwerste Zeitfahren mit Einzelstart, das der Radsport kennt. Er war 18 Jahre alt, und der Mann, der hinter ihm den 2. Platz belegte, hieß – Fausto Coppi!

Jedermann wollte dieses Phänomen sehen. Und so verdiente Jacques während des Winters 1953/54 im Pariser Vélodrome d'Hiver an einem Abend mehr als sein Vater, der sich auf die Erdbeerzucht spezialisiert hatte, in einem halben Jahr. Aber Francis Pélissier, der Mann, der 20 Jahre zuvor mit seinem gewaltigen Spurtvermögen in den Etappenzielen der Tour de France Furore gemacht hatte, warnte vor dem großen Abenteuer ›Tour de France‹. »Erst leistest du deinen Militärdienst ab, dann greifst du den Stundenweltrekord an. Von der Tour sprechen wir später.«

Im Herbst 1956 bricht Jacques Anquetil auf der Mailänder Vigorelli-Bahn den Stundenweltrekord Fausto Coppis vom Jahre 1942. 46 Kilometer und 159 Meter legt er in den 60 Minuten, die ihn endgültig zur Weltklasse aufrücken lassen, auf den Holzplanken des Vigorelli zurück. Jetzt ist er reif für die ›Grande Boucle‹, die große Schleife durch Frankreich. 23 Jahre ist er alt, und berühmte Profis beneiden ihn um sein stattliches Bankkonto, als er im Sommer 1957 in der Hafenstadt Nantes sein ›présent‹ beim Start zur Tour de France ruft.

»Er wird Lehrgeld bezahlen«, tuscheln seine Neider. Kein Wunder, wenn sie sehr zahlreich sind, denn Jacques Anquetil ist trotz seiner Jugend schon eine ausgeprägte Persönlichkeit. Ihn läßt alles kalt. Den Beifall, der einst einen Bobet über sich selbst hinauswachsen ließ, er braucht ihn nicht. Die Pfiffe, die einen Bobet demoralisierten, er hört sie nicht. Die guten Ratschläge, für die jeder Tour-Neuling dankbar ist, er schlägt sie in den Wind. »Wenn man Anquetil heißt, kommt man nicht, um die Tour de France kennenzulernen, sondern um sie zu gewinnen«, belehrt er einen Journalisten, der gerne wissen möchte, wie er sich vor seiner ersten Tour fühlt.

»Warte nur, Bürschchen, du wirst dich noch wundern!« So ähnlich beendet dieser Mann, der die Tour seit vielen Jahren begleitet, sein Interview, das er mit dem Titel ›Der eingebildete Monsieur Anquetil‹ versieht.

Anquetil verzieht keine Miene, als er das liest. Er ist mit seinen 23 Jahren selbstsicherer, als der sensible Bobet nach seinem

Immer wieder fasziniert Anquetils harmonischer und kraftvoller Stil beim Zeitfahren.

dritten Tour-Sieg war; und wenn er überhaupt irgend etwas empfindet, so verbirgt er das noch geschickter, als es dereinst Gino Bartali getan hat.
Sehr schnell zeigt es sich, daß er nicht viel von Kameradschaft hält. Wenn die französische Nationalmannschaft sich an den Abenden der ersten Etappen zum Essen zusammensetzt, wird wenig gesprochen. Voller Unruhe beobachtet Teamchef Marcel Bidot die argwöhnischen Blicke, die zwischen Anquetil, Forestier und Mahé hin und her gehen. Wie einfach war das doch mit Louison. Alle hatten ihn willig als Leader anerkannt. Von diesen drei ehrgeizigen Burschen kann man keine Zusammenarbeit erwarten. Jeder von ihnen will die Tour gewinnen, und jeder ist dazu in der Lage. Sie beweisen es, indem sie abwechselnd das Gelbe Trikot erobern. Und fünf Tage vor Schluß heißt die Reihenfolge in der Gesamtwertung: Anquetil, Forestier, Mahé!
So etwas fördert den Mannschaftsgeist nicht gerade, auch wenn dieser Geist täglich durch ein Doping in Höhe von einigen tausend Mark angefeuert wird, die selbstverständlich in die gemeinsame Kasse fließen. Anquetil läßt sich, obwohl er zu rechnen versteht, in dieser Hinsicht so wenig lumpen wie sein großer Vorgänger Louison Bobet.
Trotzdem fühlt er sich zwischen Alpen und Pyrenäen gar nicht wohl in seiner ›gelben Haut‹. Mehr als einmal hat er die Suppe auslöffeln müssen, die ihm seine eigenen Mannschaftskameraden einbrockten, wenn sie an der Spitze kurbelten, was das Zeug hielt, während er im Feld eingeklemmt war. Besonders Jean Forestier bekämpft ihn ganz offen; und da er als Tour-Neuling nicht über die Autorität eines Louison Bobet verfügt, bleibt ihm nichts anderes übrig, als zu beweisen, daß er der Stärkere ist.
Geschehen kann dies nur in den Pyrenäen, deren Berge Anquetil nie zuvor gesehen hat. Aber noch zweifelt er, der auf der Ebene stundenlang ohne zu ermüden, die größten Übersetzungen tritt, an sich. Die eigentlichen Kletterspezialisten fürchtet er nicht. Charly Gaul hat schon auf der zweiten Etappe wegen

eines Sonnenstiches aufgegeben; und die anderen liegen in der Gesamtwertung so weit zurück, daß sie ihm nicht mehr gefährlich werden können.
Der Mann, den er fürchten muß, heißt Jean Forestier. Am Abend der ersten Pyrenäen-Etappe ist diese Furcht begründeter denn je, denn in St. Gaudens hat Forestier sich bis auf 3,11 Minuten an Anquetil herangeschoben, der nun mit diesem lächerlich geringen Kapital an Zeit hineinsteigt in die Serpentinen von Tourmalet und Aubisque.
Jacques Anquetil kommt sich vor wie die Grille in Lafontaines Fabel, zu der die Ameise sagte: ›Den ganzen Sommer über hast du gesungen, eh bien, nun tanze!‹ Auf seine Verhältnisse angewandt, heißt das: ›Auf der Ebene bist du zwar unser König, nun aber klettere!‹
Und siehe da, Anquetil klettert. Zwar kommt er nicht als der erste in Pau an, denn das Ringen um den Etappensieg muß er schon den Bergspezialisten überlassen, aber er wird doch immerhin Elfter mit nur drei Minuten Rückstand. Weit, weit hinter ihm kommen erst Forestier und Mahé, deren Fehdehandschuh der König der Ebene mit so unerwartetem Erfolg aufgegriffen hat.
Damit sind die Kompetenzstreitigkeiten in der französischen Nationalmannschaft auf die natürlichste Weise der Welt beigelegt. Anquetils Vorsprung in der Gesamtwertung ist auf über 10 Minuten angestiegen. Die folgenden Plätze belegen jetzt der Belgier Marcel Janssens und der Österreicher Adolf Christian, der sich für seine Gastrolle in der Schweizer Nationalmannschaft mit einer prächtigen Leistung bedankt.
Das übrige ist für Anquetil nur eine reine Formsache. Was seine Gegner in den Bergen versäumt haben, können sie auf den vier letzten Flachetappen bis Paris unmöglich nachholen, denn nun ist Anquetil wieder in seinem Element. Beim Zeitfahren der 20. Etappe macht er seine Spitzenposition praktisch uneinnehmbar; und da er nun auch der Unterstützung der französischen Nationalmannschaft sicher ist, kann er die beiden letzten Etappen bis Paris sorglos herunterspulen.

Lothar Friedrichs bittere Enttäuschung

Anquetils Triumph erlebt ein siebenundzwanzigjähriger Saarländer bei sich zu Hause in Völklingen am Radio mit. Acht Tage zuvor hatte er noch dazugehört, und nie in seinem Leben wird er jene Stunde vergessen, da die Sonne eines heißen Julitages gleich einem riesigen Feuerball hinter den Dächern von Marseille versank. Wohlig hatte er sich auf dem weichen, breiten Bett seines Hotelzimmers ausgestreckt, hatte in vollen Zügen die frische Brise geatmet, die vom Meer her durch die weit geöffneten Fenster wehte. Dann und wann hatte er einen Blick auf das große Blumenbukett geworfen, das auf dem Stuhl lag. Es war der Blick eines jungen Mannes, der mit sich und der Welt zufrieden war.

Denn er, Lothar Friedrich aus Völklingen, hatte die 12. Etappe der Tour de France als Zweiter beendet. Er war der erste Deutsche gewesen, der nach dem Kriege eine Ehrenrunde in Frankreich gefahren war. Und eines der schönsten Mädchen von Marseille hatte ihm einen Kuß auf die dreckverkrustete Wange gedrückt. Freilich, es mochte nicht recht gewußt haben, wem es diese Ehre zuteil werden ließ, denn die Nummer 55 im roten Trikot der gemischten luxemburgischen Mannschaft gehörte nicht zu den Assen, deren Bilder so oft in den Zeitungen erschienen waren.

Lothar Friedrich lächelte vor sich hin, während er daran dachte, wie die Leute hinter ihm geflüstert und gerätselt hatten, als er mit seinen Blumen auf dem Lenker durch Marseilles Straßen geradelt war, um das ihm zugewiesene Hotel zu suchen. Es geschieht selten, daß die Fans dieses Landes das Gesicht eines Rennfahrers, der sich Blumen verdient hat, nicht kennen. Einige hatten ihn wegen seines spärlichen Haarwuchses für den Spanier Poblet gehalten, aber sie hatten sich von denen, die besser Bescheid wußten, darüber belehren lassen müssen, daß Poblet bereits acht Tage zuvor ausgeschieden war. Da hatte der Fahrer mit der Nummer 55 sich geschworen, daß sie ihn schon noch kennenlernen sollten. Waren seine Leistun-

gen etwa nicht mit jedem Tag besser geworden? Hatte er sich nicht vom 111. auf den 35. Platz in der Gesamtwertung vorgearbeitet? Und all das ohne jede Unterstützung, in einer Mannschaft, die von zehn auf drei Fahrer zusammengeschmolzen war. Nur noch aus den beiden Portugiesen Silva und Barbosa und Lothar Friedrich bestand sie; und als ›Mannschaft‹ sah man sie nur beim Abendessen auftreten.
Feine Kerle, die beiden Portugiesen. Tagsüber mußte Friedrich allerdings sehen, wie er alleine zurecht kam. Damit hatte er sich abgefunden, obwohl er immer wieder daran denken mußte, um wieviel leichter alles gewesen wäre, wenn er wenigstens Hans Junkermann, den Krefelder, an seiner Seite gehabt hätte. Der aber war zu Hause geblieben, weil ihm Karl Altenburger, der Fabrikant aus Jesetten, sowie auch Heinz Müller, der Exweltmeister aus Schwenningen, von der Teilnahme an der Tour abgeraten hatten. So focht nun Lothar Friedrich mit bewundernswerter Energie seinen einsamen Kampf auf Frankreichs Landstraßen aus. An jenem Juliabend in Marseille war er der glücklichste Mensch in der großen Karawane der Tour de France. Er ahnte nicht, daß er am nächsten Abend schon nicht mehr dazugehören würde.
Es passierte auf einer völlig harmlosen, schnurgeraden Straße, 10 Kilometer nach dem Start zur 13. Etappe Marseille–Alès. Friedrichs Vorderrad berührte für den Bruchteil einer Sekunde das Hinterrad des Franzosen Trochut, und kopfüber, mit fürchterlicher Wucht, wurde er auf den spröden Macadam der Landstraße geschleudert. Minutenlang lag er fast ohne Bewußtsein da. Nachdem der Tour-Arzt Dr. Dumas die klaffende Wunde am Oberschenkel untersucht hatte, ließ er den Wagen kommen, auf dessen Milchglasfenster das rote Kreuz leuchtet.

Kleiner Gaul im Husarenritt

Im folgenden Jahr kam Lothar Friedrich wieder. Seine Leistung hatte die Organisatoren so sehr beeindruckt, daß sie für die

Tour de France 1958 sechs deutsche Fahrer einluden, die zusammen mit sechs Eidgenossen, die gemischte deutsch-schweizerische Equipe bildeten. Pommer, Debusmann, Reitz, Tüller, Löder und Friedrich gingen in Brüssel an den Start und drei von ihnen standen diese Tour durch, nämlich Lothar Friedrich, Franz Reitz und Horst Tüller. Friedrich beendete sie sogar im Vorderfeld, denn er erkämpfte sich in der Gesamtwertung einen hervorragenden 12. Platz, und er war der einzige Fahrer des Feldes, der seine Leistungen von den Pyrenäen bis Paris mit jedem Tag verbesserte.
Der populärste Mann am Start war nicht Anquetil, sondern Bobet. Louison war derartig beherrscht von dem Wunsch, mit einem vierten Sieg einen absoluten Rekord aufzustellen, daß er, trotz gutgemeinter Warnungen, ein Bündnis mit Anquetil in der französischen Nationalmannschaft eingegangen war. Das war, angesichts der einander zuwiderlaufenden Interessen dieser so völlig verschiedenartigen Champions, sehr riskant und rief Erinnerungen an die mißglückten Versuche wache, Coppi und Bartali unter einen Hut zu bringen.
Die Pessimisten im französischen Lager behielten recht. Bobet wurde nach den üblichen Scharmützeln, denen keine große Bedeutung zukam, im Alpenvorfeld von seinem Mannschaftskameraden Anquetil überrumpelt. Ob Anquetil auf den Augenblick gewartet hatte, an dem Bobet sich ans Ende des langgezogenen Feldes zurückfallen ließ, oder nicht, jedenfalls unternahm er just in diesem Moment einen Ausreißversuch. Und wenn Monsieur Anquetil den großen Gang auflegt, dann bleibt kein Auge trocken!
Minuten vergingen, ehe Bobet merkte, was gespielt wurde; da er jedoch an der Seite des in der Gesamtwertung hervorragend placierten Gaul rollte, durfte er nicht nachsetzen, weil er den Luxemburger dann unweigerlich an Anquetil herangeführt hätte. Er fügte sich also, obwohl ihn das hart genug ankam, im Interesse der Mannschaftsarbeit in die undankbare Rolle des Domestiken – mit dem Erfolg, daß Anquetil sich am Abend dieser Etappe auf dem 3. Platz der Gesamtwertung etabliert

hatte und damit bester Fahrer der französischen Nationalmannschaft geworden war. Aber Bobets Opfer war umsonst. Anquetil, dem es noch an Erfahrung mangelte, hatte seine Kräfte überschätzt, und auf der letzten Alpenetappe brach er zusammen. Zwar erreichte er Aix-les-Bains unter Aufbietung seiner letzten Energie, aber auf der nächsten Etappe mußte er bei der geringsten Steigung von seinen Mannschaftskameraden geschoben werden. Als wir Journalisten in Besançon seine eingefallenen Wangen und fiebrig glänzenden Augen sahen, war uns klar: Dieser Mann erreicht Paris nicht auf einem Rennrad! Tatsächlich verbot ihm Dr. Dumas, 48 Stunden vor der Ankunft in Prinzenpark, die Weiterfahrt. Jacques Anquetil, der große Spezialist im Kampf gegen die Uhr, konnte zum entscheidenden Zeitfahren Besançon–Dijon nicht mehr antreten. Dafür schlug die große Stunde dem kleinen Luxemburger Charly Gaul. Von allen Favoriten war er am besten vorbereitet in diese Tour gegangen. Mächtig hatte es ihn gewurmt, daß man ihn unter Fachleuten ›le champion qui fait toujours une faute‹ zu nennen begann. Niemand bestritt seine außergewöhnlichen Qualitäten, kehrte er aber von einem der großen Rennen nach Luxemburg heim, dann fragten ihn die Leute mit unverhohlenem Spott: »Na, Charly, was für Böcke hast du denn diesmal wieder geschossen?«
Charly war in Brüssel mit dem festen Vorsatz, diese Lästermäuler zu stopfen, an den Start gegangen. Außerdem wollte er so manche persönliche Rechnung begleichen. Ganz besonderen Wert hatte er auf diejenige gelegt, die mit Louison Bobet zu regeln war. Denn Bobets wegen hatte man ihn zwei Jahre hindurch mit dem ganz und gar unmännlichen Spitznamen ›Chéri-Pipi‹ gedemütigt.
So sehr es dem kleinen Charly schmeichelte, wenn man ihn ›L'Ange de la Montagne‹, den ›Engel der Berge‹ nannte, so sehr kränkte ihn dieses hämische Chéri-Pipi.
Er dankte es dem Umstand, daß Bobet während des Giro d'Italia 1956 einen Großangriff gegen ihn gestartet hatte, just in dem Augenblick, da der kleine Charly mit ahnungslosem

Engelsgesicht vom Rad gestiegen war, um in aller Gemütsruhe ein menschliches Bedürfnis zu verrichten. Das hatte er dem großen Rivalen nie verziehen.

Gelegenheit für die Revanche fand sich bei Kilometer 10 des steilen Aufstiegs zum Mont Ventoux, dessen 21,5 Kilometer nach einer teuflischen Idee der Rennleitung im Einzelzeitfahren bewältigt werden mußten. Der Zufall wollte es, daß Bobet zwei Minuten vor Gaul starten mußte. Er war genau die richtige Zielscheibe für den nach Rache dürstenden Charly, der ihn nach zehn Kilometern einholte und sich den Luxus gestattete, einige Sekunden an Bobets Seite zu verschenken, ehe er ihn stehen ließ, um dem Sieg entgegenzueilen. Endlos lang dünkten dem keuchenden Louison Bobet die Sekunden, da er dem triumphierenden Charly Gaul in die Augen blicken mußte. Deutlicher als Worte sagte dieser Blick: ›Siehst du, Louison, *ich* muß nicht warten, bis du mal absteigst, wenn ich die abhängen will!‹

Überhaupt saßen diesmal alle Konterschläge, die Charly Gaul führte. Er suchte sich die letzte Alpenetappe aus, um Raphael Géminiani, der bei dieser seiner elften Tour de France lange Zeit hoffen durfte, das Gelbe Trikot als Sieger nach Paris zu bringen, rauh aus seinen Träumen zu reißen. Aber Charly Gaul war stärker – stärker als der immerhin um acht Jahre ältere Haudegen Géminiani, stärker auch als der junge Italiener Favero, der zum Zeitfahren der vorletzten Etappe von Besançon auch Dijon im Gelben Trikot antrat.

Gauls Etappensieg, mit dem erstaunlichen Stundenmittel von 44,2 Kilometern, entschied über das Endergebnis der Tour. Er war sozusagen der technische K. o. für die paar Fahrer, die vor diesem Zeitfahren noch Hoffnungen auf den Endsieg hatten hegen können. Favero vergoß Tränen der Enttäuschung, als er das Gelbe Trikot ausziehen mußte, denn er wußte nur zu genau, daß Gaul es sich auf der Schlußetappe nicht mehr entreißen lassen würde. Gebrochen war auch der Kampfeswille Géminianis, der sich nur vergleichen ließ mit dem des Ferdi Kübler der großen Tage. Alle schickten sich in das Unvermeid-

liche. Es hatte wirklich keinen Zweck, Charly Gaul auf der Schlußetappe noch anzugreifen. Seine Überlegenheit wirkte deprimierend auf die abgekämpften Recken.
Charly Gaul hat das Gelbe Trikot während dieser Tour de France 1958 nur einen Tag getragen; aber er hat es an dem Tag getragen, auf den es ankam. Ehrlich und spontan bejubelte das Pariser Publikum seinen Sieg, trotz der Enttäuschung, die ihm Bobet und Anquetil bereitet hatte. Aus war es mit der Legende von dem Champion, der stets einen entscheidenden Fehler macht!
Auf dem 8. Platz der Gesamtwertung landete ein schwarzlockiger Sohn Kastiliens: Federico Martin Bahamontes, der ›Adler von Toledo‹. Zum drittenmal hatte er den Großen Bergpreis der Tour gewonnen; und wieder gab es in Toledo ein Volksfest, als er heimkehrte. Aber es fanden sich auch Leute, die nicht nur jubelten, sondern ihn an seiner Ehre kitzelten und sagten: »Du bist ein Dummkopf, Federico! Seit fünf Jahren fährst du die Tour de France, seit fünf Jahren bist du der König der Berge. Und was machst du auf den Gipfeln? Du bestellst dir ein Eis oder betrachtest dir die Aussicht, und vielleicht wirst du demnächst noch damit anfangen, Ansichtskarten zu schreiben. Dabei könntest du die Tour schon dreimal gewonnen haben, wenn du dich bei den Abfahrten und auf der Ebene ein wenig zusammennehmen würdest. Jetzt wirst du 31 Jahre alt und hast keine Zeit mehr zu verlieren, wenn man nicht später von dir sagen soll, daß du ein begnadeter Rennfahrer warst, der sein Talent nicht genutzt hat!«
Und diesmal schlug Federico Bahamontes die gutgemeinten Ratschläge nicht in den Wind. Er bereitete sich auf die Tour de France 1959 mit einer Gewissenhaftigkeit vor, wie sie ihm niemand zugetraut hatte.

Zwei der größten Bergfahrer, die die Tour hervorbrachte: Charly Gaul und Federico Bahamontes.

Die Rache des ›Adlers von Toledo‹

Gestartet wurde 1959 im elsässischen Mülhausen. Bis zur letzten Minute saßen die Fahrer, wie wir alle, die zu ihrem Troß gehörten, eng zusammengepfercht in einem Festzelt, das beinahe fortgeschwemmt worden wäre von der Gewalt eines fürchterlichen Wolkenbruchs, der über das Land am Oberrhein niederging. Bahamontes, der dieses Hundewetter wie die Pest fürchtete, wollte tatsächlich mit einem Regenschirm an den Start gehen, um ein paar Sekunden länger trocken zu bleiben als die anderen; seine sehnigen Beine waren mit einer Gänsehaut bedeckt, obwohl er sie mit dickflüssigem Massageöl eingerieben hatte. Trotzdem hatte ich ihn nie zuversichtlicher und entschlossener gesehen, und als er in den Sattel stieg, sagte er: »Moi, cette fois, il va gagner!«

Wer Französisch versteht, möge seinen Rotstift stecken lassen, denn Federico Bahamontes drückt sich in dieser Sprache gar schnurrig und eigenwillig aus, und seine besondere Eigenheit besteht darin, daß er von sich immer nur in der dritten Person spricht. Was er sagen wollte, hieß: »Diesmal werde ich gewinnen!« Und er hat Wort gehalten.

Doch sollte diese Tour sowohl den Organisatoren wie auch dem Publikum viel Ärger bereiten. Nicht, weil Bahamontes sie gewann, sondern weil kein einziger Fahrer mit großem Namen ernsthaft versuchte, dem Spanier den Sieg streitig zu machen.

Bald wurde es klar, daß die mit Assen gespickte französische Nationalmannschaft praktisch schon als geschlagenes Team an den Start gegangen war. Sie hatte drei Kapitäne, von denen jeder, trotz eines mühsam zustandegekommenen Paktes, nur darauf bedacht schien, seine eigene Chance wahrzunehmen. Louison Bobet wollte seine vierte Tour gewinnen. Jacques Anquetil seine zweite, und Roger Rivière, der ein Jahr zuvor im Mailänder Vigorelli den Stundenweltrekord Anquetils gebrochen hatte, wollte beweisen, daß er diese illustre Gesellschaft auf Anhieb in die Tasche stecken könne.

Das konnte nicht gut gehen. Trotzdem bot sich dieser Mann-

schaft, die im Grunde keine war, noch in der ersten Hälfte des Rennens eine ungeahnte Chance. Der vierunddreißigjährige Bobet spürte, daß er sich zuviel zugemutet hatte. Er erklärte sich bereit, in den Hintergrund zu treten und seine große taktische Erfahrung in den Dienst der Mannschaft zu stellen. Aber er fand bei Anquetil und Rivière, die sich abends in der Etappe zwar offenbar gut vertrugen, sich während des Rennens aber keines Blickes würdigten, nur wenig Gegenliebe. Außerdem konnte Bobet sich als ›beratender Domestike‹ kaum nützlich machen; und so gab er auf der ersten Alpenetappe auf.
Anquetil und Rivière ließen sich aber auch dann zu keiner Zusammenarbeit bewegen. Jeder von ihnen fürchtete, dem andern den Weg zu ebnen. So erreichte die Tour die Pyrenäen, ohne daß die beiden gefürchteten ›Roller‹ auch nur den geringsten Versuch gemacht hätten, die Bergkönige abzuhängen. Nichts Aufregendes geschah in den Pyrenäen. Und im täglichen Leitartikel von Jacques Goddet in ›L'Equipe‹ konnte man lesen: ›Gibt es keine Pyrenäen mehr – oder gibt es keine Rennfahrer mehr, die den Mut zum Wagnis aufbringen?‹ Der beste Beweis für die Gemütlichkeit, mit der die Pyrenäen überquert wurden, ist die Tatsache, daß ein typischer Mann der Ebene, der französische Sprinterkönig André Darrigade, die zweite Gebirgsetappe gewinnen konnte.
Um so mehr erwartete man von den beiden großen Alpenetappen. Hier mußte ja der entscheidende Kampf ums Gelbe Trikot entbrennen, der das Salz für ein Süppchen zu liefern hatte, das bislang auf Sparflamme gekocht worden war.
Aber dieser Kampf fand nicht statt. Im Zentralmassiv, zwischen Pyrenäen und Alpen, wurde Charly Gaul durch die Hitze mattgesetzt. Bahamontes schob sich beim Bergzeitfahren auf den Puy de Dôme in den Vordergrund, und in Grenoble, noch ehe die Bergriesen der Alpen bezwungen waren, trug er das Gelbe Trikot. Eine besondere Anstrengung war nicht nötig gewesen. Das Gelbe Trikot war ihm auf die Schulter gefallen, wie dem Gärtner ein reifer Apfel in den Korb zu fallen pflegt, wenn er an den Stamm klopft.

Zwischen dem Puy de Dôme und Grenoble liegt die Industriestadt St. Etienne. Hier wurde der zweite und letzte Ruhetag eingelegt. Diesen Ruhetag benutzten mehrere Mitglieder der französischen Nationalmannschaft, um mit allen Tour-Traditionen zu brechen. Zwar konnte man noch verstehen, wenn Roger Rivière, der in St. Etienne daheim ist, sich in seine Villa zurückzog, daß aber Jacques Anquetil in einen von seiner jungen, hübschen Frau gesteuerten rosaroten Citroën stieg und bis zum Start für die nächste Etappe nicht mehr gesehen wurde, sagt mehr als viele Worte über die Zustände, die in der französischen Nationalmannschaft herrschten. Bahamontes rieb sich die Hände. »Moi, il va gagner! Sollen die Herren sich ruhig amüsieren!«
Ohne sich plagen zu müssen, verteidigte er das Gelbe Trikot in den Alpen, während Rivière und Anquetil nichts riskierten und sich für das Zeitfahren der vorletzten Etappe von Chalon-sur-Saône nach Dijon schonten, wo sie sich dann auch einen erbitterten Kampf lieferten. Sie erhoben sich dabei weit über das Niveau ihrer Konkurrenten, aber bei der Schlußabrechnung in Paris war der pfiffige Bahamontes ihnen eben doch um fünf Minuten voraus. Ja, Anquetil und Rivière mußten sich sogar mit dem 3. und 4. Platz der Gesamtwertung begnügen. Den 2. Rang eroberte ihr Landsmann Henry Anglade, der damit der gefeierte Franzose dieser 46. Tour de France wurde. In dem Beifall, mit dem er in Paris überschüttet wurde, schwang viel Schadenfreude mit über die beiden feindlichen Brüder in der französischen Nationalmannschaft, die erst auf der letzten Etappe begriffen, daß das Gelbe Trikot wahrscheinlich im Lande geblieben wäre, wenn sie ihre Aufgabe richtig angepackt hätten.
Die deutschen Fahrer, die abermals gemeinsame Sache mit den Schweizern machten, waren ebenfalls der allgemeinen Lustlosigkeit verfallen. Nur vier Männer dieser Equipe kamen in Paris an, nämlich die Deutschen Friedrich und Reitz sowie die Schweizer Traxel und Graf. Rolf Traxel war mit zwei Etappensiegen der große Mann dieses kleinen Teams, doch leider

vergaß er alsbald die Abmachung, daß alle Gewinne geteilt werden sollten. Daraus ergaben sich Reibereien und Zwietracht, und so war es kein Wunder, daß das Experiment einer deutsch-schweizerischen Mannschaft niemals wiederholt wurde.

Junkermann kam, sah – und zögerte . . .

Die guten Vorsätze der Franzosen nützten nichts. Auch die Tour 1960 wurde von einem Ausländer gewonnen. Gastone Nencini sorgte für den ersten italienischen Sieg seit 1952. Aber nach wie vor bin ich überzeugt, daß Hans Junkermann diese Tour gewonnen hätte, wenn er nur bereit gewesen wäre, alles auf eine Karte zu setzen.

Zum erstenmal seit 1938 war Deutschland mit einer vollständigen Mannschaft vertreten, allerdings nur mit einer sogenannten ›kleinen‹ National-Equipe, die sich – im Gegensatz zu den vierzehnköpfigen ›großen‹ Nationalmannschaften – aus acht Fahrern zusammensetzte. Die 128 gemeldeten Fahrer verteilten sich wie folgt: vier Nationalmannschaften mit 14 Fahrern, nämlich Frankreich, Italien, Belgien und Spanien; vier kleine Nationalmannschaften mit je acht Fahrern, nämlich Holland, Schweiz, England und Deutschland; eine internationale Mannschaft sowie vier französische Regionalmannschaften.

Hans Junkermann, der 1959 die Tour de Suisse beinahe ›auf einem Bein‹ gewonnen hatte, befand sich in einer Form, die zu den kühnsten Hoffnungen berechtigte. Und Henry Anglade, der bei jener Tour de Suisse Zweiter geworden war, schrie es den ungläubig aufhorchenden Reportern ins Ohr: »Ich habe diesen Junkermann in der Schweiz genau beobachtet. Er klettert noch besser als Bahamontes, und auf der Ebene hält er jedes Tempo mit. Mein Favorit heißt Junkermann!«

Der Hennes hörte das gar nicht gern, und am liebsten hätte er sich in der Anonymität des großen Haufens verkrochen. Sein Ehrgeiz richtete sich auf das erreichbar Scheinende, und er war

In den Bergen pflegte sich die Stimmung von Hennes Junkermann zu heben. Dieter Puschel aber schaut sehr skeptisch drein!

weit davon entfernt, sich kopfüber in das große Abenteuer der Tour zu stürzen. Ihm zur Seite standen die alten ›Tour-Hasen‹ Lothar Friedrich, Horst Tüller und Franz Reitz sowie die Neulinge Hans Jaroszewicz, Emil Reinecke, Manfred Donike, heute Deutschlands Doping-Professor, und Willi Altig, der Bruder von Rudi, der zwei Jahre später auf Frankreichs Landstraßen Furore machen sollte. Gestartet wurde mitten im französischen Kohlenrevier, unter den rauchenden Schloten der grauen Industriestadt Lille, deren Trostlosigkeit noch erhöht wird durch den penetranten Geruch von schlechtem Fett, in dem die fliegenden Händler auf dem Bahnhofsplatz ihre Pommes frites backen.
Federico Martin Bahamontes, der Sieger des Vorjahres, war in einer sehr mäßigen Form, und er ging offensichtlich mit der Absicht an den Start, so bald wie möglich auszusteigen. Schon auf der zweiten Etappe verlor die Tour sang- und klanglos ihr erstes As. Der ›Adler von Toledo‹ ließ die Flügel hängen und stieg, 40 Kilometer vor Dünkirchen, in den ›Lumpensammler‹, jenen Wagen nämlich, der hinter dem Feld herfährt, um die aufgebenden Fahrer aufzunehmen.
Die Deutschen dagegen waren sehr eifrig bei der Sache. Leider unterliefen ihnen beim Durchqueren der Normandie taktische Fehler, was wahrscheinlich niemals geschehen wäre, wenn Mannschaftsleiter Peter Kanters Französisch verstanden hätte. In seinem Wagen wurden die Meldungen, die über Radio-Tour kamen, auf den ersten Etappen kaum registriert, und so kam es, daß Junkermann zwischen Caen und St. Malo viel zu spät auf die Gefahr aufmerksam wurde, die ihm von seiten einer achtunddreißigköpfigen Spitzengruppe drohte. Das Resultat war deprimierend: Junkermann fiel vom 18. auf den 33. Platz der Gesamtwertung zurück, und damit schien ihm jede Möglichkeit genommen, sich vor den Pyrenäen noch eine gute Ausgangsposition zu sichern. Junkermann schimpfte, aber er resignierte nicht. Irgendwie ahnte er, daß am nächsten Tag etwas geschehen werde, und er beschloß, auf Nencini, den Kapitän der Italiener, und auf Rivière wie ein Luchs aufzupassen.

Keine Sekunde läßt er die beiden auf der Etappe St. Malo–Lorient aus den Augen, und seine Wachsamkeit lohnt sich. Bei Kilometer 80 tastet Gastone Nencini sich an die Spitze vor. Er tut es mit der unschuldigen Miene eines Mannes, der nur mal nachprüfen will, ob die Luft da vorne besser ist. Keinen Augenblick zu spät erkennt der Hennes, was sich anbahnt. Schon hat der Italiener sich mit einem unvermuteten Antritt abgesetzt. Gleich darauf saust auch Rivière im blauen Trikot an Junkermann vorbei, und es steckt so viel Elan und Entschlossenheit hinter dieser Aktion des Stundenweltrekordlers, daß unser Mann keine Sekunde mit dem Nachsetzen zögert. Nur der starke Belgier Adriaenssens kann sich noch anhängen. Schon nach fünf Kilometern haben die vier Ausreißer dem völlig überraschten Feld eine Minute abgenommen, und laufend vergrößert sich ihr Vorsprung. Wenn vier Fahrer von der Klasse der Nencini, Rivière, Adriaenssens und Junkermann ihre Anstrengungen vereinigen und sich kameradschaftlich in die Führungsarbeit teilen, dann zittern die Tachometernadeln der Begleitwagen ständig zwischen 50 und 60 km/std.
In Lorient, nach einer wilden Jagd von mehr als 100 Kilometern, beträgt ihr Vorsprung 14 Minuten, und den größten Satz nach vorne tut Hennes Junkermann. Als 33. der Gesamtwertung war er am Morgen gestartet, und nun kann er sich als Vierter schlafen legen, denn er hat 29 Plätze übersprungen. Nur sechs Minuten beträgt sein Rückstand auf Adriaenssens, den neuen Träger des Gelben Trikots. Nencini belegt den zweiten, Rivière den dritten Platz in der Gesamtwertung.
Man spricht an diesem Abend in den Hotelhallen von Lorient viel über Junkermann, denn jetzt ist er nicht mehr der Geheimfavorit einiger weniger Experten, sondern unzweifelhaft einer der Anwärter auf den Endsieg, zumal er unter den vier Ausreißern, die dem großen Haufen zwischen St. Malo und Lorient diesen Streich gespielt haben, der beste Bergfahrer ist.
Die Franzosen freilich glauben an Roger Rivière. Wenn er nur einigermaßen gut über die Berge kommt, wird er spätestens beim Zeitfahren der drittletzten Etappe Pontarlier–Besançon

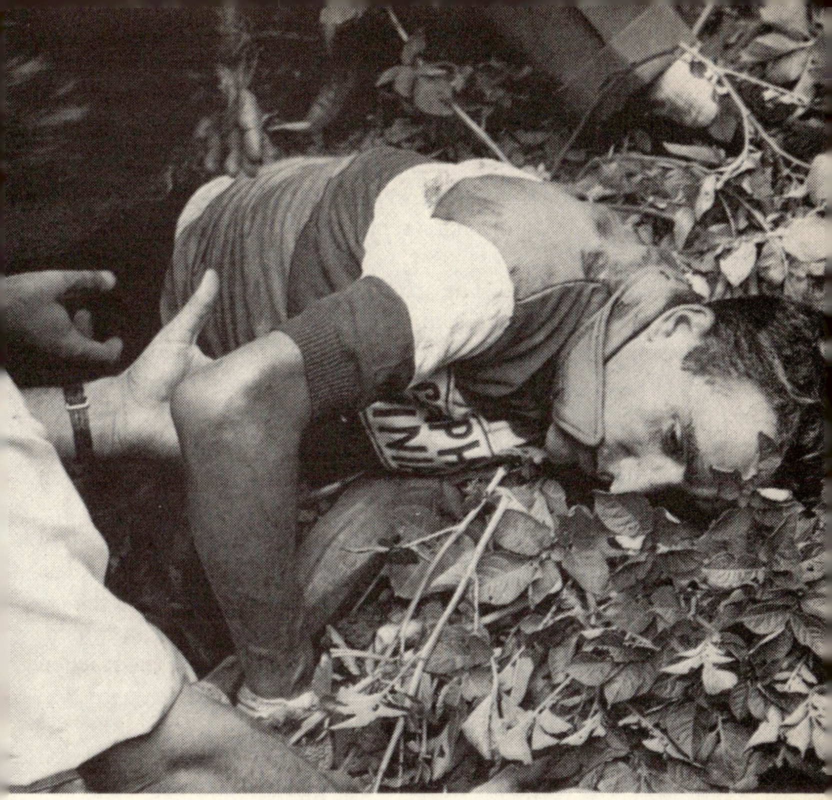

Dieser schwere Sturz in eine Schlucht der Cevennen beendete Roger Rivières Karriere.

das Gelbe Trikot erobern. Niemand ahnt, daß Roger Rivière niemals das Gelbe Trikot tragen und nie mehr ein Zeitfahren bestreiten wird. Ein schwerer Sturz in den Cevennen auf der 14. Etappe Millau–Avignon beendet seine Laufbahn und macht den Weg zum Endsieg für Nencini frei. Und Junkermann? Nun, es mag sein, daß ihn der fürchterliche Sturz Rivières Vorsicht gelehrt hat. Jedenfalls vermeidet er jedes Risiko und fährt seine erste Tour am Hinterrad Nencinis zu

Ende. Wenn ich abends an seinem Bettrand sitze, um ihn zu interviewen, sagt er jedesmal fast das gleiche: »Die Italiener versperren mir die Straße, wenn ich wegfahren will, und außerdem ist unsere Mannschaft schon rein zahlenmäßig viel zu schwach.«

Darin liegt Wahrheit. Die ganze Wahrheit aber ist es nicht. Denn in den Bergen, wo seine dreizehn Getreuen ihn nicht wie Hornissen umschwirren können, ist Gastone Nencini angreifbar. Hennes Junkermann ist einer der ganz wenigen, die diesen Angriff wagen können. Verständlich, daß er sich in den Pyrenäen zurückhielt, zumal ihm am Aubisque zweimal die Kette abgesprungen war, doch in den Alpen erwartete man seinen Angriff stündlich.

Aber er kommt nicht, obwohl Junkermanns Chancen nach dem Ausscheiden Rivières beträchtlich gestiegen sind. Da auch das große Duell Rivière-Nencini abgeblasen wird, noch ehe es richtig begonnen hat, muß ein neuer starker Mann kommen, um den Italienern die Suppe zu versalzen, wenn sie nicht jeden Tag besser geraten und schon lange vor dem Einzug in den Prinzenpark zum Servieren bereit sein soll.

Kein Zweifel, nur Junkermann kann dieser Mann sein! Bei den Franzosen ist Anglade nicht stark genug, um die Rolle zu übernehmen, die Rivière zugedacht war, und Jean Graczyk begnügt sich mit Etappensiegen im Spurt, die zwar Geld in die Mannschaftskasse bringen, aber keinen Einfluß auf die Gesamtwertung haben. Auch Adriaenssens, der Belgier, ist froh, wenn er Nencini in den Bergen einigermaßen folgen kann. Für eine Attacke aber fehlt ihm die Kraft.

Junkermann hat diese Kraft. Jammerschade, obschon verständlich, daß er auf seiner ersten Tour de France mehr zur Rolle des Schülers als zu der des Rebellen neigt. Er spart Kräfte dort, wo er alles auf eine Karte setzen müßte. Und immer wieder bedauern wir wenigen deutschen Begleiter bei den Aufstiegen zu den Alpenpässen, daß dieser Mann, der mit geradezu spielerischer Leichtigkeit klettert, sich damit begnügt, in der Spitzengruppe zu bleiben.

Immer die gleichen sind es, die sich am Berg vom Felde lösen: Nencini mit zwei oder drei italienischen Mannschaftskameraden, von denen Battistini den stärksten Eindruck macht, sowie Adriaenssens und Junkermann. Gewiß, unser Mann unternimmt einige Versuche sich zu lösen; besonders am gefürchteten Izoard, aber es sitzt keine richtige Überzeugung dahinter, und er resigniert auch sofort, wenn ein Italiener an sein Hinterrad spurtet. Gino Bartali hätte ihm wohl folgenden Vortrag gehalten: ›Auch meine Verfolger haben sich am Berg nicht leicht abschütteln lassen, aber ich habe sie zermürbt, weil ich nicht zweimal angetreten bin, sondern zehnmal. Man muß unerbittlich angreifen, wenn man allein auf einem Gipfel ankommen will!‹
Nachdem Junkermann die Alpen am Hinterrad Nencinis überquert hatte, war das Rennen entschieden. 13 Italiener schirmten den Mann im Gelben Trikot auf den restlichen Flachetappen nach Paris ab. Hennes Junkermann durfte gewiß stolz sein auf den 4. Platz in der Gesamtwertung, aber er hätte mehr erreichen können. Und erst dann, als Italiens große Kolonie in Paris den schwarzlockigen Nencini begeistert feiert, mag ihm klar geworden sein, daß die internationale Fachwelt zum erstenmal seit 1932, als Kurt Stöpel Leducq bedrängte, den Sieg eines Deutschen bei der Tour de France für möglich gehalten hatte. Allerdings, Nencini hatte Junkermann gegenüber den unschätzbaren Vorteil einer reibungslos funktionierenden Mannschaftsunterstützung. Alle in Lille gestarteten 14 Italiener gelangten ins Ziel, während von der achtköpfigen deutschen Mannschaft nur drei Fahrer Paris erreichten: Hans Junkermann, Lothar Friedrich und Emil Reinecke. Krankheiten und Verletzungen zwangen als ersten Willi Altig zum Ausscheiden. Die Pyrenäen-Berge waren zu hoch für die Bahnspezialisten Jarosczewicz und Donike; sie kamen als letzte auf dem wolkenverhangenen Tourmalet an und warteten dort völlig demoralisiert auf den ›Besenwagen‹. Dann kam Horst Tüller nach einer schweren Sturzverletzung an die Reihe, und der fünfte, der den ruhmlosen Gang in den Besenwagen antreten mußte, war der

zähe Wiesbadener Franz Reitz. Freilich, er war, wie Tüller, nur durch einen ungewöhnlich schweren Sturz aus dem Rennen geworfen worden. Da nützte auch seine sprichwörtliche Energie nichts mehr.
Hennes Junkermann aber gehörte fortan zu den Großen des internationalen Straßensports. Der kritische Beobachter freilich wußte, daß ihn immer zwei Handicaps beladen würde: Erstens ein Mangel an Temperament und Wagemut; zweitens das Fehlen von starken, selbstlosen Helfern, die einen so gewichtigen Anteil an den Erfolgen der Bartali, Coppi, Bobet und Anquetil hatten. Möglich, daß er über seinen eigenen Schatten gesprungen wäre, wenn die wirklichen Klassefahrer im deutschen Straßensport sich nicht an den Finger einer Hand abzählen ließen. Es hat Tour-Sieger gegeben, die an reiner Klasse viel weniger zu bieten hatten als Hennes Junkermann, die aber mit Hilfe eines starken Teams in den Vordergrund geschoben wurden.

Anquetils zweiter Schlag

Selbstverständlich kam Junkermann 1961 wieder, aber leider war die Hilfstruppe, die ihm der deutsche Radsport stellen konnte, noch schwächer als die des Vorjahres. Das wirkte sich um so nachteiliger aus, als die Franzosen ein sehr starkes Team aufboten, das von einem in Hochform befindlichen Anquetil befehligt wurde. Anquetil kam mit der festen Absicht, sein angekratztes Prestige wiederherzustellen. In der Tat hatte er, der das ›dolce vita‹ so sehr liebte, für seine Verhältnisse ungewöhnliche Opfer gebracht, um topfit am Start zur ›Grande Boucle‹ zu erscheinen.
Er landete den entscheidenden Coup schon auf der ersten Etappe, die in zwei Abschnitte unterteilt worden war. So etwas hatte es in der Nachkriegszeit noch nie gegeben!
Auf der ersten Halbetappe gehörte er zu der fünfzehnköpfigen Spitzengruppe, in der zweiten, einem 28-km-Zeitfahren, errang

Ein gewohntes Bild für die Begleiter: Janine Anquetil beglückwünscht ihren Gatten.

er den erwarteten klaren Sieg, denn er war wieder der unbestrittene ›König der Roller‹ geworden, seit Rivière kein Rennrad mehr besteigen konnte. Das Resultat übertraf seine kühnsten Erwartungen: Nach einer einzigen Etappe lag Jacques Anquetil mehr als acht Minuten vor seinen schärfsten Konkurrenten!
Dieses Kapitel hat er mit der Sparsamkeit eines Bauern seiner heimatlichen Normandie drei Wochen lang verwaltet und sich den Luxus gestattet, es beim Zeitfahren der drittletzten Etappe und schließlich durch einen geglückten Ausreißversuch auf der Schlußetappe noch zu vermehren.
Schon am zweiten Tag war es klar: Anquetil konnte nur noch im Gebirge angegriffen werden. Deshalb richtete sich das Interesse aller auf die kleine Gruppe der Bergspezialisten. Nur sie konnten eine Tour, die in der Langeweile zu ersticken drohte, noch beleben. Aber das kleine Häuflein derer, denen man im Gebirge eine Bravourleistung zutrauen durfte, resignierte aus verschiedenen Gründen, die im übrigen gar nicht so unerklärlich waren.
Da war Charly Gaul, der Bergkönig aus Luxemburg. Er hatte mit 28 Jahren nur noch wenig Zeit, um sein angekratztes Prestige aufzupolieren. Von ihm mußte also der große Schlag gegen Anquetil kommen. Prompt, wie erwartet, attackierte Charly Gaul auch auf der ersten Alpenetappe St. Etienne–Grenoble. Das Rennen versprach, dramatisch zu werden, denn nach dem unwiderstehlichen Antritt des Luxemburgers am Col du Granier durfte man erwarten, daß er dem Mann im Gelben Trikot bis Grenoble mindestens sechs Minuten abnehmen würde. Aber bei der Abfahrt von Col du Cucheron stürzte Charly Gaul. Nur noch 2,10 Minuten Vorsprung rettete er ins Ziel. Schlimmer war, daß er sich erhebliche Verletzungen am linken Knie und an der Hüfte zugezogen hatte.
Bis zum Ruhetag in Montpellier quälte er sich damit herum; und als es dann in die Pyrenäen ging, plagte ihn eine Darmkolik. Pech für den ›Engel der Berge‹! Zweifellos hätte der Charly Gaul der großen Tage diese Schwäche überwunden. Doch auch auf den Luxemburger traf jene radsportliche Faustregel zu, die

besagte, daß die Bergspezialisten sich schneller ›abnützen‹ als die Roller. Schon am ersten Pyrenäenberg wurde es klar, daß der kleine Gaul keinen Husarenritt mehr machen würde.
Da war Imerio Massignan, der Italiener mit dem unwiderstehlichen Spurt auf den letzten paar hundert Metern vor einem Gipfel. Er zeigte seine Kletterkünste nur in Dosen und interessierte sich nur für die Punkte des Großen Bergpreises. Zwischen den Pässen machte er es sich so bequem wie nur irgend möglich. Kein Mann also, der etwas riskieren wollte.
Da war Massignans Landsmann Guido Carlesi, den die italienischen Fans liebevoll ›Coppino‹ nannten, weil er eine entfernte Ähnlichkeit mit dem unvergeßlichen Campionissimo hatte. Er war vielleicht der Schneidigste von allen. Er gab, was er zu geben hatte, und dafür wurde er mit dem Ehrenplatz hinter Anquetil belohnt, aber gefährden konnte er den Franzosen so wenig wie Fernando Manzaneque, der ehrgeizige Spanier, dem die reine Klasse fehlte.
Hennes Junkermann besaß sie, und wenn er dazu noch das Temperament des Spaniers gehabt hätte, dann hätte er diese Tour in den Pyrenäen auf den Kopf stellen können.
Doch es wäre ungerecht, einen Mann, der nach seinem 4. Platz des Vorjahres diesmal einen hochachtbaren 5. Rang belegte, mit Vorwürfen zu überhäufen oder gar zu behaupten, er habe sich nicht angestrengt. Hennes Junkermann, der von seiner Mannschaft nur den tapferen Dieter Puschel mit nach Paris brachte, fuhr zwei Drittel des Rennens sozusagen ohne Unterstützung, und auf den Flachetappen war er deshalb viel gefährdeter als die üblichen Asse.
Nur ein Mann seiner Klasse konnte sich unter so widrigen Umständen weit im Vorderfeld behaupten. Trotzdem kann man ihm den Vorwurf nicht ersparen, daß ihm der Mut zum Außergewöhnlichen abermals fehlte. In den Bergen, wo die Mannschaftsarbeit aufhört und jeder auf sich allein gestellt ist, hätte er, der die steilen Steigungen viel müheloser bewältigt als Anquetil, sich nicht damit begnügen dürfen, nur zur Spitzengruppe zu gehören. Gewiß, er hat am Aubisque angegriffen,

aber diesem Angriff fehlte der Elan, mit dem die großen Bergfahrer Tour-Geschichten gemacht haben. Natürlich ist das Risiko solcher Attacken nicht gering, doch das sachverständige französische Publikum läßt sich nur zu gerne von einer mutigen Tat begeistern. Schon manchen, dessen mutiger Versuch, etwas Außergewöhnliches zu tun, mißlang, hat es mehr gefeiert als den Sieger der Tour.
Aber bei dieser 48. Tour de France konnte es nur Jacques Anquetil umjubeln. Sein Triumph war vollkommen, doch hätte er ihm niemals so leicht gemacht werden dürfen. Und wenn Hans Junkermann sich von der Resignation der anderen Bergspezialisten nicht hätte anstecken lassen, so hätte er vielleicht Anquetils Sieg nicht verhindert, aber er hätte verhindert, daß diese 48. Auflage als eine der monotonsten in die Tour-Geschichte einging.

Das Ende der Nationalmannschaften

In der Faubourg Montmartre aber ärgerte man sich nicht nur wegen der Resignation von Anquetils Gegnern, die das Publikumsinteresse auf einen gefährlichen Tiefstand gebracht hatte, denn viel größer noch war die Gefahr, die der Tour aus Italien drohte. Seit Jahren war die Tour de France einflußreichen italienischen Industriellen ein Dorn im Auge. Der Grund war einfach genug: Diese Leute, die Millionen ausgaben, um Rennfahrer in ein Trikot zu stecken, auf dem der Name ihrer Firma prangte, sahen es mit großem Mißvergnügen, daß die Tour de France immer noch von Nationalmannschaften gefahren wurde. Beim Giro d'Italia lagen die Dinge ganz anders. Hier gab es nur Firmenmannschaften, und die begehrten Etappensiege hatten eine gewaltige Werbewirkung, denn nicht der Fahrer X aus Italien oder Frankreich siegte, sondern der Fahrer X von der Kühlschrankfabrik Y. Als wandelnde Plakatsäulen durchradeln die Teilnehmer des Giro das Land, und beim abendlichen Fernsehinterview ist es die heiligste Pflicht des

Pressechefs der jeweiligen Firma, daß die riesigen Lettern auf dem Trikot des Siegers auf vier Millionen Bildschirme gezaubert werden. Jahrelang weigerte Jacques Goddet sich in dem Bestreben, das Erbe Henri Desgranges würdig zu verwalten, standhaft, diesen Reklamezirkus mitzumachen. Aber 1962 mußte er nachgeben, wenn sein Rennen nicht von der Schlinge erdrosselt werden sollte, die die Italiener ausgeworfen hatten. Und so geschah es, daß die Tour ausgerechnet in dem Jahr, da Deutschland zum erstenmal eine wirklich schlagkräftige Nationalmannschaft hätte stellen können, für Firmenmannschaften ausgeschrieben wurde. Drei Fahrer, die zur absoluten internationalen Spitzenklasse zählen, konnten nicht gemeinsam zum Kampf antreten: Hans Junkermann, Rudi Altig und Rolf Wolfshohl. Sie hatten keine andere Wahl, als bei der Tour für die ausländischen Firmen zu fahren, bei denen sie ihr Brot verdienten.

Starkes Trio Altig-Junkermann-Wolfshohl

Die Tour de France zeigte 1962 ein neues Gesicht. Mit einiger Skepsis sahen die Fachleute ihrem Start entgegen, denn die Gefahr, das an Nationalmannschaften gewöhnte Publikum werde sauer reagieren, war nicht zu übersehen. Aber es zeigte sich, daß die Popularität der Tour nicht zu erschüttern war. Nicht die Farbe des Trikots oder seine Beschriftung ist es, die den ›Giganten der Landstraße‹ macht. Wir erlebten 1962 eine viel farbigere, spannendere Tour als in den beiden vorhergegangenen Jahren, und obwohl Rudi Altig im Dienst einer französischen Firma stand, hat es rechts des Rheins noch niemals so viele Menschen gegeben, die begeistert und fasziniert waren durch die Leistungen eines deutschen Tour-Fahrers.
Unsere beiden Asse traten mit Empfehlungen an, die ihnen viel Kredit einräumten. Junkermann hatte seine zweite Tour de Suisse, Altig die Spanienrundfahrt 1962 gewonnen. Der Erfolg des Mannheimers, der sich inzwischen wie Junkermann und

Wolfshohl in Köln niederließ, hatte viel Aufsehen erregt, nicht nur, weil die ›Vuelta‹ sein erstes großes Etappenrennen gewesen war, sondern vor allem auch, weil er den Sieg keinem anderen als seinem Mannschaftskameraden Anquetil abgejagt hatte. Gewiß, Anquetil war auf den letzten Etappen nicht eben in bester gesundheitlicher Verfassung gewesen, aber Altigs Triumph war regulär. Was Anquetil nicht hinderte, sich wütend gegen ihn zu wenden und harte Worte zu gebrauchen, unter denen ›Unkameradschaftlichkeit‹ noch das höflichste war. So heftig wurde der Streit, daß eine Zusammenarbeit der beiden in der Mannschaft Helyett-St. Raphael bei der Tour de France undenkbar schien. Doch wollten weder die Rennleitung noch die finanzkräftige Aperitif-Firma St. Raphael auf den in Frankreich schon sehr populär gewordenen Rudi Altig verzichten, und so wurde denn, nicht ohne Mühe, ein Burgfriede zwischen Altig und Anquetil herbeigeführt.
Vierundzwanzig Stunden vor dem Start in Nancy aber will der Rudi plötzlich nicht mehr. Bei aller Jovialität und Großherzigkeit, wie sie gerade die Franzosen so sehr schätzen, kann er einen Dickkopf aufsetzen, der dem des Normandie-Bauernsohns Anquetil in nichts nachsteht. Rudi weiß sehr wenig über die Tour de France, und deshalb ist er auch erstaunt darüber, daß er nicht in letzter Minute mit einem eigenen Masseur anrücken kann. Alles ist längst vorbereitet, daher gibt es für diesen Mann keinen Platz in der Mannschaft Helyett-St. Raphael. Altig will, da sein Wunsch nicht erfüllt wird, sofort wieder nach Hause fahren, und stundenlang muß ihm Jean Garnault, der Generalkommissar der Tour, klarmachen, daß nicht jeder hier mit seinem eigenen Troß anrücken kann.
Am nächsten Abend schon trägt Rudi Altig das Gelbe Trikot. Das ist seit 25 Jahren keinem Deutschen mehr passiert, und deshalb schlägt diese Nachricht in den rechtsrheinischen Sportredaktionen wie eine Bombe ein. ›Endlich einer, der Courage hat!‹ jubelt die Fachpresse, die in diesem Sommer bereits einige herbe Enttäuschungen hatte hinnehmen müssen.
Kein Wunder, daß für die Schlagzeilen, die Rudi Altig liefert,

Scharfe Konkurrenten, aber gute Freunde waren Rudi Altig und Roger Rivière.

die größten Lettern gerade gut genug sind. Der deutsche Sport hat noch Männer, die aufs Ganze gehen! Rudi Altigs Triumph im belgischen Badeort Spa, dem Ziel der ersten Etappe, erregt um so mehr Aufsehen, als er in einem furiosen Endspurt die Sprinterkönige Rik van Looy und André Darrigade mit einer geradezu herausfordernden Leichtigkeit schlägt.
Altig tritt also zur zweiten Etappe im gelben Sonntagsanzug der Tour an. Im Leitartikel von Jacques Goddet in ›L'Equipe‹ kann man lesen: ›Man braucht sich diesen prächtigen, kraftstrotzenden deutschen Athleten nur anzusehen, um zu begreifen, wie groß seine Aussichten bei dieser Tour de France sind. Viel wird freilich davon abhängen, wie er sich mit Anquetil verträgt. Auf alle Fälle kann Anquetil dem Deutschen keine Vorwürfe machen, weil er das Gelbe Trikot übernommen hat. Er hat ihm vielmehr dafür zu danken, daß er Rik van Looy die einminütige Gutschrift für den Etappensieg weggeschnappt hat.‹
Tatsächlich zeigt sich auf den ersten Etappen, daß Weltmeister Rik van Looy, der bei all seinen außergewöhnlichen Qualitäten kein großer Bergfahrer ist, ein beträchtliches Interesse an diesen Gutschriften hat, denn – wenn er die Tour gewinnen will, muß er mit einem handfesten Vorsprung gegenüber den Kletterern am Fuße der Pyrenäen ankommen.
Rik van Looy ist uneingeschränkter Befehlshaber der Mannschaft Faema-Flandria, einer Truppe, die Belgiens stärkste Straßenfahrer vereinigt. Aber trotz der verzweifelten Anstrengungen dieser Mannschaft, ein höllisches Anfangstempo vorzulegen und den Rennverlauf zu diktieren, erringt der große Rik keine Etappensiege. Immer wieder wird die Absicht des Weltmeisters durchkreuzt; und das Hauptverdienst daran hat die Mannschaft Helyett-St. Raphael mit Altig und Anquetil. Aber auch das Team Wiel's Groene Leeuw, die ›Grünen Löwen‹, zu denen Junkermann und der kleine Berliner Dieter Puschel gehören, vereitelt van Looys Pläne sehr wirkungsvoll, ebenso wie die französische Equipe Gitane-Leroux mit Darrigade und Rolf Wolfshohl.
Der spurtstarke Darrigade ist es denn auch, der Rudi Altig am

zweiten Tage das Gelbe Trikot abnimmt. Er gewinnt den Spurt in Herentals, dem Heimatort Rik van Looys, der über seinen 4. Platz viel untröstlicher ist als Rudi Altig über seinen 16. Altig nämlich denkt bei diesem Massenspurt von mehr als 100 Fahrern auf einer schmalen Zielgeraden nicht ans Prestige, sondern an die Gefahr. Mit Hilfe der Zeitgutschrift von einer Minute übernimmt Darrigade die Führung in der Gesamtwertung.

Aber schon vierundzwanzig Stunden später holt Rudi Altig sich das Gelbe Trikot zurück. Er gewinnt den Spurt im Ziel der 3. Etappe Brüssel–Amiens vor dem Franzosen Joseph Groussard und dem Belgier Willy Vannitsen. Während man sich in Belgien fragt, was mit Rik van Looy ist, wird Deutschland zum erstenmal seit 1937, als Erich Bautz am Elsässer Belchen das Gelbe Trikot eroberte, vom Tour-Fieber erfaßt. Gewiß hat Junkermann in den beiden vergangenen Jahren Achtung erweckt, Altig aber erweckt Begeisterung! Er ist der Typ des populären Draufgängers, der dem Publikum imponiert und die Organisatoren schmunzeln läßt. Freilich, noch geht er viel zu freigiebig mit seinen Bärenkräften um, noch macht er taktische Fehler, die einem kühlen Rechner wie Anquetil nicht passieren würden. Aber die Fachleute staunen über die Leichtigkeit, mit der er seine Fehler wieder gutmacht. Auf der 4. Etappe greift Rolf Wolfshohl an. Der kleine, federleichte Kölner, der sich internationalen Ruf durch seine Weltmeisterschaftssiege im Querfeldeinfahren erworben hat, war auf den beiden ersten Etappen infolge von Stürzen und Defekten zurückgefallen. Beinahe hätte er in Le Havre den dritten deutschen Etappensieg innerhalb von vier Tagen herausgefahren, aber schließlich wird er doch von dem Belgier van den Berghen und dem Italiener Bruni auf den 3. Platz verwiesen. Zwei Minuten später gewinnt Altig den Spurt des Hauptfeldes, und durch seinen 6. Platz auf dieser Etappe wird er auch noch Besitzer eines Trikots, das er gar nicht tragen kann, denn selbstverständlich hat das Gelbe Trikot den Vorrang. Es handelt sich um das Grüne Trikot des Spitzenreiters in der Punktwertung, das vor einigen Jahren eingeführt worden war, um die Sprinter zu belohnen, die in den Bergen meist nur wenige Lorbeeren ernten können. Für den Erwerb des Grünen Trikots sind nicht Sekunden oder Minuten, sondern lediglich die Placierungen entscheidend. Punkte sammeln heißt, sich auf jeder Etappe unter den ersten 20 Fahrern placieren. Deshalb wird im Hauptfeld auch dann noch scharf um die Plätze gespurtet, wenn eine kleinere Spitzengruppe bereits durchs Ziel gegangen ist.

Auf der 5. Etappe ändert sich nichts. Fast das gesamte Feld trifft geschlossen in St. Malo ein, und Altig behält beide Trikots, von denen er nur das Gelbe tragen kann. Junkermann liegt auf dem 10. Platz der Gesamtwertung mit nur 2,03 Minuten Rückstand auf seinen Landsmann; van Looy ist Vierter, Anquetil Siebenter.

Dann aber läßt sich der Tour-Neuling Altig überraschen. Auf der 6. Etappe ist er im Feld eingeklemmt, als eine sechzehnköpfige Gruppe ausreißt, und als er merkt, was gespielt wird, darf er nicht nachsetzen, weil sein holländischer Mannschaftskamerad Geldermans vorne mit dabei ist. Wolfshohl hat die richtige Post erwischt und belegt im Spurt einen hervorragenden 4. Platz. Altig aber, der im Hauptfeld zusammen mit Junkermann, Anquetil und Puschel eintrifft, verliert das Gelbe Trikot an Geldermans, behält jedoch das Grüne, weil er mit seinem 18. Platz noch Punkte sammeln kann.

Junkermanns Tour-Erfahrung erweist sich auf der 7. Etappe, die von Brest nach St. Nazaire führt. Er darf auf dieser Etappe das Hinterrad van Looys nicht aus den Augen lassen, weil der Weltmeister gewaltig aufs Tempo drückt, um Anquetil müde zu machen. Auf dem Programm für den nächsten Tag steht nämlich ein 43-km-Zeitfahren, bei dem der Franzose hoher Favorit ist. Tatsächlich attackiert dann van Looy auch pausenlos und bringt Anquetil in große Schwierigkeiten. Junkermann hält sich in der Spitzengruppe und wird der Nutznießer dieser Etappe, die im Stundenmittel von 44,626 km zurückgelegt wird. Er rückt vom 11. auf den 6. Platz in der Gesamtwertung vor, während Altig auf den 5. Rang zurückfällt.

Hitze und Durst gehören zu den größten Plagegeistern der Tour-Fahrer. Kein Wunder, daß ein kalter Wasserstrahl, wie sich ihn hier Rudi Altig »verpassen« läßt, zum Hochgenuß wird!

Die Veranstalter reiben sich die Hände. Seit Jahren ist bei der Tour nicht mehr so forsch gefahren und angegriffen worden, und mit gemischten Gefühlen geht Monsieur Anquetil am Sonntag, dem 1. Juli, an den Start zur ersten Halbetappe, die über 155 km von St. Nazaire nach Luçon führt. Am Nachmittag folgt dann das Zeitfahren, und vorher werden ihn seine Gegner gnadenlos hetzen. Wie bequem war es doch im Vorjahr gewesen! Damals hatten alle Konkurrenten seine Überlegenheit anerkannt, und er hatte kaum einen ernsthaften Angriff auf das schon während der ersten Etappe eroberte Gelbe Trikot abwehren müssen.

Anquetils Befürchtungen sind nur zu begründet. Eine fünfundzwanzigköpfige Spitzengruppe kurbelt die 155 km zwischen St. Nazaire und Luçon in wahnwitzigem Tempo herunter und erreicht ein Stundenmittel von fast 45 Kilometern. Das Ergebnis ist eine völlige Umwälzung an der Spitze der Gesamtwertung. Darrigade übernimmt das Gelbe Trikot; Geldermans fällt auf den 4., Rudi Altig sogar auf den 14. Platz zurück.

Anquetil hat unterwegs pausenlos über die ›Franctireurs‹ geschimpft. »Sie wollen mich vor dem Zeitfahren weich machen und rennen in ihr eigenes Verderben. Wie die Fliegen werden sie beim Zeitfahren von ihren Rädern fallen!«

Dieses Zeitfahren über 43 Kilometer von Luçon nach La Rochelle wird in der umgekehrten Reihenfolge der Gesamtwertung gestartet, so daß die großen Asse erst zum Schluß in den Sattel steigen. Ercole Baldini, Italiens Exweltmeister, geht als erster der großen Spezialisten im Kampf gegen die Uhr auf die Strecke und setzt sich sogleich mit einer Zeit von 54,26 Minuten an die Spitze. Rudi Altig schafft es in 54,50 Minuten, ist also nur um 24 Sekunden langsamer als Baldini, aber um fast eineinhalb Minuten schneller als van Looy.

Die Experten bezweifeln, daß Anquetil seinen Rhythmus finden wird. Er hat in den letzten Tagen so viele Angriffe der van-Looy-Truppe abwehren müssen, daß er Kräfte verbraucht hat, die ihm nun beim Zeitfahren fehlen werden. Wenn er auf diesen 43 Kilometern im Wettstreit mit dem unbestechlichen Uhrzei-

ger geschlagen wird, hat er die Tour verloren. Daran zweifelt niemand.
Diesmal steht nicht nur sein Prestige als ›Roller‹ auf dem Spiel. Als dann aber Anquetils schlanke, sehnige Beine nach einem etwas mühsamen Start Tritt gefaßt haben, ist es, als gleite die Straße wie ein Fließband unter den Reifen hinweg. Wenn Anquetil unter ›Volldampf‹ steht und eine riesige Übersetzung scheinbar mühelos in Schwung hält, so ist das einer der faszinierendsten Anblicke, die dieser Sport zu bieten hat. Seine erstaunlichen Zwischenzeiten sagen mehr als viele Worte über die Form, in der er sich befindet, und als er den Zielstrich überfährt, braust ein Sturm der Begeisterung auf: 54,04 Minuten beträgt seine Zeit; das ist der Etappensieg in dem unglaublichen Stundenmittel von 47,718 Kilometern. Wer will einem Mann den Vormarsch zur Spitze der Gesamtwertung verwehren, der eine solche Leistung nach acht ungemein schnellen und kampfbetonten Etappen vollbringt?
Auch Rik van Looy, der nicht gekommen ist, um bei seiner ersten Tour unter den ›ferner liefen‹ zu erscheinen, ist beeindruckt. Aber die belgischen Journalisten, die seine Felle fortschwimmen sehen, lacht er aus. Er fühlt sich stark genug, um die unvermeidliche Auseinandersetzung mit Anquetil erst in den Bergen stattfinden zu lassen.
Wieder einmal die Pyrenäen. An Bahamontes und Gaul denkt schon gar keiner mehr. Die Kletterkönige sind durch die Hetzjagd, die van Looy seit acht Tagen auf der Ebene veranstaltet, so weit in der Gesamtwertung zurückgefallen, daß sie vom Gelben Trikot nur noch träumen können.
Rudi Altig aber träumt vom Etappensieg, als am Ende der neunten Teilstrecke die Häuser von Bordeaux in Sicht kommen. Doch ein dumpfer Schlag weckt ihn aus seinen Träumen, und sein Schrecken ist so groß, daß er, im 50er Tempo, beinahe auf das holperige Kopfsteinpflaster der Vorstadtstraße gestürzt wäre. Gabelbruch! Der rechte Arm der Gabel ist in Höhe der Felgenbremse glatt durchgebrochen. An den Etappensieg ist nicht mehr zu denken, aber das Grüne Trikot, das er durch

seinen dritten Platz beim Zeitfahren zurückerobert hat, muß er retten! Wenn er die Maschine wechselt, verliert er zu viel Zeit. Jetzt nur die Nerven behalten und nichts merken lassen! Die letzten zehn Kilometer sind ein Tanz am Rande der Katastrophe, und doch erreicht er Bordeaux mit van Looy und allen anderen Assen; ja, er behält sogar das Grüne Trikot. Kopfschüttelnd betrachten seine Rivalen die Maschine, auf der keiner von ihnen auch nur noch einen einzigen Pedaltritt gemacht hätte. Sacré Rudi!
Die Berge der Pyrenäen freilich, die er vorher nie gesehen hat, sind bei diesem ersten Anlauf zu hoch für ihn. Oh, er überschätzt sich keineswegs, der Rudi! Er muß zunächst einmal im Hochgebirge Erfahrungen sammeln; auch ist es keine Kleinigkeit, ein Körpergewicht von 80 Kilo auf die Gipfel hinaufzuwuchten; das sind 40 Pfund mehr als das, was Flöhe wie Bahamontes oder Gaul zu befördern haben.
Deshalb will der Rudi noch einen Schlag gegen seine Gegner führen, ehe es in die Berge geht. Er ist der große Mann der 10. Etappe Bordeaux–Bayonne, und niemand zweifelt an seinem Etappensieg, bis sich plötzlich, drei Kilometer vor dem Ziel, mehrere Speichen von seinem Hinterrad lösen. Soll ihm nichts erspart bleiben?
Diesmal wechselt er die Maschine, schwingt sich auf das Rad seines französischen Mannschaftskameraden Pierre Everaert. Der zögert keine Sekunde, diesen Tausch zu vollziehen, denn er weiß, daß der Rudi bei einem regulären Spurt unschlagbar ist. Aber das Geld für den Etappensieg fließt nicht in die Kasse der Mannschaft Helyett–St. Raphael, weil Altig auf der Maschine, deren Sattel für ihn viel zu niedrig sitzt, nicht die richtige Position findet und deshalb auf der Radrennbahn von Bayonne dem schnellen Belgier Vannitsen den Sieg überlassen muß. Das Grüne Trikot jedoch sitzt fester denn je auf seinen Schultern, und jetzt kann er auch dem großen Abenteuer der Pyrenäen mit größerer Zuversicht begegnen. Zwar muß er sich quälen, aber er schafft es – im Gegensatz zu Rik van Looy und Hennes Junkermann.

Die 11. Etappe Bayonne–Pau führt ins Vorfeld der Pyrenäen und ist sozusagen das Hors d'Oeuvre des ersten ›Gebirgsmenüs‹, das die Organisatoren mit einem Bergzeitfahren gewürzt haben. Es wird sich den meisten Fahrern schwer auf den Magen legen.

Noch ehe Tourmalet, Aspin und Peyresourde, diese drei finsteren Pyrenäen-Riesen, in deren Serpentinen sich zahllose Tour-Dramen abgespielt haben, am Horizont auftauchen, wird Weltmeister Rik van Looy am harmlosen Col d'Osquich zur Aufgabe gezwungen. Einer der Motorradfahrer, die mit einem Reporter auf dem Sozius ständig zwischen dem Ende und der Spitze des Feldes hin- und herpendeln, streift van Looy und verursacht einen Massensturz. Die meisten sitzen sofort wieder auf ihren Maschinen, aber der Weltmeister bleibt mit schmerzverzerrtem Gesicht liegen: Nierenquetschung! Van Looy scheidet aus, und die Frage, ob er in der Lage gewesen wäre, Anquetil auch in den Bergen anzugreifen, bleibt ohne Antwort. Das Gelbe Trikot an diesem Tag gewinnt kurioserweise Willy Schroeders, der ›Leibdomestike‹ des großen Rik. Er verdankt es seiner Beteiligung an den pausenlosen Attacken der Faema-Flandria-Mannschaft, doch er weiß, daß er es nicht über die Berge hinwegretten kann.

Der Held der großen Pyrenäen-Etappe Pau–St. Gaudens heißt nicht Bahamontes, heißt auch nicht Gaul, sondern Rolf Wohlshohl. Aber er ist ein unglücklicher Held, dem am Ziel die Tränen der Enttäuschung in den Augen stehen. Gewiß, Bahamontes wartet auf allen drei Gipfeln mit seiner ›Sondernummer‹ auf. Als Erster erstürmt er den Tourmalet, den Aspin und den Peyresourde, doch geht es ihm nur um die Punkte für den Großen Bergpreis, und da auch Wolfshohl hervorragend klettert und sich mit unwahrscheinlicher Virtuosität in die Abfahrten stürzt, befindet er sich 30 Kilometer vor dem Ziel, gemeinsam mit Bahamontes und dem Italiener Massignan, an der Spitze.

Zweimal ist der kleine Kölner im Spurt knapp geschlagen worden, und diesmal will er es nicht auf eine halbe Radlänge

ankommen lassen. Als er das Tempo erhöht, macht Bahamontes gar nicht erst den Versuch, an seinem Hinterrad zu bleiben. ›Fahr nur zu, ich habe in den Bergen mein Soll erfüllt. Moi, il va attendre le peloton!‹
Imerio Massignan bleibt noch ein paar Kilometer bei Wolfshohl; dann richtet auch er sich auf, denn das höllische Tempo, das der Deutsche auf der topfebenen Straße herunterspult, ist zu hoch für einen, der seine Kraft in den Bergen gelassen hat. Aber – darf sich Wolfshohl Illusionen machen? 25 Kilometer muß er noch kurbeln, um St. Gaudens zu erreichen, und er weiß natürlich, daß hinter ihm jetzt eine wilde Jagd entfesselt wird. Gefahr droht nicht von Massignan und Bahamontes, den Bergspezialisten, sondern von einer größeren Gruppe, die sich nach dem letzten Berg zusammengeschlossen hat. Anquetil und Junkermann sind dabei, die sehr gleichmäßig und ohne ihre Reserven einzusetzen geklettert sind, aber auch Puschel, der zähe Berliner, obwohl er bei der Abfahrt vom Tourmalet Junkermann seine Maschine gegeben hat. Er ist schon ein großer Kämpfer, der kleine Puschel, denn er hat den Defekt an Junkermanns Hinterrad behoben und dann wieder zur Anquetil-Gruppe aufgeschlossen. Nur Rudi Altig liegt weit zurück. Fast eine halbe Stunde büßt er auf dieser ersten Pyrenäen-Etappe ein, aber das Grüne Trikot verliert er nicht.
Vorne führt Rolf Wolfshohl seinen einsamen, verzweifelten Kampf gegen die Meute der Verfolger. Ihm bläst der Wind mit voller Wucht ins dreckverkrustete Gesicht, während die anderen sich in der Führungsarbeit ablösen und immer wieder hinter den Rücken der Vorderleute Atem holen können. Der Kampf ist ungleich, und er geht über Wolfshohls Kraft. Und doch darf er bis zum allerletzten Kilometer noch hoffen, diesen Großangriff abzuschlagen. Aber dann, in den Straßen von St. Gaudens, wird der Mann, der den Etappensieg tausendmal verdient gehabt hätte, eingeholt. Den Spurt gewinnt der Franzose Robert Cazala, und in der Gesamtwertung schieben sich Anquetil auf den 4., Junkermann auf den 8. Platz vor. Der neue Träger des Gelben Trikots aber heißt Tom Simpson. Zum

erstenmal seit dem Bestehen der Tour führt ein Engländer in der Gesamtwertung!
Doch Tom Simpson bleibt eine Eintagsfliege ›in Gelb‹, denn am nächsten Tag werden die Fahrer beim Bergzeitfahren mit Einzelstart von Luchon nach Superbagnères hinaufgejagt. Das bedeutet, daß auf einer Strecke von 18 Kilometern ein Höhenunterschied von 1200 Metern bewältigt werden muß. Bei diesem steilen Aufstieg geht dem Engländer die Puste aus, und er fällt auf den 5. Platz der Gesamtwertung zurück. Die beste Zeit fährt, wie könnte es anders sein, Federico Bahamontes. Zweiter wird der Belgier Jeff Planckaert, der damit das Gelbe Trikot übernimmt, 3. Anquetil, 4. Gaul, 5. Junkermann und 6. Wolfshohl. Das sind hervorragende Plätze für die beiden Deutschen, wenn man bedenkt, daß noch 126 Fahrer im Rennen sind. Auch Altigs 25. Platz ist eine angenehme Überraschung, die beweist, daß weder seine physische noch seine moralische Widerstandskraft durch die Pyrenäen gebrochen wurden. Er hat lediglich Lehrgeld bezahlt. Daß er im Vollbesitz seiner Kräfte ist, zeigt sich auf der 14. Etappe Luchon–Carcassonne. Er hätte sie ohne weiteres gewonnen, begnügt sich aber mit dem zweiten Platz hinter seinem französischen Mannschaftskameraden Jean Stablinski, weil er der Meinung ist, daß der Jean auch einmal eine Etappe gewinnen soll. Der 2. Platz genügt ihm, um die Führung in der Punktwertung zu vergrößern.

Junkermann: »Es war kein Doping!«

Auf dieser Etappe, die keine besonderen Schwierigkeiten bietet, geschieht etwas ganz Unglaubliches: Nicht weniger als zehn Fahrer geben auf, unter ihnen Hans Junkermann, der Zähe und Zuverlässige, dem die Strapazen der großen Etappenrennen noch nie etwas anhaben konnten – er, der zu den wenigen Fahrern gehörte, die nach Meinung der Experten noch in der Lage waren, Anquetil den Weg zum Endsieg zu verbauen.

Es beginnt damit, daß Junkermann und sein Mannschaftskamerad Demulder die Rennleitung bitten, den Start um zehn Minuten zu verschieben. Eine recht ungewöhnliche Bitte! Aber die Rennleitung, die schon Wind davon bekommen hat, daß sich etwas Ungewöhnliches anbahnt, erfüllt sie, zumal sie hofft, dadurch auch Nencini und Assirelli zur Weiterfahrt bewegen zu können. Doch die beiden Italiener bleiben im Bett. Man spricht von einer Nahrungsmittelvergiftung.
Hennes Junkermann jedoch wankt zum Start. Aber das ist kein Rennfahrer mehr, sondern ein Häufchen Elend. Fiebrig glänzen die Augen, und der Mut, mit dem er in den Sattel steigt, ist bewundernswert. Er hat in der Nacht, von heftigem Brechdurchfall geschüttelt, kein Auge zugetan; und so ist es kein Wunder, wenn hinter seinem Pedaltritt weder Kraft noch Überzeugung stecken. Vielleicht hätte er seine Schwäche trotzdem überwunden, wäre nicht 40 Kilometer nach dem Start der Col du Portet d'Aspet zu bezwingen gewesen. Mit seinen 1070 Metern ist er kein Ungetüm, und ein halbwegs gesunder Junkermann hätte ihn spielend bewältigt. Aber als die Straße ansteigt, fährt er plötzlich im Zickzack, und bei Kilometer 47 der 14. Etappe Luchon–Carcassonne versagen ihm die Muskeln den Dienst. Zum letztenmal bei dieser Tour de France steigt Hans Junkermann vom Rad, und völlig apathisch läßt er die beschwörenden Aufmunterungsversuche der Journalisten über sich ergehen. Er hat alles versucht und dabei die Grenze überschritten, die jenen Zustand markiert, in dem der Wille keine Gewalt mehr über den gequälten Körper hat. Junkermann ist der zehnte Fahrer, der bei dieser 14. Etappe aufgibt.
Am Abend gleicht Rennleiter Jacques Goddet einem wütenden Tiger, als er in seinem Hotelzimmer zu Carcassonne auf und ab geht und einen geharnischten Leitartikel diktiert. Ganz unverhüllt beschuldigt er die ausgeschiedenen Fahrer des Dopings; ja, er glaubt sogar, die richtige Spur gefunden zu haben.
Sie führt zum Bergzeitfahren des Vortags. Hier war den Fahrern innerhalb von rund 50 Minuten über eine Distanz von 18 Kilometern eine konzentrierte Höchstleistung abgefordert

worden. Und manche von ihnen hatten – kein Zweifel – ein Stimulierungsmittel eingenommen, um ihre Leistungsfähigkeit zu steigern.
Weder Kontrollen noch ärztliche Aufklärung haben das Doping ausrotten können. Man weiß auch, wie bald Grenzen zwischen ›legitimer Aufputschung‹ und verbotenem Doping sich verwischen. Starker Kaffee ist kein Doping; dagegen erscheint das Einnehmen von Koffein-Tabletten schon fragwürdiger. Zu verurteilen ist es jedoch sowenig wie die Einnahme von Traubenzucker- oder Weckamin-Tabletten. Leider beginnt damit erst die Reihe der Drogen, mit deren Hilfe der Chemiker, für einen genau bestimmbaren Zeitraum übrigens, alle Kräfte des Rennfahrers aufputschen kann. Hier freilich – und man kommt an dem Wort nicht vorbei – wird mit Gift gearbeitet. Oft handelt es sich nur um winzigste Mengen, aber es gibt keinen Arzt, der dafür garantieren könnte, daß eine sogenannte ›schnelle Pulle‹ den ihr zugedachten Zweck erfüllt, ohne gesundheitliche Schäden hervorzurufen. Immerhin ist das Einnehmen von Stimulierungsmitteln unter ärztlicher Kontrolle wesentlich ungefährlicher als die Gewohnheit erschreckend vieler Rennfahrer, in blindem Vertrauen Mixturen zu schlucken, die von Pflegern zusammengebraut wurden, deren medizinische Kentnisse völlig unzureichend sind. All das ist ein offenes Geheimnis, auch wenn es sich im stillen Kämmerlein abzuspielen pflegt.
Wenn nun zehn Fahrer mit typischen Vergiftungserscheinungen aufgeben, ausgerechnet auf einer Etappe, die einem schweren Bergzeitfahren folgt, wird die Rennleitung geradezu mit der Nase auf die Medizinköfferchen der Pfleger gestoßen.
Aber die Beschuldigten verteidigen sich, und sie drehen den Spieß gegen die Rennleitung um: »Wir sind in Luchon bei einer Hitze von 35 Grad gestartet, und oben in Superbagnères herrschte eine fast eisige Kälte. Doch anstatt uns im Ziel warme Getränke zu geben, reichte man uns kaltes Mineralwasser. Und da soll der Magen nach einer solchen Schinderei nicht rebellieren!«

Hennes Junkermann hat noch ein anderes Argument: »Der Fisch, den meine Mannschaftskameraden und ich abends im Hotel bekamen, war nicht in Ordnung. Nicht nur ich, auch Marcel Demulder und Gilbert Desmet sind an Fischvergiftung erkrankt. Von Doping kann überhaupt keine Rede sein. Ich habe nie zuvor bei einem Etappenrennen aufgegeben, und ich wäre längst verraten und verkauft, wenn ich zu solchem Zeug Zuflucht nehmen würde!«

So spricht Hennes Junkermann, der grollend Abschied von der Tour nimmt und nun ein Jahr lang auf seine Revanche warten muß. Anquetil hat nichts dagegen, denn noch sind die Alpen, in denen Junkermann vermutlich ein sehr unangenehmer Klient geworden wäre, nicht bezwungen.

Geringfügigkeit sind die Abstände an der Spitze der Gesamtwertung. Anquetil ist Vierter, aber sein Rückstand auf Jeff Planckaert, den Träger des Gelben Trikots, beträgt nur 1,08 Minuten. Das bedeutet, daß der Belgier nichts anderes ist als eine gehetzte Maus, die schon die Tatze des Raubtiers im Nacken fühlt.

Der zweifache Tour-Sieger Jacques Anquetil kann sich Zeit lassen. Er begnügt sich auf den Mittelmeer-Etappen damit, seine gefährlichsten Konkurrenten zu überwachen, und es gibt auch keine Spannungen mehr zwischen ihm und Rudi Altig, seitdem die Pyrenäen den Deutschen in der Gesamtwertung entscheidend zurückgeworfen haben. Daß der Deutsche jetzt, wo die Straßen wieder eben geworden sind, eifrig Punkte für die Verteidigung des Grünen Trikots sammelt, ist sein gutes Recht, das ihm der auf ›gelb‹ erpichte Anquetil nicht streitig macht. Um ein Haar hätte Altig auch die 15. Etappe Carcassonne–Montpellier gewonnen, aber er begeht den unverzeihlichen Fehler, sich, im sicheren Gefühl des Sieges, nach einem meisterhaft angezogenen Spurt wenige Meter vor dem Zielstrich aufzurichten. Diesen Leichtsinn nützt der schnelle Belgier Vannitsen geschickt aus; um Zentimeter verweist er den Deutschen auf den 2. Platz.

Altig, der den Sieg buchstäblich verschenkt hat, brennt auf

Revanche. Gelegenheit dazu bietet sich auf der 17. Etappe von Aix-en-Provence nach Antibes. Gemeinsam mit den Franzosen Delberghe und Bihoué sowie dem Belgier Hoevenaers reißt er schon auf dem ersten Drittel dieser Etappe aus, und diese Gruppe holt einen Vorsprung von mehr als 9 Minuten auf das Hauptfeld heraus; sechs Minuten rettet sie noch ins Ziel. Auf der Aschenbahn des Stadions von Antibes geht Rudi Altig kein Risiko ein. Er setzt sich beim Spurt sofort an die Spitze und erringt seinen dritten Etappensieg unangefochten, mit fünf Längen vor Hoevenaers. Seine Popularität wächst von Tag zu Tag, und der Beifall, der auf der Strecke und besonders in den Etappenzielen auf ihn niederprasselt, läßt den Träger des Gelben Trikots vor Neid erblassen. Frelich, noch heißt der Mann in Gelb Planckaert und nicht Anquetil. Jeff Planckaert hat aber nur eine ganz winzige Chance, diese Tour zu gewinnen. Sie besteht darin, daß er Anquetil in den Alpen davonfährt und ihm mehr Zeit abnimmt, als der Franzose beim Zeitfahren der drittletzten Etappe gutmachen kann. Planckaert unternimmt diesen Versuch, um sich später nichts vorwerfen zu müssen. Aber jedesmal, wenn er antritt, folgt ihm Anquetil wie ein Schatten. Ja, ›Maître Jacques‹, wie ihn seine Anhänger nennen, ist so stark, daß er auf der Alpenetappe Antibes–Briançon nicht einmal die Bergspezialisten Bahamontes, Gaul und Massignan davonfahren läßt. Zwar triumphiert Bahamontes auf den drei Pässen, aber als der Izoard, der letzte von ihnen, bezwungen und nur noch die unheimlich steile, gefährliche Abfahrt hinunter nach Briançon zu erledigen ist, formiert sich eine siebenköpfige Spitzengruppe mit Massignan, Gaul, Bahamontes, Anquetil, Daems, Poulidor und Planckaert; das Ergebnis ist ›une étape pour rien‹, eine Etappe für nichts. Denn unverändert bleibt die Spitze in der Gesamtwertung mit Planckaert als Leader, dem Anquetil mit 1,08 Minuten Rückstand folgt.

Sterben die Kletterer aus oder sind die ›Männer der Ebene‹ in den Bergen stärker geworden? Immer wieder stellt man sich in den Begleitwagen diese Frage. Die einleuchtendste Antwort findet Jean Bobet, der Bruder des großen Louison: »Die Tour ist für die Bergspezialisten zu schnell geworden. Sie sind gezwungen, auf der Ebene größere Übersetzungen als früher zu treten, und das nimmt ihnen den Punch. Außerdem sind die Gebirgsstraßen heute sauber asphaltiert. Man kann sie mit höheren Gängen als früher bewältigen, was gerade einem Mann wie Anquetil sehr zustatten kommt. Die Bergspezialisten wiederum sind heute auf der Ebene schneller und am Berg langsamer als früher. Das beste Beispiel ist der Italiener Massignan. Er hat sich der Situation angepaßt und ist ein recht brauchbarer ›Roller‹ geworden. Seinen Punch als Kletterer hat er jedoch verloren; und er ist nicht im Stande gewesen, dem 34jährigen Bahamontes den Großen Bergpreis streitig zu machen.«

Federico Bahamontes, der Tour-Sieger von 1959, hat seine ganzen Ambitionen auf den Bergpreis beschränkt, und als er in Briançon seine Punkte zusammenzählt, stellt er fest, daß ihm dieser hochdotierte Preis nicht mehr zu nehmen ist. Und er wäre nicht Bahamontes, wollte er sich jetzt noch ein Bein ausreißen. »Moi, il n'est pas fou«, sagt er vor dem Start zur zweiten Alpenetappe Briançon–Aix-les-Bains, und auf deutsch heißt das: »Was soll ich mich noch plagen, wenn ich den Bergpreis in der Tasche habe?«

Der Franzose Raymond Poulidor wird zum Helden dieser letzten Alpenetappe. Er überquert die letzten drei Pässe als Erster und geht mit einem Vorsprung von mehr als drei Minuten ins Ziel. Damit schiebt er sich auf den 3. Platz der Gesamtwertung. Welche Aussichten hätte da ein gesunder Junkermann in den Alpen gehabt! Anquetil, der sich unbedingt für das Zeitfahren des kommenden Tages schonen will, hat das Glück, daß Planckaert einfach nicht mehr die Kraft zu einem Großangriff besitzt. Wieder treten beide vom Start bis zum Ziel als ›siamesische Zwillinge‹ auf, und damit ist Planckaerts Schicksal besiegelt, denn wer vor einem schweren Zeitfahren nur 1,08 Minuten Vorsprung vor Anquetil besitzt, ist ein geschlagener Mann. Für eine Überraschung auf dieser letzten Gebirgsetappe sorgt übrigens Rudi Altig, denn er ist diesmal schneller als Puschel und Wolfshohl, und kein Gegner, sondern nur noch ein schwerer Sturz könnte ihm jetzt noch das Grüne Trikot rauben.

Anquetil zum drittenmal

Die große Entscheidung dieser Tour aber fällt im Rennen gegen die Uhr, das über 68 Kilometer welligen Geländes von Bourgoin in die Seidenstadt Lyon führt. Ganz Frankreich schwört auf Anquetil, und eine große Lyoner Seidenfabrik schickt ihm am Vorabend ein Seidentrikot, an dem der Fahrtwind besser abgleitet als an den wollenen Trikots, die von der Rennleitung vorgeschrieben sind.
Aber Anquetil fühlt sich stark genug, den einsamen Kampf um die Sekunden unter regulären Bedingungen aufzunehmen. Er hat seine Kräfte in den Alpen geschont und keinen Pedaltritt zuviel getan. Nun aber wird er auf diesen 68 Kilometern alle Reserven einsetzen und die Tour gewinnen. Jeff Planckaert wird das Gelbe Trikot in Lyon, zwei Tage vor Paris, ausziehen müssen.
Das ist die logische Entwicklung, die sich ankündigt. Jeff Planckaert kann nur noch auf ein Wunder hoffen – oder darauf, daß Anquetil sich eine Fischvergiftung zuzieht – oder auf einen streunenden Hund, der dem Franzosen ins Vorderrad läuft.
Nichts dergleichen geschieht. Jacques Anquetil, der als vorletzter der 94 noch im Rennen verbliebenen Fahrer und drei Minuten vor Planckaert startet, wird seiner Favoritenrolle gerecht, obwohl Millionen von Franzosen gezittert haben, als sie an diesem Morgen das Kalenderblatt lösten. Denn heute ist Freitag, der 13. Juli. ›Un vendredi 13‹, wenn das nur gut geht! Doch Anquetils Klasse triumphiert über den Aberglauben. Am Vorabend des französischen Nationalfeiertags erobert er das Gelbe Trikot mit einer der eindrucksvollsten Leistungen, die jemals ein Rennfahrer im Kampf gegen die Uhr vollbracht hat. Die Zwischenzeiten, die im überfüllten Velodrom von Lyon

bekanntgegeben werden, lassen keinen Zweifel über seinen Triumph.
Anquetil bewältigt die 68 Kilometer in 1.33,35 Stunden, was einem Stundenmittel von 43,597 km entspricht. Baldini, der Zweite, ist drei Minuten langsamer, und Poulidor, der Dritte, liegt bereits fünf Minuten hinter Anquetil. An vierter Stelle placiert sich Planckaert, der verzweifelt um sein Gelbes Trikot gekämpft hat. Um 5,19 Minuten hat Anquetil ihn geschlagen, und das bedeutet, daß der Franzose jetzt mit einem Vorsprung von 5,11 Minuten vor Planckaert in der Gesamtwertung an der Spitze liegt, zumal er ja noch die Zeitgutschrift von einer Minute für den Etappensieg erhält. Damit ist die Rechnerei erledigt, denn auf den beiden übrigen Flachetappen bis Paris braucht Anquetil nur Planckaert zu überwachen. Nicht eine einzige Sekunde seines Vorsprungs wird er an den Belgier verschenken. Aber auch Rudi Altig ist seiner Sorgen ledig. Das Grüne Trikot des Punktbesten kann ihm nicht mehr entrissen werden, obwohl er beim Zeitfahren seinen Rhythmus nicht gefunden hatte und sich mit dem 12. Platz begnügen mußte.
Auf der Schlußetappe von Nevers nach Paris kann er sich, zusammen mit allen anderen Fahrern der Mannschaft Helyett-St. Raphael, ganz der Verteidigung des Gelben Trikots von Jacques Anquetil widmen. Das bedeutet, daß Anquetil an der Spitze des Feldes ständig von seiner ›Leibgarde‹ umgeben ist, die jeden Ausreißversuch überwacht. Jeff Planckaert hätte nicht nur einen Motor, sondern auch eine Tarnkappe gebraucht, um da zu entwischen.
Dieter Puschel jedoch, der kleine Berliner, kann sich vom Feld lösen, und zehn Kilometer vor dem Ziel hat er alle Chancen, den begehrten Sieg der Schlußetappe im Prinzenpark zu erringen. Doch das Pech, das ihn bei dieser Tour mit unheimlicher Hartnäckigkeit verfolgt hat, bleibt ihm treu. Er stürzt in der Kurve einer schmalen Pariser Vorortstraße, deren Pflaster ein Wolkenbruch schlüpfrig gemacht hat, und verliert alle Chancen. Den Endspurt gewinnt der Italiener Benedetti vor dem Holländer Piet van Est. Rudi Altig geht, wie auch Anquetil, auf

Rudi Altigs Ehrenrunde im Pariser Prinzenpark nach der Tour de France 1962.

der nassen Piste des Prinzenparks kein Risiko ein, denn die Placierung spielt für die beiden Männer, die das Gelbe und das Grüne Trikot nach Paris gebracht haben, jetzt keine Rolle mehr.
In der Gesamtwertung belegt Rudi Altig nur einen bescheidenen 31. Platz, aber nie ist ein deutscher Rennfahrer vom Pariser Publikum so stürmisch umjubelt worden wie er. Wolfshohl ist 15. und Puschel 28. Welchen Rang aber hätte Junkermann eingenommen? Er weiß selbst am besten, daß er ganz vorne hätte landen können. Wen wundert's, daß ihm die Tour de France 1962, bei der sein Landsmann Rudi Altig fast wie ein Sieger gefeiert wurde, einen bitteren Nachgeschmack hinterläßt? Er wird wiederkommen, um sich auf Frankreichs Landstraßen zu rehabilitieren.
Rudi Altig hat seine erste Tour de France ›à la Charles Pélissier‹ bestritten. Er war der große Animator der Flachetappen, von denen er drei gewann. Mit etwas Glück wären es sechs geworden. Was schadet es, wenn er in der Gesamtwertung nur einen bescheidenen 31. Platz belegte? Überall in Frankreich wollte man den Mann im Grünen Trikot sehen; und als die Stars dieser Tour im Juli auf große Tournee gingen, hatte Altig 40 Bahnverträge in der Tasche, genauso viele wie Anquetil, der dreifache Tour-Sieger, und Bahamontes, der Gewinner des großen Bergpreises.
Wer weiß heute noch, daß sein Entdecker und erster Betreuer ein kleiner Mann namens Karl Ziegler war, ein Mann, in dessen Augen das Feuer der Besessenheit brennt, sobald er vom Radsport spricht? Vermutlich hätte ein Naturtalent wie Altig seinen Weg auch ohne diesen strengen, erfahrenen Lehrer gemacht, aber es ist sicher, daß Karl Ziegler maßgebenden Anteil an seinem ungewöhnlich schnellen Aufstieg zur Weltklasse hatte. Aber so, wie die Dinge lagen, war der Bruch der Allianz Ziegler – Altig so unvermeidlich wie der der Allianz zwischen Boris Becker und seinem Trainer Günther Bosch.

Rekord wider Willen

›Fumée jaune, il part!‹ So lautete die Schlagzeile von ›L'Equipe‹ zwei Tage vor dem Start der Tour der France 1963. Und jeder, der die Zeitung in die Hand nahm, wußte, was gemeint war, obwohl die Ankündigung ›Gelber Rauch, er startet!‹ immerhin einige Phantasie beim Leser voraussetzt.
Nun wird man sich daran erinnern, daß nicht lange zuvor der neue Papst gewählt worden war. Man hatte die Rauchwolke, die dieses Ereignis im Vatikan traditionsgemäß anzukündigen pflegt, noch in bester Erinnerung, und da man im französischen Sportjournalismus keine großen Hemmungen vor gewagten Vergleichen zeigt, bedeutete diese Überschrift ganz schlicht: ›Anquetil startet!‹ Imaginärer gelber Rauch stieg hoch, als das große Rätselraten um den Mann, der das Gelbe Trikot dreimal nach Paris gebracht hatte, beendet war. Wochenlang hatte Jacques Anquetil mit der Hartnäckigkeit eines Normandie-Bauern und dem Zorn eines wütend aufstampfenden Suppenkaspers allen, die es wissen wollten, erklärt: »Ich esse diese Suppe nicht, nein, diese Suppe eß ich nicht!« Dabei hatte man nichts unversucht gelassen, sie ihm schmackhaft zu machen. ›Die 50. Tour de France, die Tour des Jubiläums, ist ohne Anquetil undenkbar‹, schrieb die Presse. Aber es schien, als ob ein vom Ruhm der Landstraße saturierter Anquetil nur taube Ohren dafür hätte.
Immerhin hatten seine Argumente einiges Gewicht: »Noch bin ich mein eigener Herr und kein Sträfling der Landstraße! Seit Wochen nagt ein Bandwurm an meiner Widerstandskraft, aber niemand würde mir einen Schwächeanfall verzeihen. Nein, ich habe weder die Moral noch die Kraft, um mich durch Frankreich hetzen zu lassen. Ich heiße Anquetil, habe die Tour dreimal gewonnen und bin ein freier Mann!«
Aber in seiner letzten Behauptung täuschte er sich. Monsieur Augier, der Generaldirektor der Apéritif-Firma St. Raphael, von der Anquetil ein jährliches Fixum bezieht, das sich durchaus neben dem eines Generaldirektors sehen lassen kann, war

anderer Meinung. Die Werbewirkung von Anquetils viertem Tour-Sieg für seine Firma war von diesem cleveren Geschäftsmann schon vor dem Start eingeplant, und er machte seinem Star nur ein einziges Zugeständnis: »Sie lassen sich vom Tour-Arzt Dr. Dumas gründlich untersuchen, Jacques. Er wird entscheiden, ob Sie in der Lage sind, die Tour durchzustehen.« Das geschah 48 Stunden vor dem Start, und die Diagnose des Arztes lautete: »Bon pour le service.« Jacques Anquetil, der sich mit Händen und Füßen gesträubt hatte, wurde sozusagen mit der Kette an den Start der 50. Tour de France gezerrt.
»Er wird nach drei Tagen aufgeben«, orakelten die, die das Gras wachsen hören. »Er ist nicht in Form, und er kann es sich nicht leisten, in den Bergen vom alten Bahamontes lächerlich gemacht zu werden!«
Anquetil sagte, wie immer, nichts dazu. Er war die Sphinx am Start dieser Jubiläums-Tour, aber als die Räder surrten, merkte man gar bald, daß er tatsächlich den Rekord der Rekorde, den vierten Tour-Sieg, anvisierte.
Wie ihn Rudi Altig beneidete! Auch seine Teilnahme war bis zum Schluß ungewiß gewesen, doch unter ganz anderen Vorzeichen, denn im Gegensatz zu Maître Jacques hatte sie der Rudi mit aller Gewalt zu erzwingen versucht. Ihn plagte ein Bandscheibenschaden, hervorgerufen durch einen stupiden Sturz auf der Treppe eines Pariser Hotels. Aber er hatte Heilung durch ›Wundermittelchen‹ gesucht und war viel zu spät in die Hände von echten Spezialisten gekommen.
14 Tage lang wurde er intensiv in einer Klinik in Poigny-la-Forêt bei Paris behandelt, aber der Test, den er drei Tage vor dem Start der Tour bei einem Kriterium in Caen unternahm, verlief negativ. Bei diesem Rennen, das unter normalen Verhältnissen eine Bagatelle für Rudi Altig gewesen wäre, wurden die Rückenschmerzen wieder so stark, daß der letzte Hoffnungsfunke vernichtet war. Der Mann, der durch seine Spurtkraft und sein Draufgängertum ein Jahr zuvor Furore auf Frankreichs Landstraßen gemacht hatte, mußte schweren Herzens absagen.

Auch sollten sich seine Hoffnungen, die Saison mit einem Triumph bei der Straßenweltmeisterschaft in Belgien zu beschließen, nicht erfüllen. Unerträglich wie nie zuvor wurden die Rückenschmerzen auf dem schaurigen Kopfsteinpflaster von Renaix. Sie zwangen Rudi Altig zur Aufgabe, und für Rick van Looy schien der Weg zum dritten Titelgewinn frei. Aber wenige Meter vor dem Zielstrich machte der junge und fast unbekannte Benoni Beheyt seinem großen Landsmann einen Strich durch die Rechnung. Sein Sieg war eine der größten Sensationen in der Geschichte der Straßenweltmeisterschaft.
Rudi Altig aber wußte, daß ihm jetzt nur noch eine Operation helfen konnte. Er unterzog sich ihr im Herbst 1963 in der Kölner Universitätsklinik, und er war dann klug genug, bis Mitte Januar 1964 auf jede Aktivität zu verzichten. Sein Comeback war ermutigend, und wer ihn kannte, der wußte, wie sehr er darauf brannte, Schlagzeilen bei der Tour de France 1964 zu machen.
Rolf Wolfshohls Ambitionen waren nicht niedriger gesteckt, denn auch für ihn war 1963 ein schwarzes Jahr, wenn seine Verletzungen auch glimpflicher waren als diejenigen Rudi Altigs. Im Frühjahr waren ihm die Siege bei den klassischen Straßenrennen Mailand–San Remo und Paris–Roubaix buchstäblich auf dem Zielstrich entglitten – und dann kam sein rabenschwarzes Pech bei der Tour.
Der kleine Kölner wird Roubaix, dieses finstere Fabriknest im nordfranzösischen Kohlenpott, verfluchen, so lange er im Sattel eines Rennrads sitzt. Diese 50. Tour de France ist erst drei Tage alt, als die ersten schmutziggrauen Reihenhäuser das Etappenziel Roubaix ankündigen. Rik van Looy und seine Truppe haben, wie im Vorjahr, ein höllisches Anfangstempo vorgelegt, aber Wolfshohl, dessen Form zu den kühnsten Hoffnungen berechtigt, hat sich nicht abschütteln lassen. Er liegt in der Gesamtwertung besser als Anquetil, und er will ein Hühnchen mit ihm rupfen, wenn es in die Berge geht!
Fünf Kilometer noch bis Roubaix. Das Kopfsteinpflaster schüttelt die Männer auf ihren harten Sätteln, daß man an Bergleute

denken muß, die den vibrierenden Preßluftbohrer ins Gestein treiben. Doch die Nähe der Stadt bietet Ausweichmöglichkeiten. Man kann gelegentlich auf die Radfahrwege links und rechts der Straße überwechseln, doch muß man die zehn Zentimeter hohen Bordsteine überspringen. Für einen Querfeldeinspezialisten wie Wolfshohl, der ein Virtuose im unwegsamsten Gelände ist, bedeutet ein solcher Hupser, bei dem man das Vorderrad anhebt in der Art eines Reiters, der die Zügel zum Sprung anzieht, gar nichts.

Aber er hat einen schlechten Moment gewählt. Die Fahrer flitzen mit erhöhtem Tempo und mit Abständen von Zentimetern dem Etappenziel entgegen, und so führt Wolfshohls plötzlicher Schwenker zu einem Massensturz, in den auch Dieter Puschel verwickelt wird. Wolfshohl bleibt mit einer klaffenden Beinwunde liegen, aber er verliert nicht allzuviel Zeit und kann sich ins Ziel quälen.

In der Nacht macht er kein Auge zu, doch er gibt die Hoffnung nicht auf. Grausam vernichtet wird sie durch die Röntgenaufnahme, die am frühen Morgen, als alle anderen noch schlafen, in einer Klinik von Roubaix gemacht wird: schwerer Bluterguß mit Muskelanriß. Dr. Dumas verbietet Rolf Wolfshohl die Weiterfahrt.

Deutschlands Hoffnungen ruhen jetzt nur noch auf Hans Junkermann und Dieter Puschel, die der Mannschaft Wiel's Groene Leeuw angehören, aber noch haben die großen Kampfhandlungen gar nicht begonnen. Was bedeutet es, daß der Belgier Gilbert Desmet seinen Landsmann Eddy Pauwels als Träger des Gelben Trikots ablöst? Als Bordeaux am achten Tag erreicht wird, liegt Anquetil, der Mann, der sein Prestige nicht aufs Spiel setzen wollte, in der Gesamtwertung nur 6 Minuten hinter Desmet. Der Belgier spürt die Faust im Nacken.

Aber erst muß Anquetil, der auf der Ebene logischerweise nicht entscheidend distanziert werden konnte, seine Karten auf den Tisch legen. Und als die finsteren Silhouetten der Pyrenäenberge auftauchen, sieht man der Entwicklung mit ungewöhnlicher Spannung entgegen.

Diese 10. Etappe, die von Pau nach Bagnères-de-Bigorre über Aubisque und Tourmalet führt, fordert dann auch ihre Opfer, aber Anquetil gehört nicht zu ihnen! Dagegen gerät Rik van Looy, der auf den Flachetappen so forsche Attacken geritten hatte, in erhebliche Schwierigkeiten. Anquetils Chancen bleiben intakt, aber die Experten sind jetzt überzeugt davon, daß van Looy die Tour nie gewinnen wird.
Wird sie Anquetil zum viertenmal gewinnen? Es gibt an diesem lauen Juliabend in Bagnères-de-Bigorre nur wenige, die daran zweifeln, denn es ist etwas ganz Außergewöhnliches passiert: Jacques Anquetil hat sich den Luxus erlaubt, die schwerste Pyrenäen-Etappe vor den besten Kletterspezialisten zu gewinnen, und wenn ein Mann, der auf der Ebene unschlagbar ist, ein solches Husarenstück fertigbringt, dann kann ihn nur ein schwerer Sturz daran hindern, das Gelbe Trikot nach Paris zu bringen!
Anquetil hat in den Pyrenäen seinen Neidern das Maul gestopft. Vor allem denen, die behaupten, daß er die Tour nur mit Hilfe des letzten Zeitfahrens dicht vor Paris gewinnen könne, und die sich weigerten, ihn auf eine Stufe mit Coppi und Bobet zu stellen, weil er nie eine Gebirgsetappe gewonnen hatte.
Jetzt hat er auch das geschafft. Zwar hat er weder verhindern können noch wollen, daß sich Federico Bahamontes auf den Gipfeln von Aubisque und Tourmalet die Punkte für den Großen Bergpreis holt, aber die Abfahrten sind lang, und im Etappenziel Bagnères-de-Bigorre heißt die Placierung: 1. Anquetil, 2. Perez-Frances, 3. Poulidor, 4. Bahamontes. Erst 13 Minuten später trifft Rik van Looy ein, was den Erwartungen freilich eher entspricht als der Zeitverlust, den Hennes Junkermann in Kauf nehmen muß. Eine starke Erkältung hat den Rhythmus des Kölners in den Bergen gebrochen und seine Hoffnungen auf einen Sprung unter die ersten Zehn der Gesamtwertung vernichtet. Eine unerwartete Entschädigung für diese Enttäuschung ist das hervorragende Abschneiden von Dieter Puschel, der zusammen mit seinem Mann-

schaftskameraden Gilbert Desmet, dem Träger des Gelben Trikots, nur 1,28 Minuten auf den Etappensieger Anquetil verliert.
Die zweite Pyrenäen-Etappe ändert nichts an den bezogenen Positionen, weil Anquetil auf den Tisch geschlagen hat und niemand Lust verspürt, ihn zu reizen, und als man in dem malerischen Provence-Städtchen Aurillac, wo der einzige Ruhetag winkt, die Bilanz der Pyrenäen-Überquerung zieht, ist das Gelbe Trikot, das Gilbert Desmet gerettet hat, keinen Pfifferling mehr wert. Denn Anquetil hat auf dem 2. Platz der Gesamtwertung die letzte Lauerstellung bezogen, und sein Rückstand auf Desmet beträgt nur noch 2,33 Minuten.
Der Belgier hat eine verzweifelte Ähnlichkeit mit dem gehetzten Hasen, den der Fuchs in die Enge getrieben hat. Besser gesagt, die Füchse, denn in den beiden großen Alpenetappen wird er nicht nur von Anquetil bedroht, sondern auch von den Bergspezialisten Poulidor und Bahamontes, die mit geringen Abständen die nächsten Plätze der Gesamtwertung belegen und Anquetil in den Alpen so scharf bedrängen können, daß die Entscheidung dem Zeitfahren von Arbois nach Besançon vorbehalten bleibt.
Doch dann steht die 50. Tour de France am Abend der 15. Etappe, die von St. Etienne nach Grenoble führt, vor einer sensationellen Wende. Am Vorabend seines 35. Geburtstags gelingt Federico Martin Bahamontes ein ebenso unerwarteter wie gutsitzender Schlag gegen den großen Favoriten Jacques Anquetil, und dies noch vor den Alpen, wo er seine besten Trümpfe erst ausspielen will!
Der 1325 m hohe Col de Porte, dicht vor dem Etappenziel Grenoble, genügt ihm, um Anquetil und allen anderen Assen drei Minuten abzunehmen. Das reicht gerade aus, um Anquetil vom 2. Platz der Gesamtwertung zu verdrängen. Niemand hat am Vorabend der ersten Alpenetappe mit einer solchen Entwicklung gerechnet, die Bahamontes plötzlich zum heißen Anwärter auf das Gelbe Trikot macht. Nur noch zweieinhalb Minuten trennen ihn von Gilbert Desmet, und die große

Alpenetappe mit dem 2100 m hohen Col de la Croix de Fer und dem 2770 m hohen Col de l'Iseran ist ihm geradezu auf den Leib geschrieben. Dies um so mehr, als der Iseran ganz dicht am Etappenziel Val d'Isère liegt, so daß der Mann, der seinen schneebedeckten Gipfel als erster überfährt, alle Chancen hat, nicht mehr eingeholt zu werden.
Fest entschlossen, sich dieses Geburtstagsgeschenk zu machen, geht Federico Bahamontes in Grenoble an den Start. Und Raoul Rémy, der Technische Leiter seiner Mannschaft, raunt ihm beschwörend zu: »Sie haben dich alle nicht ernst genommen, Federico, weil sie glaubten, du seist zu alt. Aber du bist stärker als Anquetil und alle anderen, und du wirst das heute beweisen. Nie warst du so stark, auch 1959 nicht, als du die Tour gewonnen hast. Und denke daran, auch Bartali hat die Tour mit 36 Jahren zum zweitenmal gewonnen!«
Musik, heiße und betörende Musik ist das für die Ohren des Adlers von Toledo, und Jacques Antequil spürt, daß er jetzt vor der schwersten Aufgabe seiner ruhmreichen Karriere steht. Nicht Poulidor, sondern Bahamontes ist der Mann, der ihm seinen vierten Tour-Sieg verderben kann. Wenn er auf den beiden Alpenetappen mehr als fünf Minuten auf den Spanier verliert, hat er auch die Tour verloren, denn einen solchen Rückstand kann er beim Zeitfahren zwei Tage vor Paris nicht mehr aufholen. Frankreich zittert um Anquetil, und in Toledo werden Kerzen angezündet.
Aber Federico Martin Bahamontes ist kein Youngster mehr. Es fehlt ihm der Punch, um den mit geradezu unheimlicher Gleichmäßigkeit kletternden Anquetil in der grandiosen Wildnis des Hochgebirges abzuschütteln, und vergeblich wartet er auch auf die Atembeschwerden, die Anquetil früher in Höhen von über 2000 Metern plagten. Hinter dem Spanier Manzaneque, der die Etappe in Val d'Isère gewinnt, endet das private Duell der beiden Großen unentschieden, aber mit hauchdünnem Vorsprung auf Anquetil übernimmt Bahamontes das Gelbe Trikot, weil Gilbert Desmet, von einem fürchterlichen Schwächeanfall geschüttelt, hoffnungslos abgehängt wird.

Die Entscheidung bleibt also der zweiten Alpenetappe, die von Val d'Isère nach Chamonix führt, vorbehalten. Vier Berge, der Kleine und der Große St. Bernhard, Forclaz und Montets, bieten Bahamontes die letzte Chance, Anquetil eine Niederlage beizubringen, die er beim Zeitfahren nicht mehr kompensieren kann.
Aber vergeblich setzt Bahamontes alles auf eine Karte. Die heftigen Flügelschläge des Adlers von Toledo sind vergeblich, und als die Schlacht auf den geröllübersäten, hochprozentigen Rampen des Forclaz mit voller Schärfe entbrennt und Bahamontes die Zahl seiner Angriffe verdreifacht, spurtet Anquetil jedesmal mit deprimierender Selbstverständlichkeit an sein Hinterrad. Bei dieser erbitterten Auseinandersetzung der beiden Stärksten werden alle anderen abgeschüttelt, so wie einst bei den großen Duells zwischen Coppi und Bartali, wenngleich Junkermann, Perez-Frances, Fontona und der erstaunlich stark kletternde Rik van Looy nur ein Minimum an Zeit verlieren und den beiden Ausreißern bei der Abfahrt nach Chamonix wieder auf den Leib rücken.
Doch jetzt droht Anquetil keine Gefahr mehr. Er begnügt sich indes nicht damit, Bahamontes in den Bergen getrotzt zu haben, sondern er schlägt ihn auch im Endspurt und holt sich damit nicht nur den zweiten Sieg in einer Gebirgsetappe, sondern mit Hilfe der Zeitgutschrift, auch noch das Gelbe Trikot! Damit ist die Entscheidung gefallen, und für Anquetil ist es praktisch nur noch eine Formalität, seine Position beim Zeitfahren von Arbois nach Besançon uneinnehmbar zu machen. Er gewinnt die 50. Tour de France mit einem Vorsprung von 4,35 Minuten auf Bahamontes, dessen Landsmann Perez-Frances auf dem 3. Platz landet, aber schon mehr als 10 Minuten zurückliegt. Hans Junkermann belegt den 9., Dieter Puschel den 15. Rang.
Von der reinen Klasse her hätte Junkermann unbedingt einen Platz unter den ersten Fünf der Gesamtwertung verdient, und er hätte diesen Platz auch erreicht, wenn ihm in den Pyrenäen eine Erkältung nicht schwer zugesetzt hätte. Hier verlor er die

sechs Minuten, die ihm bei der Endabrechnung fehlten. Bei Junkermann läßt sich so etwas ohne weiteres rekonstruieren, aber wie schön wäre es wiederum gewesen, wenn er einmal über seinen Schatten gesprungen wäre und alles auf eine Karte gesetzt hätte!

Jacques Anquetil aber war mit seinem vierten Sieg der Rekordmann der Tour de France geworden, und mit seinen 30 Jahren waren ihm alle Hoffnungen erlaubt, diesen Rekord noch höher zu schrauben. Ein Mann, der von sich behauptet, in einem prekären Gesundheitszustand in die Tour de France 1963 gegangen zu sein, um dann mit solchen Leistungen aufzuwarten, mußte auch der logische Favorit für die Tour de France 1964 sein.

Die spannendste Tour aller Zeiten

Die Gluthitze des Sommers 1964 hat eine Tour de France ausgebrütet, deren Dramatik über 4500 Kilometer anhielt und buchstäblich hineingetragen wurde in die überfüllte Prinzenpark-Arena, auf deren Piste die beiden großen Rivalen Jacques Anquetil und Raymond Poulidor eine jener Ehrenrunden fuhren, die unvergeßlich bleiben.

Unvergeßlich bleibt uns diese Tour aber noch aus einem anderen Grund, denn Freiburg i. Br. war das Ziel der 5. Etappe, und der begeisterte Empfang, den das Land am Oberrhein der großen Karawane bereitete, übertraf die kühnsten Erwartungen der Organisatoren.

Immerhin waren sie ein Wagnis eingegangen. Schließlich ist es ein Unterschied, ob die Tour einen Abstecher nach Belgien macht, wo die Organisation von Radsportveranstaltungen zum täglichen Brot der Polizei gehört, oder ob sie Neuland betritt, Neuland in jeder Beziehung.

Denn Deutschland war in der Tat Neuland. Hier hat man, seit die Landstraßen unter der Armada des motorisierten Verkehrs stöhnen, die Radrundfahrten sanft entschlafen lassen, und

leicht wird man begreifen, daß die Tour-de-France-Organisatoren bei aller Bereitschaft, die Südwestecke unseres Landes in ihr Rennen einzubeziehen, dem Etappenziel Freiburg mit einiger Skepsis entgegensahen.
Sie sollte sich als völlig unbegründet erweisen. Freiburg verkraftete die Monster-Organisation mit allen ihren ungewöhnlichen Anforderungen wie eine französische Stadt mit jahrzehntelanger Tour-Erfahrung, und die Absperrung auf den südbadischen Straßen war ebenso vorbildlich wie die Disziplin der gewaltigen Zuschauermassen, deren Begeisterung im übrigen nicht geringer war als die, die wir auf der anderen Seite des Rheins erlebten.
Das Experiment glückte über Erwarten gut, und damit war der Boden für eine noch größere Überraschung vorbereitet: Wenige Monate später beschlossen die Organisatoren, die Tour de France 1965 in Köln beginnen zu lassen!
Am Tag, da die Tour kam, war Freiburg bereit.
Bereit war aber auch Rudi Altig, und so kam es, daß sich die organisatorische und die sportliche Meisterleistung vereinten, um die Ankunft der Tour in Freiburg zu einem Ereignis zu machen, von dem man hierzulande sprechen wird, solange es eine Tour de France gibt.
Rolf Wolfshohl, der ewige Pechvogel, lag mit einer schweren Kopfverletzung in einem Pariser Krankenhaus, und so waren in Rennes nur drei deutsche Fahrer an den Start gegangen, nämlich das Kölner Trio Rudi Altig, Hennes Junkermann und Karl Heinz Kunde. Rudi Altig fuhr wieder mit Anquetil in der St.-Raphael-Equipe, Junkermann und Kunde waren Mannschaftskameraden im belgischen Team Wiel's Groene Leeuw.
Überschattet wurde der Start dieser 51. Tour durch den schweren Sturz Rik van Looys, drei Kilometer vor Lisieux, dem Ziel der ersten Etappe. Obwohl er sich eine Gehirnerschütterung zuzog, gab der ›Radsportkaiser aus Flandern‹ nicht auf, aber als er sich unter Aufbietung aller Energie ins Ziel der 2. Etappe gequält hatte, war er am Ende seiner Widerstandskraft, und die Tour verlor, noch ehe sie richtig begonnen hatte, einen ihrer

stärksten und populärsten Fahrer, einen Mann, der vor allem auf den Flachetappen ununterbrochen angegriffen hätte.
Nicht, daß es an diesen Angriffen gefehlt hätte. Aber sie machten keine ›difference‹, wie es in der französischen Fachsprache heißt. Die Ausreißversuche brachten nur mäßige Zeitgewinne, und in Metz, nach vier Etappen, lagen noch keine fünf Minuten zwischen van de Kerkhove, dem jungen Belgier im Gelben Trikot, und dem 60. der Gesamtwertung!
In Metz konnten wir deutschen Journalisten aber auch die ersten großen Schlagzeilen ausknobeln, denn Rudi Altig gewann die Etappe mit einem meisterlichen Spurt vor den Holländern Nijdam und Janssen, und da er sich auch bei den vorhergegangenen Massenankünften immer gut placiert hatte, eroberte er gleichzeitig das Grüne Trikot des Besten der Punktwertung. Das war am Vortag der Freiburger Etappe, und im Breisgau erreichte die ohnehin schon fieberhafte Spannung den Siedepunkt.
Dieser erste Streich Rudi Altigs hatte freilich auch noch eine andere Wirkung. Argwöhnisch belauerte ihn die Konkurrenz, als am nächsten Morgen von Lunéville, das die Fahrer in Omnibussen erreichten, nach Freiburg gestartet wurde. Denn obwohl sich der Rudi bemühte, sein harmlosestes Gesicht zur Schau zu tragen, wußte jeder, daß er seinen zweiten Streich plante, der ihm auf deutschen Boden das Gelbe Trikot einbringen sollte. Seine Rechnung war einfach: ›Ich liege nur 31 Sekunden hinter van de Kerkhove; folglich muß sich dieses grüne Trikot in ein gelbes verwandeln, wenn ich in Freiburg gewinne!‹
Nicht so einfach war es, diese Rechnung aufgehen zu lassen, denn über Nacht war Altig zur Zielscheibe geworden. Die Spurtspezialisten ließen sein Hinterrad nicht aus den Augen, und er selbst mußte jede Aktion von der Spitze des Feldes aus überwachen, um nicht überrumpelt zu werden. Zwölf Ausreißversuche registrierten wir auf den ersten 20 Kilometern, ein untrügliches Zeichen für die nervöse Spannung, die über dem Feld lag. Es war, als ob das Ausbrechen aus dem großen

Haufen die einzige Möglichkeit wäre, um sich die nötige Luft zum Atmen zu verschaffen.

Immer wieder war Rudi Altig an die Hinterräder gespurtet, und die Entschlossenheit, mit der er das tat, bewies, daß er nichts dem Zufall überlassen wollte. Man fuhr nach Deutschland, und das war *seine* Etappe!

So wunderte sich auch niemand, daß er wie ein Panther nachsetzte, als Georges Groussard, der zähe Bretone, nach 38 Kilometern Fersengeld gab, aber es ahnte auch niemand, daß sich damit schon die Entscheidung anbahnte. Schon nach einem Kilometer hatten sich Altig und Groussard so weit vom Feld abgesetzt, daß sie mit einiger Berechtigung an den Erfolg ihres Unternehmens glauben durften. Zwei Vogesenberge mittlerer Höhe, der Col de Sainte Marie-aux-Mines und der Col du Haut de Ribeauvillé, begünstigten zwar noch das Aufschließen zur Spitze des Belgiers Derboven, des Spaniers Galera und des Bruders von Georges Groussard mit Namen Joseph, aber noch ehe diese fünf Ausreißer die breite und topfebene Straße, die von Colmar zur Grenze führt, unter ihren Rädern hatten, war das Feld hoffnungslos abgeschlagen.

Der Vorsprung war auf über vier Minuten angewachsen, und die fünf Männer an der Spitze wußten, daß sie den Spurt um den Etappensieg unter sich ausmachen würden. Sie wußten auch, daß sie das in erster Linie Rudi Altig verdankten, der wie ein Berserker schuftete und mit Abstand die meiste Führungsarbeit leistete. Wenn sie sich hinter seinem breiten Rücken versteckten, dann war es, als ob sie sich an eine unheimlich gleichmäßig ziehende Lokomotive anhängen würden. Gewiß, auch sie leisteten Führungsarbeit, aber sie taten es in kürzeren Abständen. Nur der Belgier Derboven führte nie. Er war der Parasit in dieser Spitzengruppe, der sich an den Hinterrädern schonte, so gut es ging. Seine Rechtfertigung war taktischer Natur und durchaus verständlich, denn als Mannschaftskamerad von van de Kerkhove, der das Gelbe Trikot trug, durfte er kein Interesse an einem großen Vorsprung haben.

Aber auch seine Devise heiß ›Mit Altig zum Sieg‹, und in

Mißachtung eines ungeschriebenen Gesetzes des Landstraßenkrieges, das besagt, daß ein Fahrer, der keine Führungsarbeit leistet, auch den Endspurt nicht bestreiten darf, setzte Derboven auf der Freiburger Zielgeraden alle Reserven ein, die er sich an den Hinterrädern aufgespart hatte, und verwies Rudi Altig, der es tausendmal verdient gehabt hätte, diese Etappe zu gewinnen, auf den 2. Platz.

Das war freilich kein Malheur, sondern nur ein Schönheitsfehler, denn im unbeschreiblichen Begeisterungstaumel der vieltausendköpfigen Menge durfte Rudi Altig an der Stelle, die er sich ausgesucht hatte, das Gelbe Trikot überziehen, und da van de Kerkhove mit mehr als vier Minuten Rückstand eintraf, saß es sogar sehr fest auf seinen breiten Schultern. Das Gelbe Trikot auf der Brust und das Grüne in der Tasche, mehr gab es für den Rudi in Freiburg wirklich nicht zu holen!

Als der erste Siegesrausch verflogen war, wurde er jedoch eines besseren belehrt. Er holte sich nämlich die Vorwürfe seines Mannschaftsleiters Raphael Géminiani, der gar nicht erbaut davon war, daß der Abstand zu dem im Feld eingeklemmten Anquetil solche Formen angenommen und daß außerdem ein so guter Bergfahrer wie Georges Groussard davon profitiert hatte. Recht unangenehm wurde Rudi Altig daran erinnert, daß in seiner Mannschaft jede Aktion den Wünschen von ›Maître Jacques‹ unterzuordnen war.

Anquetil hatte, als er in Freiburg vom Rad stieg, ein wenig gebrummt, aber man darf diese ersten und erregten Äußerungen eines Rennfahrers in der Etappe nicht auf die Goldwaage legen. Als er im Grand Hotel am Rotteckring auf der Massagebank lag, sprach er schon viel versöhnlicher und verständnisvoller über Rudi Altigs Husarenritt, und als es am nächsten Morgen von Freiburg nach Besançon ging, war der Fall, der im Grunde genommen gar keiner war, längst bereinigt.

Später hat mir Anquetil allerdings zugegeben, daß ihm Rudi Altig zwischen Lunéville und Freiburg einige Angst eingejagt hatte. Er hatte zu diesem Zeitpunkt große Mühe, seinen Rhythmus zu finden, denn der Giro d'Italia, den er 14 Tage zuvor gegen die mächtige Koalition der Italiener gewonnen hatte, steckte ihm in den Knochen. Grund genug, um nervös zu werden, wenn ein eigener Mannschaftskamerad eine so heftige und erfolgreiche Jagd nach dem Gelben Trikot entfesselte!

Die Frage war jetzt, ob die Mannschaft das Gelbe Trikot und das Grüne Trikot Rudi Altigs mit allen zur Verfügung stehenden Mitteln verteidigen sollte. Aber diese Frage wurde recht lauwarm behandelt. Man hörte weder ein klares Ja noch ein klares Nein; allenfalls die neutrale Erklärung, daß man in den Alpen weitersehen werde. Bis dahin sollte Altig eine gewisse Unterstützung erhalten, zumal die beiden Trikots einen hübschen Batzen Geld in die gemeinsame Kasse brachten.

Viel gespürt hat der Rudi nicht von dieser Unterstützung, aber er hätte das Gelbe Trikot ohnehin nicht über die Alpen hinübergerettet, wiewohl er am Berg stärker geworden war. Dafür spurtete er nicht mehr so unwiderstehlich wie vor seiner Bandscheibenoperation, aber das hätten seine Mannschaftskameraden ausgleichen können, wenn sie versucht hätten, ihm die Spurts anzuziehen, so wie es die Holländer für Janssen und die Belgier für Sels taten. Doch auf den letzten Kilometern vor dem Ziel mußte sich Altig immer selbst helfen, und das war bei den vielen Massenspurts ein schweres Handicap für ihn.

Mit einer besseren Unterstützung hätte er das Grüne Trikot nach der 7. Etappe Champagnole–Thonon sicherlich nicht an Janssen abtreten müssen. Immerhin behielt er das Gelbe, aber er wußte, daß er jetzt nur noch einen Tag Aufschub hatte. Zu gering waren die Abstände hinter ihm und zu hoch die beiden Alpenberge Télégraphe und Galibier!

Aber er weigerte sich, seinem Nachfolger das Gelbe Trikot schicksalsergeben auf dem Präsentierteller zu überreichen. Obwohl er am Télégraphe stürzte und kostbare Zeit verlor, wurde er von den Bergspezialisten keineswegs deklassiert, und seinen 21. Platz auf dieser schweren Hochgebirgsetappe mit nur 6,45 Minuten Rückstand auf einen entfesselten Bahamontes ist für einen ›Roller‹, der 80 Kilo auf die Paßhöhe hinaufwuchten muß, eine hervorragende Leistung. Georges Groussard freilich, Altigs Ausreißgefährte auf den elsässischen und badischen Landstraßen, kletterte besser und übernahm das Gelbe Trikot, das er dann zehn Tage lang wie ein Löwe verteidigen sollte.

Die Tour war in ihre zweite Phase gegangen, und noch immer lief die Maschine Anquetil nicht auf Hochtouren. Ja, sie lief sogar mit beunruhigenden Fehlzündungen, und als die ewigen Schneefelder des Galibier auftauchten, hatte der große Favorit den ersten Schwächeanfall. Er wirkte sich nicht aus, weil unmittelbar darauf die lange Abfahrt nach Briançon folgte. Immerhin notierte man den ersten Coup, den Raymond Poulidor, sein großer französischer Rivale, gegen ihn landete. Mit seinem 2. Platz hinter einem Bahamontes, der für einen Veteranen eine geradezu phantastische Kletterdemonstration geboten hatte, sicherte er sich 30 Sekunden Zeitgutschrift, und die Spitze der Gesamtwertung hatte in Briançon folgendes Aussehen: 1. Georges Groussard, 2. Bahamontes 3.35 Minuten zurück, 3. Poulidor 4.07, 4. Foucher 4.08, 5. Anglade 4.23, 6. Altig 4.38, 7. Junkermann 4.47, 8. Anquetil 5.22 Minuten zurück.

Hennes Junkermann hatte sich mit verblüffender Leichtigkeit in der Verfolgertruppe des an diesem Tag unangreifbaren Bahamontes gehalten und war von Poulidor im Spurt um den 2. Platz nur ganz knapp geschlagen worden. Junkermann als Spurter, wann hatte man das erlebt! Tatsächlich befand sich der Hennes in einer prächtigen Form, und er kämpfte zweifellos auch mit mehr ›Biß‹ als früher. Leider wurde diese Form dann bald durch die gewaltige Hitze, die er viel weniger ertrug als Kälte und Regen, angeknabbert. In Briançon aber erlebten wir ihn aufgekratzt wie selten, und sein Sprung vom 19. auf den 7. Platz der Gesamtwertung konnte sich sehen lassen. Ebenfalls 12 Plätze hatte Karl Heinz Kunde, mit 1, 63 m der kleinste aller Fahrer, übersprungen. Er lag jetzt auf dem 26. Platz der Gesamtwertung, und ohne seinen schweren Sturz von der ersten Etappe wäre er noch viel besser placiert gewesen. Sein geschundener Arm war ein böses Handicap.

Die Tour aber ist, obwohl die Fronten auf dem Papier noch keineswegs geklärt sind, für alle diejenigen, die über die Ereignisse des Tages hinwegblicken, zum großen Duell zwischen Anquetil und Poulidor geworden, in das höchstens noch Federico Bahamontes, der ›Adler von Toledo‹, eingreifen kann.
Die zweite Alpenetappe, die über den fast 3000 m hohen Col de Restefond führt, wird das bestätigen. Sie wird aber auch bestätigen, daß der 36jährige Bahamontes, der in seiner Jugend mindestens drei Toursiege verschleudert hat, weil er sein Metier nicht ernst genug nahm, seine eindrucksvollen Sondernummern nicht mehr nach Belieben vorführen kann. Er muß mit seinen Kräften haushalten, der ›Fede‹, und so hängt er den langen und feingliedrigen Franzosen Louis Rostollan erst zwei Kilometer unterhalb des Restefond-Gipfels ab, dem ›Dach‹ dieser Tour, auf dessen Schneefeldern mehr Autos parken als bei einem Bundesligaspiel vor dem Stuttgarter Neckarstadion. Er weiß, daß er diesmal nur die Bergpunkte, aber nicht den Etappensieg erringen kann, denn noch hundert Kilometer sind bis zum Etappenziel Monaco zurückzulegen, hundert Kilometer ohne nennenswerte Hindernisse, die die Meute der Verfolger unweigerlich an ihn heranbringen muß. Deshalb läßt sich Bahamontes einholen und denkt schon an die Pyrenäen.
Anquetil aber denkt an den Etappensieg und an die Zeitgutschrift, die er Poulidor diesmal wegschnappen will. Aus 20 Fahrern besteht die Spitzengruppe, die durch die Haarnadelkurven des Col de la Turbie schießt, und wer da glaubt, daß der Etappensieg nun ein reines Glücksspiel sei, so wie man es im Casino von Monte Carlo betreibt, an dem die Fahrer in atemberaubendem Tempo vorbeisausen, der rechnet nicht mit Anquetils Strategie, die nichts dem Zufall überläßt. Junkermann und Kunde, die besser kletterten als Altig und sich deshalb in dieser Spitzengruppe befinden, wissen, daß sie im Spurt auf der Aschenbahn des Stadions von Monaco keine Chance haben. Aber Raymond Poulidor, der besser spurtet, ist bereit, alles zu riskieren, um sich für seinen ›Sekundenkleinhandel‹ mit Anquetil Sieg und Zeitgutschrift zu sichern.

Diese Rechnung durchkreuzt Anquetil auf ebenso einfache wie wirksame Weise. In den Straßen Monte Carlos arbeitet er sich zur Spitze vor und fährt als Erster ins Stadion ein, dieweil Poulidor eingeklemmt ist und auf der schlüpfrigen Aschenbahn ein gewaltiges Risiko eingehen muß, um in der letzten Kurve auf Anquetils Höhe zu kommen. Zu spät! Anquetil gewinnt seinen Spurt von der Spitze weg, so wie er es sich ausgerechnet hatte, und wütend wirft Poulidor sein Rad weg, weil er sich wie ein Anfänger vorkommt, der nicht an das Einfachste gedacht hat.

Diese verlorene Minute wurmt ihn um so mehr, als er weiß, daß Anquetil am nächsten Tag weitere kostbare Sekunden hamstern wird, denn die 10. Etappe besteht aus dem Teilstück Monaco–Hyères und dem 18-km-Zeitfahren Hyères–Toulon, das eine sichere Beute Anquetils werden muß. Denn der ungekrönte Weltmeister im Zeitfahren hat jetzt seinen Rhythmus gefunden.

Auf der ersten Halbetappe geht Rudi Altig wieder einmal knapp am Sieg vorbei. Jan Janssen, der Mann im Grünen Trikot, verweist ihn um eine halbe Länge auf den 2. Platz. Mit seiner Spurtkraft von 1962 wäre ihm das nicht passiert, aber er hat keinen Grund, mit seiner Form unzufrieden zu sein, denn im anschließenden Zeitfahren belegt er einen hervorragenden 3. Platz hinter Anquetil und Poulidor. Bei der Kürze der Distanz sind die Zeitdifferenzen nicht groß, aber es reicht Anquetil, um sich in der Gesamtwertung auf den 2. Platz hinter den kleinen Groussard zu setzen.

Und nun schieben sie einen kleinen Waffenstillstand bis zu den Pyrenäen ein. Sowohl zwischen Toulon und Montpellier als auch zwischen Montpellier und Perpignan ereignet sich nichts Nennenswertes unter der sengenden Sonne der Provence, und wenn die Tour hier nicht durchgerollt wäre, dann hätte man wohl nicht einmal einen herrenlosen Hund durch verlassene Dorfstraßen streunen sehen. Die Bruthitze drückt wie Blei auf die Glieder und macht jede Bewegung zur Qual.

Es sind jene Provence-Tage, in denen die Menschen die Nacht

herbeisehnen, um aus dem Schatten herauskriechen zu können, und wie sie keiner besser beschrieben hat als Alphonse Daudet. Für die Fahrer ist es eine gewaltige Schinderei, und wahllos verteilt der ›Mann mit dem Hammer‹ seine Schläge, aber ehe sie in Andorra den einzigen Ruhetag genießen dürfen, müssen sie sich über die ersten Pyrenäen-Berge quälen.

Der Waffenstillstand der Asse hält auch noch auf dieser ersten Pyrenäen-Etappe an. Sie halten eine gegenseitige Überwachung für sinnvoller als die wilde Attacke, die der spanische Bergspezialist Martin Jimenez, offenbar von der Nähe der Heimat beflügelt, schon gleich nach dem Start reitet. Selbst Bahamontes, der nicht nur den großen Bergpreis, sondern auch das Gelbe Trikot im Auge hat, setzt nicht nach, so daß Jimenez am Col de Perche und am 2407 m hohen Port d'Envalira einen Vorsprung von acht Minuten herausholen kann, den er bis Andorra nicht mehr abgibt. Das bringt ihn auf den 8. Platz der Gesamtwertung, aber an deren Spitze ändert sich gar nichts. Man holt Atem für den großen Kampf, der nun in den Pyrenäen entbrennen muß.

Jacques Anquetil ist mit der Entwicklung zufrieden. So zufrieden, daß er sich dazu hinreißen läßt, den Ruhetag in Andorra nicht wie ein Hochleistungssportler, sondern wie ein Urlauber zu begehen, der sich etwas Besonderes gönnen will. Er tafelt wie ein König und tut dem besten Champagner des Hauses mehr Ehre an, als er sich angesichts des ›Gebirgsmenüs‹, das ihm am nächsten Tag vorgesetzt wird, erlauben sollte.

Die Folgen sind katastrophal. Im Wolkenmeer, das den Gipfel des Port d'Envalira einhüllt, scheint sich die Sensation der Sensationen anzubahnen: Jacques Anquetil, der große Favorit, ist dem völligen Zusammenbruch nahe! Kalter Schweiß steht auf seiner Stirn, und die fiebrig glänzenden Augen sind die eines Fahrers, der nicht mehr den Gipfel herbeisehnt, sondern den Besenwagen. Dieser Berg, dessen steile Rampen unmittelbar nach dem Start beginnen, hat ihm alle Kraft aus den Beinen gesogen, und diesmal ist es kein harmloser Schwächeanfall.

Anquetil hat schon die Hand am Pedalriemen. Es ist der

mechanische Griff des Fahrers, der nichts anderes mehr will als absteigen. Und mit großer Sicherheit wäre das geschehen, wenn in diesem Moment nicht der Samariter Rostollan an seiner Seite aufgetaucht wäre, den Géminiani in fast hektischer Verzweiflung zurückbeordert hat.

Louis Rostollan, der gutmütige Hüne aus Frankreichs sonnigem Süden, ist nicht nur ein guter Rennfahrer, sondern ein ebensolcher Psychologe, der genau die richtigen Worte findet: »Absteigen willst du, weil du dich ein bißchen quälen mußt? Hast du denn vergessen, daß du Anquetil heißt? Sieh mich an: Ich könnte aufgeben, ohne daß das jemand stören würde außer ein paar Freunden. Aber du heißt Anquetil und hast Millionen von Freunden und Neidern. Du hast die verdammte Pflicht und Schuldigkeit, die Zähne zusammenzubeißen. Oder willst du Poulidor diese Tour schenken?«

Rostollan schiebt ihn, gibt ihm zu trinken und redet ununterbrochen auf ihn ein. Eine Antwort bekommt er nicht, denn der große Favorit dieser Tour hat noch nicht einmal die Luft, die man zum Sprechen braucht. Er wird auch nicht schneller – aber er bleibt im Sattel und erreicht den Gipfel.

So spät allerdings, daß viele der Journalisten, die ihn dort mit gezückter Stoppuhr erwarten, der Meinung sind, daß er die Tour verloren hat. Vier Minuten, die endlos erschienen, hat er an Poulidor verloren, der zusammen mit allen anderen Assen längst wieder das Wolkenmeer durchstoßen hat und nun das Tempo forciert, weil ihn sein Mannschaftsleiter Antonin Magne natürlich prompt über Anquetils Malheur informiert hat.

Aber jetzt zeigt es sich, daß Jacques Anquetil nicht nur einer der größten, sondern auch einer der cleversten Champions aller Zeiten ist. Er hat zwar seine Kraft, aber nicht seine Reflexe verloren, und seine halsbrecherische Talfahrt im wallenden Nebel ist eine der ungewöhnlichsten Leistungen, die jemals bei der Tour vollbracht wurden.

Mit raffiniertem Geschick nützt er die Situation. Im Gegensatz zu Poulidor & Co. hat er eines der Begleitautos vor sich, die im weit auseinandergezogenen Feld eingeklemmt sind. Der Fahrer dieses Wagens hat natürlich nicht nur die Nebellampen, sondern auch die Rücklichter eingeschaltet, und da er sehr flott zu Tal fährt, kann Anquetil das Risiko erhöhen, denn er hat veritable ›Positionslampen‹ vor seinen Augen, die allmählich wieder klar werden.

Mindestens zwei Minuten seines Rückstandes macht er auf dieser Abfahrt gut, und als die Straße wieder eben wird, schließt er zu einer Gruppe auf, in der sich sowohl Rudi Altig als auch Georges Groussard, der Träger des Gelben Trikots, befinden. Anquetil kommt sich vor wie ein Schiffbrüchiger, den ein Rettungsboot aufnimmt, und jetzt hat er auch schon wieder die Kraft, sich in die Riemen zu legen. Wo er sie hernimmt, ist sein Geheimnis: das eines Champions der Superklasse!

Man hat später gesagt, daß Georges Groussard und seine Kameraden von der Pelforth-Mannschaft Anquetil bei der nun einsetzenden Jagd auf die Spitzengruppe eine ›unbotmäßige‹ Hilfe geleistet hätten, und es ist scher, daß Anquetil ohne diese Hilfe vor dem Etappenziel Toulouse nicht mehr an Poulidor herangekommen wäre. Aber Groussard mußte Anquetils Spiel spielen, wenn er sein Gelbes Trikot verteidigen wollte!

Doch das ist längst nicht das einzige Glück, das Anquetil auf dieser Etappe, die sein Untergang hätte sein können, zuteil wird. Kaum hat er die Spitzengruppe, die ihn längst abgeschrieben hat, erreicht, als Poulidor durch einen Sturz zurückfällt und bis zum Etappenziel Toulouse genau 2,34 Minuten auf Anquetil verliert. Der junge Belgier Edouard Sels gewinnt den Spurt der Spitzengruppe, doch für Anquetil wird die gleiche Zeit gemessen, und er hat nicht nur keine einzige Sekunde verloren, sondern mehr als zweieinhalb Minuten gegenüber Poulidor gewonnen. An der Behauptung, daß er seine fünfte Tour an diesem Tag, der so beänstigend für ihn begann, gewonnen hat, läßt sich kaum rütteln, wiewohl die Ereignisse sich noch dramatisch zuspitzen sollen.

Raymond Poulidor verbringt in Toulouse eine jener Nächte, in denen man mit geballten Fäusten auf Revanche sinnt, und es gelingt ihm auch tatsächlich, die Pyrenäen-Etappe Toulouse–Luchon zu gewinnen. Mit einer grandiosen Energieleistung distanziert er einen Anquetil, der seinen Schock überwunden hat, so klar, daß sein Verlust des Vortags wieder wettgemacht ist.

Die Tour ist wieder völlig offen geworden, aber sie verlangt, daß alle Rechnungen bezahlt werden. Poulidor muß den Vorschuß, den er zwischen Toulouse und Luchon genommen hat, auf der Königsetappe der Pyrenäen, die von Luchon nach Pau über die vier klassischen Pässe Peyresourde, Aspin, Tourmalet und Aubisque führt, wieder zurückzahlen. Was heißen soll, daß er nach dem enormen Energieverschleiß des Vortags froh ist, mit der Anquetil-Gruppe in Pau einzutreffen, einer Gruppe, in der sich auch Hans Junkermann und Karl Heinz Kunde befinden.

Der Held des Tages aber heißt Federico Martin Bahamontes, der am Vorabend seines 36. Geburtstages beweist, daß die Dynastie der Bergkönige noch nicht ausgestorben ist. So mächtig ist der Flügelschlag des Adlers von Toledo, daß er die Etappe mit klarem Vorsprung gewinnt und das Gelbe Trikot nur um lächerliche 36 Sekunden verpaßt! Junkermann belegt einen ausgezeichneten 4. Platz, und Kunde, der nur wenige Sekunden nach ihm eintrifft, hat seine bisher beste Leistung im Hochgebirge gezeigt. Rudi Altig aber muß einsehen, daß es über seine Kräfte geht, zwei Fliegen auf einen Schlag zu fangen, nämlich das Grüne Trikot und eine gute Placierung in der Gesamtwertung. Am Tourmalet ›bricht er ein‹, und in Pau beträgt sein Rückstand auf den Etappensieger Bahamontes mehr als eine halbe Stunde.

Nie ist Federico Martin Bahamontes der Fachwelt auf eindringlichere Weise als spanischer ›Grande‹ erschienen als auf dieser letzten Pyrenäen-Etappe, und dennoch weiß sie, daß er nicht genug getan hat, um die Kalkulationen Anquetils über den Haufen zu werfen. Zwar hat Kastiliens heißblütiger und eigenwilliger Sohn den kühlen Rechner aus der Normandie vom

2. Platz der Gesamtwertung verdrängt, aber die 36 Sekunden, die ihn von Georges Groussard trennen, der sein Gelbes Trikot mit unbändiger Energie verteidigt, sind eine Schallmauer, die er jetzt nicht mehr überwinden kann.

Denn auf dem Programm des nächsten Tages steht das Zeitfahren von Peyrehorade nach Bayonne. Mit 42,8 Kilometern ist es der längste Kampf gegen die Uhr, den es in dieser Tour auszufechten gilt, und damit Anquetils Sprungbrett für das Gelbe Trikot. Es sei denn, Anquetil wäre nicht mehr er selbst oder einer seiner direkten Gegner würde auf wunderbare Weise über sich hinauswachsen.

Aber die Wunder sind bei der Tour selten geworden. Anquetil gewinnt dieses Zeitfahren mit 37 Sekunden Vorsprung vor Poulidor, und wieder belegt Rudi Altig einen prächtigen 3. Platz hinter den beiden erbitterten Rivalen. Doch Poulidor hat neuen Grund, mit dem Pech zu hadern, das an seinen Reifen klebt. Ein Maschinenwechsel wegen Reifenschadens kostet ihn mindestens 30 Sekunden, und Antonin Magne, sein väterlicher Berater, behauptet sogar, daß er Anquetil ohne dieses Mißgeschick geschlagen hätte. Solche Behauptungen lassen sich freilich nicht beweisen, aber Tatsache ist, daß Anquetil an diesem Abend nicht recht froh über das Gelbe Trikot wird, das er dem kleinen Groussard endlich abgejagt hat. Poulidor liegt mit nur 56 Sekunden Rückstand auf dem 2. Platz der Gesamtwertung, und noch kann die Etappe, die durchs Zentralmassiv führt, eine entscheidende Änderung bringen.

Zuvor aber gibt es eine sympathische Ablenkung von diesem dramatischen Duell, das ganz Frankreich in zwei große Lager zu spalten beginnt: André Darrigade, der 37jährige Senior des Rennens, erringt auf der 18. Etappe Bayonne–Bordeaux einen phantastischen Spurtsieg, und nie hat es auf der Radrennbahn von Bordeaux stürmischere Ovationen gegeben, denn ›Dédé‹ Darrigade, einer der größten Sprinter, die Frankreich je hervorgebracht hat, verwirklicht einen Traum seiner langen und ruhmreichen Karriere. Er, der aus Dax, einer Nachbarstadt von Bordeaux, stammt und seine 12. Tour de France bestreitet,

hatte bisher zwar 21 Etappensiege auf sein Konto gebracht, aber noch nie in Bordeaux gewonnen! Der Beifallsorkan, der ihn umbrandet, ist stärker als jeder, den Anquetil je erlebt hat, und sein Ziel, den Rekord André Leducqs zu brechen, der es auf 25 Etappensiege brachte, ist in greifbare Nähe gerückt. Wenn André Darrigade aufhört, wird die Tour zwar keinen ihrer Sieger, aber einen ihrer populärsten Champions verlieren. Seinem mit südländischer Begeisterung gefeierten Sieg folgt unfaßbares Leid, denn die 19. Etappe Bordeaux–Brive wird von dem furchtbarsten Unglück überschattet, das sich in der Geschichte der Tour ereignet hat. In dem Dorf Port de Couze rast ein Tanklastzug durch eine dichte Gruppe von Zuschauern über ein Brückengeländer und stürzt in einen Kanal. Acht Menschen werden getötet, und obwohl es sich um ein Polizeifahrzeug und nicht um einen offiziellen Wagen der Tour handelt, sieht sich die sonst so reibungslos funktionierende Organisation einer harten Kritik ausgesetzt.
Das Duell Anquetil–Poulidor aber geht seinem Höhepunkt entgegen, und zwar im wahrsten Sinne des Wortes, denn das Ziel der 20. Etappe Brive–Clermont-Ferrand liegt auf dem Gipfel des 1415 Meter hohen Puy de Dôme. Vor allem die letzten sechs Kilometer des Aufstiegs zu diesem Vulkanberg des Zentralmassivs sind so hochprozentig, daß ihn die Fahrer mehr fürchten als die höchsten Pässe der Alpen und Pyrenäen. Und da Poulidor besser klettert als Anquetil, ist der Puy de Dôme seine allerletzte Chance für einen Großangriff aufs Gelbe Trikot.
Anquetil hat allen Grund, diesen Angriff zu fürchten. Um ihn abzuwehren, setzt er nicht nur alle Reserven von Muskel- und Willenskraft ein, sondern sein ganzes Raffinement der psychologischen Kriegsführung, denn er weiß, daß er auf diesem Gebiet Poulidor noch immer haushoch überlegen ist.
Als die Rampen vier Kilometer unterhalb des Gipfels so steil werden, daß die Motoren der Begleitwagen im ersten Gang stöhnen, placiert Jimenez einen so trockenen Zwischenspurt, daß selbst Bahamontes die Luft wegbleibt. Er muß seinen

jüngeren Landsmann ziehen lassen, läßt aber seinerseits Anquetil und Poulidor hinter sich, deren erbittertes Duell nun den Höhepunkt erreicht. Sofort führt Anquetil seinen ersten psychologischen Schlag gegen den Rivalen: »Jetzt schnappen uns die beiden Spanier auch noch die Zeitvergütung weg!«
Dieser Satz, den der an Poulidors Hinterrad klebende Anquetil mehr hervorgekeucht als gesprochen hat, irritiert ihn. Und er sagt sich: Wenn der jetzt noch an Zeitvergütung denkt, muß er sehr stark sein!
In diesem Augenblick neigt sich die Waage zu Anquetils Gunsten. Poulidor läßt sich bluffen und versucht noch nicht, mit den allerletzten Energiereserven Anquetil abzuhängen und Bahamontes einzuholen. Dieses Zögern gestattet Anquetil, sich an seine Seite zu schieben. Er weiß, daß das Poulidor mehr beeindruckt, als wenn er sich an sein Hinterrad klemmt, und so kämpfen sie zwei Kilometer lang Schulter an Schulter. Anquetil ist sich klar darüber, daß ihm Poulidor unwiderstehlich davonzieht, wenn er auch nur einen Meter preisgibt. Er verkrampft sich und bekämpft den herannahenden Schwächanfall mit einer schier übermenschlichen Energie, und noch immer merkt Poulidor nicht, daß er der Stärkere ist.
Erst als die rote Flagge auftaucht, die den letzten Kilometer anzeigt, spürt er, daß der keuchende Mann neben ihm nichts mehr zuzusetzen hat, und jetzt endlich setzt Raymond Poulidor alles auf eine Karte. Nicht weniger als 42 Sekunden nimmt er dem völlig erschöpften Anquetil auf den letzten 800 Metern ab, und wenn ihm Bahamontes nicht die Zeitgutschrift für den 2. Platz weggeschnappt hätte, dann wäre ihm das Gelbe Trikot zugefallen. So aber rettet es Anquetil mit dem hauchdünnen Vorsprung von genau 14 Sekunden. Hat er die Tour damit gewonnen? Fast möchte man es glauben, denn nur noch zwei Flachetappen sind bis Paris zurückzulegen, und die letzten 27 Kilometer von Versailles in den Prinzenpark werden im Zeitfahren erledigt.
Da der Leser, der die Geschichte der Tour von den Anfängen bis hierher verfolgt hat, kein radsportlicher Laie mehr ist,

braucht wohl kaum besonders hervorgehoben zu werden, daß diese 14 Sekunden theoretisch zwar ein lächerliches, praktisch aber ein handfestes Kapital für den ›König der Roller‹ darstellen. Zwar war die Tour de France noch nie mit Hilfe eines so minimalen Zeitunterschieds gewonnen worden, aber man erinnerte sich vor diesem dramatischen Finale, daß Louison Bobet einen Giro d'Italia mit genau 19 Sekunden Rückstand auf Charly Gaul verloren hatte. Tagelang war Louison, obwohl er ein besserer Roller als der kleine Luxemburger war, diesen 19 Sekunden vergeblich nachgejagt.

311 Kilometer lang ist die vorletzte Etappe Clermont-Ferrand–Orléans, aber die Chance Poulidors, Anquetil in Orléans um 15 Sekunden zu schlagen, ist gleich Null, denn erstens hat sich der Mann im Gelben Trikot von den Strapazen des Puy de Dôme in erstaunlich kurzer Zeit erholt, und zweitens läßt er sich auf einer Flachetappe nicht abschütteln. Wie siamesische Zwillinge fahren die beiden in Orléans über den Zielstrich, und das gleiche wiederholt sich am nächsten Tag in Versailles, dem Ziel der ersten Halbetappe des Schlußtages.

Nun erscheint mir die Feststellung wichtig, daß Anquetil die Tour nicht mit Hilfe des 27,5-km-Zeitfahrens von Versailles nach Paris gewonnen hat. Wäre dieses Zeitfahren nicht eingeschaltet worden, dann hätte er unzweifelhaft seine 15 Sekunden Vorsprung in den Prinzenpark gerettet. Doch das Zeitfahren, seine ureigene Spezialität, stellt, so seltsam es klingen mag, noch einmal alles in Frage. Gewiß, er ist hier Favorit, aber hat sich Poulidor im Zeitfahren nicht enorm verbessert und muß nicht auch ein Schwächeanfall einkalkuliert werden, den man vielleicht im geschlossen rollenden Feld, nicht aber beim Zeitfahren verbergen kann? Hinzu kommt die nervöse Spannung, die den Favoriten mehr belastet als den, der nichts zu verlieren und alles zu gewinnen hat. Nein, diesmal handelt es sich um ein Zeitfahren, das alles andere als eine Formalität für den Spezialisten Anquetil ist.

Ein Gewitter kündigt sich an, als die ersten Fahrer auf der Strecke sind, aber nicht nur deshalb scheint es, als ob die flimmernde Luft über dem Parcours mit Elektrizität geladen sei. Eine fieberhafte, geradezu hektische Spannung hat die unübersehbare Menschenmenge, die sich am Rande der Landstraße preßt, ergriffen. Nie hat es ein dramatischeres Finale gegeben, und nie hat die Tour auf einer so kurzen Strecke so viele Menschen angelockt. Man schätzt, daß 800 000 das Spalier für die letzte Runde des dramatischen Zweikampfs Anquetil–Poulidor bilden. Freilich, es wird auch nicht gearbeitet, denn man feiert ja den 14. Juli, Frankreichs Nationalfeiertag!

Am 14. Juli 1789 hat das Volk von Paris die Bastille gestürmt und das Land von der Tyrannei des Königs befreit. Und will es an diesem 14. Juli 1964 nicht auch einen König stürzen sehen, dessen Herrschaft zu lange unantastbar gewesen ist? Bietet diese brodelnde Menschenmasse am Nationalfeiertag nicht ein Spiegelbild des französischen Nationalcharakters, bei dem das murrende Aufbegehren ein seltsamer Verbündeter des überschäumenden Jubels ist, der sich auflehnt gegen jede Diktatur, und sei es gegen die eines Champions auf dem Rennrad?

Die unübersehbare Menge am Rande der Landstraße fordert den Thron des Tyrannen, und auf ihm will sie Raymond Poulidor, den ›Mann des Volkes‹, sehen.

Für Jacques Anquetil wird dieser Kampf gegen die Uhr zum Spießrutenlaufen. Bei jedem Pedaltritt, der ihn dem Ziel näher bringt, spürt er, daß diese Menschenmauer nicht seinen, sondern Poulidors Sieg feiern will, und fast kommt er sich wie ein Dieb vor, der öffentlich angeprangert wird, weil er sich etwas holen will, das man ihm nicht gönnt.

Aber nur fast. Hat er nicht oft genug bewiesen, daß er kein Sensibler ist, den der Nervenkrieg zermürbt? Trotzdem arbeitet unter dem Gelben Trikot, das an dem hauchdünnen Faden von 14 Sekunden hängt, keine Maschine, sondern ein Herz, in dem sich der ganze Stolz eines großen Champions zusammenballt, der keine schadenfrohen Gesichter sehen kann.

Die Pfiffe demoralisieren ihn nicht, sondern sie spornen ihn an. Nicht ums Geld geht es für ihn, denn davon hat er mehr als jeder andere, der diesen harten Sport zu seinem Metier gemacht hat. Jacques Anquetil kämpft um sein Prestige, und er tut es mit allen Fasern seiner Willens- und Muskelkraft. Ist das weniger sympathisch und faszinierend als das Aufbäumen Raymond Poulidors gegen jene 14 Sekunden, die sich nach einem Rennen von 4500 Kilometern wie eine Mauer vor ihm aufgebaut haben? Wie immer beim Zeitfahren ist der Start in der umgekehrten Reihenfolge der Gesamtwertung erfolgt. Anquetil geht also als Letzter über die Strecke, genau zweieinhalb Minuten nach Poulidor. Der Richter dieser letzten Phase eines Duells, das ein ganzes Land in Atem hält, ist unbestechlich, denn es ist der Chronometer.

Anquetil besitzt auf der halben Distanz einen Vorsprung von sechs Sekunden. Aber was bedeutet das schon! Wenn einer der superleichten Reifen, die er aufgezogen hat, um Gewicht zu sparen, platzt, dann wird ihn das Wechseln der Maschine 20 bis 30 Sekunden kosten. Oh, es sind gut abgelagerte, zuverlässige Reifen, die ein Jahr lang im Keller seiner Villa in St. Adrien bei Rouen hingen, aber auch sie sind nicht gegen die Tücke des Zufalls gefeit. Und wer will wissen, ob nicht hysterische Fanatiker vor der Passage des Mannes im Gelben Trikot Nägel auf die Straße gestreut haben, so wie es in der ›heroischen Epoche‹ geschah, in der sich die Leidenschaften noch hemmungsloser als heute austobten?

Nie hat Anquetil die Panne, den stupiden Zwischenfall, mehr gefürchtet als auf diesem letzten und lächerlich kurzen Abschnitt des Rennens. Schier unerträglich ist die Anspannung aller Sinne auf diesen 27,5 Kilometern, und nicht anders ergeht es Raymond Poulidor, der die Menschen, die ihn anfeuern, wie noch nie ein Rennfahrer zur Hergabe seiner letzten Kraft aufgepeitscht wurde, wie durch einen Schleier sieht. Es ist ein gigantisches Duell, wie es die Tour noch nie erlebt hat. Jacques Anquetil und Raymond Poulidor, zwei Bauernsöhne aus dem Norden und dem Süden Frankreichs, sind dabei, eines der großartigsten Kapitel der Tour-Geschichte zu schreiben.

Als Anquetil in St. Cloud, dem vornehmen Stadtteil des Pariser Westens, einfährt, ist noch alles offen. Doch auf den letzten

sechs Kilometern ist er unwiderstehlich. Er holt 21 Sekunden Vorsprung gegen Poulidor heraus, der mit fliegenden Fahnen untergeht und sich auch noch dem phantastisch kämpfenden Rudi Altig beugen muß. Daß sich Rudi Altig bei diesem schweren und entscheidenden Zeitfahren noch zwischen die beiden großen Rivalen schieben kann, ist eine Leistung, die ihn mit den mannigfachen Enttäuschungen, die er bei dieser Tour in Kauf nehmen mußte, versöhnt. Er hat sich in einer Mannschaft, die ganz auf Anquetil eingestellt war, zwischen zwei Stühle gesetzt. Nach Lage der Dinge hätte ihm das Grüne Trikot, das der Holländer Jan Janssen nach Paris gebracht hat, wichtiger sein müssen als die Placierung in der Gesamtwertung. Doch es war erst seine zweite Tour, und Lehrgeld hat einst auch ein Anquetil bezahlt. Im übrigen kann sich die Placierung des Kölner Trios im Schlußklassement dieser 51. Tour de France sehen lassen: Junkermann auf dem 9., Altig auf dem 15. und Kunde auf dem 16. Platz.
Jacques Anquetil aber gewann diese Tour unter Zurechnung der Zeitvergütung für seinen Sieg auf der letzten Halbetappe mit 55 Sekunden vor Raymond Poulidor. Dritter und gleichzeitig zum 6. Mal Sieger des Großen Bergpreises wurde Federico Martin Bahamontes. Es war eine große Abschiedsvorstellung des ›Adlers von Toledo‹.
Anquetils Rekord von fünf Tour-Siegen aber war uneinnehmbar wie eine trutzige Festung geworden. Wer wollte ihn, außer ihm selbst, brechen?

Die Tour de France 1965, die in Köln gestartet wurde, schien dem populären Poulidor endlich grünes Licht fürs Gelbe Trikot zu bringen, aber der in seine erste Tour steigende Felice Gimondi kam, sah und siegte. Ein spektakulärer Sieg Poulidors am Mont Ventoux kam zu spät. Wieder wurde er Zweiter mit dem knappen Rückstand von zweieinhalb Minuten auf den jungen Italiener.
Noch geringer war sein Rückstand auf den französischen Über-

raschungssieger von 1966, Lucien Aimar, nämlich genau zwei Minuten, aber das reichte nur zum dritten Platz hinter dem Holländer Janssen in einem Rennen ohne Favoriten, bei dem Rudi Altig und der kleine Kölner Karlheinz Kunde mit dem Gelben Trikot Furore machten und Poulidor sich von Lucien Aimar in der Alpenetappe Briançon–Turin überrumpeln ließ. Der kranke Anquetil tat ihm nichts. Er gab in den Alpen auf.

Der Tag, an dem Tom Simpson starb

Neuer französischer Sieg 1967: Roger Pingeon siegte vor dem Spanier Jimenez, und Poulidor hatte sein kleines Drama am Ballon d'Alsace. Aber das große spielte sich am Mont Ventoux ab.
Das schmutzige Weiß der Bergkuppe ist ekelerregend. Wie von der Hand des Teufels geformt, ragt sie aus der flachen Landschaft der Provence in die heiße, flimmernde Luft, fast 2000 Meter hoch; aber es ist nicht Schnee, was sich da vom dunstigen Blau des Horizonts abhebt, sondern kahles, gebleichtes vulkanisches Gestein. Es ist der Gipfel des Mont Ventoux, und nie ist er mir von so trostloser Unheimlichkeit erschienen wie an diesem Freitag, dem 13. Juli 1967.
Ein häßliches, geröllübersätes Ungetüm, das sich der Karawane der Tour de France in den Weg stellt, als ob es gelte, hier und heute die Absurdität des Wettkampfs auf der Landstraße mittels Zweirädern, die von Muskelkraft betrieben werden zu beweisen.
Die Karawane hat am Morgen Marseille verlassen. Sie kommt aus dem Brutofen eines Häusermeers, dem auch die Nacht keine Kühlung mehr bringt und in dessen Hotels das Wasser aus den Hähnen mit der Aufschrift »froid« als lauwarme Brühe in die Badewannen fließt. Ein Häusermeer, in dem der Kühlschrank zum wichtigsten Mobiliar geworden ist und in dem das Brot knapp wird, weil die Bäcker in der Hitze der Backstuben

die Arbeit verweigern. Jeder begreift sie. Wenn sie uns unser tägliches Brot heute nicht geben, dann geben sie es uns eben morgen. Trinken ist wichtiger. Ist Radfahren wichtig? Es scheint so, denn die dichten Menschenspaliere, welche die Landstraße säumen, werden von der glühenden Sonne nicht weggeschmolzen. Sie reißen nicht ab und lassen die Frage aufkommen, wo die Grenze zwischen Begeisterung und dem morbiden Appetit der Masse nach dem Schauspiel der Strapaze liegt, das dem Passiven ein prickelndes Gefühl des Wohlbefindens vermittelt. Ganze Batterien von Wein-, Bier- und Limonadenflaschen haben sie an den Rand der Straße geschafft, und die Bistros in den Dörfern sind ausgeplündert.
Wir sind dem Feld vorausgefahren, um irgendwo eine Flasche zu ergattern, aber nach dem vierten Versuch geben wir's auf. Das Thermometer mit der knalligen Reklame einer Apéritif-Firma neben der Theke, auf der Schmeißfliegen zwischen klebrigen Alkoholresten krabbeln, zeigt 42 Grad. Aber es hängt im Schatten.
Draußen in der Sonne mögen es 60 Grad sein, als wir die Stadt Carpentras passieren. Die Fensterläden sind geschlossen wie bei einem Einzug feindlicher Truppen, aber die Straßen sind schwarz von Menschen. Selbst den kranken Opa hat man im Rollstuhl neben die Haustür gesetzt und ihm ein weißes Taschentuch über die Baskenmütze geknüpft. So wird ihn die sengende Sonne nicht stören.
Stört sie die Rennfahrer? »Penses-tu«, sagt Mimile, der Gemüsehändler, der Erfahrung hat. Man sieht es ihm an, denn vor seinem Laden steht ein Kasten Bier, der ihm Zulauf sichert.
»Was glaubst du, die Burschen sind zäh in der Hitze. Wenn sie so viel trinken würden wie ihr Schlappschwänze, kämen sie freilich nicht mehr den Ventoux hinauf!«
Aber hier täuscht sich Mimile. Viele haben schon zuviel getrunken. Fünfzig, ja vielleicht sogar hundert Kilometer haben sie den Qualen widerstanden. Aber kannst du alle Flaschen ablehnen, die dir Zuschauer entgegenhalten, wenn du nur salzigen Schweiß auf der Zunge spürst und die flimmernde Luft deinen

Augen Fata Morganas von plätschernden Brunnen vorgaukelt? Sie fahren durch die engen Straßen von Carpentras, vorbei an den Hotels, in denen sie heute nacht schlafen und in denen schon jetzt ihre Menüs zubereitet werden. Frische Fische vom Mittelmeer, saftige Steaks und riesige Berge von Gemüse. Es sind ebenso vorzügliche wie handfeste Mahlzeiten, denn längst wissen Frankreichs Köche, was sie den Giganten der Landstraße mit ihrem gewaltigen Energieverschleiß schuldig sind.

Die Idee der Organisatoren, die Karawane zuerst durch das Etappenziel Carpentras rollen zu lassen und sie dann in einer großen Schleife über den Mont Ventoux in dieses Provence-Städtchen zurückzuführen, hatte sich hübsch ausgemacht auf dem Reißbrett, auf dem diese Tour de France geboren wurde. Wer hatte in der Nummer 10 der Rue du Faubourg Montmartre ahnen können, daß diese Schleife um Carpentras am heißesten Tag des Jahres zum Teufelskreis werden würde?

Der kahle Gipfel des Ventoux, den wir schon seit vielen Kilometern wie eine böse, alptraumartige Vision vor Augen haben, ist jetzt zum Greifen nahe. Es ist das Einsteigen zur Fahrt in die Hölle. Man merkt es nicht gleich. Pinienwälder, deren Bäume immer kümmerlicher werden, verdecken in den ersten Serpentinen noch die Sicht. Dann aber tritt der Berg mit seiner ganzen grausamen Kahlheit aus der Kulisse heraus, als ob er seinen Angreifern einen Keulenschlag versetzen wollte. Für die Rennfahrer ist es nur einer von den vielen, die er bereithält. Als sie die letzten spärlichen Schatten des Waldes verlassen, ist es, als ob sie eine Treppe hinaufstampfen würden, auf der keine Stufen, sondern glühende Haufen von Kohle überwunden werden müssen. Nie hat der Mont Ventoux, Ausgeburt einer widersinnigen Laune der Natur, seinen Namen Teufelsberg mehr verdient als an diesem Julitag, an dem die Sonne auch die anspruchsloseste Distel auf seinen kahlen Flanken verdorren läßt.

Sie haben, als sie aus dem Schutz des Waldes herausgetreten sind, das scheußliche Gefühl, diese flimmernde Luft nicht mehr atmen zu können. Nur noch Feuer spüren sie, aber die keu-

chenden Lungen verlangen Sauerstoff, wenn die plötzlich zentnerschwer gewordenen Pedale bewegt werden sollen.
Sind Motoren anfälliger als der menschliche Organismus? Es scheint so, denn Begleitautos bleiben mit dampfenden Kühlern stehen, und es gibt in der brüllenden Hitze dieser Mondlandschaft kein Wasser, das sie wieder flottmachen könnte.
Der Gedanke, daß man den Kampf einfach abbrechen müßte, durchzuckt mich, als ich in die verzerrten Gesichter der Männer blicke. Sie bieten dem Schreiber und dem Fernsehen viel Stoff, aber wo ist der Stoff, der sie aus dieser Galeere herausbringt? Und ich muß an die Bäcker von Marseille denken, die den Ofen ausgehen lassen, weil ihnen an solchen Tagen die Gesundheit wichtiger als das Geld ist. Warum streikt der Profi nicht, der in den kahlen Flanken des Ventoux etwas ungleich Nutzloseres tut als Brotbacken? Plötzlich hasse ich die Tour. Und ich hasse die Journalisten, die mit kalter Geschäftsmäßigkeit Abstände messen, Rückennummern notieren und bei jeder Gruppe, die sie überholen, ihre Notizblöcke bekritzeln.
Aber ich brauche diese Notizen ja auch. Buchhalter und Troubadours des Sports, die wir sind und die in einer Stunde von der Schlacht am Ventoux berichten werden, sind viel weniger interessiert an den Nöten der Rennfahrer als an einer schnellen Verbindung mit der Redaktion.
Noch vier Kilometer bis zum Gipfel. Unser Wagen hängt zwischen zwei der vielen Gruppen, in die sich das Feld aufgesplittert hat. Es sind die vorderen, guter Weizen sozusagen, der sich von der Spreu getrennt hat. An den Nahtstellen der Serpentinen, wo sie den Berg aufzuschlitzen, scheinen sehen wir, tief unten, die Häuflein der Namenlosen heraufkriechen, die mit dem Ausgang dieser Etappe und der gesamten Tour nichts mehr zu tun haben.
Als ich wieder nach vorne blicke, sehe ich einen Fahrer mit dem weißen Trikot der britischen Nationalmannschaft – man hat in diesem Jahr wieder den Versuch mit der traditionellen Formel gemacht – von der kleinen Gruppe ausscheren. Keiner von ihnen hat hier, dicht unterhalb des Ventoux-Gipfels, noch den

kraftvollen, sicheren Pedaltritt, der den Mann in Form auszeichnet, aber dieser hagere, fast schmächtige Mann im britischen Trikot ist ganz offensichtlich nicht mehr Herr seiner Sinne und Muskeln.
Er braucht die ganze Breite der Straße, und seine Zickzackkurven erinnern fatal an die eines Betrunkenen.
Noch vielleicht hundert Meter kommt er voran. Dann scheint er auf der Stelle zu treten, ehe er sich, ganz langsam, wie in einem Zeitlupenfilm, nach rechts neigt.
Ich brauche nicht nach der Rückennummer des Mannes zu sehen, den sie von der Straße aufheben und für den kein winziges Fleckchen Schatten gefunden werden kann. Es gibt nur einen Engländer, der gut genug ist, um den Mont Ventoux in vorderster Position zu erklimmen: Tom Simpson. Er gehört sogar zum kleinen Favoritenkreis dieser Tour.
Obwohl die Straße hier oben so schmal ist, daß sie von einem Wagen fast blockiert wird, halten wir an. Ich springe heraus, aber es gibt keine Chance zum Parken, wenn nicht das ganze Rennen aufgehalten werden soll. »Fahr weiter!« rufe ich dem Chauffeur zu. Ich muß wissen, was mit Simpson los ist. »Einen Wagen zum Zusteigen finde ich immer.«
Aber ich komme nicht an Tom heran. Das Gedränge um den Mann, der zuerst wieder taumelnd sein Rad besteigen will, dann aber zusammenbricht, ist zu groß, und immer neue Begleitwagen stoppen und versperren die Straße. »Macht dem Doktor Platz!« schreit einer. »Es ist nur eine Ohnmacht.«
Als ich in den Wagen meines Kölner Kollegen Jupp Müller steige, sehe ich noch, wie Tour-Arzt Dr. Dumas neben Tom Simpson kniet. Minuten später haben wir den Gipfel passiert und rasen zu Tal. Ganz scharf auf der rechten Straßenseite, um den Rennfahrern Platz zu lassen, die schneller sind und die Kurven viel verwegener anschneiden, als man es auf vier Rädern kann.
Es ist, als ob sie den Berg, den sie so mühselig erklommen haben, fliehen würden wie ein scheußliches Ungetüm, aber jetzt müssen sie ihre strapazierten Sinne beherrschen, denn in

den engen Kurven kämpfen sie mit der Fliehkraft, und wehe, wenn die lächerlich schmalen und leichten Reifen dem Druck nicht standhalten!

Freilich, auf die simple Felgenbremse ist Verlaß. Aber was ist mit unserem Wagen? Die Fahrt wird immer schneller, obwohl der Mann am Steuer die Fußbremse bis zum letzten Millimeter durchdrückt. Auf zwei Rädern, deren helles Quietschen die Leute am Straßenrand aufschreien läßt, durchrasen wir eine S-Kurve, und die Handbremse hätte uns nicht gerettet, wenn nicht da, wo sich die ersten verkrüppelten Bäume aus dem Geröll recken, eine Schneise gekommen gewesen wäre.

Krachend kommt der Wagen in einer Staubwolke zum Stehen. Eine mannshohe Pinie hat Stoßstange und Kotflügel verbogen, aber wir klettern heil heraus. Keiner denkt mehr an den Mann, der dicht unterhalb des Gipfels vom Rad gefallen ist. Das kann vorkommen bei der Tour. Aber jeder ist sich selbst der Nächste. Ich muß in die Salle de Presse, um meine Reportage abzusetzen, und schon ist Tom Simpson vergessen und auch der Abgrund, in den es uns beinahe geschleudert hätte.

Der Wagen ist kaputt. Jupp Müller muß sehen, wie er weiterkommt. Ich laufe zur Straße zurück und winke mit meinem Notizblock. Aber mindestens zehn Pressefahrzeuge rasen vorbei, bis mich einer einsteigen läßt. Keiner hat jetzt mehr Zeit zu verlieren. Man wird Carpentras ohnehin erst erreichen, wenn der Etappensieger längst unter der Dusche steht.

Der Arbeitsraum der Presse liegt in einem Kloster, in das ein uraltes, meterdickes Gewölbe führt. Die Luft ist hier kühler, weil die dicken Mauern die Hitze abhalten. Der geräumige, langgestreckte Saal war einmal das Refektorium des Klosters. Nie ist hektischerische Geschäftigkeit gegen die dicken Mauern gebrandet. Da ist das Hämmern der Schreibmaschinen, das kikerikihafte Brüllen der italienischen Kollegen, die ihre Redaktion am anderen Ende des Telefondrahts mit Hilfe der Madonna und schierer Organkraft erreichen wollen; die hellen und verzweifelten Stimmen der Mädchen von der Vermittlung, die um Anschlüsse in allen Winkeln Europas kämpfen. Normalerweise telefoniert man von Carpentras höchstens bis Paris. Aber dies ist die Stunde, in der die Tour de France zu Papier gebracht wird. Man kann die Tour im Radio hören und in der Television sehen, aber wenn man sie nicht gelesen hat, dann hat man sie nicht erlebt.

Den Dramaturgen der Leiden der Landstraße quillt der Stoff über. Der Mont Ventoux hat mehr angerichtet als drei Pyrenäenetappen, und jetzt gilt es, in 200 oder 300 Zeilen alles hineinzupacken, was der Leser am Frühstückstisch erwartet. Es ist eine brodelnde Hexenküche.

Das Hämmern der Maschinen. Das Brüllen in Telefonmuscheln. Der Versuch, das Drama einer teuflischen Etappe in zwanzig Minuten zu Papier zu bringen, um dann länger als eine Stunde mit dem fertigen Manuskript auf die Verbindung zu warten.

Und dann das Unfaßbare: Félix Lévitan, Co-Direktor der Tour de France, tritt auf das Podium, auf dem sonst vermutlich der Conseil Municipal von Carpentras regiert. Das Hämmern der Maschinen hört auf, und selbst die Telefonate werden unterbrochen. Verschwitzte Gesichter starren aus den halbmondförmigen Sprechkästen, die wie Taubenschläge auf langen Tischreihen aufgestellt sind, und im nächsten Moment kriechen die Köpfe wieder hinein in die Sprechmuschel:

»Alles stoppen! In einer Viertelstunde rufe ich mit der neuen Einleitung an. Tom Simpson ist tot.« Felix Lévitan hat es der geschäftigen und plötzlich erstarrenden Meute mit tonloser Stimme zur Kenntnis gegeben. Und nun sitzen sie wieder vor ihren Maschinen und Notizblöcken, um alles neu zu schreiben.

Doch nicht jeder ist dem Drama und dem Zeitdruck gewachsen, und der Hilfloseste von allen ist Ron White, Reporter des englischen Massenblatts »Daily Express« und überhaupt einziger britischer Reporter bei der Tour. Er hat jetzt am wenigsten das Recht, zu versagen.

Aber Ron White versagt. Und spürt nichts von der makabren Ironie, daß dies ausgerechnet einem Mann des »Express« passiert, der über eine Armada von hartgesottenen Reportern verfügt, die gedrillt sind auf die Sensation und die eine erfinden, wenn es keine gibt.

Nur vom Radsport verstehen sie so gut wie nichts, und deshalb hat man Ron White geschickt, den Spezialisten. Aber er denkt jetzt nicht mehr an seinen Redaktionsschluß, sondern nur noch an seinen Freund Tom Simpson, der vor ein paar Stunden noch die Tour de France gewinnen wollte und zwei Kilometer unter dem Gipfel des Ventoux liegenblieb. Tot? Ron White will es nicht glauben, weil er es nicht fassen kann. Wenn ich hinüberblicke, sehe ich ihn auf ein leeres Blatt stieren mit Augen, die nicht feucht sind wie die vieler anderer, aber so ausdruckslos, daß ich spüre, daß dieser Mann seiner Arbeit nicht nachkommen kann, weil er unter einem Schock steht. Wie ein verlorengegangener Handschuh liegt seine rechte Hand auf der Tastatur der Maschine, und jeden Moment muß ein Gespräch aus London kommen.

Man muß ihm helfen. Aber kann man ihm helfen? Logisch, daß der »Express« die Sache auf der ersten Seite aufmachen und alle Details wissen will. Knallhart ist das Zeitungsgeschäft, und für ein Blatt, das einen Mann vor Ort hat, wird ein solches Unglück zum Glücksfall.

Obwohl ich mit meiner Arbeit noch nicht fertig bin, gehe ich hinüber zu ihm.

»Du mußt schreiben, Ron! Es bleibt dir noch viel Zeit, um Tom zu trauern, aber jetzt bist du der wichtigste Mann deiner Zeitung!«

Verständnislos starrt er mich an, und ich glaube, daß er gar nichts gehört hat. Da hilft nur noch eines. Ich packe ihn an den hängenden Schultern: »Du bedauerst dich ja selbst, Mann! Glaubst du, die wollen in London wissen, ob es dich umgeschmissen hat? Wenn du jetzt versagst, werden sie dich morgen entlassen. Wegen Unfähigkeit. Hörst du, wegen Unfähigkeit!«

Das rüttelt ihn auf. Zwar bleiben die Augen ausdruckslos, aber in die Finger kommt Bewegung. Was er macht, ist mühsam und hölzern und sicher nicht das, was der »Express« von ihm erwartet, aber er läßt sein Gespräch um eine halbe Stunde zurückstellen und bringt die Fakten zusammen. Dann wankt er mit schleppenden Schritten hinaus in die Straßen von Carpentras, in denen die Menschen erregt diskutieren und immer wieder hinaufblicken zum Gipfel des Ventoux, der in den Strahlen der Abendsonne jetzt unwirklich hell unter dem violettschwarzen Himmel glänzt.

Während sich Ron White in seinem Hotelzimmer verkriecht, sucht Jean Leulliot, einer der bekanntesten französischen Radsportjournalisten, Publikum für seine Trauer. Auch er ist ein intimer Freund Tom Simpsons gewesen, hat ihm geholfen, in Frankreich Fuß zu fassen, und ein Psychologe könnte Studien von bemerkenswerter Tiefgründigkeit anstellen, als er seine Zeilen weinend und stöhnend und trotzdem in hurtigem Tempo zu Papier bringt.

Nicht, daß er seinen Schmerz spielen würde. Er ist so echt wie der seines englischen Kollegen. Aber im Gegensatz zu dem Briten, der nicht recht ins Bild der Tour passen will und der mir immer vorgekommen ist wie einer jener Engländer, die mit sonnengebleichten Windjacken und alten Überfallhosen auf den Pisten von St. Moritz und Zermatt ihre Stemmbogen ziehen, ohne die belustigten Blicke ihrer Umgebung zu spüren, genießt Leulliot seine Trauer.

Er spürt Blicke auf sich gerichtet, und sein Verhalten ist das des Mimen, dem die Ausstrahlung seiner Verzweiflung Befriedigung verschafft. Und ein journalistisches Talent, die unerlernbare Fähigkeit, die Aussagekraft beim psychischen Schmerz nicht nur zu bewahren, sondern sie noch zu stimulieren, läßt ihn eine jener Reportagen vollbringen, von denen er weiß, daß sie viele Menschen zum Weinen bringen wird.

Später dann, mit dem nötigen Abstand, machen sich die Reporter an die Erklärungen des Dramas vom Ventoux. Es fallen harte Worte, und die Rennleitung, die angegriffen worden war, weil sie die Fahrer in dieser Gluthitze über den Teufelsberg gehetzt hat, hat nichts dagegen. Eindeutig ergeben die Untersuchungen, daß Tom Simpson mit seinem Leben für den Mißbrauch von Drogen büßte, der sich hinter dem Begriff Doping

verbirgt. Nicht der Berg hat ihn getötet, und die Behauptung, daß Simpson noch leben würde, wenn die Sonne an diesem Tag nicht mit so umbarmherziger Schärfe auf den Gipfel geknallt hätte, daß Autos mit dampfenden Kühlern stehenblieben, ist sicher nicht übertrieben.
Medizinische Experten sind auf den Plan getreten mit der Erklärung, daß giftige Drogen die Kontrollfunktionen des Organismus aufheben und daß Rennfahrer bei ihrem Streben nach Ruhm und Gewinn weder vorsichtig noch aufgeklärt genug gegenüber der Gefahr des Dopings bei außergewöhnlicher Sonneneinstrahlung sind.
Dies und noch vieles andere ist gesagt und geschrieben worden, und trotzdem scheinen Tour und Doping wie siamesiche Zwillinge miteinander gehen zu müssen. Wer hat die bittere Ironie erfaßt, daß ausgerechnet ein junger Mann aus dem Land, das der Welt den Sport als ein zwar hartes und männliches, aber doch reines Vergnügen propagierte, den Bogen verbotener Stimulierung überspannen und das erste Todesopfer der Tour de France werden würde?
Viele haben es ungestraft tun können, weil ihnen die flimmernde Hitze des Ventoux erspart blieb. Aber es gibt auch viele, die, gleich Rauschgiftsüchtigen, zu Ruinen des Dopings wurden. Unzweifelhaft müssen sich Dauerleister vom Schlage der Tour-de-France-Fahrer anders ernähren als Leute, die acht Stunden ins Büro gehen, aber die Grenzen zwischen erträglicher und gefährlicher Stimulierung ist im von der Medizin immer stärker beeinflußten Leistungssport immer schwerer zu ziehen.

Die Tour und ihre Presse

Die Tour de France wäre längst gestorben, wenn die Zahl der Reporter die der Rennfahrer nicht bei weitem überträfe. Sie lebt vom Papier, weil das in Sekundenschnelle vorbeihuschende Feld ein Spektakel ohne Aussagekraft ist. Nur in den Bergen, wo es sich kilometerweit auseinanderzieht und die Fahrer sich am meisten quälen, sind sie etwas länger zu besichtigen. Aber die Eindrücke sind flüchtig, und auch das Fernsehen ersetzt die Zeitung nicht.

Es ist ein Sommervergnügen besonderer Art, französische Zeitungen während der Tour zu lesen. Beispielsweise das tägliche Feuilleton des geistreichen Literaten Antoine Blondin in »L'Equipe«. Oder Pierre Macaignes Tagesglosse im »Figaro«, kleine Kunstwerke des Sportjournalismus von geschliffener Klarheit, denen niemand ansieht, daß sie auf holpernden Rädern kaum leserlich auf einen Papierfetzen gekritzelt worden sind. Die Methode hat sich nicht geändert. Sie war vor fünfzig und vor siebzig Jahren die gleiche, und gleich ist der Appetit von Millionen auf das »bonne feuille« geblieben, dieses eingerahmte Stückchen Zeitung, in dem das Bonmot blitzt und die Pointe sitzt. Künstler mit Einfällen sind da am Werk beim täglichen Brückenschlag vom triumphierenden und vom hoffnungslos abgehängten Rennfahrer zum passiven Konsumenten dieser Hetzjagd durch Frankreich, die im Zeitalter der Vollmotorisierung eigentlich ein Anachronismus ist, aber gerade deswegen die Einbildungskraft stimuliert. Das Abenteuer der Landstraße mit seinen 1000 Herausforderungen ist nur darstellbar in den Zeitungen, und die Tour ist für Boulevard- und Intelligenzblatt ein unerschöpflicher Stromlieferant journalistischer Glanzlichter. In Frankreich, wohlgemerkt. Greift ein deutsches Intelligenzblatt nach der Tour, wird mit anderen Mitteln gear-

beitet. Da wird das Seziermesser angesetzt, und es wird aufgespießt. Wäre ja gelacht, wenn nicht der Nachweis gelänge, daß die Tour de France ein kommerzielles Glitzerding für schlichte Gemüter ist, erfunden von einem diabolischen Schinderhannes.
Alles ist eben relativ, und alles kommt auf den Standpunkt an. Sport mag zwar Millionen faszinieren, aber ist es nicht völlig unnötig, daß einer, sagen wir, einen Weitsprung von 8,90 Metern macht? Eine Herausforderung? I wo. Mit zehn Schritten kommt ein plattfüßiger Dünnbeiniger genausoweit.

Die Herrschaft des Eddy Merckx

Es ist längst in Vergessenheit geraten, daß Eddy Merckx, der die Tour de France eindrucksvoller beherrschen sollte als je ein Rennfahrer vor ihm, wegen einer mysteriösen Dopingaffaire beinahe an seinem ersten Tour-Start gehindert worden wäre. Das war 1969, ein Jahr nach dem Sieg des Holländers Jan Janssen, der den Belgier van Springel erst beim Zeitfahren der letzten Etappe abfing und mit dem hauchdünnen Vorsprung von 38 Sekunden gewann. Wieder hätte es Poulidors Tour sein können, aber ein schwerer Sturz zwang ihn in Albi zur Aufgabe.
Und dann kam des Radsports neuer Wunderknabe, und Poulidor merkte, was er zwischen Anquetil und Merckx verschenkt hatte. Dieser Eddy Merckx hatte Furore in den klassischen Tagesrennen gemacht, aber er hatte nichts überhastet. Erst als er 24 war, fühlte er sich reif für die großen Rundfahrten, und er riskierte gleich das große Double Giro d'Italia und Tour de France. Nicht ganz freiwillig, notabene. Aber die italienische Firma, die ihn unter Vertrag genommen hatte, ließ ihm keine Alternative. Kategorisch verlangte sie seinen Start beim Giro.

Merckx fuhr mit halbem Herzen hin und wollte mit halber Kraft fahren. Ungleich wichtiger für sein Prestige war ihm die Tour. Über zwei oder drei Etappensiege und einen Ehrenplatz beim Giro gingen seine Ambitionen nicht hinaus. Zeigen, wer man war, und Kraft reservieren für die Tour de France. Giro und Tour gewinnen, das war zuviel für einen Neuling. Nur Coppi und Anquetil hatten das geschafft; der Italinener mit 32, Anquetil mit 30. Eddy Merckx hatte beim Giro nichts anderes im Sinn, als sich für die Tour einzurollen.

Aber man heißt Merckx oder nicht. Schnell merkte er, daß er nicht für diese Sorte von Taktik geschaffen war. Ohne zu forcieren, ja, ohne es richtig zu wollen, schlüpfte er ins rosafarbene Trikot des Spitzenreiters der Gesamtwertung, und nach 16 Etappen war der Giro d'Italia praktisch entschieden. Felice Gimondi, der italienische Favorit, konnte Merckx nicht mehr gefährden. Nach menschlichem Ermessen, wohlgemerkt. Zielpunkt der 17. Etappe war Savona, eine jener leichten Etappen zwischen Flachland und dem Gebirge, auf denen nichts zu passieren pflegt.

Es passierte auch nichts. Die Bombe platzte erst ein paar Stunden später, als die täglichen Urinproben der drei erstplacierten Fahrer der Gesamtwertung analysiert waren.

Die Probe von Merckx war positiv. Sie zeigte Spuren verbotener Dopingmittel, und strikt wurde das Reglement eingehalten: Ausschluß aus dem Rennen.

Der Skandal war perfekt. Ausgerechnet Merckx, der Größte und Unantastbarste von allen! Sein Name sprang in großen Lettern vom Sportteil auf die erste Seite der Zeitungen, und das nicht nur in Italien. »Das also«, sagten die Schadenfrohen, »war das Geheimnis seiner Erfolge!« Und in den Bistros von Brüssel und Antwerpen schmeckte keinem das Bier mehr.

In dieser Nacht trat Eddy Merckx als traurige Gestalt aus dem Rahmen der Stars populärer Sportarten. Jeder konnte ihn auf seine Art behandeln. Mit dem Finger auf ihn deuten, Mitleid mit ihm haben oder auch von einer üblen Manipulation sprechen, von einer unglaublichen Ungerechtigkeit.

Unglaublich, das war das Wort. Nicht nur für die Millionen seiner Anhänger, sondern auch für zahlreiche Experten. Welchen Grund hätte Merckx gehabt, sich auf einer der harmlosesten, im Bummeltempo gefahrenen Etappe des Giro zu dopen? Der Mann, um den es ging, hatte zuerst mit Beinen, die keine Pedale mehr treten durften, gegen alles gestampft, was ihm in den Weg gekommen war, ehe er sich mit Tränen ohnmächtiger Wut auf sein Bett warf.

»Warum«, stöhnte er, »hätte ich das tun sollen? Ich bin immer bei den Ersten und werde folglich viel häufiger kontrolliert als die anderen. An die achtzig Mal bin ich kontrolliert worden, und nie hat man die geringste Spur gefunden. Und jetzt haben sie mir auch noch die Tour de France kaputtgemacht!«

In der Tat war sein Ausschluß mit einer vierwöchigen Sperre verbunden, und in drei Wochen begann die Tour de France.

Und sie wartete auf Merckx, wie sie einst auf Coppi und Anquetil gewartet hatte. Der große Publikumsmagnet fehlte, auch wenn Poulidors Popularität ungebrochen war. Ein ewiger Zweiter ist gut für das Mitleid der Massen, aber faszinieren lassen sie sich nur von einem strahlenden Premier, und Merckx versprach, ein strahlenderer zu sein als der stets unterkühlte und berechnende Anquetil.

Merckx mußte her, und die Franzosen waren ebenso bereit wie die Belgier, an seine Unschuld bei der Doping-Affäre von Savona zu glauben. Die einen rieten ihm, einen Prozeß wegen Rufmord und schwerer Geschäftsschädigung anzustrengen, andere empfahlen ein Gnadengesuch. Aber Merckx war gut beraten und begnügte sich mit einem formellen Protest.

Und der Internationale Radsportverband beugte sich. Er konnte nicht ausschließen, daß Manipulation im Spiel war, und entschloß sich, in diesem Zweifelsfall für den Angeklagten zu entscheiden. Zu laut waren die Stimmen, die von Saboteuren sprachen, die Dopingmittel in die Trinkflasche von Merckx geschmuggelt hätten, um ihn zu eliminieren und damit den Weg für Gimondi freizumachen.

Nach zehn Tagen wurde die Sperre von Eddy Merckx aufgeho-

ben. Ganz Belgien jubelte, aber der Mann, der sich nicht besser rehabilitiert fühlte als einer, der wegen Mangels an Beweisen freigesprochen wird, ging am 28. Juni 1969 mit einem schweren Handikap in Roubaix an den Start der Tour de France. Er brauchte einen großen und sauberen Sieg gegen eine Konkurrenz, in der offen von zweierlei Maß gesprochen wurde.
Schon beim Prolog, einem Zeitfahren über 10 Kilometer, wollte er das Gelbe Trikot an sich reißen. Aber Rudi Altig war drei Sekunden schneller und schnappte es ihm weg.
Doch am nächsten Tag, in Brüssel, gehörte es Merckx. Das war keine Notwendigkeit, sondern eine Prestigesache. »Diesen Dank«, sagte Eddy, »war ich meinen Landsleuten, die auch in den dunklen Stunden an mich geglaubt hatten, schuldig.«
Schon am nächsten Tag gibt er es wieder ab. Aber er kennt schon den Tag, an dem er es zurückholen wird. Den 4. Juli hat er sich herausgesucht, den Tag, an dem sich die erste große Barriere dieser Tour aufbaut. In den Vogesen, auf der Etappe Mülhausen-Belfort, will er zum ersten großen Sieg ausholen. Dann wird er wissen, wie es um seine Form und um die der anderen steht. Sicher, es ist seine erste Tour, aber es soll ein meisterlicher Schlag werden, der Klarheit verschafft.
Wie Merckx diesen Schlag geführt hat, das sagt mehr über ihn als die Schilderung von hundert Etappen, und es mag deshalb für alles andere stehen, was bei dieser Tour passierte. Es ist die gleiche Hitze, die über der elsässischen Ebene brütet, wie 1937, als Erich Bautz am Ballon d'Alsace das Gelbe Trikot eroberte. Und es ist die gleiche Straße, die parallel zum Oberrhein dem Ballon d'Alsace entgegenstrebt.
Rudi Altig hätte an diesem Tag das Gelbe Trikot zurückgeholt, wenn er es nicht mit einem Merckx zu tun gehabt hätte, der beschlossen hatte, in die vollen zu gehen, abzuräumen, wie die Kegler sagen.
Das Purzeln beginnt schon in der Ebene, viele Kilometer, bevor die Straße ansteigt. Denn Merckx will es am Berg nicht mit frischen Leuten zu tun haben. Plötzlich, als ob das Zufall wäre, schiebt sich die Faema-Mannschaft, deren Kapitän er ist,

an die Spitze. Regelmäßig lösen sie einander in der Führung ab, und wenn Merckx mit der großen Übersetzung allein gegen den Wind kämpft, verlieren in den hintersten Positionen des Feldes jedesmal ein paar Fahrer den Anschluß.
Alle wissen jetzt, daß das der große Angriff ist. Aber es ist erst der harmlose Anfang. Die Männer beginnen zu keuchen, aber was abfällt, sind nur die Schwachen. Sagen wir 20 Prozent. An die 60 Mann stark ist der Haufen, den Eddy Merckx in die ersten Rampen des Ballon d'Alsace führt. Wenig bekannt ist, daß die Fahrer diesen Berg mit seinen 1300 Metern mehr fürchten als manchen Zweitausender der Alpen und Pyrenäen. Denn der Ballon hat keine sanften, weit ausladenden Serpentinen, sondern vergleichsweise enge Kurven und steile Stiche. Fast nach jeder Kurve steigt die Straße abrupt an, und es kann für einen Merckx, der sich in Hochform fühlt, kein idealeres Terrain zum Großangriff geben.
Merckx setzt das Messer an, und wie eine heiße Leberwurst platzt der Rest des Feldes auseinander. Am halben Berg hat die Lokomotive noch 25 Anhänger, und die meisten hängen schlecht. Einer nach dem anderen verliert den Anschluß, und wenn sich der Mann umdreht, um sich das Malheur, das er da anrichtet, zu betrachten, huscht Zufriedenheit über sein Gesicht, weil er keinen Zufriedenen mehr sieht.
Nur verkrampfte, schweißgebadete Gesichter, die nach Atem ringen und nicht einmal mehr die Kraft zum Fluchen haben über den Kerl, der ihnen diesen unmenschlichen Rhythmus aufzwingt. Fast nach jeder Kurve einer weniger. Nach zwei Dritteln des Aufstiegs ist es nur noch ein Dutzend. Pingeon, der Sieger von 1967, fehlt, aber es fehlen auch Gimondi und Poulidor. Das überrascht Merckx. Aber noch mehr überrascht ihn, wer sich einen Kilometer unterhalb des Gipfel, der auch das Etappenziel ist, noch an seinem Hinterrad hält. Zwei

Eddy Merckx auf dem Höhepunkt seiner Macht.

MOLTENI
MOLTENI
MO

Fahrer sind es nur, und daß Galera, einer dieser leichtgewichtigen spanischen Bergflöhe, dabei ist, entspricht der Logik.
Aber mit dem zweiten hat er nicht gerechnet. Es ist kein anderer als Rudi Altig, und was der macht, ist schlicht unbegreiflich. Er ist ein Mann der Ebene, der mit den Bergen immer auf Kriegsfuß gestanden hat, und jetzt, wo die Kletterkönige bis auf Galera abserviert sind, ist er immer noch da!
Merckx ist beeindruckt. Bravo würde er sagen, wenn er es sich nicht in den Kopf gesetzt hätte, so auf den Tisch zu hauen, daß nichts mehr stehenbleibt. Und überhaupt, wieso ausgerechnet Altig. Sind ihm Flügel gewachsen?
In diesem Augenblick, und an einer Stelle, wo der Wald vor dem kahlen Gipfel des Ballon d'Alsace lichter wird, entschließt sich Eddy Merckx zum allerletzten, zum entscheidenden Test. Er muß Altig abhängen. Nur wenn ihm das gelingt, hat er die Tour in der Tasche.
Hinter der nächsten Kurve muß es passieren. Und es ist eine gute Kurve für sein Vorhaben, denn sie führt in eine der giftigsten Steigungen hinein. Und Merckx hat nicht nur die größeren Reserven, sondern auch das Privileg der Jugend auf seiner Seite.
Und ohne daß er auf einen kleineren Gang zurückschalten würde, wird sein Tritt schneller. Und er bringt es fertig im Sattel zu bleiben, während Altig sich verzweifelt in die Pedale stellt und seinen Lenker zerreißt, um an einem Hinterrad zu bleiben, das nicht mehr von einem Rennfahrer, sondern von einem Satan angetrieben zu werden scheint.
Nach der Kurve der steile Stich. Wie ein Pfeil geht ihn Merckx an, und jetzt muß hinter ihm die Leere sein. Das ist unerbittliche Logik für ihn. Aber als er den Kopf dreht muß er ihn mit unfaßbarer Verwunderung schütteln. Nicht Altig hat er abgehängt, sondern Galera, den Bergspezialisten! Zwar keucht der Deutsche aus einem schweißüberströmten Gesicht, aber er hält sich an seinem Hinterrad, als ob er, Merckx, nicht eine Parforcetour auf einem Terrain entfesselt hätte, auf dem Altig noch nie Heldentaten vollbrachte.

Heute vollbringt er, der Mann der Ebene, eine der größten seiner Karriere. Der Sprinter Rudi Altig hält Eddy Merckx am Berg in Schach, und das Ziel ist nahe.
Aber nicht nahe genug. Aus der nächsten Kurve schießt Merckx heraus wie ein Sprinter aus der Kurve einer Radrennbahn in die Gerade, aber diese Gerade steigt so an, daß der bis an die Grenze seiner Leistungsfähigkeit gegangene Altig den Kampf aufgeben muß. Plötzlich scheint er auf der Stelle zu treten, während der Belgier mit wütender, nie nachlassender Wucht dem Gipfel entgegenstrebt. Rudi Altig hat mehr gegeben, als er hatte. Er wäre vom Rad gefallen, wenn er versucht hätte, den diabolischen Rhythmus zu halten. Vom letzten Kilometer verliert er einen halben auf Merckx und muß auch noch Galera an sich vorbeilassen. Merckx gewinnt die Etappe auf dem Ballon d'Alsace vor Galera und Altig und übernimmt das Gelbe Trikot – um es nicht mehr abzugeben. So groß ist seine Überlegenheit, daß er im Schlußklassement für Abstände sorgt, die man lange nicht erlebt hat: Pingeon wird Zweiter mit einem Rückstand von 17 Minuten, Poulidor Dritter mit 22 Minuten und Gimondi Vierter mit einer halben Stunde.

Der Kannibale

Eddy Merckx' Sieg war so eindrucksvoll, daß sie anfingen, ihn den Allesfresser, den Kannibalen und das Krokodil zu nennen. Denn im Gegensatz zu Anquetil sammelte er korbweise die Siege bei den großen klassischen Tagesrennen. Kaum Brosamen überließ er der Konkurrenz.
Veranstalter und Manager, die sich zunächst die Hände gerieben hatten, wurden ratlos. Die Gagen, die man dem Belgier für ein gewöhnliches Bahnrennen anbieten mußte, stiegen so hoch, daß nichts für die Konkurrenz übrigblieb, aber das war noch nicht das ganze Problem. Firmen, die es gewohnt waren, beträchtliche Summen in einen Rennstall zu stecken, erwogen den Rückzug, weil sie es für sinnlos hielten, in eine Sache zu

investieren, bei der es nichts mehr zu gewinnen gab. Das Phänomen wurde bedrückend. Bisher hatte der Radsport in seiner Gesamtheit aus allen großen Namen Profit gezogen, aber jetzt war ein »Kannibale« gekommen, der ihn aufzufressen drohte.

Sogar die Tour de France. Ehe sie 1970 begann, hatte sich der »Allesfresser« den Luxus des folgenden Siegesmenüs geleistet: Gent–Wevelgem, Belgische Straßenmeisterschaft, Belgien-Rundfahrt, Paris–Roubaix und den Pfeil von Wallonien. Anschließend gewann er den Giro d'Italia auf einem Bein.

Bei der Tour würde er beide brauchen. Aber wer sollte ihn schlagen! Anquetil fand die richtige Antwort: »Nur er selbst kann sich schlagen.« Das klang seltsam, aber es steckte, wie sich zeigen sollte, viel Weisheit drin. Anquetil, der Normanne mit dem Sparsamkeitssinn für alles, also auch für den Kräftehaushalt, hatte immer wieder den Kopf geschüttelt, wenn Merckx zu generös mit seinen Kräften umging, wo es gar nicht notwendig war. »Er denkt«, sagte er, »nur an den Sieg und läßt alle Phasen verstreichen, in denen er sich schonen könnte.«

Da war was dran. Und obwohl Eddy Merckx bei der Tour 1970 einen zweiten großen Sieg herausfuhr, war es tatsächlich kein Gegner, sondern er selbst, der ihn gefährdete.

Es war am Mont Ventoux, als er längst Gelb trug und die Sonne so heiß brannte wie drei Jahre zuvor, als der Berg Tom Simpson tötete.

Der »Kannibale« wollte, obwohl ihn nichts zu einem Großangriff zwang, auch den Teufelsberg fressen. Und er attackierte schon in den ersten Rampen, noch ehe der Wald aufhörte, anstatt Kräfte für die letzten Kilometer zu sparen.

Er mußte es büßen. Fast an der gleichen Stelle, wo Tom Simpson in tödlicher Ohnmacht vom Rad gefallen war, erlebte man den ersten großen Schwächeanfall des Unantastbaren. Und der letzte Kilometer war viel schwerer für ihn als Rudi Altigs letzter Kilometer am Ballon d'Alsace. Indes war sein Vorsprung groß genug, um die Etappe auf dem Ventoux-Gipfel vor seinen Landsleuten van den Bosche und van Impe zu gewinnen.

Aber es war ein halb ohnmächtiger Merckx, der sich über den Zielstrich quälte. An diesem Tag hätte er sich tatsächlich fast selbst geschlagen.
Die schnaufenden Verlierer hatten zwar nichts von der Schwäche des Unantastbaren gesehen, aber sie hörten natürlich davon, und sie spitzten die Ohren. Er war also doch keine Maschine, und vielleicht gab es eine Chance, wenn sich die Besten gegen ihn verbündeten.
Aber im Jahre 1970 war Eddy Merckx auch ein Champion im Verdauen außergewöhnlicher Anstrengungen. Souverän verteidigte er sein Gelbes Trikot bis Paris und verwies Zoetemelk mit 12 und den erstaunlichen Schweden Gösta Petterson mit 16 Minuten Rückstand auf die Ehrenplätze.

Merckx wackelt – aber Ocaña stürzt

Trotzdem ist das Klima beim Start der Tour de France 1971 ein anderes. Der Schwächeanfall von Merckx am Mont Ventoux wirkt wie eine Vitaminspritze auf die Männer, die der »Kannibale« namenlos zu machen droht. Und zu denen, deren Herz nicht mehr in die Hose rutscht und die sich besonders viel vorgenommen haben, gehört der in Frankreich lebende Spanier Luis Ocaña. Im vergangenen Jahr hat ihm in den Alpen eine Leberkrise zu schaffen gemacht, aber jetzt fühlt er sich im Vollbesitz von Kräften, die Merckx irritieren. Alle seine Versuche, Ocaña auf der Ebene abzuhängen, scheitern, und mit einem unguten Gefühl geht der Belgier in die Etappe des Puy de Dôme, auf der das legendäre Ellenbogenduell Anquetil/Poulidor stattgefunden hat.
Es trügt ihn nicht. Auf dem letzten Kilometer vor dem Gipfel hängen ihn, Ocaña, Zoetemelk und der bärenstarke Portugiese Agostinho ab.
Sicher, sie gewinnen nur 15 Sekunden. Aber die pumpen sie mit Moral voll, als wären es 15 Minuten! Und Merckx wäre nicht Merckx, wenn er das Alarmzeichen übersähe. Bei der abendli-

chen Mannschaftsbesprechung in Clermont-Ferrand verlangt er von seinen Leuten eine gnadenlose Verschärfung des Rennens, um diesen Ocaña vor den Alpen müde zu machen. Aber Merckx, der Unantastbare, wird selbst das Opfer dieser Operation. So viel Kraft kostet sie ihn, daß er in der Königsetappe der Alpen, die in Merlette endet, den bisher katastrophalsten Einbruch seiner Karriere erlebt. Ocaña gewinnt mit 5:42 Minuten vor dem kleinen belgischen Kletterer Lucien van Impe und 8:42 Minuten vor Merckx, Zoetemelk, Petterson, Thévenet und Labourdette!

Die Sensation ist perfekt. Luis Ocaña übernimmt das Gelbe Trikot, niemand zweifelt daran, daß die Herrschaft des Kannibalen gebrochen ist. Doch niemand ahnt etwas von dem grausamen Pech, das den Spanier in den Pyrenäen ereilen wird. Schlimmer als weiland Eugène Christophe, dem »Vieux Gaulois«, wird es Luis Ocaña auf der 14. Etappe Revel–Luchon ergehen. In einem fürchterlichen Gewitterregen, der die Straße seifig macht, stürzt er bei der Abfahrt des Col de Mente so schwer, daß ihn der Hubschrauber in Krankenhaus transportieren muß.

Der schöne Traum ist vorbei. Eddy Merckx aber, der hinter dem spanischen Kletterkönig José-Manuel Fuente Zweiter der Etappe wird, setzt sich wieder an die Spitze der Gesamtwertung. Doch am nächsten Tag verzichtet er darauf, das Gelbe Trikot zu tragen, um dem unglücklichen Rivalen seine Referenz zu erweisen. Trotzdem wird er von chauvinistischen Zuschauern ausgepfiffen. Leute, die ihm seine lange Siegesserie nicht verzeihen können, machen ihn nun auch noch für das Pech Ocañas verantwortlich.

Merckx gibt zu, daß ihn Ocaña in schwere Nöte gebracht hat, behauptet aber, daß die Tour beim Ausscheiden des Spaniers noch lange nicht entschieden gewesen sei. Und sein starker Endspurt untermauert es. Er gewinnt mit 10 Minuten Vorsprung auf den in die Poulidor-Rolle geschlüpften Zoetemelk und mit 11 Minuten auf van Impe.

Ocaña hofft auf süße Rache bei der anschließenden Weltmeisterschaft in Mendrisio, aber mit zu heißem Kopf begeht er taktische Fehler gegen den kühl rechnenden Merckx, der seine Saison mit dem Regenbogentrikot des Straßenweltmeisters krönt.

Hätte Radsport etwas mit mathematischer Logik zu tun, dann wäre es bei der Tour 1972 zur Stunde der Wahrheit, zum unerbittlichen Duell zwischen Merckx und Ocaña gekommen. Aber der Spanier war weder von Merckxscher Zähigkeit, noch war er ein Glückskind. Daß Merckx, wiewohl bei weitem der komplettere Rennfahrer, 1971 in großer Gefahr war die Tour an Ocaña zu verlieren, steht außer Zweifel. Doch Luis Ocaña war viel anfälliger als der Belgier. In den Pyrenäen zog er sich eine schwere Erkältung zu, und als es in die Alpen ging, spuckte er am Galibier Blut, und am nächsten Tag gab er auf. Merckx übernahm das Gelbe Trikot in den Pyrenäen, verteidigte es ohne Probleme in den Alpen und gewann seine vierte Tour sicher vor Gimondi und Poulidor.

1973 aber gewann ein völlig wiederhergestellter und sein Temperament mit einer für ihn ungewöhnlichen Disziplin zügelnder Ocaña die Tour mit frappierender Leichtigkeit. Das einzige, was seinem spanischen Stolz fehlte, war ein Opfer namens Merckx. Aber der Belgier hatte auf den Start verzichtet, und so bleibt reine Spekulation, ob es ein gigantisches Duell geworden wäre oder nicht.

Auch 1974 brachte die Antwort nicht. Merckx kam wieder, aber Ocaña fehlte, und es spricht Bände über die Ohnmacht der Konkurrenz, daß der 38jährige Poulidor des Belgiers stärkster Gegner war. Hätte der populäre »Poupou« durch einen Schwächeanfall am Galibier nicht sechs Minuten auf Merckx verloren, wäre es zu einem heißen Kampf gekommen. Denn in den Pyrenäen griff »Poupou« plötzlich wie ein junger Himmelsstürmer an, und der »Kannibale« war heilfroh, daß dem Veteranen keine weiteren Berge mehr zur Verfügung standen. Bei den Zeitfahrten von Bordeaux und Orléans machte er die Sache klar. Er gewann, den Rekord von Jaques Anquetil egalisierend, seine fünfte Tour de France mit acht Minuten Vorsprung auf

Poulidor, der seinerseits den spanischen Bergspezialisten Lopez-Charril mit dem hauchdünnen Vorsprung von fünf Sekunden auf den dritten Platz verwies.

Es war der letzte Tour-Sieg von Eddy Merckx. Eine Uhr, die man für unverwüstlich gehalten hatte, obwohl man weiß, daß der Leistungssport ein unabdingbares Privileg der Jugend bleibt, war abgelaufen.

Unzerstörbare Logik des Sports. Und trotzdem. War Eddy Merckx jemals größer als bei der Tour de France 1975? Nie hat er den Kriegsnamen »Löwe von Flandern« mehr verdient als bei diesem Versuch, Anquetils Rekord zu brechen. Auf den ersten zehn Etappen beherrschte er das Rennen zusammen mit Francesco Moser, und beim Zeitfahren von Merlin–Plage nahm er dem jungen Italiener das Gelbe Trikot ab.

Aber dann kam Bernard Thévenet. In den Pyrenäen, beim steilen Aufsteig nach Pra-Loup, bereitete Frankreichs neuer Star dem flandrischen Löwen sein Waterloo und übernahm das Gelbe Trikot.

Eddy Merckx beendete die Etappe zermürbt, und als er beim Start in Valloire stürzte und den linken Backenknochen brach, hätte er tausend Gründe zum Aufgeben gehabt.

Aber der körperlich und moralisch schwer angeschlagene Eddy Merckx hielt durch. Er, der vielfache Millionär, von dem sie sagten, daß ihm nur der Sieg wichtig sei, wollte sein in der Mannschaftswertung führendes Team nicht im Stich lassen und sich für die Unterstützung bei so vielen großen Siegen bedanken. Und mit einer Energie, die bewundernswerter als bei vielen dieser Siege war, hielt er seinen zweiten Platz bis Paris mit einem Rückstand von nur 2:47 Minuten hinter dem strahlenden Bernard Thévenet, den sie liebevoll »Nanard« nannten.

Blick hinter die Merckx-Kulisse

Eddy Merckx war der erfolgreichste Rennfahrer aller Zeiten, weil er auf jedem Terrain gewonnen hat. Seine Siegesliste stellt alle anderen in den Schatten. Aber war er auch der größte Rennfahrer aller Zeiten?

Die Frage muß ein ewiges Spiel für Stammtische bleiben, weil der direkte Vergleich mit seinen illustren Vorgängern nicht möglich ist. Als Coppi und Bartali Italien in zwei Lager spalteten, ging Merckx, der am 17. Juni 1945 geboren wurde, noch nicht einmal in die Grundschule, und er fuhr gerade seine ersten Amateurrennen, als Anquetil Rekorde aufstellte, die unerreichbar schienen. Und wer will behaupten, daß Anquetil in Hochform einen Bobet in Hochform bei der Tour de France geschlagen hätte? Bobets Herrschaft hörte 1956 auf, die von Anquetil begann 1957. Sicher, sie fuhren noch Rennen miteinander, aber der Altersunterschied war zu groß, um gültige Maßstäbe zuzulassen.

Das Phänomen ist in allen Sportarten das gleiche. Jede Epoche hat ihre Champions, und sie können miteinander verglichen, aber nicht aneinander gemessen werden.

Und dennoch. Eine Studie von Merckx läßt ihn als den Größten von allen erscheinen. Hatte er nicht den Punch von Coppi, die unbändige Energie von Bobet, das Kalkulationsvermögen von Anquetil und trotzdem auch noch was von der Leichtigkeit von Koblet, die allerdings von kurzer Dauer war?

In allen Biographien von Merckx wird hervorgehoben, daß er mit vier Jahren sein erstes Fahrrad bekam und verheißungsvoll auf ihm strampelte. Aber heißt das wirklich etwas? Tausende von Kindern können das von sich behaupten; da braucht man gar nicht ins Radsportland Belgien zu gehen. Im übrigen lief er mit 14 genauso gerne dem Fußball nach, wie er sich aufs Rad setzte. Und die Eltern, die einen kleinen Lebensmittelladen in Woulluvé-St. Pierre bei Brüssel hatten, wollten ihn studieren lassen, weil er es besser haben sollte. Denn er war entgegen der landläufigen Meinung, die in Rennfahrern nur Muskelprotze

sieht, ein guter Schüler. Als es um die Mittlere Reife ging, bestand er sein Examen als Sechster von 36 Schülern, und die Mutter beharrte darauf, daß er Apotheker würde. Denn vom Handel hielt man im Hause Merckx viel, und der Bub sollte ein gehobener Händler werden. Das wurde dann sein jüngerer Bruder. Eddy aber hatte mit 17 nicht nur sein Talent und seine Berufung fürs Radfahren entdeckt, sondern auch begriffen, daß er in der Schule Zeit vergeudete. »Ausgerechnet Rennfahrer«, jammerte die Mutter, »wo's nur einer von tausend schafft!«
»Dann«, sagte Eddy, »werde ich eben der tausendste sein.«
Sein Lehrmeister war der kleine Félicien Verwaecke, keiner der allergrößten, aber einer der zähesten Rennfahrer, die Belgien hervorgebracht hat. Einer aus der Epoche von Sylvère Maes, deren internationale Karriere vom Zweiten Weltkrieg gestoppt worden war. Er war für Merckx, was Boucher für Anquetil war.
Und Merckx boxte sich so schnell durch, wie es Anquetil getan hatte. 1962, mit 17 also, gewann er 24 Rennen, darunter seinen ersten belgischen Meistertitel in der Anfängerklasse. Was das bedeutet, kann nur der ermessen, der weiß, wie groß da die Konkurrenz ist. Und dann ging alles märchenhaft schnell weiter.
Verwaecke war es, der nicht nur sehr schnell die außerordentliche günstige Konstitution seines Schützlings erkannte, sondern ihn auch in der Zeit des Wachstums bremste. Behutsam steigerte er den Schwierigkeitsgrad der Rennen, und nie erlaubte er maximale Anstrengungen an zwei aufeinanderfolgenden Tagen. Merckx schonte sich, wo sich andere übernahmen, und das ist nicht der geringste Grund dafür, daß ihm ein nahtloser Übergang vom Amateur- ins Profilager gelang.
Freilich, man kann auch mit tausend anderen so umgehen, ohne daß nennenswerte Erfolge herauskämen. Entscheidend war das außergewöhnliche körperliche und moralische Kapital des jungen Mannes, der anfing, auf der Straße sein Brot und nicht die Brosamen zu suchen, die andere übrigließen.
Nicht nur die äußeren Proportionen stimmten bei der Größe

von 1,84 m und einem Normalgewicht von 75 Kilo. Zu einer Lungenkapazität von fast sieben Litern kam ein 44er Pulsschlag, was ungefähr den Werten von Coppi entsprach. Und auch Gewissenhaftigkeit und Detailfanatismus waren die gleichen wie beim unvergeßlichen »Campionissimo«.

Ja, sie waren sogar noch ausgeprägter, wenn man bedenkt, daß Merckx viel mehr als Coppi, der bei technischen Problemen »arbeiten ließ«, sein eigener Mechaniker war.

Vor einem Paris–Roubaix hat er einmal, weil die »Hölle des Nordens« ein gnadenloser Materialfresser ist, einen ganzen Tag in der riesigen Werkstatt im Untergeschoß seiner Villa bei Brüssel verbracht, um seine Maschine, für die ihm die Fabrik nur den Rahmen geliefert hatte, zu montieren. Ohne den geringsten Defekt fuhr er dann die gesamte Konkurrenz in Grund und Boden, und am nächsten Tag beschäftigte sich der Millionär Merckx mit nichts anderem als mit dem Putzen aller Teile und Teilchen der von Ruß und Lehm verschmutzten Maschine.

Das war seine Liebe zum Rennrad, die ein Anquetil beispielsweise nie geteilt hat. Was für den Normannen ein Mittel zum Zweck war, war für Merckx Religion.

Und wenn Anquetil beim Essen ein Kannibale war, der sich selbst während der Tour die Menüs eines Gourmands leistete und auch nicht auf den Hummer, seine Lieblingsspeise, verzichtete, so legte sich der, den sie den Kannibalen nannten, eine Disziplin auf wie Coppi.

Nicht, daß er wie ein Asket gelebt hätte. Wenn er Lust auf ein Glas Bier oder Wein hatte, griff er zu, und beim Griff nach Kuchen war er nur in der Vorbereitungszeit zurückhaltend. »Im Rennen«, sagte er, »bin ich ein so großer Kalorienverbrenner, daß ich mir das leisten kann.«

Und im Winter hat er sich immer einen langen Urlaub, meist in der Schweiz, geleistet. Auch das gehört zu den Geheimnissen seines Erfolgs. Ein paar Bahnrennen und gelegentlich auch ein Sechstagerennen, aber sonst Ruhe und Regeneration. Wenn Dietrich Thurau nach seiner großen Tour de France 1977 beim

ihm Rat geholt hätte, wäre er zwar mit weniger Geld, aber mit mehr Kräften aus dem folgenden Winter hervorgegangen.
Eddy Merckx hat mehr Geld als alle anderen verdient, nicht nur, weil es in seiner Epoche mehr zu verdienen gab als zu den Zeiten von Coppi und auch von Anquetil, sondern auch, weil er wußte, wie gefährlich es ist, alles mitnehmen zu wollen.

Der Kleinste der Größte

Bei der Tour de France 1976 war Lucien van Impe der Größte. Der belgische Bergfloh, der bei einer Größe von 1,67 Meter nur 57 Kilo auf die Waage brachte, zementierte seinen Sieg im Hochgebirge, trug 12 Tage das Gelbe Trikot und verwies Joop Zoetemelk und Raymond Poulidor auf die Ehrenplätze. Freilich, es fehlten Merckx, Gimondi und Moser, und Thévenet, völlig außer Form, gab drei Tage vor Paris auf.
Es war ein regulärer und logischer Sieg des kleinen van Impe, aber lange Zeit hatte Frankreich an das Wunder geglaubt. Hatte Raymond Poulidor mit 40 Jahren und bei seiner 14. Tour de France die Alpenberge nicht eindrucksvoller gestürmt als die meisten Jungen? 24 lächerliche Sekunden fehlten ihm da am Gelben Trikot. Warum also nicht Poupou! Lucien van Impe merkte, nachdem er seinem Landsmann Freddy Maertens das Gelbe Trikot abgejagt hatte, sehr schnell, daß die Massen am Straßenrand in ihm einen Dieb sahen, der ihrem Poupou den gelben Sonntagsanzug geklaut hatte.
Früher waren es Diebe mit größeren Namen gewesen. Einen van Impe, das schworen die Leute an der Straße, hätte der Poulidor der großen Tage auf der Ebene und am Berg zu stellen vermocht. Aber jetzt schleppte er bei jedem Pedaltritt seine 40 Jahre mit.
Aber der Punch für den großen Coup ließ sich nicht herbeizaubern. Im Gegensatz zu Poulidors Popularität waren seinen Kräften Grenzen gesetzt. Es war nicht nur sein letzter Angriff aufs Gelbe Trikot, sondern auch seine letzte Tour.

24 lächerliche Sekunden fehlten ihm in den Alpen zum Gelben Trikot. Aber er war 40, und in Paris war er Dritter. Das hat vor ihm keiner geschafft, und es wird auch nie mehr einer fertigbringen.

Dietrich Thuraus 15 gelbe Tage

Merckx unternahm 1977, acht Jahre nach seinem ersten Tour-Sieg, den letzten Versuch, mit sechs Siegen alleiniger Rekordmann zu werden. Es war das Jahr des Tour-Debüts eines jungen Mannes, den der »Kannibale« schon zwei Jahre zuvor als den ersten Deutschen, der die Tour gewinnen könnte, bezeichnet hatte.

»Aber er sollte«, sagte er, »nichts überstürzen«. 1977 ist vielleicht noch ein Jahr zu früh. Ich habe gewartet bis ich 24 war.« Doch Dietrich Thurau fühlte sich reif. Geboren am 9. November 1954 in Frankfurt, war er gerade zweiundzwanzigeinhalb Jahre alt, als er sich in Fleurance zum Start der 64. Tour de France stellte. »Geule d'ange«, Engelsgesicht nannten ihn die Franzosen auf Anhieb, und die Älteren erinnerte er mit Aussehen, Statur und dem harmonischen Pedaltritt an den jungen Hugo Koblet. Erst recht, als er Gelb trug, kaum daß das Rennen begann. Reif für das große Rennen fanden ihn auch Sportmediziner. 1,82 Meter, 76 Kilo, Lungenkapazität 6,4 Liter, 48er Pulsschlag. Großes Vorbild: Eddy Merckx. Hemmungen: keine.

Auch nicht seines Alters wegen. Es hat jüngere Tour-Sieger gegeben. Allerdings nicht viele. Der jüngste war der Franzose Henri Cornet, aber das war eine seltsame Sache, die bei der zweiten Tour de France 1904 passierte. Die vier Erstplacierten, Maurice Garin, Pothier, César Garin und Accouturier wurden disqualifiziert, und so rückte der 20jährige Cornet am grünen Tisch auf den ersten Platz. Octave Lapize aber war 1910 im Alter von 21 ein regulärer Sieger. Mit 22 gewannen Romain Maes (1935) und Felice Gimondi (1965). Thurau hätte also zu

Eddy Merckx und Didi Thurau – Rückblick auf große Tage.

den jüngsten gezählt, wenn er 1977 Tour-Sieger geworden wäre. Anquetil war 1957 immerhin 23, wie auch Bernard Hinault, der Sieger von 1978. Bobet gewann seine erste Tour mit 28, Coppi mit 29, und der älteste Sieger war Bartali mit 34. Das außergewöhnliche dieser Tour de France von 1977 war ihr Start am Fuße der Pyrenäen. Nach einem kleinen Zeitfahren in Fleurance ging es sofort über die Berge, die Thurau nie gesehen hatte, und ihre Namen waren furchterregend genug: Aspin, Tourmalet und Aubisque!

Der Frankfurter Junge fuhr mit dem Gelbem Trikot hinauf, da er das Zeitfahren mit drei Sekunden Vorsprung vor seinem holländischen Mannschaftskameraden Gerry Knetemann von

Ti-Raleigh gewonnen hatte. Aber niemand traute ihm zu, daß er es über diese Berge retten würde.
Die Behauptung, daß es ein mörderischer Start war, ist nicht übertrieben, wenn man bedenkt, daß vier Fünftel der Gestarteten nach dieser Etappe alle Chancen verloren hatten.
Sie waren sozusagen kalt von den Bergen erwischt worden. Auch Thurau und Merckx hatten am Tourmalet Probleme, aber noch vor dem Aubisque schafften sie wieder den Anschluß und in Pau erlaubte sich Thurau den Luxus, den Sprint der 14köpfigen Spitzengruppe und damit seine erste Hochgebirgsetappe der Tour de France zu gewinnen. Jetzt spürte er das Gelbe Trikot fester auf den Schultern. Aber wer nicht in dieser 14er-Gruppe war, wußte, daß er nichts mehr mit dem Ausgang dieser Tour zu tun hatte. Und das am ersten Renntag! Das kleine Zeitfahren von Fleurance war ja nur ein Prolog fürs Publikum gewesen.
Unter den 14 waren neben Thurau freilich handfeste Klienten wie Merckx, Thévenet, van Impe, Kuiper und Zoetemelk. Die nächste Gruppe hatte schon sieben Minuten Rückstand, das Gros 14!
Außer der 14er-Gruppe ist niemand zufrieden. Nicht nur von den Rennfahrern, auch von der Presse müssen sich die Organisatoren beschimpfen lassen, und da sie an einem farbigen, möglichst lange offenen Rennverlauf interessiert sind, haben sie natürlich selbst begriffen, daß es ziemlich phantasielos war, das »kalte Feld« am ersten Tag ins Hochgebirge zu jagen.
Die Reaktion kommt prompt. Auf der zweiten Pyrenäenetappe, die nach Vitoria in Spanien führt, findet praktisch kein Rennen statt. Man läßt den bescheidenen Spanier José Nazabal davonziehen und gewinnen. Die Gesamtwertung bleibt zementiert, und auch am nächsten Tag passiert nichts. Denn in Bordeaux muß gegen die Uhr gefahren werden, und dieses Zeitfahren hat eine ganz andere Bedeutung als der harmlose Prolog von Fleurance.
Vor dem Start liegen die ersten der Gesamtwertung »dans un mouchoir«, in einem Taschentuch, wie die Franzosen sagen.

Thurau führt mit acht Sekunden vor Merckx; Laurent liegt 13, van Impe 14, Zoetemelk 18 und Thévenet 19 Sekunden zurück. Aber jetzt, im Kampf gegen die Uhr, will Thurau einen Coup landen und für klarere Verhältnisse sorgen, und er sagt es auch jedem, der es wissen will. Kesse Worte für einen Debütanten, zumal er noch sein Bedauern für die vergleichsweise kurze Distanz hinzufügt: »Wenn sie doppelt so lang wäre, würde es ein Malheur geben!«
In der Tat sind die 30 Kilometer des »Circuit du Lac« von Bordeaux ein vergleichsweise leichter Parcours. Aber Dietrich Thurau, in einem Stil, der die Experten sprachlos macht, schlägt einen Merckx, der schon lange keinen so starken Eindruck mehr gemacht hat, um 51 Sekunden. Es ist, wenn man den Prolog einrechnet, sein dritter Etappensieg, und die eindrucksvolle Leistung von Merckx erhöht seinen Wert. Auf den nächsten Plätzen folgen Knetemann mit 1:05, Thévenet mit 1:06, Bruyère mit 1:09 und Kuiper mit 1:17 Minuten Rückstand. In der Gesamtwertung führt Thurau jetzt mit 58 Sekunden Vorsprung auf Merckx und 1:25 auf Thévenet. Deutsche Illustrierte, die sich bisher höchstens für Beckenbauer interessieren, wenn's um Sport ging, bekommen Gelbfieber und schicken Reporter nach Frankreich.
Er trägt das Gelbe Trikot auch noch beim Ruhetag in Freiburg, und da wird es ganz schlimm. Das Goldkind ist über den Rhein gekommen, und jetzt wollen alle Blätter bis zum »Lahrer Hinkenden Boten« ihr Interview. Und ausgerechnet in Freiburg hat man ihm ein Hotelzimmerchen verpaßt, bei dem man die Tür öffnen muß, wenn man die Jacke ausziehen will. Dieser Ruhetag ist für Thurau schlimmer als eine Bergetappe.
Oh, er genießt diese Popularität durchaus, aber er ist auch froh, daß es am nächsten Tag in Besançon wieder ruhiger wird.
Freilich weiß er auch, daß dies die Ruhe vor dem Sturm ist. Die Pyrenäen hat er, nicht ohne Schwierigkeiten, aber mehr als zufriedenstellend mit dem Elan der Jugend genommen. Aber inzwischen hat man 13 Etappen in den Beinen; 13 Etappen, bei denen nur ein einziger das Gelbe Trikot getragen hat.

Dieser Dietrich Thurau, der jeden Abend ein neues kriegt und jetzt schon einen Sonderkoffer für den Sonntagsanzug der Tour braucht, denkt in der Uhrenstadt Besançon an die nahen Alpen, wo die entscheidende Stunde schlagen wird.

Und sein Vorsprung in der Gesamtwertung, der sich seit Bordeaux praktisch nicht verändert hat, sieht nicht wie ein Kapital aus, das sich vermehren läßt. Merckx folgt ihm mit 51 Sekunden Rückstand, Thévenet mit 1:22, Kuiper mit 1:40, Meslet mit 2:09 und der Bergspezialist van Impe mit 2:15 Minuten.

Ihn fürchtet er am meisten, weil die Alpenetappen in diesem Jahr schwieriger angelegt sind als die der Pyrenäen. Für einen van Impe in guter Form sind 2:15 Minuten ein Nasenwasser.

Indes bringen die Berge der 15. Etappe nicht den Großangriff van Impes, sondern von Zoetemelk. Der Holländer, der durch einen Sturz auf den Flachetappen Terrain verloren hat, setzt, ganz gegen seine Gewohnheit, einmal alles auf eine Karte und läßt van Impe um 45 Sekunden hinter sich.

Aber Bernhard Thévenet wird mit einem Rückstand von 1:55 Minuten Dritter und damit neuer Träger des Gelben Trikots, weil Dietrich Thurau bei seinem ersten Rendevous mit den Bergriesen der Alpen bis zur totalen Erschöpfung kämpfen muß, um das Trikot, das er vom ersten Tag an getragen hat, zu retten.

Fast wäre es ihm gelungen, aber 11 winzige Sekunden fehlen bei der Abrechnung in Avoriaz. Eddy Merckx hat etwas weniger Zeit verloren, aber dennoch zuviel. Die Experten wissen, Bescheid. Der Löwe von Flandern wird keinen neuen Rekord aufstellen.

Und Thurau wird die Tour de France nicht auf Anhieb gewinnen. Bei Höhen über 1500 Meter, wo die Baumgrenze anfängt, zeigen sich Grenzen bei ihm. Ob er zu hohe Übersetzungen tritt oder einfach, wie der junge Anquetil, Anpassungsschwierigkeiten hat, bleibt dahingestellt. Natürlich sind elf Sekunden Rückstand aufs Gelbe Trikot keine Katastrophe. Und die 16. Etappe Morzine–Chamonix läßt sogar wieder strahlend gelbe Illusionen aufkommen. Nur ein Berg, der Col de la Forclaz, steht auf dem Programm. Zu viel zwar für den alternden Meckx, der am Forclaz zusammen mit Thurau abgehängt wird, aber nicht genug für den jungen Deutschen, der alle Reserven mobilisiert, wieder aufschließt und im Spurt sogar seine vierte Etappe gewinnt. Aber es ist nur ein retardierendes Moment des Dramas. Die 17. Etappe Chamonix–Alpe d'Huez ist die schwerste dieser Tour, und sie pumpt Dietrich Thurau aus, wie ihn noch nie ein Rennen ausgepumpt hat.

Lucien van Impe placiert am Glandon eine scharfe Attacke, und theoretisch ist er auf dem Gipfel Träger des Gelben Trikots. Er ist es auch noch beim Aufstieg nach Alpe d'Huez, denn sein Vorsprung beträgt 2:20 Minuten auf das Trio Kuiper/Thévenet/Zoetemelk. Aber zuerst bricht Zoetemelk ein und dann van Impe. Hennie Kuiper siegt vor dem verzweifelt kämpfenden Thévenet mit 41 Sekunden Vorsprung und verfehlt das Gelbe Trikot um ganze acht Sekunden. Van Impe beendet die Etappe mit zwei, Zoetemelk mit beinahe fünf Minuten Rückstand, und hinter ihm sind die Einbrüche katastrophal: 13 Minuten für Thurau, 14 für Merckx! Und zu allem Überfluß stürzt der völlig ausgelaugte Thurau dicht vor dem Ziel. Er fällt auf den 6. Platz der Gesamtwertung mit 12:02 Minuten Rückstand auf Thévenet zurück.

20. Etappe, 50-km-Zeitfahren bei Dijon. Hier hat Thurau die Tour gewinnen wollen. Distanz und Parcour sind ideal für ihn, aber alle Hoffnungen sind in den Bergen geblieben. Nie in seinem Leben hat er sich so geschunden, nie hat er geglaubt, daß Berge so wehtun können. Für Höhen über 1500 Meter muß er Erfahrung sammeln, das weiß er jetzt, obwohl er bestreitet, zu hohe Übersetzungen gefahren zu haben. Das erste Rendezvous mit dem Hochgebirge ist mißglückt, aber schon am nächsten Tag schwört er, daß er wiederkommen wird, um es zu packen. Und dieses Zeitfahren von Dijon will er gewinnen. Das ist Prestigesache für den Roller, den die Berge so heftig gebremst haben.

Tatsächlich beweist er auf diesen 50 Kilometern, daß er sich

wieder gefangen hat, aber es reicht nicht ganz. Er muß sich mit dem zweiten Platz hinter einem entfesselten Thévenet begnügen, der Hennie Kuiper hier distanzieren muß, um die Tour zu gewinnen.
Und der Franzose schafft es. Kuiper wird Dritter, und aus den acht Sekunden Vorsprung Thévenets werden 36. Zwei Tage vor den Champs Elysées, die wieder 500 000 Menschen säumen werden, ist das der Sieg.
Es gibt auf der berühmtesten Prachtstraßen der Welt diesmal zwei Halbetappen. Die erste ein Zeitfahren über sechs Kilometer, die zweite ein Rundkurs über 90 Kilometer. Und Dietrich Thurau will die erste gewinnen. Er braucht, nachdem er die Herzen der Franzosen erobert hat, zum Abschluß einen Sieg im Herzen von Paris.
Radfahrer als Könige der Champs Elysées. Die Sache ist um so pikanter, als es zu keiner Tages- und Nachtzeit einen Autofahrer geben wird, der Dietrich Thurau auf diesen sechs Kilometern schlagen könnte. Aus dem höchst einfachen Grund, weil die Champs Elysées die Autos im wahrsten Sinne des Wortes zur Schnecke gemacht haben. Tag und Nacht können sie zwischen Triumphbogen und Concorde nur schleichen.
Es ist ein eigenartig reizvolles Gefühl, die Pariser Prachtstraße von der ständig über sie hinwegrollenden Blechlawine geräumt und verwandelt zu sehen in eine Via Triumphalis der Männer, die mit reiner Muskel- und Willenskraft die große Schleife durch Frankreich gezogen haben. Wahrhaft königliche sechs Kilometer für jeden, der bereit war, sich von der Ambiance des Ereignisses mitreißen zu lassen.
Da ist der sanfte, aber auf dem Rennrad doch recht spürbare Aufstieg von der Concorde zum Triumphbogen, wo Thurau den hohen Gang schon auf volle Touren peitscht. Diese unheimliche 56 × 12-Übersetzung, die so viel Boden einbringt und so schwer in Schwung zu halten ist.
Dann geht's hinunter zu den Fontänen des Rond Point, zu den alten Bäumen des Tuilerien-Gartens und zum großen Bogen, der über die Rue de Rivoli wieder zu den Champs Elysées

führt. Und um all dies drängt sich eine halbe Million Menschen, fließt der Champagner in den mondänen und das Bier in den kleinen Straßencafés, und alle sind sich einig, daß hier noch kein größeres Fest gefeiert wurde, bei allem, was die Champs Elysées erlebt haben.

Und Dietrich Thurau erfüllt sich seinen Wunsch, am Triumphbogen zu triumphieren. Natürlich kann man auf sechs Kilometer im Kampf gegen die Uhr keinen riesigen Vorsprung herausfahren, aber er schlägt Knetemann um drei und Thévenet um sechs Sekunden, und dann kommt, mit einem Rückstand von zehn Sekunden, schon Eddy Merckx.

Der »Kannibale« hat ein schönes Défilé auf den Champs Elysées. Früher, als er Tour um Tour gewann, nannten ihn die Pariser ein unersättliches Monstrum. Jetzt, wo er von seinem unerreichbaren Olymp heruntergestiegen und wieder zum Menschen geworden ist, der Schwächen hat wie du und ich, lieben ihn die Franzosen.

»Merckx est mort, vive Eddy!« Aber der Beifall für Thurau ist stürmischer. Fast so wie der für den Tour-Sieger Bernard Thévenet, der sich wieder seinen Kosenamen »Nanard« von 1975 zurückgeholt hat. Doch auch Thurau hat den seinen. Von allen Seiten prasseln ihm Kaskaden von »Didi« entgegen. Die Franzosen haben ihn adoptiert, wie nie einen deutschen Sportler zuvor, und Jacques Chirac, Bürgermeister von Paris, spricht aus, was alle denken: »Seit Konrad Adenauer hat keiner für die deutsch-französische Freundschaft mehr getan als Dietrich Thurau!«

In der Gesamtwertung ist er Fünfter. Aber viel wichtiger ist, daß er in diesem heißen französischen Sommer mehr in Bewegung gebracht hat als die Pedale einer Rennmaschine.

Am Abend empfing Bürgermeister Chirac »le tout Paris« im Rathaus, so an die tausend von den oberen Zehntausend. Die Rennfahrer freilich blieben nicht lange. Nach 21 Etappen reizte sie weder hauptstädtische Prominenz noch ein opulentes kaltes Buffet. Die Erfolgreichen wie Thévenet und Thurau gingen schon am nächsten Tag auf die Tournee der großen Ernte –

und für Thurau hat sie sich vom Herbst bis weit in den Winter hinein verlängert.
Denn Deutschland ist das Land, in dem der Radsport im Saal stattfindet. Nirgendwo gibt es so viele Winterbahnen, nirgendwo so viele Sechstagerennen.
Und alle Veranstalter dieser sechstägigen Volksfeste wollten den Mann, der 15 Tage lang das Gelbe Trikot getragen hatte. Damals, beim Empfang im Pariser Rathaus, hatte mir Louison Bobet gesagt: »Er wird die Tour gewinnen, und wenn er will, nicht nur einmal. Aber sag ihm, er soll sich auf den Winterbahnen nicht verheizen lassen.«
Doch die Veranstalter lockten mit Spitzengagen, und Thurau unterschrieb Vertrag um Vertrag. 9000 Mark pro Tag bei den Sixdays, das war ein Geschäft, das außer ihm keiner machen konnte. Er kam mit viel Geld aus diesem Winter heraus. Und, so mancher Expertenvorhersage zum Trotz, auch mit einer guten Form. Sogar bestechend war sie bei den klassischen Eintagesrennen des Frühjahrs. Doch dann kam der Giro d'Italia, Pflichtwettbewerb für Thurau, der den Rennstall gewechselt hatte, nicht zuletzt wegen Differenzen mit seinem holländischen Mannschaftsleiter Peter Post. Giro plus Tour aber wäre für den 23jährigen zuviel gewesen.
Und dann war schon der Giro zuviel. Thurau, gesundheitlich indisponiert, fand seinen Rhythmus nicht und gab auf, ehe ihn das Hochgebirge in die Knie zwingen konnte.

Hinault auf Anhieb

Als Klaus-Peter Thaler in der ersten Woche der Tour de France 1978 für zwei Tage das Gelbe Trikot trug, kam rechts des Rheins erneut Gelbfieber auf, aber es blieb in bescheidenem Rahmen, und schnell zeigte es sich, daß der Lövenicher keinen Husarenritt à la Thurau hinlegen würde. Aber er fuhr als nützlicher Mannschaftskamerad von Männern wie Kuiper und Knetemann, eine solide Tour.

Was sich von Bernard Thévenet nicht sagen läßt. Es ist sicher etwas dran an der Behauptung, daß ihn sein zweiter Tour-Sieg dem süßen Leben zu nahe gebracht hat. Völlig entkräftet und demoralisiert gab er in den Pyrenäen auf, über deren Berge der Belgier Joseph Bruyère, einst Leibdomestike von Eddy Merckx, überraschend das Gelbe Trikot rettete. Auf den nächsten Plätzen der Gesamtwertung aber lagen hier schon die Favoriten Hinault, Zoetemelk, Pollentier und Kuiper.

Bernard Hinault, 23 Jahre, Bretone und von seinem Mannschaftsleiter Cyrille Guimard mit ungewöhnlicher Behutsamkeit aufgebaut, war nicht nur die Nummer 1 der französischen Experten. Rasse und Klasse erinnerten an Dietrich, und auch er hatte, wie der Frankfurter, im Gebirge noch einiges zu beweisen. Nachdem er gut über die Pyrenäen gekommen war, schien der Fall klar, zumal er im Zeitfahren keinen Gegner zu fürchten hatte. Aber es kam der 14. Juli, der Nationalfeiertag, an dem Bernard Hinault 300 000 erwartungsvollen Zuschauern am Puy de Dôme die festliche Stimmung verdarb. Und viele waren überzeugt davon, daß er sich seine Tour de France verdorben habe, denn beim Bergzeitfahren auf dem Puy de Dôme fand er nie seinen Rhythmus und verlor 1:40 Minuten auf den Belgier Michel Pollentier.

Aber Hinault, der große starke Mann der jungen Generation, überwand den Schock. Fast jeder Tour-Sieger vor ihm hat einen schwarzen Tag, wenn nicht mehrere, ausbügeln müssen. Er bewältigte die Alpen noch besser als die Pyrenäen, und in Dijon, zwei Tage vor Paris, hatte er es nur noch mit einem ernsthaften Gegner zu tun, mit Joop Zoetemelk, der das Gelbe Trikot mit hauchdünnem Vorsprung trug.

Freilich, die Spannung wäre hineingetragen worden bis Paris, wenn die Alpen nicht Michel Pollentier und Hennie Kuiper eliminiert hätten. Bei Pollentier war es nachgewiesenes Doping mit dem Versuch, die Ärzte mit falschem Urin zu überlisten; bei Kuiper war es der stupide Sturz, dieser verhaßte und ewige Begleiter der Rennfahrer. Aber wer gesehen hat, mit welcher Leichtigkeit Bernard Hinault Joop Zoetemelk beim 50-km-

Zeitfahren von Dijon mehr als vier Minuten abgenommen hat, ist überzeugt davon, daß auch Kuiper und Pollentier seinen ersten Tour-Sieg nicht verhindert hätten.
Frankreich hat ihn als Champion mit großer Zukunft gefeiert. Ein Nachfolger von Merckx? Diese Frage sollte die Tour de France 1979 beantworten.

Bernard Hinaults zweiter Streich

Die Tour de France 1979 hatte ein zackiges Gesicht. Und undurchsichtig war es auch, obschon Bernard Hinault als Superfavorit in Fleurance an den Start ging. Das bedeutete wie 1977, dem großen Jahr Dietrich Thuraus, sofortigen Einstieg in die Pyrenäen, ein Start, der dem Frankfurter nicht ungelegener kommen konnte.
Was er gebraucht hätte, waren die Etappen des Einrollens, die früher immer garantiert waren, als der Startplatz Paris so unverrückbar feststand wie der Eiffelturm.
Denn Thurau, kaum von einem Bruch des Schlüsselbeins genesen, hatte sich bei der Tour de Suisse erhebliche Verletzungen der rechten Hand und am linken Oberschenkel zugezogen. Acht Tage Flachland hätte er leicht verdaut, wenn vielleicht auch nicht so gemütlich wie Gino Bartali, der mir einmal sagte: »In der ersten Woche mache ich Fußpflege; ernst wird es erst am Fuße der Berge.«
Aber da war man ja in Fleurance schon. Und nach dem winzigen Prolog über fünf Kilometer gegen die Uhr ging's in einem Bergzeitfahren gleich von Luchon nach Superbagnères hinauf. Das kostete Thurau sieben Minuten Rückstand auf einen entfesselten Hinault – und es war noch nicht die ganze Rechnung, die ihm die Pyrenäen präsentierten. Zwölf Minuten verlor er auf der zweiten Bergetappe Luchon–Pau – und damit alle Chancen aufs Gelbe Trikot, das er zwei Jahre zuvor 15 Tage lang durch Frankreich getragen hatte. Aber die Pyrenäen schonten auch Hinault nicht. Und auch nicht den erstaunlichen

portugiesischen Veteranen Joaquim Agostinho, der auf dem Kopfsteinpflaster zwischen Amiens und Roubaix alle Chancen verlor, in die Entscheidung einzugreifen. Die Hölle des Nordens. Generationen von Rennfahrern haben sie verflucht, und wenn sie für Hinault nicht zum totalen Verhängnis wurde, so ist er zumindest durch ihr Vorzimmer gegangen. Durch das Fegefeuer, das schreckliche Angst macht. Er hatte, just in dem Moment, als vorne die Post abging, eine jener Pannen, die irreparabel sind auf Straßen, die diesen Namen nicht verdienen – und Dietrich Thurau, der an der Spitze die meiste Führungsarbeit leistete, zog ihm praktisch das Gelbe Trikot aus. Nicht für sich freilich, sondern für Joop Zoetemelk, den ewigen Zweiten, den Poulidor aus dem Land der Tulpen. Im Gegensatz zu Thurau und Hinault, die ihre zweite Tour bestritten, fuhr er seine neunte – und er fühlte sich imstande, die gelbe Krone endlich nach Paris zu bringen.

Bis Hinaults Materialwagen herankam auf diesen Straßen, die keine sind, war die Spitzengruppe schon über alle Katzenköpfe. Um ihre Widerlichkeit zu ermessen, muß man sie in ihrer ganzen Grausamkeit erlebt haben. Für Männer, die sich mit reiner Muskelkraft fortbewegen auf zwei Rädern, deren mit 8 atü vollgepumpte Reifen mit solcher Wucht auf klobige Steine prallen, daß sie durchgeschüttelt werden, als ob sie nicht mit einem Lenker,sondern mit einem Preßluftbohrer steuerten. Normalerweise fahren hier Traktoren im Tempo von Ochsenkarren. Teuflischerweise aber sucht die Tour diese Kopfsteinpflaster aus, zwischen denen zentimeterdickes Gras wuchert, um die Einbildungskraft des Publikums auf die schauerlichste aller Strapazen zu lenken.

Daß Bernard Hinault die Rechnung bezahlte, war natürlich eine der unvorhersehbaren Folgen des Kopfsteinpflasters. Joop Zoetemelk, an diesem Tag unter dem flandrischen Himmel von keinem Defekt beunruhigt, hing glück- und kraftvoll hinter der Lokomotive Thurau, die ebenfalls unbeschadet blieb – und er entriß Bernard Hinault das Gelbe Trikot.

Jetzt war bei ihm alles anders. Das Gelbe Trikot verwandelt

einen Mann. Joop Zoetemelk, den sie früher Hinterradschlotzer nannten, weil er gerne die anderen die Arbeit machen ließ, verwandelte sich in einen Eddy Merckx, der die zweiten Plätze wie die Pest haßte.
Er sah seine Chance. Zum erstenmal im vollen Bewußtsein seiner Stärke in den Bergen, deren Machtwort diese 66. Tour de France nach menschlichem Ermessen entscheiden mußte. Das gebirgige Horsd'œuvre vor den Alpen, deren Streckenführung brutaler denn je war, brachte keine Vorentscheidung. Am Ballon d'Alsace, dem höchsten Berg der Vogesen, verlor Zoetemelk nur drei Sekunden auf Hinault. Hennie Kuiper aber, der einzige, dem man noch zugetraut hatte, Zoetemelk und Hinault zu beunruhigen, büßte am Ballon d'Alsace viereinhalb Minuten auf die beiden Spitzenleute ein. Ein Defekt am Fuße des Berges war schuld daran und wohl auch die gewaltigen Anstrengungen, die er am Vortag unternommen hatte. Da hatte die Tour gezittert, denn um fast zehn Minuten waren die Asse von dem entfesselten Holländer abgehängt worden, ehe sie die Situation mit gemeinsamer Anstrengung wieder in den Griff kriegten. Es war, im Gegensatz zu den vergangenen Jahren, eine unerhört schnelle Tour ohne Verschnaufpausen. Und Bernard Hinaults Mannschaft vertrug sie viel besser als die von Joop Zoetemelk. Auf der längsten Etappe, die über 253 Kilometer von Belfort nach Evian führte, holte sich Hinault dank glänzender Mannschaftsarbeit den Löwenanteil der durch Spurts zu gewinnenden Zeitgutschriften. Er nahm dem auf sich allein gestellten Holländer 40 Sekunden von seinem Vorsprung ab, so daß das Bergzeitfahren über 55,5 km von Evian nach Morzine–Avoriaz sein Sprungbrett zur Wiedereroberung des Gelben Trikots wurde. Nur noch 49 Sekunden trennten ihn in Evian davon.
In Wahrheit waren es zwei Zeitfahren. Der erste Abschnitt ging über 40 Kilometer bei vergleichsweise sanftem Aufstieg von den Ufern des Genfer Sees übers Alpenvorland, und erst dann begannen die giftigen Rampen nach Morzine–Avoriaz mit fast tausend Metern Höhenunterschied. Es war, als ob Bergsteiger vor dem Eintritt in die Wand einen Marathonlauf absolvierten.

Die Einteilung der Kräfte war bei diesem verfälschten Bergzeitfahren ungemein schwierig. Wer vor der gewaltigen Steilwand, die sich vor dem Etappenziel aufbaute, den kräftezehrenden hohen Gang trat, riskierte den Schwächeanfall am Berg, und nur ein ganz Starker konnte in Morzine–Avoriaz gewinnen.
Der Mann hieß Bernard Hinault. Nur er brachte es fertig, dieses teuflische Zeitfahren sowohl als überdurchschnittlicher Roller als auch als überdurchschnittlicher Kletterer durchzustehen. Damit war die Tour praktisch entschieden. Joop Zoetemelk, der schon zu den Tour-Siegern gezählt hätte, wäre ihm kein Merckx über den Weg gelaufen, war erneut auf einen Supermann getroffen und schien endgültig zum ewigen Zweiten abgestempelt. Er war auch Zweiter dieses Zeitfahrens, wiederum also besser als alle anderen Verfolger Hinaults, aber eben auch 2,38 Minuten langsamer als der Mann, der ihm das Gelbe Trikot entriß. Und niemand zweifelte mehr daran, daß dieser Mann nicht mehr von der Konkurrenz, sondern nur noch von rabenschwarzem Pech geschlagen werden konnte. Pauken und Trompeten für den französischen Nationalfeiertag am 14. Juli waren das, an dem die Tour Pause machte wie ganz Frankreich. Im Wintersportplatz Les Menuires hatte sie ihren einzigen Ruhetag, und die Champs Elysées waren nur noch acht Tage entfernt.
Thurau war, als es nach Les Menuires zum Ruhetag hinaufging, erneut in Bergnot geraten. Bis fünf Kilometer vor dem Ziel war er mit Hinault in der kleinen Favoritengruppe gelegen, aber als van Impe und Hinault zum Duell um den Etappensieg ansetzten, verlor er fünf Minuten; pro Kilometer also eine. Doch auch Zoetemelk verlor gegen diesen entfesselten Hinault eine weitere Minute und meditierte am Ruhetag über sein Schicksal, das ihm bei jeder Tour einen Stärkeren vorsetzte. Was früher sein Merckx war, war jetzt sein Hinault. Weniger starke Fahrer

Bernard Hinault beim Zeitfahren: Nicht so harmonisch wie Anquetil, aber welch geballte Energie!

als er haben die Tour gewonnen, weil sie nicht auf Supermänner stießen.

Dieser Bernard Hinault hat in der Tat viel von Merckx, und sein Temperament ist noch eindrucksvoller, weil es sichtbarer und schäumender ist. Unwillkürlich muß man an den Ferdi Kübler der großen Tage denken, wenn er seinen Siegen mit dem wütenden Fauchen eines Raubtieres entgegenstampfte und die Gegner mit seinen enorm hohen Übersetzungen deprimierte. Joop Zoetemelk aber erinnerte mit seinem resigniertem Schulterzucken an Hennes Junkermann, dessen Namen in der Siegerliste der Tour stünde, wenn er die Hälfte von Hinaults Temperament gehabt hätte.

In L'Alpe d'Huez trat die Tour sozusagen auf der Stelle, denn der Wintersportplatz war Etappenziel der 17. und 18. Etappe. Moutiers–L'Alpe d'Huez war die schwerste aller Bergetappen, denn dem Col de la Madeleine und dem Col du Télégraphe folgte der schneebedeckte, 2645 m hohe Galibier, ehe es hinaufging zum Etappenziel. Es war die vorletzte Chance für den Bergspezialisten Zoetemelk. Doch in der rauhen Praxis war er an diesem Tag von Hinault viel weiter entfernt als die 2,45 Minuten, die ihn in der Gesamtwertung von ihm trennten. Mit den Beinen war das nicht zu schaffen. Er hätte den Mann im Gelben Trikot schon mit einem Stock vom Rad prügeln müssen.

Doch hatte Hinault nichts dagegen, daß Joaquim Agostinho davonzog. Der portugiesische Veteran gewann mit dreieinhalb Minuten Vorsprung auf die Hinault-Zoetemelk-Gruppe und bewies, daß er ohne seinen schweren Sturz in der Hölle des Nordens ein ganz starker Brocken für den Allesfresser Hinault geworden wäre. Thurau war auf allen Pässen, sogar am Galibier, bei Hinault geblieben. Erst am letzten Stich hinauf nach L'Alpe d'Huez hatte er den Anschluß verloren. Eine starke Leistung für einen Roller, die ihn auf den 10. Platz der Gesamtwertung vorrücken ließ.

Er sehnte sich nach der Ebene wie die Forelle nach den klaren Bächen, die zu Tal stürzen, aber eine weitere Alpenetappe, die

in einem Rundkurs nach L'Alpe d'Huez zurückführte, nagelte ihn fest. Und er war nicht der einzige, der die Organisatoren für die Anhäufung von giftigen Steigungen verfluchte.
Auf dieser letzten Alpenetappe lehnte sich Joop Zoetemelk mit einer Energie gegen die ihm anhaftende Legende auf, die Hinault erzittern ließ und die ins Buch der großen Taten der Tour gehört. Beim 14 km langen Aufstieg zum Etappenziel L'Alpe d'Huez begann sein begeisternder Angriff auf ein für Bernard Hinault beängstigendes Drama.
Gewiß, er hielt es in Grenzen. Aber er, das prestigebewußte Energiebündel mit dem Dickschädel des Bretonen, mußte nicht nur Zoetemelk ziehen lassen, den man gerne früher mit dieser wilden Entschlossenheit gesehen hätte, sondern auch den kleinen belgischen Kletterkönig Lucien van Impe. 47 Sekunden verlor er auf Zoetemelk, davon die Hälfte auf dem letzten Drittel des hochprozentigen Aufstiegs zum Ziel.
Weshalb ruhig gesagt werden darf, daß Zoetemelk nur ein paar Kilometer fehlten, um für die ganz große Sensation dieser 66. Tour de France zu sorgen. So aber konnte sich Hinault fast zwei Minuten Vorsprung in der Gesamtwertung bewahren, und so, wie die Dinge lagen, genügte das.
Denn es war Schluß mit den Bergen und mit Zoetemelks Möglichkeiten, zumal ins restliche Flachstück bis Paris noch das 50-km-Zeitfahren von Dijon eingebaut war, bei dem Hinault alle seine Vorzüge ausspielen konnte. Aber trotzdem war der Supermann auf den Boden zurückgeholt worden, auf dem sie sich alle bewegen.
Und Dietrich Thurau zeigte auf der 19. Etappe in Saint Priest, daß er nicht nur ans Zeitfahren von Dijon dachte. Es war, nach den Alpen, eine jener Transitetappen, bei denen alle verschnaufen. Das Stundenmittel sank nach den gewaltigen Parforcejagden auf 33 Kilometer, und der jetzt bei Grenoble wohnende Bernard Thévenet begrüßte seine alten Kameraden der Landstraße mit einem Champagnerbüffet, an dem viele abstiegen und einen Schluck nahmen. Es herrschte Waffenstillstand wie in den ruhigen Etappen der guten alten Zeit.

Und es gab die obligate Massenankunft mit einem der ganz wenigen klassischen Sprints dieser Tour. Die vielen Bergankünfte, die Mannschaftszeitfahren und die vergleichsweise kurzen Flachetappen hatten den Sprintern nur Brosamen gelassen. Alle waren sie scharf auf den Spurtsieg in Saint Priest.
Aber Thurau steckte sie, obwohl er sich nicht zu den Königen des Sprints zählt, in die Tasche. Ein glänzender Etappensieg des Frankfurters vor den belgischen Spurtspezialisten Jos Jacobs und Marc Demeyer, der ihn seine Wut über die brutale Streckenführung der Alpen vergessen ließ und ihn mit der Tour wieder ins Reine brachte.
Die letzte große Kraftprobe bestätigte die Prognosen, wenn man von der kleineren Enttäuschung absieht, die die Thurau-Fans einstecken mußten. Die ganz große Leistung konnte er in diesem 50-km-Zeitfahren von Dijon nach den Strapazen der Alpen nicht aus sich herauspeitschen, aber der sechste Platz war respektabel und brachte neue Punkte fürs Grüne Trikot.
Hinault verwies Zoetemelk mit 1:09 Minuten Vorsprung auf den zweiten Platz; dann kamen die beiden Zeitfahrspezialisten Knetemann und Knudsen vor dem erstaunlichen Agostinho, der sich seinen heißesten Wunsch erfüllte und Kuiper vom dritten Platz der Gesamtwertung verdrängte. Wie sehr hätte der portugiesische Veteran ohne seine schweren Stürze in der Bretagne und zwischen Amiens und Roubaix Hinault bedrängen können!
So aber lagen fast 25 Minuten zwischen ihm und dem Gelben Trikot, und mit 3,07 Minuten Rückstand war auch Zoetemelk endgültig abgemeldet, obwohl Hinault eigentlich mit einem größerem Vorsprung nach dem Zeitfahren gerechnet hatte. Er hatte es mit einer revolutionär neuen Maschine bestritten, in deren Entwicklung mehr als eine Million Mark gesteckt worden war. An allen beweglichen Teilen war an Gewicht gespart, und sogar die Kombination, die er trug, war geheimgehalten worden: maximale Windschlüpfigkeit durch Kunststoffhemd und Hose an einem Stück wie bei den alpinen Skiläufern. Und wenn auch die Art des Antriebs die alte geblieben ist, weil beim

Radfahren nun einmal getreten werden muß, so gab es doch auch hier neues zu sehen: Bernard Hinault trug superleichte Lackschuhe, so federleicht und glänzend, daß sie den Neid jedes Eistänzers erregt hätten. Der Rhythmus der Tour-Musik hätte diesen Herren freilich kaum geschmeckt.

Paris war drei Tage entfernt, und unterwegs hatte man ein Drittel der 150 in Fleurance gestarteten Fahrer verloren, unter ihnen den 32jährigen Schweizer Ueli Sutter, der auf seiner ersten Tour de France erstaunlich lange den vierten Platz gehalten hatte. Aber ausgerechnet die Alpen hatten ihn, den Kletterer, aus dem Rennen geworfen. Keine Verletzung, sondern Zeitüberschreitung. In einer früh dezimierten Mannschaft war er plötzlich Leader geworden und hatte zu viele Kräfte in die ständige Hetzjagd werfen müssen.

Dann kam die Ruhe nach dem Sturm. Die Positionen an der Spitze der Gesamtwertung waren zementiert, und sowohl nach Auxerre als auch nach Nogent-sur-Marne schlich sich der große Haufen im Tempo von Altherrenklubs, die einen gemütlichen Ausflug machen. Erst der Endspurt brachte Bewegung. In Auxerre siegte Gerrie Knetemann, in Nogent kein anderer als Bernard Hinault, der Kannibale, der nicht einmal den Sprintern ihre Brosamen gönnte. Und jedesmal war Dietrich Thurau Vierter und sammelte Punkte für das Grüne Trikot. Er hat es, wie vor ihm Rudi Altig, auch nach Paris gebracht, eine stolze Genugtuung für den Frankfurter nach seinem verkrachten Start in den Pyrenäen, auch wenn dieses Grüne Trikot eigentlich Hinault gehörte, der nicht nur Zeit-, sondern Punktbester war. Aber ein gelbgrünes Trikot gibt es nicht.

Und dieser Hinault, dem alles schon gehörte, verschenkte auch am Schlußtag nichts. Als Zoetemelk auf der letzten Etappe noch einmal das Unmögliche versuchte, war er der einzige, der die Attacke des Holländers kontern konnte, und als dann die beiden Großen dieser Tour unter sich an der Spitze waren, entschlossen sie sich zur Gemeinschaftsarbeit. Wie zwei Mannschaftskameraden teilten sie sich in die Führungsarbeit, und sie war so effektvoll, daß Thuraus Traum vom Etappensieg auf den

Champs Elysées platzte, obwohl er ein Riesenpensum an der Spitze der Verfolger leistete.
Der dritte Platz der Schlußetappe und der zehnte der Gesamtwertung waren sein Lohn. Wie Könige aber wurden Hinault und Zoetemelk zwischen Triumphbogen und Concorde gefeiert. Wer jedoch eine königlich-großherzige Geste des Mannes im Gelben Trikot erwartet hatte, täuschte sich gewaltig. Manch anderer hätte dem zähen Rivalen, dessen große Leistungen dieser Tour die Spannung erhalten hatten, die letzte Etappe geschenkt. Hinault aber verwies ihn auf den zweiten Platz, den jener gewohnt ist.
Hinault ist Merckx-Typ, der sich für jeden Sieg zerreißt, der in seiner Reichweite liegt.

Der unbekannte Soldat

Tour de France 1979. Es könnte auch 1932 oder 1925 sein. Ein Haufen Namenloser kommt am Sonntag nach Paris, zusammen mit denen, die die großen Schlagzeilen und auch das große Geld gemacht haben. Beziehungsweise es noch machen werden in den zahllosen Après-Tour-Rennen. Es sind die Erbhofbauern, die die große Ernte einfahren. Ihre Großknechte kriegen natürlich auch etwas. Sagen wir den Zehnten, der von ihrem Tische fällt.
Die Kleinknechte kriegen nichts. Und sie sind in der Überzahl. Bei weitem. Ganz wörtlich ist dieses »Nichts« zwar nicht zu nehmen, aber wenn sie zusammenzählen, was unter dem Strich herauskommt, dann hätten sie genausogut vier Wochen lang als Hilfsarbeiter auf den Bau gehen können. Sie hätten nicht weniger verdient, aber sich viel weniger schinden müssen.
Warum tun sie's? Was hält sie, von denen keiner spricht, im Sattel?
Greifen wir einen heraus. Julien heißt er. Ein Name, der

sich so brav und unbedeutend anhört wie sein 51. Platz in der Gesamtwertung. Ferdinand Julien, Wasserträger seines Zeichens in einer Mannschaft, die keinen Fahrer unter den ersten zwanzig plazieren konnte und deren Kasse so leer ist wie ein Gänsestall nach Weihnachten.
Trotzdem plagt sich der Ferdinand Tag für Tag unverdrossen. Als Amateur hatte man ihn eine »espoir« genannt, einen vielversprechenden Fahrer, aber seit er Profi ist, hat er in Frankreich kein einziges Rennen mehr gewonnen.
Obwohl ihm Berge behagten. Aber der Bauernsohn aus dem Loiretal ist ein Zauderer. Ein Mini-Junkermann sozusagen. Hören wir ihn selbst: »1976 bei der Tour de Suisse war ich in Form. Ehrlich. Es lief bei mir so gut, daß ich, ohne zu forcieren, einen schwierigen Paß in Angriff nahm und plötzlich feststellte, daß keiner mehr an meinem Hinterrad war. Das war mir unheimlich. Ich begriff nichts mehr. Wollten sie mich foppen? Ich drosselte mein Tempo, weil ich kein Mann für die Spitze bin. Der Deutsche Thurau und der Belgier Pollentier holten mich ein, und ich muß zugeben, daß ich lieber in Gesellschaft fahre. Aber ich gebe auch zu, daß man so nicht gewinnen kann. Ich bin an diesem Tag Dritter geworden. Heute ärgere ich mich darüber, weil ich weiß, daß ich hätte gewinnen können.«
Heute kann er nicht mehr gewinnen. Er ist 32 und kommt nicht mehr so flott über die Berge. Aber immer noch kann er Wasser tragen und sich im Mittelfeld der Gesamtwertung halten. Er ist ein braver Schweißvergießer ohne Ambitionen. Einer von denen, die man braucht, ohne sie zu beachten, und die trotzdem das masochistische Kunststück vollbringen, stolz auf ihre Teilnahme zu sein. Ferdinand Julien, unbekannter, aber nicht nutzloser Soldat der Schlacht auf der Landstraße, die so manche Ähnlichkeit mit dem Kampf hat, den wir alle in unserem Berufsleben führen.

Joop Zoetemelks später Triumph

Nach dem Wunsch der Organisatoren hätte die Tour de France 1980 eigentlich in Stuttgart gestartet werden sollen. Félix Lévitan hatte mich gebeten, entsprechende Verhandlungen mit der Stadt anzubahnen. Ich tat es mit Begeisterung, aber die Überzeugungskraft reichte nicht aus, um Oberbürgermeister Rommel die Million aus dem Stadtsäckel zu ziehen, die der smarte Co-Direktor der Tour verlangte. Der sparsame Schwabe vermochte sich nicht anzufreunden mit den Plänen Lévitans, der die harte D-Mark sehr zu schätzen weiß – und sie sich dann auch problemlos in Frankfurt holte.

Schließlich war das Dietrich Thuraus Stadt, und sie zahlte mit Freuden. Aber es wurde weder die Tour von Thurau, noch die von Hinault. Thurau hatte im Winter viel Geld bei den Sechstagerennen verdient, aber auch die Form, die man auf der Straße braucht, in den verräucherten Hallen gelassen.

Beide gaben auf, und es ist müßig, die Frage zu stellen, ob sie durchgekommen wären, wenn es nicht eines der regenreichsten Rennen aller Zeiten geworden wäre.

Klaus-Peter Thaler kam als einziger Deutscher durch und wurde 37.

Bei Thurau war bald klar, daß der runde, harmonische Tritt, mit dem er die Fachwelt im Vorjahr begeistert hatte, fehlte; bei Hinault dauerte es etwas länger bei dieser Tour der Regenschirme und der Regenmäntel.

Leider können sie die Knie, diese kostbaren Gelenke der Rennfahrer, nicht schätzen. Und Bernard Hinault hatte Probleme mit seinem rechten Knie, die wie ein Staatsgeheimnis gehütet wurden. Zwar gewann er das Zeitfahren von Spa–Francorchamps, aber im eisigen Regen der Ardennen entzündete sich die sehr komplizierte Verletzung, und von elender Kürze ist bei Etappenrennen die Zeit für eine vernünftige Pflege. Schlecht

1980: Die Tour geht in Frankfurt auf die große Reise.

CONTROLE
MERLIN
CONTROLE
Dresdner Bank

und recht gelang es dem Favoriten, seine Beschwerden zu kaschieren, aber das Zeitfahren in der Gascogne zwischen Damazan und Laplume deckte unerbittlich auf, was er an den Hinterrädern hatte verbergen können. Kein anderer als der mit 33 schon zu den Veteranen zählende Joop Zoetemelk gewann vor Kuiper und Agostinho. Hinault mußte sich mit dem 5. Platz begnügen, und sein Rückstand von 1,40 Sekunden auf den Holländer sprach Bände.
Trotzdem reichte es für das Gelbe Trikot, aber es fiel einem Invaliden zu, und noch war keine einzige Hochgebirgsetappe erledigt. Als die Karawane in Pau ankam, machte Bernard Hinault zwar in Optimismus, aber er fühlte sich wie ein Einbeiniger, der den Mount Everest erklettern soll.
Denn um die Königsetappe der Pyrenäen ging es. Zu bezwingen waren die vier klassischen Berge Aubisque, Tourmalet, Aspin und Peyresourde, berühmt und berüchtigt geworden durch die »Heroische Epoche«. Mit voller Absicht habe ich sie in »Salz im Kaffee« zur Bühne eines jener Dramen gemacht, die nur die Tour hervorzubringen vermag. Aber Bernard Hinault ist nicht eingetreten in das Abenteuer, das er zweifellos nicht hätte bestehen können.
Der Entschluß war richtig, die Art der Bekanntgabe falsch. Die Reporter fühlten sich betrogen, weil er am Abend zur Zeit des Redaktionsschlusses, jedem, der es wissen wollte, erklärte, er fühle sich fit für die Pyrenäen. Und die Nation wurde mit den entsprechenden Schlagzeilen versorgt.
Und immer noch verhüllten Regen und Nebel, die wilde Bergwelt.
Erst gegen 23 Uhr, als für die Zeitungen alles zu spät war, legte Hinault seine Karten auf den Tisch. Es war der, an dem Jacques Goddet und Félix Lévitan gerade ihr Essen beendeten. Sie waren froh darüber, denn Rennleitern vergeht der Appetit, wenn der Mann im Gelben Trikot kampflos ausscheidet. Die Tour ist ein Schauspiel ohne Skript, und das Drama in den Bergen verdoppelt die Auflagen.
Bernard Hinault erschien mit seinem sportlichen Leiter Cyrille

Das überraschende Siegertrio von 1980: Joop Zoetemelk, eingerahmt vom Zweiten Hennie Kuiper (rechts) und von dem Franzosen Raymond Martin im Trikot des Siegers vom großen Bergpreis.

Guimard, und sein Gesicht war nicht nur blaß, weil noch kein Sonnenstrahl diese Tour beschienen hatte. Es war das Gesicht eines moralisch und körperlich geschlagenen Mannes.
»Sie müssen mir glauben«, sagte Cyrille Guimard, »er ist am Ende. Keinen halben Berg schafft er, und sein Knie kann einen Schaden nehmen, von dem es sich nie mehr erholt.«
Einem solchen Argument konnten sich die Rennleiter nicht widersetzen. Es soll allerdings auch die Rede davon gewesen sein, daß Hinaults Knie mit Spritzen behandelt worden sei, die nie hätten gegeben werden dürfen.
Phänomen des modernen Sports: wenn's gut geht, war die Spritze recht. Wenn nicht, war sie ein Frevel.

Joop Zoetemelk fiel ein Gelbes Trikot zu, daß er nicht auf der Straße erobert hatte. Aber er hat es dann mit Bravour verteidigt, sowohl in den Bergen als auch auf der Ebene, und der ewige Zweite gestattete sich sogar den Luxus, das abschließende Zeitfahren auf den Champs-Elysées mit dem hervorragenden Stundenmittel von 45,290 km vor Knetemann, Agostinho und Kuiper zu gewinnen. In der Gesamtwertung verwies er Kuiper mit sieben und Martin mit acht Minuten Vorsprung auf die Plätze. Ein verdienter Sieg, sicher. Aber Dietrich Thurau mußte sich sagen, daß er ihn mit seiner Form des Vorjahrs hätte verhindern können.
Aber sagte er sich's wirklich? Schielte er nicht schon zu sehr auf die schnelle Mark der Winterbahn?

Hinault kehrt zurück

1981 kam Bernard Hinault wieder. Gesund, als ob er nie Kniebeschwerden gehabt hätte und mit dem Ehrgeiz eines Champions, der so auf den Tisch des Hauses schlagen will, daß nichts stehen bleibt. Aber auch als kühler Rechner à la Anquetil. Wenn ein Opa wie Zoetemelk gewinnen kann, sagte er sich, dann ist nicht viel los mit dem ganzen Haufen. Wenn ich eine starke und koordinierte Mannschaft habe, kann mich nur einer schlagen, und das bin ich selbst.
Seine Mannschaft war stark. Zehn Mann starteten, zehn Mann kamen in Paris an, und die Taktik, die der Boss vorschrieb, klappte vorzüglich. Bergspezialisten wie van Impe und Alban bekamen auf der Ebene ihren Rückstand aufgebrummt, Roller wie Bernaudeau, Zoetemelk oder Kuiper wurden am Berg abgehängt.
Die Überlegenheit Bernard Hinaults bei dieser Tour war so erdrückend, daß sich die Presse im Vorfeld eines indiskutablen Sieges einem anderen Phänomen zuwandte.
Es war Freddy Maertens, der Mann im Grünen Trikot des Punktbesten. Der Belgier kam von so weit her, daß man ihn

fast schon vergessen hatte. Eddy Merckx hatte prophezeit, daß er nach fünf Etappen aussteigen würde, aber dieser wie ein Teufel aus der flandrischen Kiste gesprungene Bursche kam durch und leistete sich den Gewinn von nicht weniger als fünf Etappen, unter ihnen die begehrteste auf den Champs-Elysées! Es war nicht mehr und nicht weniger als das außerordentlichste Comeback in der Tour-Geschichte, wenn man von Gino Bartalis zweitem Sieg nach zehnjähriger, kriegsbedingter Pause absieht.

Maertens hatte in Belgien als Wunderknabe gegolten, wie einst Anquetil in Frankreich. Der Grand Prix des Nations, dessen Rekordmann Anquetil ist, stand ebenso auf seiner Siegesliste wie die Weltmeisterschaft, aber dann schien ein schwerer Sturz beim Giro d'Italia 1977 seine Karriere zu beenden. Er zog sich einen komplizierten Bruch des Handgelenks zu, der nicht heilen wollte. Er konsultierte alle Spezialisten, aber als einziger bescheidener Erfolg kam eine straffe Manschette heraus, die mehr störte als nützte. Sicher, er konnte Rennen fahren, aber der Punch war weg, weil die Hand, die am Lenker zieht, Kraft braucht. Aber dann half ihm ein amerikanischer Physiologe. Die Kraft kam zurück, und mit ihr der Ehrgeiz, die alte Klasse zurückzuholen.

Und Freddy Maertens stieg in eine Tour de France, in der er nicht weniger beachtet wurde als der ungefährdete Sieger Bernard Hinault.

Laien und Fachleute staunten, aber die Fachleute beließen es nicht dabei. »Zu schön um wahr zu sein«, sagte ihnen ihre in Erfahrung wurzelnde Skepsis. Und sie hörten sich natürlich auch um bei den Rennfahrern. Merkwürdiges kam da heraus, wie zum Beispiel: »Freddy hat unglaubliche Hochs und Tiefs. Manchmal fährt er im Zickzack, als ob er betrunken wäre und er schneidet Grimassen, wie einer, der nicht recht bei Trost ist. Außerdem stürzt er zuviel.«

Freilich, Rennfahrer reden abends in der Etappe viel. Sie haben, nach sechs oder sieben Stunden im Sattel, das Bedürfnis, sich auszukotzen, und da kommt man schnell von eigenen Proble-

men zu anderen. »Dieser Maertens«, das war deutlich herauszuhören, »stopft sich voll mit Dynamit. Er ist ein begabter Rennfahrer gewesen, aber dieses Comeback ist nicht normal!« Geklärt worden ist das Problem nie, und möglicherweise hatte die Tourleitung kein Interesse daran, weil ein bunter Vogel einem Rennen, guttat, das von Anfang bis Ende unter der erdrückenden Überlegenheit Bernard Hinaults stöhnte. Erstaunlich ist auf jeden Fall, daß Freddy Maertens anstandslos durch die Dopingkontrollen kam, die keinem Etappensieger erspart bleiben.
Ich habe Eddy Mercks darüber befragt, aber seine Antwort bestand nur aus zwei Worten »Kein Kommentar!« Man mag sich dabei denken, was man will. Tatsache ist, daß Maertens nach dieser Tour de France sogar Straßenweltmeister wurde – und dann in der Anonymität verschwand. Die Flamme, die auf so wunderbare Weise wieder entzündet worden war, erlöschte.

Hinault auf einem Bein

Bernard Hinaults Erfolg von 1981 war logisch, aber in den Augen der Organisatoren nicht attraktiv gewesen. Der immer mehr Einfluß gewinnende Félix Lévitan begann deshalb mit dem Gedanken zu spielen, neue belebende Elemente ins Rennen zu bringen, und zwar nicht nur Nord- und Südamerikaner, sondern die Osteuropäer mit den Russen an der Spitze. Zwar firmieren sie als Amateure, aber jeder weiß, daß sie ihren Sport sehr professionell betreiben, und mit Sicherheit würde eine Tour »open« an Farbe gewinnen.
Aber der konservative Jaques Goddet, der die Tour von seinem Vater geerbt hat, ist ein Mann der kleinen Schritte und bremste ab. Noch sieht er zu große Probleme mit der kommerziellen Werbung, ohne die sein Rennen längst nicht durchführbar wäre und den sehr puristischen Auffassungen des Ostens auf diesem

Sektor. Lévitan hingegen glaubte, daß ein Konsens möglich sei. Er glaubte es auch noch im Frühjahr 1987, aber dann ist er urplötzlich zurückgetreten. Es war eine Sensation allerersten Ranges.

Wir aber sind noch bei der Tour 1982. Sie litt zwar nicht unter dem Regen, aber blieb dennoch grau.

Es war, als ob der Kuchen aufgeteilt gewesen wäre, ehe man sich an den Tisch setzte. Und als ob Hinault Merckx und Anquetil in einer Person wäre. Die Konkurrenz setzte nicht auf Gelb, sondern auf eine andere Trophäe. Nehmen wir Sean Kelly, den Iren mit der gewaltigen Spurtkraft eines André Darrigade. Er interessierte sich ausschließlich für das Grüne Trikot der Punktwertung, wohl wissend, daß er in den Bergen zu viel Zeit verlieren würde. Da war er ein Bruder im Geist Rudi Altigs.

Bernard Vallet, der auf der Ebene nichts zu melden hatte, visierte den großen Bergpreis an, und der Holländer Knetemann wollte nichts anderes als seinem Ruf als Spezialist im Zeitfahren gerecht werden. Sein Landsmann Joop Zoetemelk, langsam in die Jahre kommend, in denen man die Pantoffeln den Rennschuhen vorzieht, strebte wieder einmal den zweiten Platz an hinter einem Favoriten, den kein böses Knie mehr plagte, und der Australier Phil Anderson sorgte zwar auf den ersten Etappen für ein bißchen Furore, aber es fehlte ihm sowohl an Erfahrung als auch an einem Schuß der echten Klasse, die nicht erlernbar ist.

So kontrollierte Bernard Hinault das Rennen mit einer starken Mannschaft vom Start bis ins Ziel, ohne gezwungen zu werden, sich voll auszugeben. Er gewann mit dem vergleichsweise knappen Vorsprung von 6,21 Minuten auf Zoetemelk, aber wenn man ihn dazu gezwungen hätte, hätte er dieses Kapital ohne Schwierigkeiten vergrößert. Es war Hinaults vierter Sieg und zum sechsten Mal der zweite Platz für den fast 36jährigen Holländer.

Zitterten die Jungen wie paralysierte Mäuslein vor der Macht des Allesfressers Hinault?

Albans Pech und Fignons Glück

Allesfresser ja, unverwundbarer nein. Die Tour de France 1983 fand ohne ihn statt und damit unter ganz anderen Vorzeichen. Es war, als ob das Fahrerfeld, befreit von der Last des Superstars, tief durchatmete.

Bei der Spanien-Rundfahrt, der »Vuelta«, die der Tour de France vorausgeht, hatten sich plötzlich wieder Schmerzen in Hinaults rechtem Knie eingestellt. Vorsichtig fuhr er die Vuelta zu Ende, ehe er in Frankreich seinen Leibarzt konsultierte. Er bekam eine Ruhepause verordnet und sollte sich dann bei der Luxemburg-Rundfahrt einem Test unterziehen. Aber daraus wurde nichts. Schon vor dem Start schwoll das Knie so an, daß

Zwischen frischen Blumen und einem alten Schloß – aber Rennfahrer blicken nur nach vorne.

an die Tour nicht zu denken war. Hinaults Aufgabe im Gelben Trikot vor der Königsetappe der Pyrenäen lag dem Champion noch ebenso im Magen wie seinem Teamchef Cyrille Guimard. Guimard hatte mit dem Gedanken gespielt, den jungen und hochbegabten Amerikaner Greg Lemond in seine Mannschaft zu nehmen. Zweifellos hat das Knie, das nun vorzeitig streikte, eine Rolle dabei gespielt. Er wollte, da Teamchefs, die sich einen Namen gemacht haben, nur an den Sieg denken, falls Hinault in Schwierigkeiten geraten sollte, ein zweites Eisen im Feuer haben.

Aber als Hinault ausfiel, wollte er den Amerikaner nicht mehr. Er war ihm zu jung und unerfahren als Boss. So vertraute er auf das Talent des Franzosen Laurent Fignon, der ein bißchen aus dem Rahmen fiel, weil er nicht nur ein gebildeter Bursche, sondern auch Brillenträger war. Oh, es gibt viele Brillenträger. Aber nie hatte auch noch einer das Gelbe Trikot dazu getragen.

Doch der Favorit dieser Tour war nicht Fignon, sondern Sean Kelly. Der Ire, unbestritten schnellster Mann der Ebene und des Sprints, hatte sich in den Bergen erheblich verbessert und übernahm das Gelbe Trikot am Fuß der Pyrenäen in Pau.

Und wieder nahm man den klassischen Weg nach Luchon über die Berge Aubisque, Tourmalet, Aspin und Peyresourde. Die Tour kommt nicht los von ihnen, weil sie ewige Produzenten von Dramen und Legenden sind.

Und diesmal waren die Berge heiß. Nicht gekühlt von Nebel oder Regen strahlten sie eine Hitze aus, die selbst die kolumbianischen Bergspezialisten, die zum erstenmal das große Abenteuer wagten, matt setzte.

Aber Sean Kelly war der erste, den der heiße Hammer traf. Ihm folgten Zoetemelk und Anderson, und Hennie Kuiper gab sogar auf. Sieger dieser von der Hitze unmenschlich schwer gewordenen Königsetappe der Pyrenäen wurde der erstaunliche Schotte Millar, und die Abstände hinter ihm nahmen katastrophale Ausmaße an.

Laurent Fignon, immerhin Vierter, lag viereinhalb Minuten zurück, die Bergspezialisten van Impe und Alban sechs Minuten. Bei Zoetemelk waren es neun, aber er war immer noch besser als Kelly und die Bergspezialisten Agostinho, Grezet, van der Velde und Breu! Und Raymond Martin, der 1980 die gleiche Etappe gewonnen hatte, lag 35 Minuten zurück. Es gab Abstände wie auf den Holzfällerwegen der Heroischen Epoche.

Ein Mann, der Jimenez hieß, wie der alte spanische Bergspezialist, rettete die Ehre der kolumbianischen Kletterkönige. Aber der Mann des Tages war nicht der schottische Etappensieger Millar, sondern der dicht hinter ihm eingekommene Franzose Pascal Simon.

Die Leichtigkeit seines Pedaltritts in der Hitze der Berge hatte verblüfft, und in ihm sah man den kommenden Tour-Sieger. Zwei Landsleute folgten ihm in der Gesamtwertung: Laurent Fignon mit 4,22 und Jean-René Bernaudeau mit 5,34 Minuten Rückstand.

Doch die Hexe mit den grünen Zähnen schlug schon auf der nächsten Etappe zu. Simon stürzte und brach sich das linke Schulterblatt. Die Tour hatte ihr Drama, und dazu noch eines von jenen, die sich verlängern. »L'Equipe« verdoppelte ihre Auflage, denn der Mann im Gelben Trikot fuhr weiter, und an vielen Frühstückstischen wurde der Kaffee salzig, weil die Tränen der Frauen die um ihn weinten, hineinflossen.

Und es geschah eigenartiges, das mit sportlicher Fairneß gleichzusetzen ist, die man hartgesottenen Profis so oft abspricht. Auf den heißen Etappen der Auvergne griff keiner nach dem Kanarien- und Pechvogel Pascal Simon. Ja, sie litten mit ihm, weil sie wußten, welche Schmerzen ihn unter dem Schulterverband plagten. Es kam jedoch wie es kommen mußte. Das schwere Bergzeitfahren auf dem Puy de Dôme wurde zum Schmelztiegel seines Vorsprungs, weil der Arm bei hochprozentigen Steigungen am Lenker ziehen muß. Aber er rettete das Gelbe Trikot mit 52 Sekunden Vorspung auf Fignon. Und er erreichte mit ihm am nächsten Tag sogar noch das Etappenziel St. Etienne. Aber die Alpen waren zuviel für das gebrochene Schulterblatt. Sie zwangen Pascal Simon zur Aufgabe und warfen Laurent Fignon das Gelbe Trikot in den Schoß. Frankreich gönnte es ihm und weinte dennoch.

Und Laurent Fignon war auf dem Weg zum Sieg bei der ersten Tour de France, die er bestritt, wie vor ihm Coppi, Koblet, Anquetil, Merckx und Hinault. Sehr gut kam er über die Alpen, aber es war kein Husarenritt. Es fehlte etwas, was die Franzosen »panache« nennen.

Angriff am Berg. Nur mit großer Mühe hält sich Bernard Hinault am Hinterrad von Laurent Fignon.

Ein großer Sieg. Fignon hatte keine einzige Etappe gewonnen, und ein Tour-Sieger sollte wenigstens auf einer Hochgebirgsetappe oder bei einem Zeitfahren triumphieren. Vor allem dann, wenn ihm das Gelbe Trikot durch das Pech eines anderen zugeflogen ist.
Laurent Fignon las nicht nur die Zeitungen sehr aufmerksam, sondern er hörte auch Volkes Stimme. Eine einzige Chance blieb ihm, um das Tüpfelchen aufs i zu setzen, und die war das sehr schwere Zeitfahren in Dijon, am Tag vor der Ankunft in Paris.
Der 50-Kilometer-Parcours war so hügelig, daß er eher die Bergspezialisten als die Roller begünstigte, und eine glühende Hitze weichte den Macadam der Straßen auf. Hier mußte es geschehen.
Und es geschah. Laurent Fignon gewann dieses Zeitfahren im Stil eines großen Champions vor Arroyo, Roche und van Impe und verwandelte damit den restlichen Weg nach Paris in eine Via Triumphalis. Kein Lästermaul mäkelte mehr an seinem Gesamtsieg vor Arroyo und Winnen herum. Hatte er den Schlußpunkt unter die Ära Hinault gesetzt?

Fignon schlägt auch Hinault!

Nun, Hinault hatte sein Knie operieren lassen. Delikate Operation für einen Mann, der ja nicht nur spazieren gehen will, ohne zu hinken, sondern den Sieg im schwersten Etappenrennen der Welt anvisiert. Außerdem mußte er eine jener Zwangspausen einlegen, die den Rhythmus des Rennfahrers brechen.
Bei Fignon dagegen drehte sich alles wie im Ölbad. Auf jedem Terrain war er stärker geworden, und in diese Tour de France 1984 stieg er mit der Entschlossenheit, auch die letzten Zweifler an seiner Klasse zu bekehren. Ein Hinault, dessen Energie bewundernswert, aber dessen athletische Wucht angeknackst war, prallte auf einen Athleten in Hochform.
Untrüglicher Beweis: Fignon gewann nicht nur die drei Zeit-

fahren dieser Tour, sondern dominierte in den Alpenetappen mit frappierender Leichtigkeit. Wo sollte Hinault jemanden angreifen, der ihn in den beiden bedeutendsten Spezialitäten abhängte? Aber verzichten? Sich fügen ins Unvermeidliche? Solche Ideen existieren nicht im bretonischen Dickschädel des Bernard Hinault. Und er suchte sich die schwerste Alpenetappe von Grenoble nach L'Alpe d'Huez aus, um einen entscheidenden Schlag gegen den jungen Konkurrenten zu landen. Das hochgelegene Etappenziel würde die Sache noch spektakulärer machen. Und möglicherweise hatte sich Fignon bei seinem hart erkämpften Bergsieg in La Ruchère übernommen. Der alte Meister wollte den großen, unerbittlichen Bohrer ansetzen.
Mit ruckartigen Antritten nach der Art von Gino Bartali hängt Hinault zwar so starke Bergfahrer wie Breu, Winnen, Rüttimann und Lemond ab, aber er kommt nicht an Fignon vorbei, der in einer bemerkenswerten Dreiergruppe klettert, weil sich neben dem kolumbianischen Bergkönig Luis Herrera auch noch der deutsche Raimund Dietzen angehängt hat. Eine phantastische Leistung des Deutschen, der aber dann das rabenschwarze Pech hat, durch einen Defekt hoffnungslos zurückgeworfen zu werden.
Es wird die Etappe des Laurent Fignon und der Schwanengesang des Bernard Hinault. Oh, der Bretone geht mit fliegenden Fahnen unter und versucht noch einmal die große Überrumpelung beim langen und giftigen Anstieg nach L'Alpe d'Huez.
Eine Hochgebirgsetappe von grandioser Dramatik! Zwar zieht Herrera in den steilen Rampen unwiderstehlich davon, aber in der Gesamtwertung hat der Kolumbianer nichts zu melden. Und dann, zehn Kilometer vor dem Gipfel, ist ein entfesselter Fignon hinter ihm, der alles abhängt und das Ziel als Zweiter mit nur 49 Sekunden Rückstand auf Herrera erreicht. Hinault wird nur siebter hinter Arroyo, Millar, Acedevo und Lemond und verliert drei Minuten auf Fignon, der das Gelbe Trikot überstreift und es bis Paris nicht abgeben wird. Der Bretone ist selbst in die Grube gefallen, die er dem großen Konkurrenten hat schaufeln wollen.

Nun auch Tour de France der Frauen! Hier die Sieger von 1984, Laurent Fignon und Marie-Ann Martin zwischen Jacques Chirac, damals Bürgermeister von Paris, und dem Premierminister Laurent Fabius.

Immerhin, in Paris ist er Zweiter mit zehn Minuten Rückstand auf Fignon. Dritter wird der erstaunliche Amerikaner Greg Lemond, der viele Tage mit einer schweren Erkältung gekämpft hatte, die nicht wenige zur Aufgabe gezwungen hätte. Jetzt wußte man endgültig, daß er ein As für den ganz großen Stich war.

Ein Novum auch, daß mit Robert Millar ein Schotte den

Großen Bergpreis gewann. Und die Schweiz signalisierte mit Rüttimann und Zimmermann, daß sie an die großen Tage ihres Straßenrennsports anknüpfen kann.

Hinaults Comeback

Und wer hätte es gedacht: 1985 wurde das Jahr des großen Comebacks von Bernard Hinault. Er gewann die Tour zum fünftenmal und zog mit Anquetil und Merckx gleich. Fignon, von einer hartnäckigen Verletzung geplagt, fehlte.
Hinault, inzwischen 31 und auch weiser geworden, wußte, daß er scharf kalkulieren mußte. Daß er ein reicher Mann geworden war, bedarf weniger der Erwähnung als die Tatsache, daß Bernard Tapie, der »Boss« seines Rennstalls »La Vie Claire«, Frankreichs erfolgreichster junger Geschäftsmann, ihm jede gewünschte Summe zur Verstärkung seiner Mannschaft zur Verfügung stellte. Hinault konnte regieren wie kein anderer Kapitän eines Teams.
So holte er den Schweizer Niki Rüttimann, der ihn beeindruckt hatte und auf jedem Terrain ein starker Helfer sein konnte. Aber er holte auch den Amerikaner Greg Lemond, kein Wasserträger, sondern einer, der gewinnen will und weiß, daß er das Zeug dazu hat. Warum holte er ihn? Konnte er nicht zum Floh in seinem stolzen Pelz werden? Und warum akzeptierte Lemond? In jeder anderen Mannschaft hätte er Nummer 1 sein können, und es mußte ihm klar sein, daß er die eigene Chance nur nutzen durfte, wenn Hinault nicht durchhalten würde. Klar, daß der smarte Monsieur Tapie auch dies bedachte. Zwei Eisen wollte er im Feuer haben, und es ist durchaus möglich, daß er sich insgeheim den Sieg Lemonds wünschte, weil er mit seiner Lebensmittelkette »La Vie Claire« Fuß fassen wollte auf dem amerikanischen Markt.
Andererseits war ein fünfter Sieg Hinaults kein Pappenstiel. Bernard Tapie, Spielernatur und Geschäftemacher, wußte daß er sein Geld gut angelegt hatte.

Aber Greg Lemond verlangte klare Abmachungen. Er war kein Greenhorn mehr und wußte nur zu gut, daß er nicht mit einem Wasserträger Hinault rechnen konnte, falls sich das Rennen zu seinen Gunsten entwickeln sollte. Dazu kannte er den Bretonen, dem sie den Spitznamen »Blaireau«, also Dachs, gegeben hatten, zu gut.
Doch der Dachs zeigte sich kooperativ. Er machte gute Miene zu den Abmachungen, die getroffen wurden und so aussahen: Loyale Zusammenarbeit zwischen Hinault und Lemond. Der nach den ersten strategischen Etappen am besten plazierte, sollte vom anderen in der klassischen Art unterstützt werden, was im Prinzip eine Überwachung der Hauptgegner bedeutet. Man mischt sich in ihre Angriffe, aber leistet nie Führungsarbeit.
Und Bernard Hinault spielte den gerissenen Dachs. Er schlug vom Start weg so auf die Pauke, daß ihm das Gelbe Trikot zuviel – und Lemond die Aufgabe, es zu schützen. Ein typischer Schachzug des Dachses!
Aber er bekam Schwierigkeiten in den Pyrenäen. Bei einem Sturz hatte er sich das Nasenbein gebrochen. Auf der Ebene war das ziemlich problemlos für ihn, aber hochprozentige Steigungen machten ihm das Atmen schwer.
Und beim Aufstieg zum Etappenziel Luz-Ardiden sah Greg Lemond seine große Stunde gekommen und wollte sein Temperament nicht mehr zügeln. Zügig kletterte er zusammen mit den Bergflöhen Roche und Chozas in dichtem Nebel, und Hinault lag mit dem Gelben Trikot mehr als eine Minute zurück. Greg Lemond aber fühlte sich stark wie nie, und er spürte, daß seine beiden Begleiter schwächer wurden.
Jetzt oder nie! Wie ein Siegesrausch kam es über ihn. Er winkte

Disqualifiziert! Nach der 10. Etappe der Tour 1985 wurde Dietrich Thurau ausgeschlossen, weil er den belgischen Jury-Vorsitzenden Raymond Trine tätlich angegriffen hatte.

SPLENDOR

Der Berg beginnt. Ruhe vor dem Sturm im Feld.

den Wagen seines Schweizer Mannschaftsleiters Köchli an seine Seite: »Darf ich abhauen? Die beiden sind am Ende.«
Aber der Teamchef schüttelte den Kopf. »Bernard hat einen Durchhänger, aber er kommt durch. Wenn du abhaust, greifst du ihn an, und ich kann das nicht zulassen!«
An diesem Abend gab es im Hotel der Mannschaft »La Vie Claire« einen großen Krach. Lemond wollte sogar aufgeben, aber das Machtwort sprach nicht Boss Hinault, sondern der größere Boss Bernard Tapie: »Hinault liegt immer noch gut im Rennen, und du wirst ihm helfen, seine fünfte Tour zu gewinnen! Im nächsten Jahr wirst du der Sieger sein, und er wird dir dabei helfen!

Hinault versprach es feierlich. Das ist verbürgte Tour-Geschichte.
Und die Tour lief weiter, als ob Bernard Tapie sie auf dem Reißbrett vorgezeichnet hätte. Hinault, jederzeit sicher, jede Unterstützung von Lemond zu erhalten, gewann vor dem Amerikaner, und die Mannschaft von »La Vie Claire« holte nicht nur Platz eins und zwei, sondern auch die Mannschaftswertung. Mehr geht nicht. Und mit großer Wahrscheinlichkeit hätte auch ein Fignon in der Form des Vorjahres keine Chance gegen das Tandem Hinault–Lemond gehabt.
Und Dietrich Thurau? Nun, der inzwischen 30jährige war mit großen Ambitionen ins Rennen gegangen, aber ehe der harte Bergtest kam, war es aus mit ihm. Nicht, daß ihn die Gegner

Unter dem Triumphbogen auf den Champs Elysées schließt sich der Kreis der Tour de France.

geschlagen hätten. Mit einer Art von Harakiri besiegte er sich selbst. Waren es die Nerven des an sich zweifelnden und deshalb überempfindlichen Athleten?
Tatache ist, daß er eine Strafe, die ihm die Jury auf der 10. Etappe aufbrummte, für ungerechtfertigt hielt. Er griff den belgischen Jury-Vorsitzenden Raymond Trine tätlich an, eine Affekthandlung, die man bei einem Hinault vielleicht hätte durchgehen lassen, weil man ihn brauchte.
Aber die Tour brauchte den einstigen Publikumsliebling, der so viele Federn gelassen hatte, nicht mehr. Und er hatte auch keine Lobby. Félix Lévitan sah keinen Grund für mildernde Umstände und schickte ihn heim.

Greg Lemond schlägt den »Dachs«

1986 stellte sich die Frage, ob ein Rennfahrer in der Lage ist, das schwerste Etappenrennen der Welt sechsmal zu gewinnen. Zwar hatten Anquetil und Merckx immer wieder betont, sie hätten kein Interesse an diesem Rekord, aber unbestreitbare Tatsache ist, daß ihn Anquetil 1966 ebenso anvisiert hat wie Merckx 1977. Denn Rekord ist Rekord, und kein Profi, der ihn in seiner Reichweite fühlt, fährt an ihm vorbei.
Und Hinault? Natürlich war da sein Versprechen, Greg Lemond 1986 mit all seinen Kräften zu helfen, die Tour zu gewinnen. Aber ein Jahr ist lang. Und kurz wird die Zeit des Champions, wenn er die Schwelle der dreißig überschritten hat. Was wog das Versprechen des »Dachses« an Lemond? Der Amerikaner wußte es nicht, und im Grunde wußte es auch Hinault nicht, als gestartet wurde. Schließlich ist die Tour vollgestopft mit Imponderabilien, und warum sollte er nicht durch eine Schwäche Lemonds zum uneingeschränkten Herrscher bei der Mannschaft werden? Kurzum, es war nicht viel klar in der Mannschaft »La Vie Claire«, was nichts anderes bedeutet als »Das klare Leben«. Gegen den Dachs mußte Greg Lemond Fuchs und Hase zugleich sein. Klar indes war, daß

Fignon, der monatelang an einer Beinverletzung laboriert hatte, keine Rolle spielen konnte.
Zwei gleichberechtigte Kapitäne kann es praktisch nicht geben. Die Sache erinnert an Coppi und Bartali im gleichen Team, aber auch an zwei Männer, die es auf die gleiche Frau abgesehen haben. Einer zieht dabei den kürzeren. Und keiner wollte es sein.
Die Mannschaft war stark, aber das Klima stimmte nicht. Es irritierte Lemond, daß Hinault ständig die Peitsche schwang, mit der Begründung, der Konkurrenz müsse eine ständige Abnützungsbataille aufgezwungen werden. War das nicht auch Krieg gegen Lemond?
Es war das Glück des Amerikaners, daß er in beiden Zeitfahren nur wenige Sekunden auf Hinault verlor und in den Bergen Schritt hielt mit den stärksten Spezialisten. Fignon spielte keine Rolle. Er gab in Pau auf, geschüttelt von hohem Fieber. Zu hart war die Tour für einen, der wegen einer Beinverletzung zu einer halbjährigen Zwangspause gezwungen worden war.
Als Lemond das Gelbe Trikot erobert und sich von allem in Superbagnères und Alpe d'Huez glänzend behauptet hatte, schien die Tour gelaufen. Es waren die beiden schwersten Bergetappen. In Superbagnères hatte er gewonnen; in L'Alpe d'Huez war er gemeinsam mit dem Dachs über den Zielstrich gefahren, den Sieg jedoch um ein paar Zentimeter dem Alten überlassend. Eine Geste des Danks. Sie bedeutete, daß man sich an den Pakt vom Vorjahr halten würde.
Aber ein Blick auf die Gesamtwertung ließ Zweifel aufkommen. Nicht nur bei Leuten, die das Gras wachsen hören. Hinault hatte den Schweizer Zimmermann vom 2. Platz verdrängt und lag nur noch 2,45 Minuten hinter Lemond. Und zwei Tage später folgte das Zeitfahren von St. Etienne mit der hohen Distanz von 58 Kilometern.
Und der Dachs begann zu rechnen. Es war die Etappe der Wahrheit, und beim Zeitfahren sind nie Geschenke gemacht worden. Er spürte, wie die Franzosen sagen, Ameisen in den Beinen. Keine Utopie war es für ihn, dem Amerikaner 2,45

Lemond und Hinault demonstrieren »entente cordiale«, aber was denken sie wirklich?

Minuten auf dem welligen Kurs abzunehmen, und damit den Rekord von sechs Tour-Siegen aufzustellen. Nicht nur in der Mannschaft »La Vie Claire« spürte man, daß das Energiebündel aus der Bretagne den Wecker stellte. Bei einem Einzelzeitfahren kann einem niemand Vertragsbruch vorwerfen.

Aber es wurde die Etappe der Wahrheit, bei der Greg Lemond seinen Sieg um so eindrucksvoller gestaltete, als sein Gelbes Trikot nach wenigen Kilometern in höchste Gefahr geriet. Sturz in einer Kurve!

Hinault erfuhr es natürlich durch seinen hinter ihm fahrenden Rennleiter und mobilisierte die letzten Reserven. Es war sein Recht. Die Franzosen nennen so etwas »la bonne guerre«.

Aber Greg Lemond sprang auf und schwang sich auf die Ersatzmaschine die ein Monteur vom Begleitwagen herunterzog. Das geht nicht ganz so schnell wie bei einem Reifenwechsel der Formel 1, und zwanzig Sekunden gelten schon als Blitzaktion. Außerdem muß ein hoher Gang wieder in Schwung gebracht werden.
Hinault bekam wertvolle Zeit geschenkt, aber ein entfesselter Lemond, der neben einer großartigen Form das Privileg der Jugend einzusetzen hatte, nahm ihm Sekunde um Sekunde davon ab und beendete das Zeitfahren mit nur 25 Sekunden Rückstand auf den Dachs.
Damit war, drei Tage vor Paris, die Entscheidung gefallen. Greg Lemond gewann die Tour de France als erster Amerikaner mit 3,10 Minuten Vorsprung auf Bernard Hinault, und der drittplazierte Schweizer Zimmermann lag schon fast elf Minuten zurück. Der 4. Platz des Amerikaners Hamsten spricht Bände für den Aufschwung des Straßenrennsport in den USA.

Seltsames Heimweh

Wenn ich früher von der Tour de France heimkam, habe ich drei Tage geschlafen und noch einige Tage mehr gebraucht, um wieder das zu werden, was man einen halbwegs tauglichen Zivilisten nennt. Man verwildert schrecklich in dieser schwitzenden, hemdsärmeligen Männergesellschaft, und man muß auch wieder lernen, sich den Gepflogenheiten eines reglementierten Straßenverkehrs anzupassen.
Denn bei der Tour ist man auf abgesperrten Straßen König und hat es anschließend verdammt schwer, zu begreifen, daß es Gegenverkehr und Seitenstraßen gibt, aus denen Autos herausdürfen. Es gibt natürlich auch keine Geschwindigkeitsbegrenzung bei der Tour. Wenn man Lust hat, dem Feld vorauszueilen, kann man dies, falls es der Wagen hergibt, mit 200 Sachen tun, auch

durch Städte und Dörfer, wo allenfalls ein Huhn auf der Strecke bleibt. Die Zuschauer bleiben diszipliniert hinter den Barrieren, und es ist schon ein erhebendes Gefühl, so privilegiert durch ein Land brausen zu dürfen.

Die Umstellung kostet leicht ein paar Flensburger Strafpunkte, und man hat Glück, wenn's dabei bleibt. Daß man sich abends nicht mehr in einem überfüllten und brodelnden Pressezentrum um ein Telefon balgen muß, empfindet man zwar als angenehm, doch kommt gegen Mitternacht unweigerlich der nostalgische Wunsch, wie ein richtiger Monsieur zu tafeln.

Denn man hat nicht vergessen, daß man nicht nur an einem Radrennen, sondern an einem dreiwöchigen kulinarischen Lehrgang in allen Provinzen jenes Landes teilgenommen hat, das Vorbild aller Gastronomen bleibt, die etwas auf sich halten. Denn es hat sich ganz einfach wieder bestätigt, daß die Ente nirgends auf der Welt schmackhafter zubereitet wird als in der Normandie und daß die Langusten und Austern der Bretagne unerreicht sind. In der Gascogne hat man sich den kräutergebackenen Aal servieren lassen; im Baskenland Wildtauben und die phantasievollsten Eiergerichte. Und die Bouillabaisse im Alten Hafen von Marseille! Sie bleibt so unvergeßlich wie das Hähnchen in Wein, mit dem die Auvergne die hiesigen Brathendlkneipen vergessen läßt. Denkt man dann noch an den Bœuf Bourgignon in der Bourgogne und an die Schinken und Schnecken der Champagne, dann ist schon wieder das Heimweh nach der Tour de France da, obwohl man sie gerade hinter sich und nicht selten heftig verflucht hat.

Aber es ist nicht nur der Gaumen, der diese Nächte goutiert hat. Immer sind witzige Gesellen dabei, Poeten sogar, und der geistreichste und außergewöhnlichste von ihnen ist unbestreitbar Antoine Blondin, Goncourt-Preisträger und Inhaber vieler anderer literarischer Auszeichnungen. Nächte mit Antoine pflegen erst aufzuhören,

wenn die Vögel zwitschern, und sie geben mehr her als hundert Parties üblicher Güteklasse.
Immer, wenn es Sommer wird, zieht es den Poeten Antoine Blondin zur Tour, und das geht jetzt schon seit 30 Jahren so. Einmal, ich glaube, es war in einer langen Nacht von Marseille, hat er mir erzählt, warum.
»Kurz vor dem Krieg«, sagte er, »hat es in allen französischen Gymnasien einen Tour-de-France-Wettbewerb gegeben. Die fünf besten Aufsätze wurden prämiiert, und jeder Preisträger durfte eine Etappe im Begleitwagen verfolgen. Ich war sicher, ein Meisterwerk abgeliefert zu haben, aber ich bekam nicht einmal einen Trostpreis. Da habe ich der Scheißschule und allen, die damit zu tun hatten, geschworen, daß ich wiederkommen würde!« Er kommt jedes Jahr, und seine Tour-Feuilletons in »L'Equipe« sind unnachahmliche Meisterwerke.

Glücks- und Stiefkinder des Ruhms

Oft nachgeahmt und nie erreicht, ist die Tour de France ihren Weg durch die Jahrzehnte gegangen; und immer war die Begeisterung für gefahrvolles Heldentum, die jeder von uns empfindet, der tiefere Grund ihres Überlebens. Automobilkonstrukteure und Techniker haben zu allen Zeiten den Untergang dieses Rennens prophezeit, aber sie vergaßen, daß die Maschine auch dem sogenannten ›modernen‹ Menschen nicht alles ersetzen kann. Weil sie die Begeisterungsfähigkeit stimuliert und weil die Bereitschaft der Menschen, sich durch Leistungen begeistern zu lassen, die sie selbst nicht vollbringen können, die gleiche wie früher geblieben ist, ist auch die Tour de France geblieben, was sie war.
Daß ihre Helden für ihre Leistungen und ihr Risiko klingenden Lohn entgegennehmen, ist eine Selbstverständlichkeit, die auch

ein eingefleischter Verfechter des Amateurgedankens nicht bestreiten wird. Denn dieser harte Beruf ist weder ein Liebhaber- noch ein Feierabendsport.

Aber die Tour fordert mehr, als sie zu geben vermag. Ihre Geschichte ist nicht nur von Männern geschrieben worden, für deren Namen die dicksten Schlagzeilen nicht groß genug waren. Deshalb wollen wir nicht nur die blanken Resultate sehen, sondern auch die Stiefkinder des Ruhms nicht vergessen, denen bei der Tour nur das Leiden vorbehalten blieb. Im Kielwasser des Ruhms schwimmt Bewunderung, in dem des Leidens sehr häufig Gleichgültigkeit. Oft sind es nur Zehntelsekunden, die zwischen Ruhm und Leiden, zwischen Bewunderung und Gleichgültigkeit liegen. Eine winzige Unachtsamkeit

Massenstürze sind keine Seltenheit, aber zum Glück dauert es oft nur Sekunden, bis alle wieder im Sattel sitzen.

führt zum Sturz, und wer am Boden liegt, ist kein Gigant mehr. Nicht einmal das Mitleid ist ihm sicher. Denn das große Publikum geht mit dem Starken und Erfolgreichen. In dem Beifallssturm, der losbricht bei der Bekanntgabe, daß der Fahrer X die Etappe mit 55 Sekunden Vorsprung vor dem Hauptfeld gewonnen hat, geht ein unbedeutender Nachsatz unter: ›Aufgegeben hat der Fahrer Y bei Kilometer 137.‹

Bei Kilometer 137 steht am Rande der Landstraße ein Apfelbaum. Zwei Männer sind aus einem Begleitwagen gesprungen, haben das hilflose Bündel Mensch in den Schatten geschleppt. Der Mann ist bewußtlos, und sein buntes Trikot ist durchtränkt vom Blut, das aus einer klaffenden Kopfwunde sickert. Sein Vorsprung war so groß gewesen, daß er die Etappe gewonnen hätte. Aber er hat die Kurve falsch berechnet und die Herrschaft über seine Maschine verloren.

Ein paar Fotografen springen von ihren Motorrädern, knipsen, rasen weiter. Vom nahen Dorf eilen Leute herbei, um den Mann anzustarren, den der inzwischen eingetroffene Arzt verbindet. Er stellt eine Gehirnerschütterung fest, und auch die Neugierigsten sind erschüttert. In den Augen der jungen Mädchen mit den weißen Röcken spiegelt sich nicht nur Mitleid, sonder kalte Angst.

Aber plötzlich zucken die Leute zusammen und laufen zurück zur Straße. Der gellende Pfiff eines Motorradfahrers kündigt das Hauptfeld an. Der Weg zum Sieg ist für einen anderen frei geworden. Wer wird es sein? Auf alle Fälle muß man ihn anfeuern. »Allez Dèdè, allez Roger!«

In weniger als 30 Sekunden ist der großen Haufen vorbeigeflitzt. Nur ein paar Rückennummern haben die Zuschauer erhaschen können. Und sie müssen nun in ihren Programmheften nachschauen, wen sie gesehen haben, derweil der Krankenwagen unter den Apfelbaum fährt, um den schwer gestürzten Fahrer aufzunehmen.

Der weiß nicht, was mit ihm geschehen ist. Aber er öffnet die Augen, verlangt nach seinem Rad. Der Arzt streicht ihm beruhigend über das Haar, auf dem das Blut zu gerinnen

beginnt, und gibt ihm eine Spritze. Dann hoppelt der Sanitätswagen behutsam über den Straßengraben.
Aber er muß erst einmal hupen, ehe er seinen Weg fortsetzen kann. Auf der Straße haben sich die Mädchen mit den weißen Röcken um die Hüften gefaßt, und sie tanzen nach der Melodie des neuesten Schlagers von Gilbert Bécaud, denn heute abend ist großer Ball im Dorf – zu Ehren der Tour de France.

Ehrentafel der Tour de France

1903
1. Maurice Garin (F)
2. Pothier (F)
3. Augereau (F)

1904
1. Henri Cornet (F)
2. Dortignacq (F)
3. Jousselin (F)

1905
1. Louis Trousselier (F)
2. Aucouturier (F)
3. Dortignacq (F)

1906
1. René Pottier (F)
2. Passerieu (F)
3. Trousselier (F)

1907
1. Petit-Breton (F)
2. Garrigou (F)
3. E. Georget (F)

1908
1. Petit-Breton (F)
2. Faber (LUX)
3. Passerieu (F)

1909
1. F. Faber (LUX)
2. Garrigou (F)
3. Alavoine (F)

1910
1. Octave Lapize (F)
2. Faber (LUX)
3. Garrigou (F)

1911
1. G. Garrigou (F)
2. Duboc (F)
3. Georget (F)

1912
1. O. Defraye (B)
2. Christophe (F)
3. Garrigou (F)

1913
1. P. Thys (B)
2. Garrigou (F)
3. Buysse (B)

1914
1. P. Thys (B)
2. H. Pélissier (F)
3. Alavoine (F)

1919
1. F. Lambot (B)
2. Alavoine (F)
3. Christophe (F)

1920
1. P. Thys (B)
2. Heusghem (B)
3. Lambot (B)

1921
1. L. Scieur (B)
2. Heusghem (B)
3. Barthélemy (F)

1922
1. F. Lambot (B)
2. Alavoine (F)
3. Sellier (B)

1923
1. H. Pélissier (F)
2. Bottecchia (I)
3. Bellenger (F)

1924
1. O. Bottecchia (I)
2. Frantz (LUX)
3. Buysse (B)

1925
1. O. Bottecchia (I)
2. Buysse (B)
3. Aymo (I)

1926
1. L. Buysse (B)
2. Frantz (LUX)
3. Aymo (I)

1927
1. N. Frantz (LUX)
2. Dewaele (B)
3. F. Verwaecke (B)

1928
1. N. Frantz (LUX)
2. Leducq (F)
3. Dewaele (B)

1929
1. M. Dewaele (B)
2. Demuysère (B)
3. Pancera (I)

1930
1. A. Leducq (F)
2. Guerra (I)
3. Magne (F)

1931
1. A. Magne (F)
2. Demuysère (B)
3. Pesenti (I)

1932
1. A. Leducq (F)
2. Stöpel (D)
3. Camusso (I)

1933
1. G. Speicher (F)
2. Guerra (I)
3. Martano (I)

1934
1. A. Magne (F)
2. Martano (I)
3. R. Lapébie (F)

1935
1. R. Maes (B)
2. Morelli (I)
3. Verwaecke (B)

1936
1. S. Maes (B)
2. Magne (F)
3. Verwaecke (B)

1937
1. R. Lapédie (F)
2. Vicini (I)
3. Amberg (CH)

1938
1. G. Bartali (I)
2. Verwaecke (B)
3. Cosson (F)

1939
1. S. Maes (B)
2. Vietto (F)
3. Vlaemynck (B)

1947
1. J. Robic (F)
2. Fachleitner (F)
3. Brambilla (I)

1948
1. G. Bartali (I)
2. Schotte (B)
3. G. Lapébie (F)

1949
1. F. Coppi (I)
2. Bartali (I)
3. Marinelli (F)

1950
1. F. Kübler (CH)
2. Ockers (B)
3. Bobet (F)

1951
1. H. Koblet (CH)
2. Géminiani (F)
3. Lazaridès (F)

1952
1. F. Coppi (I)
2. Ockers (B)
3. Ruiz (E)

1953
1. L. Bobet (F)
2. Malléjac (F)
3. Astrua (I)

1954
1. L. Bobet (F)
2. Kübler (CH)
3. Schaer (CH)

1955
1. L. Bobet (F)
2. Brankart (B)
3. Gaul (LUX)

1956
1. R. Walkowiak (F)
2. Bauvin (F)
3. Adriaenssens (B)

1957
1. J. Anquetil (F)
2. Janssens (B)
3. Christian (A)

1958
1. C. Gaul (LUX)
2. Favero (I)
3. Géminiani (F)

1959
1. F. Bahamontes (E)
2. Anglade (F)
3. Anquetil (F)

1960
1. G. Nencini (I)
2. Battistini (I)
3. Adriaenssens (B)

1961
1. J. Anquetil (F)
2. Carlesi (I)
3. Gaul (LUX)

1962
1. J. Anquetil (F)
2. Planckaert (B)
3. Poulidor (F)

1963
1. J. Anquetil (F)
2. Bahamontes (E)
3. Perez-Frances (E)

1964
1. J. Anquetil (F)
2. Poulidor (F)
3. Bahamontes (E)

1965
1. F. Gimondi (I)
2. Poulidor (F)
3. Motta (I)

1966
1. L. Aimar (F)
2. Janssen (H)
3. Poulidor (F)

1967
1. R. Pingeon (F)
2. Jimenez (E)
3. Balmamion (I)

1968
1. J. Janssen (H)
2. Van Springel (B)
3. Bracke (B)

1969
1. E. Merckx (B)
2. Pingeon (F)
3. Poulidor (F)

1970
1. E. Merckx (B)
2. Zoetemelk (H)
3. Pettersson (SI)

1971
1. E. Merckx (B)
2. Zoetemelk (H)
3. Van Impe (B)

1972
1. E. Merckx (B)
2. Gimondi (I)
3. Poulidor (F)

1973
1. L. Ocaña (E)
2. Thévenet (F)
3. Fuente (E)

1974
1. E. Merckx (B)
2. Poulidor (F)
3. Lopez-Carril (E)

1975
1. B. Thévenet (F)
2. Merckx (B)
3. Van Impe (B)

1976
1. L. Van Impe (B)
2. Zoetemelk (H)
3. Poulidor (F)

1977
1. B. Thévenet (F)
2. Kuiper (H)
3. Van Impe (B)

1978
1. B. Hinault (F)
2. Zoetemelk (H)
3. Agostinho (P)

1979
1. B. Hinault (F)
2. Zoetemelk (H)
3. Agostinho (P)

1980
1. J. Zoetemelk (H)
2. Kuiper (H)
3. Martin (F)

1981
1. B. Hinault (F)
2. Van Impe (B)
3. Alban (F)

1982
1. B. Hinault (F)
2. Zoetemelk (H)
3. Van de Velde (H)

1983
1. L. Fignon (F)
2. Arroyo (E)
3. Winnen (H)

1984
1. L. Fignon (F)
2. Hinault (F)
3. Lemond (USA)

1985
1. B. Hinault (F)
2. Lemond (USA)
3. Roche (I)

1986
1. G. Lemond (USA)
2. Hinault (F)
3. Zimmermann (CH)

Bildnachweis

Pressefoto Baumann, Ludwigsburg: S. 281
Werek Pressebild-Agentur, München: S. 294
Schirner Pressebild-Agentur: S. 68
But et Club le Miroir des Sports: S. 110, 165
dpa: S. 307, 315, 317, 322, 325, 328, 331–333, 336, 340
Agence Presse Sports, Paris: S. 11, 83, 117, 120, 140, 143, 148, 160, 167, 172, 175, 187, 190, 199, 207, 211, 217, 221, 235

Die aktuelle Biographie

Als Band mit der Bestellnummer 61104 erschien:

Hans Reski und Ulfert Schröder haben die erste authentische Biographie des internationalen Spitzentorwarts verfaßt. Mit vielen Fotos und einer Auflistung der wichtigsten Spiele Toni Schumachers.

Die aktuelle Biographie

Als Band mit der Bestellnummer 61098 erschien:

Die renommierten Sportjournalisten Hans Reski und Ulfert Schröder berichten über das Leben und den Werdegang des erfolgreichsten deutschen Tennisspielers aller Zeiten: Boris Becker

Mit vielen Fotos und einem Tennis-ABC